KB000387

소씨문견록 邵氏聞見錄

Shaoshi Wenjian Lu — The Recording of Shao's Hears and Sees

【상】

소씨문견록 邵氏聞見錄 【상】
Shaoshi Wenjian Lu — The Recording of Shao's Hears and Sees

—

1판 1쇄 인쇄   2022년 8월 18일
1판 1쇄 발행   2022년 8월 25일

—

저   자 ┃ 소백온邵伯溫
역   자 ┃ 김장환
발행인 ┃ 이방원
발행처 ┃ 세창출판사
　　　　신고번호 제1990-000013호
　　　　주소 03736 서울시 서대문구 경기대로 58 경기빌딩 602호
　　　　전화 02-723-8660 팩스 02-720-4579
　　　　이메일 edit@sechangpub.co.kr 홈페이지 www.sechangpub.co.kr
　　　　블로그 blog.naver.com/scpc1992 페이스북 fb.me/Sechangofficial 인스타그램 @sechang_official

—

ISBN 979-11-6684-109-5 94910
　　　 979-11-6684-108-8 (세트)

—

이 역주서는 2019년 대한민국 교육부와 한국연구재단의 지원을 받아 수행된 연구임.
(NRF-2019S1A5A7068703)

—

이 책은 한국연구재단의 지원으로 세창출판사가 출판, 유통합니다.
잘못 만들어진 책은 구입하신 서점에서 바꾸어 드립니다.

소씨문견록

邵氏聞見錄

Shaoshi Wenjian Lu — The Recording of Shao's Hears and Sees

【상】

소 백 온 邵伯溫 저

김 장 환 역주

세창출판사

『소씨문견록』에 대해

『소씨문견록邵氏聞見錄』은 북송의 학자 소백온邵伯溫(1056~1134)이 남송 초 고종高宗 소흥紹興 2년(1132)에 찬한 역사쇄문류歷史瑣聞類 필기문헌이다. 소 백온의 출신지를 붙여『하남소씨문견록河南邵氏聞見錄』이라고도 하고, 그의 아들 소박邵博(?~1158)이 찬한『소씨문견후록邵氏聞見後錄』과 구별하기 위해 『소씨문견전록邵氏聞見前錄』이라고도 하며, 줄여서『문견록』이라고도 한다. 『소씨문견록』은 그의 만년의 저작으로, 그가 죽은 후에 아들 소박의 정리 를 거쳐 세상에 전해졌다. 총 20권에 225조의 고사가 수록되어 있다.

소백온은 자가 자문子文이고 하남 낙양洛陽 사람으로, 강절선생康節先生 소옹邵雍(1010~1077)의 아들이다. 철종哲宗 원우元祐 연간(1086~1094)에 대명부 조교大名府助教에 제수되고 노주潞州 장자현위長子縣尉로 발령받았다. 소성紹 聖 연간(1094~1098) 초에 장돈章惇이 재상이 되었는데, 장돈은 일찍이 소옹을 섬겼기에 소백온을 기용하려고 했지만 소백온은 온갖 핑계를 대며 피했 다. 휘종徽宗이 즉위한 후 일식日食이 일어나자 신하들에게 직언을 구했는 데, 소백온이 장문의 상소문을 올려 시사時事에 대해 진언했다가 이로 인해 소인배의 시기를 받아 감화주서악묘監華州西嶽廟로 나갔다. 그 후에 주관요 주삼백거공사主管耀州三白渠公事가 되었는데, 동관童貫이 선무사宣撫使가 되 었다는 소식을 듣고 다른 주로 나가 그를 피했다. 선화宣和 연간(1119~1125) 말에 지과주知果州에 제수되자 온 가족을 데리고 촉蜀으로 들어갔는데, 부 임하면서 노남瀘南의 여러 주에서 생산된 비단과 무명 수십만 필의 연례 운 송을 그만두길 청해 백성들의 수고를 덜어 주었기에 촉 땅 사람들이 그 은

덕에 감사했다. 흠종欽宗 정강靖康 연간(1126~1127) 초에 성도로제점형옥成都路提點刑獄에 발탁되자 가족과 함께 가주嘉州 능운산凌雲山으로 옮겨 가 잠시 거주했으며, 그 후에 가주 건위현犍爲縣 자운산子雲山으로 다시 옮겨 갔다가 건위성犍爲城 동쪽 대정산大定山에 정착했다. 이주로전운사利州路轉運使와 제거태평관提擧太平觀에 제수되었으며, 임지에서 78세로 죽었다. 소백온의 전체 생애를 개괄하면, 초년에는 왕안석王安石의 신법 시행과정을 목격했고, 중년에는 원우당쟁元祐黨爭을 직접 겪었으며, 만년에는 정강靖康의 화를 만나는 등 시종 불안한 사회적·정치적 환경 속에서 순탄치 않은 삶을 살았음을 알 수 있다. 주요 저서로는 『소씨문견록』 외에 『하남집河南集』·『황극계술皇極系述』·『역학변혹易學辨惑』·「황극경세서皇極經世序」·『관물내외편해觀物內外篇解』 등이 있다. 『송사』 권433 「유림전儒林傳」에 그의 전이 실려 있다.[1]

소백온의 부친 소옹은 북송 중엽의 이름난 이학자理學者로, 『주역』에 깊은 조예가 있었다. 평생 은거하면서 벼슬하지 않았지만, 세상사에 관심을 갖고 사마광司馬光·여공저呂公著·부필富弼을 비롯한 많은 정치인과 친밀하게 교유했다. 주돈이周敦頤와 정이程頤·정호程顥 형제도 그와 교유했으며, 특히 이정자二程子와의 관계는 더욱 친밀했다. 왕안석의 신법에 반대한 점에서 그들의 관점과 입장은 소옹과 일치했다. 소백온은 이러한 가정환경에서 성장하면서 영향력 있는 학자와 정치인을 직접 만나 식견이 날로 넓어졌다. 당시 그는 12~13세의 어린 나이였지만 왕안석의 신법을 둘러싸고 발생한 허다한 시시비비가 그에게 깊은 인상을 남겼으며, 부친의 영향으로

---

1 소백온의 보다 자세한 생평에 관해서는 본서의 부록 1 「소백온전(邵伯溫傳)」을 참고하기 바람.

그 역시 견고한 신법 반대자가 되었다. 이러한 것들은 모두 그가 훗날 이 책을 찬하게 된 바탕이 되었다. 소백온의 만년에는 신법으로 초래된 일련의 정치투쟁이 이미 역사의 뒤안길이 되었지만, 이 시기의 북송 조정은 이미 망국의 현실에 직면해 있었다. 당연히 사대부들은 조정이 무너지게 된 현실을 반성하면서 그 원인으로 왕안석의 신법의 폐해를 지목하게 되었다. 바로 이러한 역사적 배경하에서 소백온은 『소씨문견록』을 찬했던 것이다.

『소씨문견록』은 북송의 건국부터 정강靖康의 난으로 나라가 망하고 남도南渡하기까지의 역사고사를 기록했는데, 북송의 정치 · 군사 · 외교 · 전장제도 · 풍속 · 지리 · 사회생활 등 다방면에 걸쳐 있다. 권1부터 권16까지는 주로 송 초 이후의 크고 작은 정치적 사건과 일화를 기록했고, 권17은 대부분 잡사雜事를 기록했으며, 권18부터 권20까지는 주로 부친 소옹의 언행을 기록했다. 이를 다음의 몇 가지로 다시 개괄해 볼 수 있다.

먼저 왕안석의 신법을 중심으로 신법 옹호자와 신법 반대자의 언행 · 사상 · 일화와 심지어 일부 집안의 자질구레한 일까지 기록해 놓았는데, 이는 후세에 이 시기의 역사를 이해하는 데 독특한 가치가 있다. 소백온은 신법당과 구법당 양 진영의 대표인물인 왕안석과 사마광 등에 대해 각각 포폄을 가했는데, 전체적으로 보면 신법 옹호자보다는 신법 반대자의 사상과 정치적 견해를 훨씬 긍정적으로 평가하면서 칭찬했다.

다음으로 북송 조정과 궁정의 전장제도와 문인학사들의 일화를 기록했는데, 이는 후세에 북송 전장제도의 특징과 문인학사들의 풍모를 이해하는 데 중요한 가치가 있다. 소백온은 특히 낙양의 산천경개와 지리를 상세히 묘사하면서 북송 왕조가 낙양이 아닌 변경汴京에 도읍을 정한 것에 개탄을 금치 못했다. 남송 초에 낙양과 장안이 모두 금나라의 수중에 들어간 현실

앞에서 이러한 개탄은 그 의미가 깊다.

마지막으로 『소씨문견록』의 권18부터 권20까지는 부친 소옹의 평생 사적과 언행을 중점적으로 기록했는데, 일부 고사에는 부친을 미화하기 위한 다소 황당한 일화가 들어 있긴 하지만, 전체적으로 보면 일상생활의 행동거지와 교유활동의 면모를 통해 소옹이라는 대학자의 도덕과 품성을 보다 다양한 측면에서 이해할 수 있다.

『소씨문견록』의 문헌적 가치는 다음의 몇 가지로 살펴볼 수 있다.

첫째, 정사正史에서 기술한 북송 역사의 부족한 부분을 보충할 수 있다. 『소씨문견록』에는 『송사宋史』에 기술되어 있지 않은, 사료적 가치가 높은 자료들이 풍부히 들어 있으므로, "보사지궐補史之闕"이라는 사료필기의 가장 큰 특징을 여실히 보여 주고 있다. 원대에 『송사』를 편찬할 때 사료가 부족했기 때문에 편수관들은 사료적 가치가 높은 송대 필기를 많이 참고했다. 예를 들어 원대 원각袁桷의 『청용거사집淸容居士集』 권41에 수록된 「수송요금사수방유서조례사장修宋遼金史搜訪遺書條例事狀」에서 수집이 필요한 총 19류의 서적을 나열했는데, 그중에 『소씨문견록』이 포함되어 있다. 또한 『송사』 권249 「범질전范質傳」의 관련 기록은 그 내원이 『소씨문견록』이며, 남송의 이도李燾는 『속자치통감장편續資治通鑑長編』을 편찬할 때 『소씨문견록』에서 33조 42사事를 인용했다. 이로써 『소씨문견록』은 사서 편찬에 귀중한 사실史實을 제공해 주었음을 충분히 알 수 있다.

둘째, 북송 문학에 대한 이해의 폭을 넓힐 수 있다. 『소씨문견록』은 일반적으로 중국 문언소설사나 필기소설사에서 북송의 주요 지인류志人類 필기소설로 분류된다. 『소씨문견록』에는 140여 명의 인물이 등장하는데, 북송 문인들이 지은 시·사·부·산문 작품과 그에 얽힌 일화가 많이 수록되어 있으며 문인들 간의 교유와 결사結社가 사실적으로 묘사되어 있다. 이는 북송 문학을 이해하는 데 귀중한 문학사료가 되기에 충분하다. 그중 소설적인 색채가 비교적 강한 북송 명사들에 관한 일부 고사는 후대 백화소설과 희곡 작품의 창작에 직간접적으로 영향을 미쳤다. 그 대표적인 예로 송 태조가 제위를 선양받아 천하를 평정하고 눈 오는 밤에 조보趙普를 방문한 고사[2]는 송대 화본話本 『비룡기飛龍記』, 송원대 남희南戲 『하강남下江南』, 명대 나관중羅貫中의 잡극雜劇 『송태조용호풍운회宋太祖龍虎風雲會』, 청대 이옥李玉의 전기傳奇 『풍운회』의 바탕이 되었다. 또한 구준寇準이 검소하게 생활한 고사[3]는 청대 양조관楊潮觀의 잡극 『구내공사친파연寇萊公思親罷宴』에 활용되었다. 진단陳摶이 화산華山에서 은거한 고사[4]는 명대 풍몽룡馮夢龍의 『유세명언喩世明言』 권14 「진희이사사조명陳希夷四辭朝命」에 채록되었으며, 여몽정呂蒙正이 미천했을 때 길에 떨어진 오이를 주워 먹은 고사[5]는 『유세명언』 권18 「양팔로월국기봉楊八老越國奇逢」의 입화入話의 바탕이 되었다. 왕안석이 부인이 자신을 위해 사들인 첩을 돌려보낸 고사[6]는 원대 교길喬吉이 이에 근거해 잡극 『형공견첩荊公遣妾』을 지었으며, 왕안석이 신법을 시행한 일과 나중에 당한 일을 기록한 일련의 고사[7]는 풍몽룡의 『경세통언警世通言』 권4 「요상공음한반산당拗相公飲恨半山堂」의 내원이 되었다.

셋째, 북송의 전장제도를 보다 다양한 측면에서 이해하는 데 도움을 준다. 『소씨문견록』에는 북송의 관제官制를 비롯해 조정의 근현례觀見禮·제례祭禮·상례喪禮와 같은 예의제도와 법률조례 및 궁정 건축의 외관·배

---

2   본서 1-8(008)에 이와 관련된 고사가 실려 있다.
3   본서 7-7(068)에 이와 관련된 고사가 실려 있다.
4   본서 7-10(071)에 이와 관련된 고사가 실려 있다.
5   본서 7-16(077)에 이와 관련된 고사가 실려 있다.
6   본서 11-10(125)에 이와 관련된 고사가 실려 있다.
7   본서 권8·권11·권12에 이와 관련된 고사가 산재되어 있다.

치·직능 등에 대한 상세한 기술이 들어 있으므로, 이를 통해 북송의 전장제도를 보다 깊이 이해할 수 있다.

그 밖에 이 책에 보이는 복식服飾, 도교와 불교의 종교활동, 참위讖緯, 낙양의 놀이문화 등과 관련된 기술은 북송의 사회문화를 보다 다양한 측면에서 이해하는 데 도움을 준다.

『소씨문견록』에 대한 국내 연구는 아직까지 이루어지지 않았으며, 일본의 경우도 마찬가지다. 중국의 경우는 지금까지 교주서校注書 1종과 『소씨문견록』을 전제專題로 한 석사논문 6편, 기간논문 8편이 나왔다.[8] 번역은 국내외에서 아직까지 시도된 적이 없다. 따라서 본서의 역주 작업은 『소씨문견록』의 원전 텍스트에 대한 접근을 용이하게 하고 향후 이를 바탕으로 연구를 활성화하는 데 일조할 수 있다는 점에서 국내외적으로 학술적 의미가 있다고 하겠다.

『소씨문견록』의 판본은 잔송본殘宋本·원초본元抄本·명초본明抄本 등이

---

8 · 교주서: 『邵氏聞見錄』, 康震 校注, 西安: 三秦出版社, 2005.
· 석사논문: 傅卓君, 「『邵氏聞見錄』研究」, 山西大學, 2011; 宋佳, 「『邵氏聞見錄』新詞新義研究」, 河北師範大學, 2013; 劉學娟, 「『邵氏聞見錄』詞彙研究」, 吉首大學, 2013; 李文贇, 「『邵氏聞見錄』的詞彙研究與『漢語大詞典』的修訂」, 湘潭大學, 2013; 莊好, 「『邵氏聞見錄』史料價値研究」, 上海師範大學, 2015; 黃庚, 「『邵氏聞見錄』與『邵氏聞見後錄』比較研究」, 遼寧師範大學, 2016.
· 기간논문: 崔独, 「讀『邵氏聞見錄』劄記」, 遼寧行政學院學報, 2006-10; 李耀偉, 「邵氏父子的洛陽情節一由『邵氏聞見錄』而起」, 『湘潮』(下半月/理論), 2007-08; 劉玉民, 「『邵氏聞見錄』所載王雱事跡一則辨證」, 『蘭台世界』, 2009-04; 章文明, 「試論『邵氏聞見錄』中王安石的交友觀」, 『湖北經濟學院學報』(人文社會科學版), 2011-06; 張啟容, 「試論『邵氏聞見錄』中的王安石形象」, 『新西部』(下旬/理論版), 2012-08; 雷冬平, 「『邵氏聞見錄』詞彙研究與『漢語大詞典』立目拾遺」, 『萍鄉高等專科學校學報』, 2012-10; 雷冬平, 「『漢語大詞典』編纂的三個問題一以『邵氏聞見錄』的詞彙研究爲例」, 『集美大學學報』(哲學社會科學版), 2013-04; 葉菁, 「『邵氏聞見錄』與南宋初年政治一以其中有關王安石的記敍爲討論中心」, 『暨南學報』(哲學社會科學版), 2016-08.

있지만, 현재 찾아볼 수 있는 주요 판본은 명대 모진毛晉의 급고각汲古閣『진체비서津逮秘書』본, 청대에 『진체비서』본을 번각하면서 교감한 『학진토원學津討原』본, 민국시기 함분루涵芬樓 하경관夏敬觀 교인본校印本이다.[9] 하경관 교인본은 이전의 여러 판본을 교감한 것으로 판본상 가치가 높다. 그 후 1983년에 베이징 중화서국中華書局에서 역대사료필기총간歷代史料筆記叢刊의 당송사료필기총간 중 하나로 리젠슝[李劍雄]·류더취안[劉德權]이 점교點校한 배인본排印本을 출판했는데, 하경관 교인본을 저본으로 하고 송원명의 여러 초본과 『진체비서』본·『학진토원』본 및 『속자치통감장편』에 인용된 문장으로 보교補校한 것으로, 현재 가장 널리 통행되는 판본이다. 그 밖에 왕건린[王根林]의 교점본校點本(『송원필기소설대관宋元筆記小說大觀』제2책, 상하이 고적출판사古籍出版社, 2001)과 차칭화[查淸華]·판차오췬[潘超群]의 정리본整理本(『전송필기全宋筆記』제2편 제7책, 정저우 대상출판사大象出版社, 2006)이 있는데, 학술적 가치는 중화서국 점교본에 미치지 못한다.

본서는 중화서국 점교본을 비롯해 기타 판본과 캉전[康震]의 교주서(시안: 삼진출판사三秦出版社, 2005)를 참고하고, 필요한 경우에 한해 원문에 교감문을 달았다. 아울러 독자들의 이해를 돕기 위해 부록으로 「소백온전邵伯溫傳」, '역대 서발序跋 및 저록著錄', '북송대사연표北宋大事年表', '북송시기전도北宋時期全圖'를 첨부했으며, 마지막으로 '찾아보기'를 수록했다.

---

9   『소씨문견록』의 판본에 대한 보다 자세한 것은 본서의 부록 2 '역대 서발(序跋) 및 저록(著錄)'을 참고하기 바람.

차
례

邵氏聞見錄
상권

邵氏聞見錄
하권

일러두기

❶ 이 책은 소백온邵伯溫의 『소씨문견록邵氏聞見錄』 20권에 수록된 225조의 고사 전체를 역주했습니다.

❷ 이 책은 리젠슝[李劍雄]·류더취안[劉德權]의 점교본點校本(베이징: 중화서국中華書局, 1983)을 비롯해 기타 판본과 캉전[康震]의 교주서校注書(시안: 삼진출판사三秦出版社, 2005)를 참고했으며, 교감이 필요한 원문에 한해 해당 부분에 교감문을 붙였습니다.

❸ 이 책은 국내외에서 처음으로 역주되었습니다.

❹ 이 책의 해설 및 주석은 독자들의 이해를 돕기 위해 모두 역주자가 붙인 것입니다.

❺ 부록으로 「소백온전邵伯溫傳」, '역대 서발序跋 및 저록著錄', '북송대사연표北宋大事年表', '북송시기전도北宋時期全圖'를 첨부했으며, 마지막으로 '찾아보기'를 수록했습니다.

❻ 한글에 한자를 병기할 때 독음이 다르면 [ ]를 사용하고, 괄호가 중복될 때에도 [ ]를 사용했습니다.

❼ 고대 인명과 지명은 한자 독음으로 표기하고 현대 인명과 지명은 국립국어원의 중국어 표기법에 따라 표기했습니다.

원서原序

『주역周易』[1]에서는 "군자는 선현의 언행을 많이 알아 자신의 덕을 쌓는다"라고 했으며, 『맹자孟子』[2]에서는 "듣고서 알았고 보고서 알았다"라고 했다. 나(소백온)는 일찍이 선군자先君子(선친 소옹)[3]의 연고로 선배[4]들을 직접 만나 함께 집에서 시중들었으며, 향당에 거하고 멀리서 벼슬공부하면서 선현의 언행을 듣고 본 것이 많았다. 그것으로 나의 덕을 쌓았다고는 못 하겠지만, 늙음이 점점 찾아와 뜻하지 않게 후배들의 질책을 당할까 봐 그것을 분류해 책을 만들어 『문견록』이라 했으니 (책 제목에) 가깝게 되기를 바란다. (남송 고종) 소흥紹興 2년(1132) 11월 15일 임신일壬申日에 하남河南 사람 소백온邵伯溫이 쓰다.

『易』曰:"君子多識前言往行, 以畜其德." 『孟子』曰:"則聞而知之, 則見而知之." 伯溫蚤以先君子之故, 親接前輩, 與夫侍家庭, 居鄉黨, 遊宦學, 得前言往行爲多. 以畜其德則不敢當, 而老景侵尋, 偶負後死者之責, 類之爲書, 曰『聞見錄』, 尙庶幾焉. 紹興二年十一月十五日壬申河南邵伯溫書.

---

1 『주역(周易)』: 인용된 구절은 『주역』「대축괘(大畜卦)」의 상사(象辭)에 나온다.
2 『맹자(孟子)』: 인용된 구절은 『맹자』「진심(盡心)하」에 나오는데, 원래 문장은 "약우·고요즉견이지지(若禹·皋陶則見而知之), 약탕즉문이지지(若湯則聞而知之)"라 되어 있다.
3 선군자(先君子): 소옹(邵雍, 1011~1077). 본서의 찬자 소백온의 부친으로, 북송의 저명한 이학대사(理學大師)였다.
4 선배: 부친 소옹과 친분이 두터웠던 사마광(司馬光)·여공저(呂公著)·한유(韓維)·부필(富弼) 등을 말하는데, 이들은 모두 왕안석(王安石)의 신법(新法)에 반대했다. 당시 소백온은 대략 12~13세였던 것으로 보인다.

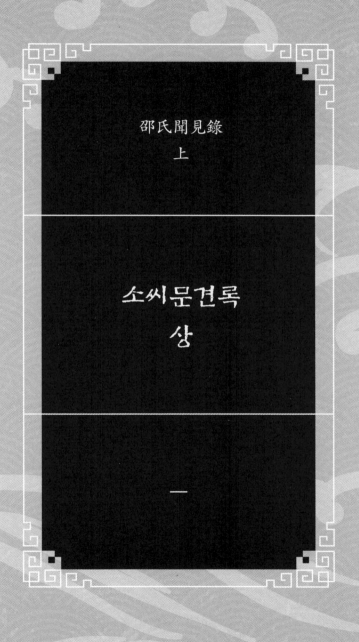

邵氏聞見錄
上

소씨문견록
상

一

1-1 (001)

—

태조太祖(조광윤)¹가 미천했을 때, 위주渭州 반원현潘原縣²을 유람하다가 경주涇州 장무진長武鎭³에 들렀다. 수엄守嚴이라는 스님이 태조의 골상骨相을 특이하다고 여겨 남몰래 화공에게 사원의 벽에 그의 모습을 그리게 했는데, 푸른 두건에 털 갖옷을 입은 모습이 천인天人의 상이었지만 지금은 관복冠服을 착용한 모습으로 바뀌었다. 장무에서 봉상鳳翔⁴으로 갔는데, 절도사 왕언초王彦超⁵가 붙들지 않아 다시 낙양洛陽으로 들어갔다. 태조가 장수

---

1 태조(太祖): 조광윤(趙匡胤). 자는 원랑(元朗). 송나라의 개국황제(960~976 재위)로, 부친은 조홍은(趙弘殷)이고 모친은 두씨(杜氏)다. 959년에 후주(後周) 세종(世宗) 시영(柴榮)은 임종 전에 조광윤을 전전도점검(殿前都點檢)으로 임명하고 전전금군(殿前禁軍)을 관장하게 했다. 이듬해에 북한(北漢)과 거란(契丹)의 연합군이 변경을 침략하자, 조광윤은 대군을 이끌고 도성 변량(汴梁) 동북쪽 20리에 위치한 진교역(陳橋驛)에 주둔했는데, 이때 군장들의 추대로 황제가 되었다. 이를 역사서에서는 '진교병변(陳橋兵變)'이라 한다. 조광윤은 도성으로 돌아와 후주 공제(恭帝)에게 선양을 받고 황제로 즉위해 국호를 송, 연호를 건륭(建隆)이라 했다.
2 반원현(潘原縣): 지금의 간쑤성(甘肅省) 평량시(平涼市) 부근.
3 장무진(長武鎭): 지금의 산시성(陝西省) 창우현(長武縣) 부근.
4 봉상(鳳翔): 지금의 산시성(陝西省) 평샹현(鳳翔縣).
5 왕언초(王彦超, 914~986): 자는 덕승(德升). 오대와 북송 초의 장수. 후진(後晉)·후한(後漢)·후주(後周)의 세 조정에서 여러 벼슬을 거쳐 무녕절도사(武寧節度使)를 지냈다. 송나

사長壽寺 대불전의 서남쪽 모서리 주춧돌을 베고 낮잠을 자고 있었는데, 장경원藏經院의 주지승은 붉은 뱀이 태조의 콧속을 들락거리는 것을 보고 기이하게 여겼다. 태조가 깨어나자 주지승이 어디로 가냐고 물었더니 태조가 말했다.

"전주澶州[6]에서 시 태위柴太尉(시영)[7]를 만나려고 하는데 노자로 삼을 것이 없습니다."

주지승이 말했다.

"나에게 탈 만한 나귀 한 마리가 있습니다."

그러면서 돈도 드리자 태조는 마침내 떠났다. 시 태위는 태조를 보자마자 남달리 여겨 막부에 머무르게 했다. 얼마 되지 않아 시 태위는 천자가 되었는데, 바로 후주後周 세종世宗(시영)이다. 태조는 선조宣祖(조홍은)[8]와 함께 그를 섬겼으며 남정과 북벌에서 누차 큰 공을 세워 결국 제위를 선양받기에 이르렀으니, 만세의 기틀이 사실상 전주로 갔을 때 시작되었다. 태조는 즉위하고 나서 절도사들을 모두 불러들여[9] 알현케 했는데, 연회석상에서 장수들이 다투어 일어나 공을 논했지만 왕언초 혼자만 이렇게 말했다.

라가 건국된 후 중서령(中書令)을 더해 받고, 영흥절도사(永興節度使)·봉상절도사(鳳翔節度使)·우금오위상장군(右金吾衛上將軍) 등을 역임했으며, 빈국공(邠國公)에 봉해졌다.

6 전주(澶州): 지금의 허난성[河南省] 지현[汲縣] 동북 지역.

7 시 태위(柴太尉): 시영(柴榮). 오대 후주의 제2대 황제 세종(世宗, 954~959 재위). 어렸을 때 고모부 곽위(郭威)의 양자가 되었는데, 951년에 곽위가 후주를 건립하고 그에게 전주(澶州)를 다스리게 했다. 954년 곽위가 붕어하자 그의 뒤를 이어 황제가 되었다. 시영은 일찍이 후한 조정에서 개부의동삼사(開府儀同三司)·검교태위(檢校太尉)·시중(侍中)을 지냈다.

8 선조(宣祖): 조홍은(趙弘殷, 899~956). 오대 후주의 무장으로, 송 태조 조광윤과 태종 조광의(趙匡義)의 부친이다. 조광윤이 황제로 즉위한 후에 선조로 추존되었다.

9 절도사들을 모두 불러들여: 조광윤은 황제로 즉위한 후 961년부터 969년까지 두 차례에 걸쳐 장군들과 절도사들을 황궁으로 불러들여 연회를 베풀면서 그들의 병권을 내놓게 했는데, 이를 '배주석병권(杯酒釋兵權)'이라 한다.

20

"신은 변방을 지키면서 아무런 공로도 없었으니, (절도사의) 부절符節을 반납하고 황궁을 숙위하길 원합니다."

태조가 기뻐하며 말했다.

"이전 조대의 다른 세상사를 어찌 논할 만하겠는가마는 언초의 말이 옳다."

그러고는 조용히 왕언초에게 물었다.

"경은 그때 왜 나를 붙들지 않았는가?"

왕언초가 말했다.

"발굽자국에 괸 물은 신룡神龍을 적시기에는 부족합니다.[10] 폐하께서 만약 신에게 붙들리셨다면 어찌 오늘이 있겠습니까?"

태조가 더욱 기뻐하며 말했다.

"그대에게만 다시 영흥절도사永興節度使의 직임을 맡기겠노라."

장수사의 주지승도 불러와 접견했는데, 태조가 그에게 관직을 주려고 했지만 사양하자 결국 그를 천하도승록天下都僧錄[11]으로 삼아 낙양으로 돌아가게 했다. 지금 영흥에 왕언초의 화상이 있고, 장수사의 불전 안에도 주지승의 화상이 있는데, 모두 위대한 사람이다. 아! 성인이 초야에 묻혀 있을 때 한 스님만이 그를 알아보았고, 왕언초는 비록 알아보지는 못했지만 황제께 대답한 말에 본디 이치가 담겨 있었으니 훌륭하도다!

---

10 발굽자국에 괸 물은 신룡(神龍)을 적시기에는 부족합니다: 원문은 "잠제지수(涔蹄之水), 부족이택신룡(不足以澤神龍)".『회남자(淮南子)』「범론훈(氾論訓)」의 "부우제지잠(夫牛蹄之涔), 불능생선유(不能生鱔鮪)" 구절을 원용한 것이다.

11 천하도승록(天下都僧錄): 송나라 때 개봉부(開封府)와 하남부(河南府) 등에 좌우가승록사(左右街僧錄司)를 설치하고 승원(僧院)의 장부와 승관(僧官)의 임명 등을 관장하게 했으며, 승록사에 도승정(都僧正)과 도승록 등의 승관을 두었다.

太祖微時, 遊渭州潘原縣, 過涇州長武鎮. 寺僧守嚴者, 異其骨相, 陰使畫工圖於寺壁, 靑巾褐裘, 天人之相也, 今易以冠服矣. 自長武至鳳翔, 節度使王彦超不留, 復入洛. 枕長壽寺大佛殿西南角柱礎畫寢, 有藏經院主僧見赤蛇出入帝鼻中, 異之. 帝寤, 僧問所向, 帝曰: "欲見柴太尉於澶州, 無以爲資." 僧曰: "某有一驢子可乘." 又以錢幣爲獻, 帝遂行. 柴太尉一見奇之, 留幕府. 未幾, 太尉爲天子, 是謂周世宗. 帝與宣祖俱事之, 南征北伐, 屢建大功, 以至受禪, 萬世之基, 實肇於澶州之行. 帝卽位, 盡召諸節度入覲, 宴苑中, 諸帥爭起論功, 惟彦超獨曰: "臣守藩無效, 願納節備宿衛." 帝喜曰: "前朝異世事安足論, 彦超之言是也." 從容問彦超曰: "卿當日不留我何也?" 彦超曰: "涔蹄之水, 不足以澤神龍. 帝若爲臣留, 則安有今日?" 帝益喜, 曰: "獨令汝更作永興節度一任." 長壽寺僧亦召見, 帝欲官之, 僧辭, 乃以爲天下都僧錄, 歸洛. 今永興有彦超畫像, 長壽寺殿中亦有僧畫像, 皆偉人也. 嗚呼! 聖人居草昧之際, 獨一僧識之, 彦超雖不識, 及對帝之言自有理, 異哉!

1-2(002)

후주後周 세종世宗이 죽었을 때 공제恭帝(시종훈)[12]가 어렸기에 군정軍政이 대부분 한통韓通[13]에게서 결정되었다. 태조太祖는 한통과 함께 군정을 관장

---

12 공제(恭帝): 시종훈(柴宗訓). 오대 후주의 마지막 황제(959~960 재위)로, 세종 시영의 넷째 아들이다. 959년 7살 때 양왕(梁王)에 봉해졌는데, 같은 해에 세종이 죽자 황제로 즉위했지만 8개월 만에 조광윤에게 제위를 선양했으며, 정왕(鄭王)으로 강봉되고 방주(房州)로 유배되었다가 그곳에서 죽었다.
13 한통(韓通, 908~960): 자는 중달(仲達). 오대 후주의 장군으로 천웅군마보도교(天雄軍馬步

했다. 한통은 우둔하고 괴팍해 장병들이 모두 그를 원망했지만, 태조는 영민하고 용맹스러웠고 도량과 지략을 지니고 있었으며 많은 전공戰功을 세웠기 때문에 모두들 그에게 열복悅服하고 돌아가려는 마음을 품었다. 장차 북정에 나서려 할 때 도성 사람들이 떠들며 말했다.

"출병하는 날 마땅히 점검點檢(조광윤)[14]을 천자로 세워야 한다!"

부자들은 간혹 가족을 이끌고 다른 주로 도망가 숨기도 했다. 태조는 그 소문을 듣고 두려워하면서 은밀히 집안사람에게 알리며 말했다.

"바깥에서 이처럼 수군대니 장차 어찌하면 좋겠소?"

태조의 누나인 위국장공주魏國長公主[15]는 얼굴이 쇳빛처럼 된 채로 부엌에 있다가 밀반죽을 미는 방망이를 꺼내 태조를 쫓아내면서 말했다.

"대장부가 큰일에 닥쳐서 그 가부를 마땅히 스스로 결정해야지, 집에까지 와서 부녀자를 두려움에 떨게 하다니 뭐 하는 짓이냐!"

태조는 아무 말 없이 나갔다.

都校)를 지냈다. 960년에 조광윤이 '진교병변'으로 황제가 되어 개봉으로 회군할 때, 군대를 이끌고 저항하다가 조광윤의 부장 왕언승(王彦昇)에게 살해되고 멸족의 화를 당했다. 태조는 즉위한 후에 그의 충절을 기려 중서령(中書令)으로 추증하고 상국(相國)의 예로 그의 일가족을 안장해 주었다.

14   점검(點檢): 관명. 조광윤을 말한다. 당시 조광윤은 전전도점검(殿前都點檢)으로 있었다. 주로 궁중의 호위와 의장을 담당했다.

15   위국장공주(魏國長公主): 태조 조광윤의 누나가 아닌 첫째 딸이므로 착오가 분명하다. 『송사』권242 「두태후전(杜太后傳)」에 따르면, 태조의 모친 두태후는 5남 2녀를 낳았는데, 태조는 차남이고 두 딸은 연국장공주(燕國長公主)와 진국(陳國)장공주다. 또 『송사』권248 「공주전(公主傳)」에 따르면, 태조의 친여동생인 진국(秦國)장공주를 건륭(建隆) 원년(960)에 연국장공주로 봉했으며, 누나 한 명은 계년(笄年: 15세)이 되기 전에 요절했는데 건륭 3년(962)에 진국(陳國)장공주로 추봉했다. 따라서 태조의 누나는 진국(陳國)장공주이지 위국장공주가 아니다. 하지만 진국(陳國)장공주는 '진교병변' 이전에 이미 요절했으므로 이 고사에 등장하는 것은 이치에 맞지 않는다. 한편 『진체비서(津逮秘書)』본과 『학진토원(學津討原)』본에는 태조의 "누나[姉]"가 아닌 "고모[姑]"라 되어 있는데, 『송사』를 비롯한 관련 기록에 태조의 고모 중 위국장공주로 봉해진 사람은 없다.

周世宗死, 恭帝幼沖, 軍政多決於韓通. 太祖與通並掌軍政. 通愚愎, 將士皆怨之, 太祖英武, 有度量智略, 多立戰功, 故皆愛服歸心焉. 將北征, 京師之人喧言: "出軍之日當立點檢爲天子!" 富室或挈家逃匿他州. 太祖聞之懼, 密以告家人曰: "外間詢詢如此, 奈何?" 太祖姊[1]卽魏國長公主, 面如鐵色, 方在廚, 引麵杖逐太祖曰: "大丈夫臨大事, 可否當自決, 乃於家間恐怖婦女何爲耶!" 太祖默然而出.

[1] 자(姊): 『진체비서(津逮秘書)』본과 『학진토원(學津討原)』본에는 "고(姑)"라 되어 있다.

1-3(003)

태조太祖가 처음 등극했을 때, 두태후杜太后(태조의 모친)는 아직 건강해 황상과 함께 군국軍國의 일을 의논했는데, 여전히 조보趙普[16]를 불러 서기書記로 삼았다. 두태후가 일찍이 그를 위로하며 말했다.

"내 아들이 아직 세상일을 많이 경험하지 못했으니, 조 서기趙書記가 잠시 마음을 다해 주시오."

태조는 조한왕趙韓王(조보)을 좌우수족처럼 대했다. 어사중승御史中丞 뇌덕양雷德驤[17]이 조보가 시장 사람의 저택을 강제로 차지하고 재물을 긁어모았

---

16 조보(趙普, 922~992), 자는 칙평(則平). 오대와 북송 초의 대신이자 송나라의 개국공신. 일찍이 후주 때 조광윤의 막료가 되어 장서기(掌書記)를 지냈으며, '진교병변' 때 조광윤을 도와 송나라의 개국에 공을 세웠다. 태조 건덕(乾德) 2년(964)에 재상으로 임명되어 지방의 번진세력을 제거하고 금군(禁軍) 장수들의 병권(兵權)을 내놓게 만들어 이른바 갱수법(更戍法)을 시행했다. 또 관제(官制)를 개혁하고 요(遼)나라를 방어하는 방책 등을 제시했다. 71세로 병사한 후에 한왕(韓王)에 봉해졌으며, 태조의 묘당에 배향되었다. 소훈각(昭勳閣) 24공신 가운데 하나다.

다고 탄핵상주하자, 황상이 노해 그를 꾸짖으며 말했다.

"솥에도 귀가 있거늘 너는 조보가 우리 사직의 신하임을 못 들었단 말이냐!"

그러고는 좌우에 명해 그를 조정에서 여러 바퀴 끌고 다니게 한 뒤에 천천히 다시 관을 쓰게 하고 대전으로 불러올려 말했다.

"나중에 틀림없이 시정할 것이다. 일단 너를 용서해 줄 테니 바깥사람들에게 소문내지 말라."

太祖初登極時, 杜太后尙康寧, 與上議軍國事, 猶呼趙普爲書記. 嘗勞撫之曰: "趙書記且爲盡心, 吾兒未更事也." 太祖待趙韓王如左右手. 御史中丞雷德驤劾奏普強占市人第宅, 聚斂財賄, 上怒叱之曰: "鼎鐺尙有耳, 汝不聞趙普吾之社稷臣乎!" 命左右曳於庭數匝, 徐使復冠, 召升殿, 曰: "後當改. 姑赦汝, 勿令外人聞也."

1-4(004)

태조太祖가 장차 선양을 받게 되었을 때 아직 선양문서가 없었는데, 한림학사승지翰林學士承旨 도곡陶穀[18]이 옆에 있다가 품속에서 선양문서를 꺼내

---

17 뇌덕양(雷德驤, 917~992): 자는 선행(善行). 북송 초의 관리. 전중시어사(殿中侍御史)·둔전원외랑(屯田員外郞)·대리시승(大理寺丞)을 역임했다. 재상 조보를 탄핵했다가 상주(商州) 사호참군(司戶參軍)으로 좌천되고 영무(靈武)로 유배되었다가 몇 년 뒤에 다시 도성으로 돌아와 비서승(秘書丞)이 되었다.

18 도곡(陶穀): 자는 수실(秀實). 오대와 북송 초의 대신. 후진(後晉)에서는 지제고(知制誥)와 창부낭중(倉部郞中), 후한(後漢)에서는 급사중(給事中), 후주(後周)에서는 병부시랑(兵部

바치며 말했다.

"이미 작성해 놓았습니다."

태조는 이 때문에 그의 사람됨을 가볍게 여겼다. 도곡의 묘는 도성의 동문 밖 각소사覺昭寺에 있었는데, 이미 묘실이 열린 채로 텅 비어 물건이 하나도 없었다. 절의 스님이 말했다.

"누차 덮어 놓았지만 번번이 무너지니 그 까닭을 모르겠다."

장순민張舜民[19]이 말했다.

"도곡은 사람됨이 경박하고 음험했다. 일찍이 스스로 자기 머리를 가리키며 반드시 초선관貂蟬冠[20]을 쓰게 될 것이라고 말했는데, 지금은 해골조차 없다."

太祖將受禪, 未有禪文, 翰林學士承旨陶穀在旁, 出諸懷中進曰: "已成矣." 太祖由是薄其爲人. 穀墓在京師東門外覺昭寺, 已洞開, 空無一物. 寺僧云: "屢掩屢壞, 不曉其故." 張舜民曰: "陶爲人輕險. 嘗自指其頭, 謂必戴貂蟬, 今髑髏亦無矣."

侍郞)과 한림학사승지(翰林學士承旨)를 지냈다. 송나라가 건국된 후에는 예부상서·형부상서·호부상서를 역임했다.

19 장순민(張舜民): 자는 운수(芸叟), 호는 정재(矴齋), 자호는 부휴거사(浮休居士). 북송의 문학가이자 화가. 영종(英宗) 치평(治平) 2년(1065) 진사 출신으로, 철종(哲宗) 원우(元祐) 원년(1086)에 비각교리(祕閣校理)가 되었고, 이듬해에 감찰어사(監察御史)에 임명되었으며, 휘종(徽宗) 때 이부시랑(吏部侍郞)으로 발탁되었다. 나중에 원우당인(元祐黨人)으로 지목되어 초주단련부사(楚州團練副使)로 좌천되고 상주(商州)에 안치되었다. 그 뒤 집현수찬(集賢修撰)으로 복직했다가 죽었다. 그림을 잘 그렸고 문장과 사(詞)에도 능했으며 특히 시에 뛰어났다.

20 초선관(貂蟬冠): 조정 대신(大臣)이 조회에 참석할 때 쓰는 예관(禮冠).

―――

태조太祖가 처음 천명을 받아 이균李筠²¹과 이중진李重進²²을 주살하고 위엄과 덕망이 날로 융성해지자 조보趙普에게 물었다.

"당나라 말 이후로 수십 년간 제왕의 성이 무릇 열 번이나 바뀌었고 백성들이 도탄에 빠졌으니 그 까닭이 무엇인가? 나는 전쟁을 멈추고 장구한 계책을 세우고자 하는데 그 방법이 무엇인가?"

조보가 말했다.

"폐하께서 이것을 언급하신 것은 하늘과 사람의 복입니다. 당나라 말 이후로 전쟁이 멈추지 않아 집이 흩어지고 사람이 죽은 것은 다른 이유가 아니라 절도사의 힘이 너무 세서 임금은 약하고 신하는 강하기 때문입니다. 지금 이를 다스리고자 하신다면 그들의 병권을 점차 빼앗고 전량錢糧을 제한하며 정병精兵을 거둬들이십시오. 그러면 천하가 안정될 것입니다."

말이 채 끝나기도 전에 태조가 말했다.

"경은 더 이상 말하지 말라. 나는 이미 잘 알고 있다."

―――

21 이균(李筠, ?~960): 오대 후주의 장수. 일찍이 곽위(郭威)를 따라 변경(汴京)을 점령하는 데 공을 세워 후주의 개국공신이 되었고, 소의절도사(昭義節度使)·검교태위(檢校太傅)에 제수되었으며, 북한(北漢)과 거란의 침입을 방어했다. 960년에 조광윤이 황제로 즉위한 후 사신을 보내 그를 회유하며 중서령(中書令)에 제수했지만, 그는 이를 거절하고 4월에 북한과 결탁해 이중진(李重進)과 함께 반란을 일으켰다. 결국 조광윤이 직접 출병해 6월에 진압했으며, 그는 스스로 불타 죽었다.

22 이중진(李重進, ?~960): 오대 후주의 장수. 후주 태조 곽위의 누나인 복경장공주(福慶長公主)의 아들로, 시위마보군도지휘사(侍衛馬步軍都指揮使)와 회남절도사(淮南節度使)를 지냈다. 960년에 조광윤이 황제로 즉위한 후 그를 중서령에 제수하고 병권을 빼앗으려 했는데, 이에 불만을 품고 9월에 반란을 일으켰다가 11월에 진압되었으며, 온 가족이 모두 불타 죽었다.

얼마 후에 태조가 저녁 조회를 하면서 친구인 석수신石守信[23] · 왕심기王審琦[24]와 술을 마셨는데, 태조가 좌우를 물리치고 말했다.

"내가 자네들의 도움을 받은 것이 많으니, 자네들의 공을 생각하며 잊지 않고 있네. 하지만 천자 노릇 하는 것도 크게 어려워 절도사 노릇 하는 즐거움만 훨씬 못하니, 나는 요즘 밤새껏 감히 편안하게 베개를 베고 누워 본 적이 없네."

석수신 등이 그 까닭을 묻자 태조가 말했다.

"그걸 어찌 알기 어렵겠나? 이른바 천자의 자리라는 것은 사람들이 모두 차지하려고 하기 때문이지."

석수신 등이 모두 머리를 조아리며 말했다.

"폐하께서는 왜 이런 말씀을 하십니까? 지금은 천명이 이미 정해졌으니 누가 감히 다시 다른 마음을 품겠습니까?"

태조가 말했다.

"그렇지 않네. 자네들은 비록 그런 마음이 없겠지만 휘하의 사람 중에 부귀하게 되려는 자는 어찌하겠는가? 일단 누런 곤룡포를 자네의 몸에 입혀

23　석수신(石守信, 928~984): 오대와 북송 초의 무장이자 북송의 개국공신. 후주에서 여러 전공을 세워 전전도지휘사(殿前都指揮使)와 의성군절도사(義成軍節度使) 등을 지냈으며, 조광윤과 결의형제를 맺은 '의사십형제(義社十兄弟)' 중 한 명이다. 송나라가 건국된 후 태조를 따라 이균(李筠)과 이중진(李重進)의 반란을 진압하는 데 참여했으며, 마보군부시위도지휘사(馬步軍副侍衛都指揮使)와 시위친군마보도지휘사(侍衛親軍馬步都指揮使) 등을 지냈다. 건륭(建隆) 2년(961)에 병권을 반납한 후에는 엄청한 재물을 축적했다.

24　왕심기(王審琦, 925~974): 자는 중보(仲寶). 오대와 북송 초의 무장이자 북송의 개국공신. 후주에서 여러 전공을 세워 철기지휘사(鐵騎指揮使)와 전전도우후(殿前都虞候) 등을 지냈으며, 조광윤과 결의형제를 맺은 '의사십형제' 중 한 명이다. 송나라가 건국된 후 태조를 따라 이균과 이중진의 반란을 진압하는 데 참여했으며, 전전도지휘사(殿前都指揮使)와 무성군절도사(武成軍節度使) 등을 지냈다. 건륭 2년(961)에 병권을 반납한 후, 도성을 나와 충무군절도사(忠武軍節度使)가 되었다.

28

주면 자네는 비록 천자가 되지 않으려 해도 그게 가능하겠는가?"

석수신 등이 눈물을 흘리며 말했다.

"신이 어리석어 거기까지는 생각이 미치지 못했으니, 폐하께서 신을 불쌍히 여기시고 살아갈 수 있는 길을 가르쳐 주십시오!"

태조가 말했다.

"인생은 흰말이 지나가는 것을 문틈으로 보듯이 순식간이네. 이른바 부귀라는 것은 금전을 많이 쌓아 자신을 매우 즐겁게 하고 자손을 영달하게 하는 것에 불과하네. 자네들은 어찌하여 병권을 내버리고, 편한 저택과 좋은 전답을 골라 사서 자손을 위해 영구한 기틀을 세우며, 가기와 무희를 많이 두고 날마다 먹고 마시고 즐기면서 천수를 끝마치려 하지 않는가? 임금과 신하 사이에 양쪽 모두 의심이 없고 위아래로 서로 편안한 것이 또한 좋지 않겠는가!"

석수신 등이 모두 감사의 절을 하며 말했다.

"폐하께서 신을 이렇게까지 생각해 주시니 정말 다행입니다!"

다음 날 이들은 모두 병을 핑계 대고 군정軍政을 해산하길 청했다. 태조는 이를 허락하고 모두 산관散官[25]을 수여해 집으로 돌아가게 했으며, 이들을 위로하기 위해 매우 후하게 물품을 하사하고 혹은 이들과 인척관계를 맺기도 했다. 그리하여 다시 쉽게 제어할 수 있는 자를 배치해 친위군을 주관하게 하고, 그 후에 또 전운사轉運使와 통판사通判使를 설치해 여러 도道의 전량을 주관하게 했으며, 천하의 정병을 거둬들여 숙위병으로 충당했다. 여러 공신들도 천수를 누리다 죽었으며 자손이 부귀하게 살면서 지금까지

---

25   산관(散官): 계관(階官)이라고도 한다. 품계만 있고 실제 직무가 없는 관리를 말한다. 실제 직무가 있는 관리는 직사관(職事官)이라 한다.

끊어지지 않고 있다. 이전에 한왕韓王(조보)의 깊은 계책과 태조의 명철한 과단성이 아니었다면 천하는 더 이상 태평스런 날이 없었을 것이다. 성현의 식견이 그 얼마나 심원한가! 세상에서는 한왕의 사람됨이 음험하고 각박해 그가 집정했을 때 작은 원한으로 남을 해친 일이 아주 많았다고 말하지만, 자손이 지금까지 복록을 누리는 경우는 개국 초의 대신 중에서 이에 미칠 수 있는 자가 드무니, 천하를 안정시킨 공이 크기 때문이 아니겠는가?

太祖初受天命, 誅李筠 · 李重進, 威德日盛, 因問趙普: "自唐季以來, 數十年間, 帝王凡易十姓, 兵革不息, 生靈塗地, 其故何哉? 吾欲息兵定長久之計, 其道何如?" 普曰: "陛下言及此, 天人之福也. 唐季以來, 戰爭不息, 家散人亡者無他, 節鎭太重, 君弱臣强而已. 今欲治之, 惟稍奪其權, 制其錢穀, 收其精兵, 則天下安矣." 語未卒, 帝曰: "卿勿復言. 吾已悉矣." 頃之, 上因晚朝, 與故人石守信 · 王審琦飮酒, 帝屛左右謂曰: "吾資爾曹之力多矣, 念爾之功不忘. 然爲天子亦大艱難, 殊不若爲節度使之樂, 吾今終夕未嘗敢安枕而臥也." 守信等問其故, 帝曰: "此豈難知? 所謂天位者, 衆欲居之爾." 守信等皆頓首曰: "陛下出此言何也? 今天命已定, 誰敢復有異心?" 上曰: "不然. 汝曹雖無此心, 其如麾下之人欲富貴者何? 一旦以黃袍加汝之身, 汝雖欲不爲, 其可得乎?" 守信等涕泣曰: "臣愚不及此, 惟陛下哀憐, 示以可生之塗!" 上曰: "人生如白駒過隙耳. 所謂富貴者, 不過欲多積金錢, 厚自娛樂, 使子孫顯榮耳. 汝曹何不釋去兵權, 擇便好田宅市之, 爲子孫立永久之業, 多置歌兒舞女, 日飮食相歡以終天命? 君臣之間兩無猜嫌, 上下相安, 不亦善乎!" 守信等皆拜謝曰: "陛下念臣及此幸甚!" 明日, 皆稱疾, 請解軍政. 上許之, 盡以散官就第, 所以慰撫賜賚甚厚, 或與之結婚. 於是更置易制者, 使主親軍, 其後又置轉運使 · 通判使, 主諸道錢穀, 收天下精兵以備宿衛, 而諸功臣亦以善終, 子孫富貴, 迄今

不絶. 向非韓王謀慮深長, 太祖深明果斷, 天下無復太平之日矣. 聖賢之見何
其遠哉! 世謂韓王爲人陰刻, 當其用事時, 以睚眦中傷人甚多, 然子孫至今享
福祿, 國初大臣鮮能及者, 得非安天下之功大乎?

1-6(006)

태조太祖가 조빈曹彬²⁶을 파견해 강남을 정벌하게 하면서 그가 떠날 때 유
시諭示하며 말했다.

"공을 이루면 사상使相²⁷을 상으로 주겠네."

조빈이 강남을 평정하고 돌아오자 태조가 말했다.

"지금 번진 중에 아직 복종하지 않는 자가 여전히 많은데, 그대가 사상이
되면 품계가 지극히 높아지니 어찌 기꺼이 다시 전쟁에 나서려 하겠는가?
그 일은 잠시 미뤄 두고 다시 날 위해 태원太原(북한)²⁸을 가져오게."

그러고는 은밀히 50만 전을 하사했다. 조빈은 불만스러워하면서 물러나

---

26 조빈(曹彬, 931~999): 자는 국화(國華). 북송의 무장이자 개국공신. 군대를 엄격히 다스리
    고 군율을 중시해 태조의 신임을 받았다. 건덕(乾德) 2년(964)에 군사를 이끌고 후촉(後蜀)
    을 정벌한 공으로 선휘남원사(宣徽南院使)가 되었다. 개보(開寶) 7년(974)에 수륙(水陸)의
    10만 대군을 이끌고 남당(南唐)을 정벌했으며, 다음 해에 금릉(金陵)을 함락시키고 북한(北
    漢)과 요(遼)를 공격할 계획을 세웠다. 그 후로 추밀사(樞密使) · 우효위상장군(右驍衛上將
    軍) · 시중(侍中) · 무녕군절도사(武寧軍節度使) 등을 역임했다.
27 사상(使相): 당송시대에 장군과 재상의 지위를 겸임한 사람. 친왕(親王) · 유수(留守) · 절
    도사(節度使)로서 시중(侍中) · 중서령(中書令) · 동평장사(同平章事)를 더해 받은 자를 말
    하는데, 실제로 정사를 주관하지는 않았다.
28 태원(太原): 북한(北漢)을 말한다. 북한은 오대십국의 십국 중 하나로, 태원에 도읍을 두었다.

집에 도착해 돈이 방에 가득한 것을 보고 감탄하며 말했다.

"좋은 벼슬도 돈을 많이 얻는 것에 불과할 뿐이니 어찌 반드시 사상이어야만 하겠는가!"

아! 태조가 벼슬 주기를 몹시 아낀 것이 이와 같았다. 공자孔子가 "오직 명위名位와 예기禮器는 남에게 빌려줄 수 없다"[29]라고 했는데, 태조는 이를 터득했던 것이다.

太祖遣曹彬伐江南, 臨行, 諭曰: "功成以使相爲賞." 彬平江南歸, 帝曰: "今方隅未服者尙多, 汝爲使相, 品位極矣, 豈肯復戰耶? 姑徐之, 更爲吾取太原." 因密賜錢五十萬. 彬怏怏而退, 至家, 見錢布滿室, 乃歎曰: "好官亦不過多得錢耳, 何必使相也!" 嗚呼! 太祖重惜爵位如此. 孔子稱 "惟名與器, 不可以假人", 太祖得之矣.

1-7(007)

조종祖宗(태조)[30]이 개국할 때 등용한 장수와 재상은 모두 북인이었기에, 태조太祖가 궁중의 비석에 이렇게 새겨 놓았다.

"후세 자손은 남인을 등용해 재상으로 삼지 말며, 내신內臣이 병사를 주

---

29 오직 명위(名位)와 예기(禮器)는 남에게 빌려줄 수 없다: 원문은 "유명여기(惟名與器), 불가이가인(不可以假人)". 이 구절은 『춘추좌전(春秋左傳)』 「성공(成公) 2년」에 나온다. '명위'는 작위를 말한다.
30 조종(祖宗): 개국의 시조나 중흥의 시조. 여기서는 태조 조광윤을 말한다.

관하게 하라."

진종眞宗(조항)[31]조에 처음으로 민閩[32] 지역 사람을 등용했는데, 그 비각碑刻은 남아 있지 않았다. 아! 예조藝祖(태조 조광윤)[33]의 명철함으로 앞날을 미리 알았던 것이다. 한漢나라 고조高祖(유방)[34]가 오왕吳王 유비劉濞[35]에게 말했다.

"50년 후에 동남쪽에서 난을 일으킬 자는 네가 아니겠는가? 하지만 천하는 한 집안이니 삼가 모반하지 않도록 하라."

그 후에 과연 그렇게 되었다. 그래서 예조가 또한 그렇게 말했던 것이다.

祖宗開國所用將相皆北人, 太祖刻石禁中曰: "後世子孫無用南士作相, 內臣主兵." 至眞宗朝始用閩人, 其刻不存矣. 嗚呼! 以藝祖之明, 其前知也. 漢高祖謂吳王濞曰: "後五十年東南有亂者, 非汝耶? 然天下一家, 愼無反." 已而果然. 藝祖亦云.

31 진종(眞宗): 조항(趙恒). 북송의 제3대 황제(997~1022 재위)로, 태종(太宗)의 셋째 아들이다. 본명은 조덕창(趙德昌)인데, 조원휴(趙元休)·조원간(趙元侃)으로 개명했다. 재위 중에 거란족이 세운 요(遼)나라와 화친을 맺고, 매년 요나라에 은 10만 냥과 비단 20만 필을 조공하기로 했다. 송나라 입장에서는 비록 굴욕적인 화친이었지만 그 덕분에 40여 년간 전쟁이 일어나지 않아서 경제가 비약적으로 발전했다.
32 민(閩): 지금의 푸젠성[福建省] 지역. 오대십국시대에 왕심지(王審知)가 이 지역을 중심으로 십국 중 하나인 민국(閩國, 909~945 존속)을 세웠다.
33 예조(藝祖): 개국의 시조라는 뜻으로, 태조 조광윤을 가리킨다.
34 고조(高祖): 유방(劉邦). 한나라의 개국황제(BC 202~BC 195 재위). 진(秦)나라 말에 사수정장(泗水亭長)으로 있다가 군사를 일으켜 진왕으로부터 항복을 받았으며, 4년간에 걸친 항우(項羽)와의 쟁패전에서 항우를 대파하고 천하통일의 대업을 이루었다.
35 유비(劉濞, BC 215~BC 154): 한나라 고조 유방의 조카로, 고조 때 오왕에 봉해져 3군 53성을 다스렸다. 경제(景帝) 3년(BC 154)에 초(楚)·조(趙)·교동(膠東)·교서(膠西)·제남(濟南)·치천(淄川) 등과 함께 7국이 결탁해 반란을 일으켰다가 실패해 살해당했는데, 역사에서 이를 '칠국의 난'이라 한다.

태조太祖는 즉위 초기에 자주 미행微行을 나가 인정을 살폈는데, 간혹 공
신의 집에 들렀지만 예측할 수 없었다. 그래서 조보趙普는 매번 퇴조한 후
에도 감히 의관을 벗지 않았다. 하루는 큰 눈이 내리고 밤이 되자 조보는
태조가 더 이상 행차하지 않을 것이라고 생각했다. 한참이 지나 문을 두드
리는 소리를 듣고 조보가 나갔더니 태조가 눈보라 속에 서 있었다. 조보가
황공해하며 영접해 절을 올리자 태조가 말했다.

"이미 진왕晉王(조광의)과 약조했네."

얼마 후 태종太宗(조광의)³⁶이 도착하자, 함께 조보의 당堂 안에 두툼한 요
를 깔고 바닥에 앉아 숯불을 피워 고기를 구웠다. 조보의 아내가 술을 따랐
는데, 태조는 그녀를 형수라고 불렀다. 조보가 조용히 물었다.

"밤이 깊고 추위도 심한데 폐하께선 어쩐 일로 행차하셨습니까?"

태조가 말했다.

"나는 눈을 붙일 수가 없네. 내 침상 하나 외에는 모두 다른 사람의 집인
지라³⁷ 일부러 경을 만나러 왔네."

---

36 태종(太宗): 조광의(趙匡義). 자는 정의(廷宜). 북송의 제2대 황제(976~997 재위)로, 태조
의 친동생이다. 본명은 조광의(趙匡義)인데, 태조 조광윤(趙匡胤)의 이름을 피휘(避諱)해
조광의(趙光義)로 개명했으며, 황제로 즉위한 후에 다시 조경(趙炅)으로 개명했다. 일찍이
태조의 패업을 도와 진왕(晉王)에 봉해졌다. 즉위한 후 태평흥국(太平興國) 3년(978)에 오
월왕(吳越王) 전숙(錢俶)에게 정치적 압박을 가해 장주(漳州)와 천주(泉州)를 헌납받았으
며, 태평흥국 4년(979)에 태원(太原)을 공략해 북한(北漢)을 멸망시킴으로서 완전한 천하
통일을 이루었다. 두 차례에 걸쳐 요(遼)나라를 공격해 연운(燕雲) 16주를 수복하려 했으나
실패했다. 중앙집권을 강화하고 문치주의를 완성했다.
37 내 침상 하나 외에는 모두 다른 사람의 집인지라: 원문은 "일탑지외개타인가(一楊之外皆他

조보가 말했다.

"폐하께서는 천하를 작다고 여기십니까? 남정과 북벌은 지금이 그때입니다. 작정하신 계획이 어느 쪽인지 듣고 싶습니다."

태조가 말했다.

"나는 태원太原(북한)을 공략하고 싶네."

조보는 묵묵히 한참을 있다가 말했다.

"그건 신이 알고 있는 바가 아닙니다."

태조가 그 까닭을 묻자 조보가 말했다.

"태원은 서북의 두 변방에 해당하는데, 만약 일거에 차지할 수 있다면 두 변방의 근심은 저 혼자 감당하겠습니다. 어찌하여 잠시 늦추어 여러 나라를 평정하길 기다리지 않으십니까? 그러면 탄환이나 사마귀[38]처럼 작은 땅은 장차 도망칠 곳이 없을 것입니다."

태조가 웃으며 말했다.

"내 뜻이 정작 그와 같으니, 다만 경을 시험해 본 것이었네."

마침내 강남을 공략하는 것으로 논의를 결정했다. 태조가 말했다.

"왕전빈王全斌[39]이 촉蜀(후촉)을 평정하면서 많은 사람을 죽였는데, 나는 지

　　人家)". 내 침대 외에는 모두 남의 것이라는 뜻으로, 온 천하에 자기 손아귀에 들어온 땅이
　　얼마 되지 않음을 이르는 고사성어로 사용된다.
38　사마귀: 원문은 "흑지(黑誌)". 흑자(黑子)라고도 한다. 몸에 난 검정사마귀를 뜻하며, 매우
　　작은 것을 비유해 이르는 말이다. "지(誌)"는 "지(痣)"와 통한다.
39　왕전빈(王全斌, 908~976): 오대와 북송 초의 무장. 후당 · 후진 · 후한 · 후주의 네 조대에
　　걸쳐 무장으로 활약했다. 송나라가 건국된 후 이균(李筠)의 반란 평정에 참여했고, 곽진(郭
　　進)과 함께 북한(北漢)을 공략했다. 건덕(乾德) 2년(964)에 충무절도사(忠武節度使)가 되
　　었으며, 같은 해에 서천행영봉주로도부서(西川行營鳳州路都部署)에 임명되어 3만 대군을
　　이끌고 후촉(後蜀)을 공격해 후촉 황제 맹창(孟昶)의 항복을 받아냈다. 성도(成都)에 입성
　　한 후 병사들을 풀어 노략질하게 하고 투항한 병사와 평민을 잔인하게 살해해 후촉 군민
　　(軍民)의 반항을 불러일으켰다. 이로 인해 숭의군절도유후(崇義軍節度留後)로 강등되었다

금도 그것을 생각하면 여전히 마음이 편치 않으니 그를 기용할 수는 없네.”

그래서 조보는 조빈曹彬을 장군으로, 반미潘美[40]를 부장으로 추천했다. 다음 날 장수를 임명할 때 조빈과 반미가 폐하의 물음에 대답했는데, 조빈은 재주와 능력이 미치지 못한다고 사양하며 따로 유능한 신하를 선발하길 청했다. 그런데 반미가 강남을 차지할 수 있다고 호언장담하자, 태조가 큰 소리로 조빈에게 말했다.

“이른바 대장이란 자가 지위를 벗어나 분수를 범하는 부장을 벨 수 있다면 어렵지 않을 것이다.”

반미는 식은땀을 흘리며 감히 쳐다보지 못했다. 장차 출정하기 전에 밤에 태조가 조빈을 궁중으로 불러들여 친히 술을 따라 주었다. 조빈이 취했을 때 궁인이 그의 얼굴에 물을 뿌렸는데, 술이 깨고 나자 태조가 그의 등을 토닥이면서 보내 주며 말했다.

“이해하게, 이해해. 그녀는 본래 죄가 없고 단지 내가 그녀를 붙잡지 못했을 뿐이네.”

이는 대개 은덕으로 강남을 내복來服시키고자 한 것이었다. 그래서 조빈의 진중함과 반미의 명민함으로 서로를 도와 금령禁令을 시행해 한 사람도 함부로 죽이지 않고 강남이 평정되었다. 이는 모두 태조가 어진 성심聖心과 뛰어난 무용으로 이들을 기용해 그 바른길을 얻었기 때문이다.

가 나중에 복귀해 무녕절도사(武寧節度使)가 되었다.

40 반미(潘美, 925~991): 자는 중순(仲詢). 송나라의 개국명장. 송나라가 건국된 후 이중진(李重進)의 반란 평정에 참여했다. 개보(開寶) 3년(970)에 행영제군도부서(行營諸軍都部署)가 되어 남한(南漢)을 정벌했고, 개보 8년(975)에는 조빈(曹彬)을 도와 남당(南唐)을 정벌했다. 태종 태평흥국(太平興國) 8년(983)에 충무군절도사(忠武軍節度使)에 임명되고 한국공(韓國公)에 봉해졌다. 옹희(雍熙) 3년(986)에 요(遼)나라를 공격했다가 실패해 검교태보(檢校太保)로 강등되었다.

太祖卽位之初, 數出微行, 以偵伺人情, 或過功臣之家, 不可測. 趙普每退朝, 不敢脫衣冠. 一日大雪, 向夜, 普謂帝不復出矣. 久之, 聞叩門聲, 普出, 帝立風雪中. 普惶懼迎拜, 帝曰:“已約晉王矣.” 已而太宗至, 共於普堂中設重裀地坐, 熾炭燒肉. 普妻行酒, 帝以嫂呼之. 普從容問曰:“夜久寒甚, 陛下何以出?” 帝曰:“吾睡不能著. 一榻之外皆他人家也, 故來見卿.” 普曰:“陛下小天下耶? 南征北伐, 今其時也. 願聞成算所向.” 帝曰:“吾欲下太原.” 普嘿然久之, 曰:“非臣所知也.” 帝問其故, 普曰:“太原當西北二邊, 使一擧而下, 則二邊之患我獨當之. 何不姑留以俟削平諸國? 則彈丸黑誌[1]之地, 將無所逃.” 帝笑曰:“吾意正如此, 特試卿耳.” 遂定下江南之議. 帝曰:“王全斌平蜀多殺人, 吾今思之猶耿耿, 不可用也.” 普於是薦曹彬爲將, 以潘美副之. 明日命帥, 彬與美陛對, 彬辭才力不迨, 乞別選能臣. 美盛言江南可取, 帝大言諭彬曰:“所謂大將者, 能斬出位犯分之副將, 則不難矣.” 美汗下, 不敢仰視. 將行, 夜召彬入禁中, 帝親酌酒. 彬醉, 宮人以水沃其面, 旣醒, 帝撫其背以遣曰:“會取會取. 他本無罪, 只是自家着他不得.” 蓋欲以恩德來之也. 是故以彬之厚重, 美之明銳, 更相爲助, 令行禁止, 未嘗妄戮一人, 而江南平. 皆帝仁聖神武所以用之, 得其道云.

[1] 지(誌): 명초본(明鈔本)과 『학진토원』본에는 “자(子)”라 되어 있다.

1-9(009)

―

태조太祖가 처음 즉위해서 태묘太廟[41]에 배알할 때, 차려 놓은 변두보궤籩豆簠簋[42]를 보고 말했다.

"이것은 대체 어떤 물건인가?"

모시던 신하가 예기禮器라고 대답하자 태조가 말했다.

"우리 조상님이 어찌 이것을 알겠는가!"

그러고는 치우라고 명한 뒤 평상시에 늘 먹는 음식을 빨리 올리게 해 친히 제사를 마치고 측근 신하를 돌아보며 말했다.

"아까 예기를 다시 진설하게 해서 유생들로 하여금 제례를 행하게 하라."

지금도 태묘에서는 먼저 아반牙盤[43]을 올리고 나중에 제례를 행한다. 강절선생康節先生(소옹·)[44]이 일찍이 말했다.

"태조황제는 예법에 대해서 가히 고금의 마땅함에 통달했다고 이를 만하다."

太祖初卽位, 朝太廟, 見其所陳邊豆簠簋, 則曰: "此何等物也?" 侍臣以禮器爲對, 帝曰: "我之祖宗寧曾識此!" 命徹去, 亟令進常膳, 親享畢, 顧近臣曰: "却令設向來禮器, 俾儒士輩行事." 至今太廟先進牙盤, 後行禮. 康節先生常曰: "太祖皇帝其於禮也, 可謂達古今之宜矣."

41　태묘(太廟): 나라의 역대 제왕의 위패를 모신 사당.

42　변두보궤(邊豆簠簋): 모두 제기(祭器)의 명칭이다. '변'은 대나무로 만들어 과일과 육포 등을 담고, '두'는 나무로 만들어 장류(醬類)의 음식을 담는다. '보'와 '궤'는 모두 청동으로 만든 제기로, 모난 것을 '보'라 하고 둥근 것을 '궤'라 한다.

43　아반(牙盤): 정교하고 아름답게 조각한 쟁반, 또는 그러한 쟁반에 담긴 진수성찬을 말하기도 한다. 여기서는 아반에 담긴 제사음식을 가리킨다.

44　강절선생(康節先生): 소옹(邵雍, 1011~1077). 자는 요부(堯夫), 자호는 안락선생(安樂先生), 시호는 강절. 북송 중엽의 저명한 이학자(理學者)로, 본서의 찬자인 소백온의 부친이다. 주염계(周濂溪)와 동시대인으로, 이지재(李之才)로부터 도서(圖書)·천문(天文)·역수(易數)를 배웠다. 인종(仁宗) 가우(嘉祐) 연간(1056~1063)에 장작감주부(將作監主簿)로 초징되었으나 사양하고 일생을 낙양에 숨어 지내면서 학문에 정진했다. 사마광(司馬光) 등의 구법당(舊法黨)과 친분이 두터웠다. 그는 도가사상의 영향을 받고 유교의 역철학(易哲學)을 발전시켜 특이한 수리철학(數理哲學)을 만들었다.

—

동경東京(변경)은 당나라 때는 변주汴州였고, 양梁(후량) 태조太祖(주전충)[45]는 선무부宣武府에 건창궁建昌宮을 세웠고, 진晉(후진)에서는 대녕궁大寧宮으로 개명했고, 주周(후주) 세종世宗(시영)은 비록 신축하거나 보수했지만 여전히 왕자王者의 궁제宮制와는 같지 않았다. 태조황제太祖皇帝는 천명을 받은 초기에 즉시 사신을 파견해 서경西京(낙양)[46]의 황궁을 그려 오게 해서 그것에 따라 황궁을 개축했다. 완공된 후에 태조는 만세전萬歲殿에 앉아 여러 궁문을 활짝 열었는데, 바르고 곧은 것이 마치 먹줄을 그어 놓은 것 같았기에 감탄하며 말했다.

"이것은 내 마음과 같으니 조금이라도 비뚤어진 마음을 가진 사람은 모두 보일 것이다."

태조가 하루는 명덕문明德門에 올라 그 편액을 가리키며 조보趙普에게 물었다.

"명덕지문明德之門에 어찌하여 '지' 자를 썼는가?"

---

45 태조(太祖): 주전충(朱全忠). 본명은 주온(朱溫). 오대 후량(後梁)의 개국황제(907~912 재위). 당나라 말에 '황소(黃巢)의 난'에 참가해 그 부장이 되었으나, 얼마 후 형세의 불리함을 간파하고 관군에 항복해 희종(僖宗)으로부터 전충(全忠)이라는 이름을 하사받았다. 그 후 황소의 잔당과 그 밖의 군웅을 평정한 공으로 양왕(梁王)에 봉해지고 각지의 절도사를 겸하는 등 화북 제일의 실력자가 되었다. 그 후 소종(昭宗)을 살해하고 애제(哀帝)를 세웠다가 다시 애제로부터 제위를 넘겨받아 양(梁)나라를 세우고 변량(汴梁: 변경)에 도읍을 정함으로써 당나라를 멸망시켰다. 그러나 그의 세력범위는 화북 일부에 한정되었고, 이후 50년에 걸친 오대십국의 분쟁이 시작되는 계기가 되었다.

46 서경(西京): 낙양(洛陽)을 말한다. 송나라 때는 도성인 변경(汴京)에 개봉부(開封府)를 설치했으며, 그보다 서쪽에 있는 낙양을 서경이라 하고 하남부(河南府)를 설치했다.

조보가 말했다.

"어조사입니다."

태조가 말했다.

"지호자야之乎者也[47]가 무슨 일을 돕는단 말인가?"

조보는 아무 말도 하지 않았다.

東京, 唐汴州, 梁太祖因宣武府置建昌宮, 晉改曰大寧宮, 周世宗雖加營繕,
猶未如王者之制. 太祖皇帝受天命之初, 卽遣使圖西京大內, 按以改作. 旣成,
帝坐萬歲殿, 洞開諸門, 端直如引繩, 則歎曰: "此如吾心, 小有邪曲人皆見
矣." 帝一日登明德門, 指其榜問趙普曰: "明德之門, 安用之字?" 普曰: "語助."
帝曰: "之乎者也, 助得甚事?" 普無言.

1-11(011)

태조太祖가 등극한 지 오래되지 않아서 두태후杜太后(태조의 모친)가 하늘
로 떠나자, 처음에는 선조宣祖(조홍은)를 따라 국문 남쪽의 봉선사奉先寺에 장
사 지냈다. 나중에 재상 범질范質[48]을 특사[49]로 임명해 장지를 다시 점치게

---

47 지호자야(之乎者也): 이 네 글자는 모두 옛 고문에서 상투적으로 사용하던 어조사다. 나중에
는 별 내용도 없이 옛날 말투를 흉내 내서 지식인인 체하는 것을 풍자하는 성어로 쓰였다.

48 범질(范質, 911~964): 자는 문소(文素). 북송 태조 때의 재상. 어려서부터 학문을 좋아해 박
학다식했다. 후당 장흥(長興) 4년(933)에 진사에 급제해 호부시랑(戶部侍郞)을 지냈으며,
후주 조정에서는 병부시랑(兵部侍郞)과 추밀부사(樞密副使) 등을 지냈다. 조광윤을 천자로
옹립하는 데 힘썼으며, 태조가 즉위한 뒤 재상에 임명되었다. 일찍이 조보(趙普)·여여경

했으나 적합한 땅을 찾지 못했다. 범질이 특사를 그만두자 태조는 다시 태종太宗을 특사로 임명해 영안릉永安陵으로 옮겨 모셨다. 또 서경西京(낙양)의 곡수穀水에서 먼 조상을 이장하고자 했는데, 그곳은 대개 선조가 미천했을 때 장사 지낸 곳이었다. 두 무덤을 합장했었는데, 묘 구덩이를 열었더니 모두 백골이 되어 분간할 수 없자, 마침내 즉시 봉분을 능원陵園으로 만들었으며, 해마다 관리를 파견하고 아울러 제사를 지냈다. 낙양 사람들은 이를 '일침이위一寢二位'[50]라고 했다. 이천선생伊川先生 정이程頤[51]가 말했다.

"합장하기 위해 장지를 택한 것은 지혜롭다고 이를 만하다."

太祖登極未久, 杜太后上儒, 初從宣祖葬國門之南奉先寺. 後命宰相范質爲使, 改卜未得地. 質罷, 更命太宗爲使, 遷奉於永安陵. 又欲遷遠祖於西京之穀水, 蓋宣祖微時葬也. 相並兩冢, 開壙皆白骨, 不知辨, 遂卽墳爲園, 歲遣官並祭. 洛人謂之一寢二位云. 伊川先生程頤曰: "爲並葬擇地者, 可以謂之智矣."

　(呂餘慶)·두의(竇儀) 등을 천거했다. 건덕(乾德) 원년(963)에 노국공(魯國公)에 봉해졌다. 그가 편찬한 후주의 『현덕형률통류(顯德刑律統類)』는 송나라의 첫 법전인 『송형통(宋刑統)』의 직접적인 바탕이 되었다.

49　특사: 원문은 "사(使)". 당나라 이후로 특정한 정무를 책임지고 특별히 파견된 사람을 말한다.
50　일침이위(一寢二位): 한 능침(陵寢)에 두 분을 모셨다는 뜻.
51　정이(程頤, 1033~1107): 자는 정숙(正叔), 호는 이천(伊川), 시호는 정공(正公). 북송 중기의 유학자. 형 정호(程顥)와 함께 주돈이(周敦頤: 주염계)에게 배웠고, 형과 아울러 '이정자(二程子)'라 불리며 정주학(程朱學)의 창시자로 알려졌다. '이기이원론(理氣二元論)'의 철학을 수립해 중국철학사상 큰 업적을 남겼다. 그의 철학사상은 주희(朱熹)에게 계승되었다.

1-12(012)

태조太祖가 근교에서 사냥하다가 몰던 말이 실수하자 뛰어내린 뒤 말했다.

"나는 천하를 복종시킬 수 있는데 말 한 마리를 길들이지 못한다는 말인가?"

그러고는 즉시 차고 있던 칼로 말을 베고 나서 잠시 후에 후회하며 말했다.

"나는 천자가 되어 자주 사냥을 나가는데, 말이 실수한다고 또 죽인다면 이는 잘못이다."

그 이후로 종신토록 다시는 사냥하지 않았다.

太祖獵近郊, 所御馬失, 帝躍以下, 且曰: "吾能服天下矣, 一馬獨不馴耶?" 卽以佩刀刺之, 旣而悔曰: "吾爲天子, 數出遊獵, 馬失又殺之, 其過矣." 自此終身不復獵.

1-13(013)

태조太祖조에 진저晉邸(진왕부)[52]의 내신內臣이 목재 저장소의 대목 하나로 기물을 만들겠다고 주청했는데, 태조가 노해 그 상주문에 비답批答했다.

"큰 목재를 쪼개 작은 기물을 만드는 것이 어찌 너의 머리를 베는 것만

---

52 진저(晉邸): 진왕부(晉王府)라는 뜻으로, 진왕 조광의(趙匡義)의 관저를 말한다.

하겠느냐!"

그 목재는 지금도 있는데, 절반이 말라 썩었지만 감히 옮기지 못한다. 아, 태조는 나무 하나도 함부로 써서 그 재료를 낭비하는 것을 참지 못했으니, 하물며 그보다 큰 것임에랴!

太祖朝, 晉邸內臣奏請木場大木一章造器用. 帝怒, 批其奏曰: "破大爲小, 何若斬汝之頭也!" 其木至今在, 半枯朽, 不敢動. 嗚呼, 太祖於一木不忍暴用以違其材, 況大者乎!

1-14(014)

~~~~~

충정군절도사忠正軍節度使 왕심기王審琦는 태조황제太祖皇帝와 오랜 친분이 있어서 전전도지휘사殿前都指揮使가 되었다. 궁중에 불이 나자 왕심기는 소명召命을 기다리지 않고 병사를 이끌고 입궁해 불을 껐다. 대간臺諫[53]의 관리가 탄핵해 왕심기는 파직당하고 수주壽州의 본진本鎭으로 돌아가게 되었는데, 조정에서 하직 인사를 올릴 때 태조가 그에게 유시하며 말했다.

"네가 소명을 기다리지 않고 병사를 이끌고 입궁해 보위한 것은 충성이지만, 대신臺臣(대간)의 탄핵은 시행하지 않을 수 없다. 다만 본진으로 돌아가

~~~~~

53 대간(臺諫): 당송시대에 관리의 탄핵을 전담하던 어사(御史)를 대관(臺官)이라 하고, 조정에서 간쟁(諫爭)의 임무를 맡은 급사중(給事中)·간의대부(諫議大夫) 등을 간관(諫官)이라 했는데, 이 둘은 각기 맡은 일이 달랐지만 직책이 종종 서로 혼동되었기 때문에 '대간'이라 합쳐 불렀다.

있으면, 내가 틀림없이 내 딸을 너의 아들 승연承衍[54]에게 시집보낼 것이다."

왕승연을 불러 도착했는데, 그는 이미 부인 악씨樂氏가 있었기에 사양했더니 태조가 말했다.

"너는 나의 사위가 될 것이니, 내가 장차 악씨를 개가시켜 주겠다."

어룡직御龍直[55] 네 명이 어마를 몰고 가서 왕승연을 태우고 돌아와 마침내 진국대장공주秦國大長公主[56]에게 장가들었다. 악씨는 후하게 재물을 주어 개가시켜 주었다. 태조가 왕승연에게 말했다.

"이제 너의 부친은 편히 지낼 수 있을 것이다."

왕심기는 본진으로 돌아와 7년을 지내면서 다른 번진에 솔선해 절도사의 부절을 반납했으며, 사상使相으로 있다가 죽은 후 진왕秦王에 추봉되고 정의正懿라는 시호를 받았다. 왕승연은 벼슬이 호국군절도사護國軍節度使·부마도위駙馬都尉·하중윤河中尹에 이르렀으며, 죽은 후 상서령尙書令에 추증되고 정왕鄭王에 추봉되었다. 아, 태조가 영웅을 제어하고 간언을 채납한 것이 성명聖明하도다!

忠正軍節度使王審琦與太祖皇帝有舊, 爲殿前都指揮使. 禁中火, 審琦不待召, 領兵入救. 臺諫官有言, 罷歸壽州本鎭, 朝辭, 太祖諭之曰:"汝不待召以

---

54 왕승연(王承衍, 947~998): 자는 희보(希甫). 북송 초의 대신이자 외척인 왕심기(王審琦)의 아들로, 태조 조광윤의 장녀에게 장가들었다. 벼슬은 호국군절도사에 이르렀고 검교태위(檢校太尉)를 더해 받았으며 연국공(燕國公)에 봉해졌다.

55 어룡직(御龍直): 송나라 때 황제를 호위하기 위해 황성(皇城)에 설치한 다섯 겹의 금위군(禁衛軍) 가운데 맨 마지막 군대.

56 진국대장공주(秦國大長公主, ?~1008): 태조 조광윤의 장녀로, 모친은 효혜황후(孝惠皇后)다. 개보(開寶) 3년(970)에 소경공주(昭慶公主)에 봉해졌으며, 좌위장군(左衛將軍) 왕승연에게 시집갔다. 나중에 진국대장공주로 높여 봉해졌으며, 사후에 위국대장공주(魏國大長公主)로 고쳐 봉해졌다.

兵入衛, 忠也, 臺臣有言, 不可不行. 第歸鎭, 吾當以女嫁汝子承衍者." 召承
衍至, 則已有婦樂氏, 辭, 帝曰: "汝爲吾壻, 吾將更嫁樂氏." 以御龍直四人控
御馬載承衍歸, 遂尙秦國大長公主. 樂氏厚資嫁之. 帝謂承衍曰: "汝父可以安
矣." 審琦歸鎭七年, 率先諸鎭納節, 以使相薨, 追封秦王, 諡正懿. 承衍官至
護國軍節度使・駙馬都尉・河中尹, 薨, 贈尙書令, 追封鄭王. 鳴呼, 太祖駕馭
英雄, 聽納言諫, 聖矣哉!

1-15(015)

—

태조太祖가 즉위하자 여러 번진들이 모두 절도사직을 그만두고 돌아와
대부분 도성에 거주했는데, 그들은 아주 후한 대우를 받았다. 하루는 태조
의 행차를 따라 금명지金明池[57]로 가서 배 안에 술을 차려 놓고 옛일을 얘기
하며 매우 즐거워했다. 태조가 자신의 자리를 가리키며 말했다.

"이 자리는 천명을 가진 자가 얻는 것이네. 짐은 우연히 다른 사람들의
추대를 받아 여기에 이르렀으니, 그대들 중에 천자가 되고자 하는 자가 있
으면 짐이 마땅히 자리를 피해 줄 것이네."

여러 절도사들은 모두 바닥에 엎드려 식은땀을 흘리며 감히 일어나지 못
했다. 태조가 측근 신하에게 명해 그들을 부축해 일으키고 처음처럼 즐겁

---

57 금명지(金明池): 도성 변경(汴京)의 서정문(西鄭門) 서북쪽에 있던 연못. 오대 후주의 세종
    이 남당(南唐)을 정벌하기 위해 처음 이 연못을 만들어 수전(水戰)을 훈련했다. 송 휘종(徽
    宗) 때 이 주변에 전각을 세웠는데, 나중에 금나라 군대가 도성으로 들어왔을 때 불타 훼손
    되었다.

게 술을 마셨다. 아, 본디 성상의 도량이 심원하지 않았다면 어찌 천하의
영웅들을 이처럼 복종시킬 수 있었겠는가!

太祖卽位, 諸藩鎭皆罷歸, 多居京師, 待遇甚厚. 一日從幸金明池, 置酒舟
中, 道舊甚歡. 帝指其坐曰:"此位有天命者得之. 朕偶爲人推戴至此, 汝輩欲
爲者, 朕當避席." 諸節度皆伏地汗下, 不敢起. 帝命近臣掖之, 歡飮如初. 嗚
呼, 自非聖度宏遠, 安能服天下英雄如此!

1-16(016)

―

위촉偽蜀(후촉)의 맹창孟昶[58]이 항왕降王의 신분으로 입조하던 중에 배가
미주眉州 호양도湖瀼渡를 지나갈 때, 임신하고 있던 한 궁빈宮嬪을 맹창이 나
오게 해 축원하며 말했다.

"만약 아들을 낳는다면 맹씨가 그대로 살아남을 것이다."

나중에 그 궁빈이 아들을 낳았는데, 지금까지 맹씨의 명맥이 끊어지지
않고 있다. 맹창은 후촉을 다스리면서 많은 은택을 베풀었기에 나라 사람
들이 통곡하며 그를 전송했다. 건위현犍爲縣에 이르러 작별하고 떠났기에

---

58 맹창(孟昶): 자는 보원(保元), 초명은 맹인찬(孟仁贊). 오대십국 후촉(後蜀)의 마지막 황제
(934~965 재위)로, 후촉 고조 맹지상(孟知祥)의 셋째 아들이다. 즉위한 후 권세를 믿고 국
정을 전횡한 대장 이인한(李仁罕)을 주살해 위엄을 세웠다. 또 진(秦)·봉(鳳)·개(階)·성
(成) 4주를 점령해 전촉(前蜀)의 영토를 모두 차지했다. 건덕(乾德) 2년(964)에 송 태조 조
광윤이 왕전빈(王全斌) 등을 파견해 후촉을 정벌하자, 맹창은 항복하고 도성으로 포로로
잡혀와 검교태사(檢校太師) 겸 중서령(中書令)에 임명되고 진국공(秦國公)에 봉해졌다.

그곳을 곡왕탄哭王灘이라 불렀다. 후촉이 처음 평정되었을 때 여여경呂餘慶[59]이 태수太守로 나갔는데, 태조太祖가 그에게 유시하며 말했다.

"촉인들이 맹창을 그리워하며 잊지 않고 있으니, 경이 성도成都를 다스릴 때 맹창이 먹고 마시는 것에 부과했던 세금을 모두 없애는 것이 마땅하다."

여여경이 조칙을 받들어 세금을 없앴더니 촉인들이 비로소 기뻐하며 더 이상 옛 군주를 그리워하지 않았다.

僞蜀孟昶以降王入朝, 舟過眉州湖瀼渡, 一宮嬪有孕, 昶出之, 祝曰: "若生子, 孟氏尚存也." 後生子, 今爲孟氏不絶. 昶治蜀有恩, 國人哭送之. 至犍爲縣別去, 其地因號曰哭王灘. 蜀初平, 呂餘慶出守, 太祖諭曰: "蜀人思孟昶不忘, 卿官成都, 凡昶所摧稅食飮之物, 皆宜罷." 餘慶奉詔除之, 蜀人始欣然不復思故主矣.

1-17(017)

진종황제眞宗皇帝 경덕景德 원년(1004)에 거란契丹(요)이 침입해 약탈하고 전연澶淵[60]을 침범하자 도성이 두려움에 떨었다. 당시 대신 중에는 진종에

---

59 여여경(呂餘慶, 927~976): 자는 여경. 본명은 여윤(呂胤)인데, 태조 조광윤(趙匡胤)의 이름을 피휘해 자로 불렸다. 오대와 북송 초의 대신으로, 병부시랑 여기(呂琦)의 장자이자 상서우복야(尚書右僕射) 여단(呂端)의 형이다. 후진·후한·후주의 조정에서 벼슬했다. 송 태조가 즉위한 후 급사중(給事中)에 임명되었으며, 그 후로 지개봉부(知開封府)·상도부유수(上都副留守)·호부시랑·병부시랑·상서좌승(尚書左丞) 등을 역임했다.

60 전연(澶淵): 옛 호수명. 지금의 허난성[河南省] 푸양현[濮陽縣] 서쪽에 있었다. 이른바 북송

게 금릉金陵(남경)으로 순행하거나 서촉西蜀으로 순행하길 청하는 자도 있었다. 좌상左相 필문간공畢文簡公(필사안)[61]은 병들어 집을 나오지 않았고, 우상右相 구내공寇萊公(구준)[62] 혼자만 진종에게 친히 정벌에 나설 것을 권했는데, 진종이 마음에 결정을 하고 마침내 전연으로 순행했다. 진종이 황하黃河를 건너려 하지 않자 구내공이 힘써 청해 고경高瓊[63]이 어마를 몰고 부교를 건너갔다. 진종이 성에 오르자 육군六軍[64]이 황제의 누런 수레덮개를 바라보고 "만세"를 외쳐 그 소리가 들판을 진동하고 병사들의 사기가 크게 진작되었다. 진종은 매번 사람을 시켜 구내공의 동정을 엿보게 했는데, 어떤 이가 말했다.

"구준寇準이 낮잠을 자는데 코 고는 소리가 천둥 치는 것 같습니다."

또 어떤 이가 말했다.

"구준이 방금 요리사에게 회를 썰으라고 명했습니다."

과 요 사이에 '전연의 맹약'이 맺어진 곳이다.

61　필문간공(畢文簡公): 필사안(畢士安, 938~1005). 자는 인수(仁叟) 또는 순거(舜擧), 시호는 문간. 본명은 사원(士元)인데, 송나라 시조 조현랑(趙玄朗)의 이름을 피휘해 사안으로 고쳤다. 건덕(乾德) 4년(966) 진사 출신으로 감찰어사(監察御史)·지제고(知制誥)·한림학사(翰林學士)를 역임했다. 진종 경덕(景德) 연간 초에 거란이 국경을 침입하자, 장군 선발과 군비 조달 등에 대한 대책을 올려 채택되었다. 이부시랑(吏部侍郎)으로 승진하고 참지정사(參知政事)를 거쳐 재상에 올랐다. 진종이 전연(澶淵)으로 직접 정벌에 나서자 병든 몸을 이끌고 종군했다.

62　구내공(寇萊公): 구준(寇準, 961~1023). 자는 평중(平仲), 시호는 충민(忠愍). 태종 태평흥국(太平興國) 4년(979) 진사 출신으로, 대리평사(大理評事)·추밀원직학사(樞密院直學士)·염철판관(鹽鐵判官) 등을 역임하면서 태종의 두터운 신임을 받았으나, 지나치게 강직했기 때문에 지방으로 좌천되었다. 진종이 즉위한 후 조정에 복귀했으며, 경덕 원년(1004)에 재상이 되어 거란의 침입 때 '전연의 맹약'으로 화친을 성사시켰다. 내국공(萊國公)에 봉해졌기에 구내공으로 불렸다.

63　고경(高瓊, 935~1006): 자는 보신(寶臣). 북송의 장군. 태종의 번저(藩邸) 출신으로, 용직지휘사(龍直指揮使)·보대군절도사(保大軍節度使)·검교태위(檢校太尉)·충무군절도사(忠武軍節度使) 등을 지내면서 여러 차례 전공을 세웠다. 글은 몰랐지만 군정(軍政)에는 밝았다.

64　육군(六軍): 천자가 통솔하는 군대.

진종은 그제야 안정이 되었다. 오랑캐 효장驍將인 순국왕順國王 소달람蕭
撻覽[65]을 사살한 뒤에 오랑캐가 두려워하며 화친을 청하자, 진종은 중신重臣
을 선발해 답방答訪하게 했다. 구내공은 시금侍禁[66] 조이용曹利用[67]을 파견해
가게 했다. 진종이 말했다.

"무릇 오랑캐가 요구하는 바는 즉시 허용하라."

하지만 구내공은 그에게 주의를 주며 말했다.

"네가 허용한 것이 20만 금전을 넘으면 내가 너를 참하겠다."

화의和議가 결성되자, 장수들은 매복을 설치해 급습함으로써 오랑캐의
말 한 필도 돌아가지 못하게 해야 한다고 주청했다. 구내공은 진종에게 그
주청을 따르지 말라고 권유해, 거란이 귀국하도록 놓아주어 우호의 맹약을
지켰다. 진종은 어가를 돌려 환궁한 뒤 매번 구내공의 공을 칭찬했다. 어떤
소인배[68]가 그를 참소해 말했다.

"폐하께서는 도박에 대해 들어 보셨습니까? 돈을 거의 다 잃었을 때 나머
지 돈을 꺼내 모두 거는 것을 일러 고주孤注[69]라고 합니다. 폐하는 구준의
고주인데 어찌하여 오히려 그를 감싸십니까?"

---

65 소달람(蕭撻覽, ?~1004): 소달름(蕭撻凜)이라고도 한다. 자는 치우(馳宇). 요나라의 명장으
    로, 제군부부서(諸軍副部署)·남원도감(南院都監)·남경통군사(南京統軍使) 등을 지냈으
    며, 난릉군왕(蘭陵郡王)에 봉해졌다. 1004년 소태후(蕭太后)와 요 성종(聖宗)을 따라 송나
    라를 침입해 전주(澶州)에서 전투하다가 송나라 위호군(威虎軍)의 우두머리 장괴(張瓌)에게
    쇠뇌를 맞고 전사했다. 이로 인해 소태후가 화친을 서둘러 마침내 '전연의 맹약'을 맺었다.
66 시금(侍禁): 관직명. 궁중에서 시봉하는 내시관(內侍官)으로, 좌시금과 우시금이 있었다.
67 조이용(曹利用, ?~1029): 자는 용지(用之). 북송의 대신. 일찍이 요나라와 화친을 맺을 때
    송나라의 특사로 파견되어 '전연의 맹약'을 체결했다. 여러 벼슬을 거쳐 추밀사(樞密使)·
    동중서문하평장사(同中書門下平章事)에 올랐고 좌복야(左僕射) 겸 시중(侍中)을 더해 받
    았다. 만년에는 공을 믿고 교만했으며 조카 조예(曹汭)의 죄에 연루되어 지수주(知隨州)로
    좌천되었다가, 다시 방주(房州)로 폄적되어 가던 도중에 자살했다.
68 소인배: 왕흠약(王欽若)이다.
69 고주(孤注): 노름꾼이 남은 돈을 한 번에 다 걸고 마지막 승부를 겨루는 것을 말한다.

진종은 그 말을 듣고 몹시 놀랐으며, 구내공에 대한 예우가 마침내 줄어
들었다.

眞宗皇帝景德元年, 契丹入寇, 犯澶淵, 京師震動. 當時大臣有請幸金陵·
幸西蜀者. 左相畢文簡公病不出, 右相寇萊公獨勸帝親征, 帝意乃決, 遂幸澶
淵. 帝意不欲過河, 寇公力請, 高瓊控帝馬渡過浮梁. 帝登城, 六軍望黃屋呼
"萬歲", 聲動原野, 士氣大振. 帝每使人覘萊公動息, 或曰: "寇準晝寢, 鼻息如
雷." 或曰: "寇準方命庖人斫膾." 帝乃安. 旣射殺死虜驍將順國王撻覽, 虜懼
請和, 帝令擇重臣報聘. 萊公遣侍禁曹利用以往. 帝曰[1]: "凡虜所須卽許之."
萊公戒之曰: "若許過二十萬金幣, 吾斬若矣." 和議成, 諸將請設伏邀擊, 可使
虜匹馬不返. 萊公勸帝勿從, 縱契丹歸國, 以保盟好. 帝回鑾, 每歎萊公之功.
小人或譖之曰: "陛下聞博乎? 錢輸將盡, 取其餘盡出之謂之孤注. 陛下, 寇準
之孤注也, 尙何念之?" 帝聞之驚甚, 萊公眷禮遂衰.

[1] 제왈(帝曰): 명초본에는 "제유이용왈(帝喩利用曰)"이라 되어 있는데, 기술이 보다 구체적이다.

1-18(018)

―

진종황제眞宗皇帝는 동봉서사東封西祀[70]했는데, 이러한 제례의식이 끝나자

---

70 동봉서사(東封西祀): 진종은 통치 후반기에 왕흠약(王欽若)과 정위(丁謂)를 재상으로 삼고
   도교와 불교를 신봉했는데, 대중상부(大中祥符) 원년(1008)에 천서(天書)와 부서(符瑞)를
   받는다고 하면서 동쪽 태산(泰山)에서 봉선(封禪)하고 서쪽 분음(汾陰)에서 제사 지냈으
   며, 또한 도처에 도관을 세워 백성들의 재물과 노동력을 허비했다.

해내가 편안해졌다. 하루는 태청루太清樓를 열고 친왕親王과 재상들에게 연회를 베풀면서 선소곡仙韶曲[71]을 연주하는 여악女樂 수백 명을 동원했다. 담당 관리는 궁빈들이 바깥을 보아서는 안 된다는 이유로 태청루 앞에 채산彩山[72]을 세워 가렸는데, 음악 소리가 마치 하늘의 구름 사이에서 나오는 것 같았다. 이문정공李文定公(이적)[73]과 정진공丁晉公(정위)[74]은 자리를 서로 마주 보고 앉았는데, 이문정공이 술을 따르는 황문黃門(환관)을 시켜 정진공에게 은밀히 말하게 했다.

"어떻게 하면 저 가산假山(채산)을 넘어뜨릴 수 있을까?"

정진공이 미소를 짓자 황상이 그것을 보고 연유를 물었더니, 정진공이 사실대로 대답하자 황상 역시 웃으면서 즉시 여악을 태청루 아래에 늘어서게 했다. 그래서 그들은 난간에 다가가 구경했는데, 황상이 더욱 자주 술을 권하는 바람에 이문정공은 흠뻑 취했다.

---

71 선소곡(仙韶曲): 궁정의 음악을 두루 일컫는 말이다.
72 채산(彩山): 채색한 병풍. 병풍 위에 채색한 산의 경치를 그려 놓았기 때문에 그렇게 부른다.
73 이문정공(李文定公): 이적(李迪, 971~1047). 자는 복고(復古), 시호는 문정. 북송의 명신이자 시인. 진종 경덕(景德) 2년(1005) 진사 장원급제 출신으로, 연주통판(兗州通判)·지운주(知鄆州)·지제고(知制誥)·섬서도전운사(陝西都轉運使) 등을 역임했으며, 두 번이나 재상을 지냈다.
74 정진공(丁晉公): 정위(丁謂, 966~1037). 자는 위지(謂之) 또는 공언(公言). 북송의 대신. 태종 순화(淳化) 3년(992) 진사 출신으로, 대리평사(大理評事)와 요주통판(饒州通判)을 거쳐 상서공부원외랑(尙書工部員外郞)과 삼사사(三司使)를 지냈다. 진종 대중상부(大中祥符) 연간에 호부시랑(戶部侍郞)·참지정사(參知政事)로 공부·형부·병부·이부 등의 상서(尙書)를 역임한 뒤 상서좌복야(尙書左僕射)와 동중서문하평장사(同中書門下平章事)를 지냈고, 진국공(晉國公)에 봉해졌다. 지모가 뛰어났지만 아주 교활하고 음험했다. 구준(寇準)이 재상이 되었을 때 정사에 참여해 그를 배격했다. 진종에게 영합해 궁관(宮觀)을 짓는 등 토목공사를 크게 일으켜 옥청소응궁(玉淸昭應宮)을 세우는 한편, 신선을 맞이하고 귀신에게 제사 지내자고 부추겨 함께 태산에서 봉선을 행하기도 했으며, 거짓으로 길상(吉祥)을 만들었다가 여러 차례 들통나기도 했다. 인종(仁宗)이 즉위하자 그간의 거짓과 내시 뇌윤공(雷允恭)과 결탁해 진종의 능침을 함부로 옮긴 일 등으로 애주사호참군(崖州司戶參軍)으로 좌천되었다.

眞宗皇帝東封西祀, 禮成, 海內晏然. 一日, 開太淸樓宴親王·宰執, 用仙韶女樂數百人. 有司以宮嬪不可視外, 於樓前起彩山嶂之, 樂聲若出於雲霄間者. 李文定公·丁晉公坐席相對, 文定公令行酒黃門密語晉公曰:"如何得倒了假山?" 晉公微笑, 上見之, 問其故, 晉公以實對, 上亦笑, 卽令女樂列樓下. 臨軒觀之, 宣勸益頻, 文定至霑醉.

1-19(019)

—

장헌명숙태후章獻明肅太后(유태후)[75]는 성도成都 화양華陽 사람이다. 어려서 부친을 따라 삼협三峽으로 내려가 옥천사玉泉寺에 이르렀는데, 관상을 잘 보는 어떤 장로가 그녀의 부친에게 말했다.

"당신은 귀인이 될 것이오."

그리고 태후를 보더니 크게 놀라며 말했다.

---

75 장헌명숙태후(章獻明肅太后, 968~1033): 이름은 유아(劉娥), 시호는 장헌명숙. 진종의 황후로, 송나라에서 최초로 섭정을 한 태후다. 늘 한나라의 여후(呂后), 당나라의 무후(武后)와 병칭되는데, 후세에 "여후와 무후의 재주는 지녔지만 여후와 무후의 악행은 없었다[有呂武之才, 無呂武之惡]"라고 칭송되었다. 15세에 태종의 셋째 아들 조항(趙恒)의 왕부(王府)로 들어갔으며, 조항이 진종으로 즉위한 후 재인(才人)·미인(美人)·신비(宸妃)를 거쳐 대중상부(大中祥符) 5년(1012)에 마침내 황후로 책봉되었다. 진종 재위 후반에 유황후가 점점 조정의 대권을 장악했는데, 재상 구준(寇準)을 중심으로 한 일당이 유황후의 독단을 반대하자, 유황후는 정위(丁謂)·조이용(曹利用) 등과 결탁해 결국 구준 일당의 세력을 제거했다. 건흥(乾興) 원년(1022)에 진종이 죽고 인종이 어린 나이에 즉위하자, 유황후는 태후가 되어 섭정했다. 섭정하는 동안 권신 정위를 재상에서 파직시켜 애주(崖州)로 폄적시키고, 다시 조이용을 모반죄로 다스려 자살하게 했다. 이로써 조정이 완전히 유태후의 손에 들어가게 되었다.

"당신의 귀함은 이 딸 때문이오."

그러면서 또 말했다.

"이렇게 먼 곳에 머무르기에는 아까우니 어찌 도성으로 가지 않으시오?"

부친이 가난하다고 사양하자 장로는 그에게 중금中金(백은) 100냥을 주었다. 태후의 가족이 도성에 도착했을 때 진종眞宗은 남아南衙(개봉부)[76]를 맡고 있었는데, 장기張耆[77]가 태후를 궁중에 바쳤다. 진종이 즉위한 뒤 그녀는 재인才人[78]이 되고 신비宸妃[79]로 승급되었다가 정식 황후에 올라 그 권세가 천하를 진동했다. 인종仁宗(조정)[80]이 즉위한 뒤에는 태황태후太皇太后로서 수렴청정했다. 옥천사의 장로는 이미 장로사長蘆寺에 거하고 있었는데, 태후

---

76 남아(南衙): 송대에는 개봉부(開封府)의 관서를 '남아'라 했다. 진종은 황태자로 책봉되기 1년 전인 태종 순화(淳化) 5년(994)에 수왕(壽王)에 봉해지고 검교태부(檢校太傅)와 개봉부윤(開封府尹)을 더해 받았다. 당시 개봉부는 정무가 번잡했는데, 진종은 옥사에 관심을 기울여 죄의 경중을 공평하게 판결해 사람들이 흡족해했다. 그래서 개봉부의 감옥이 비어 있는 날이 많았기에 태종이 여러 차례 조서를 내려 그를 칭찬했다.

77 장기(張耆, ?~1048): 처음 이름은 장민(張旻), 자는 원필(元弼). 북송의 대신. 11살에 진종 번저(藩邸)의 급사(給事)가 되었으며, 일찍이 진종에게 유아(劉娥: 유황후)를 바친 덕에 관운이 형통해 시위친군마군도우후(侍衛親軍馬軍都虞候)·천웅군병마검할(天雄軍兵馬鈐轄)·무신군절도사(武信軍節度使)·동평장사(同平章事)를 지냈다. 인종이 즉위한 후에는 유태후의 비호로 추밀사·우복야(右僕射)·소덕군절도사(昭德軍節度使) 겸 시중(侍中)을 지냈다.

78 재인(才人): 궁중 비빈의 봉호(封號) 가운데 하나로 품계는 5품이다.

79 신비(宸妃): 궁중 비빈의 봉호 가운데 하나로 품계는 1품이다. 본래 당나라 고종(高宗)이 이 품계를 만들어 측천무후(則天武后)에게 수여하고 총애했다.

80 인종(仁宗): 조정(趙禎). 처음 이름은 조수익(趙受益). 북송의 제4대 황제(1022~1063 재위)로, 진종의 여섯째 아들이고 생모는 이신비(李宸妃)다. 진종의 뒤를 이어 13세에 즉위했으며, 처음에는 유태후(劉太后)가 섭정했다. 명도(明道) 2년(1033)에 유태후가 죽자 친정(親政)했다. 중앙집권적 관료지배가 안정되고 과거제도도 정비되어, 한기(韓琦)·범중엄(范仲淹)·구양수(歐陽修)·사마광(司馬光) 등의 명신이 정치를 맡았고, 주돈이(周敦頤)·이정자(二程子) 등의 유학자도 나와 '경력(慶曆)의 치(治)'라는 북송의 최전성기를 맞았다. 그러나 대내적으로는 곽황후(郭皇后)의 폐립을 둘러싸고 명신들 사이에 당쟁이 발생하고 관리와 군인의 부패 등으로 어려움이 있었으며, 대외적으로는 서하(西夏)의 침입과 요나라에 대한 세폐(歲幣)의 증액, 국방병력의 증대 등으로 말년에는 재정 곤란에 빠졌다.

가 누차 그를 불렀으나 오지 않자, 사신을 파견해 그에게 필요한 것을 물었더니 그가 말했다.

"도인은 필요한 것이 없습니다. 옥천사에는 승당僧堂이 없고 장로사에는 산문山門이 없으니 태후께서는 이 점을 생각해 주십시오."

태후는 태후전의 의복과 기물을 두 절에 하사해 돈을 마련하게 했으며, 그것으로 장로사의 임강문臨江門을 세웠는데 물속에서 솟아나 있었다. 문이 세워지고 나서 번번이 교룡에게 파괴당하자, 태후는 반드시 그것을 세우고 싶어서 무쇠 수만 근을 그 밑에 겹겹이 쌓았더니 문이 비로소 완성되었다. 대개 교룡은 쇠를 무서워한다. 지금「옥천사승당량기玉泉寺僧堂梁記」에는 태후가 세운 것이라고 적혀 있다.

章獻明肅太后, 成都華陽人. 少隨父下峽至玉泉寺, 有長老者善相人, 謂其父曰: "君, 貴人也." 及見后, 則大驚曰: "君之貴以此女也." 又曰: "遠方不足留, 盍遊京師乎?" 父以貧爲辭, 長老者贈以中金百兩. 后之家至京師, 眞宗判南衙, 因張者納后宮中. 帝卽位, 爲才人, 進宸妃, 至正位宮闈, 聲勢動天下. 仁宗卽位, 以太皇太后垂簾聽政. 玉泉長老者, 已居長蘆矣, 后屢召不至, 遣使就問所須, 則曰: "道人無所須也. 玉泉寺無僧堂, 長蘆寺無山門, 后其念之." 后以本閣服用物下兩寺爲錢, 以建長蘆寺臨江門, 起水中. 旣成, 輒爲蛟所壞. 后必欲起之, 用生鐵數萬斤疊其下, 門乃成. 蓋蛟畏鐵也. 今「玉泉寺僧堂梁記」曰后所建云.

2-1 (020)

—

　인종仁宗은 도인술導引術[1]을 이용해 머리를 빗는 것을 좋아했는데, 그것을 잘하는 궁인을 소두부인梳頭夫人이라 불렀다. 하루는 인종이 퇴조한 뒤 소두부인에게 머리를 빗기라고 명하고, 빈궁들은 늘어서서 시봉했다. 인종의 소매 속에 소장疏章이 있었는데, 좌우에서 다투어 가져가는 바람에 인종은 제지할 수 없었다. 어떤 사람이 옆에서 그것을 읽었는데, 궁녀의 방출을 청하는 대신臺臣[2]의 소장이었다. 사람들은 그것을 듣고 아무 말이 없었는데, 소두부인 혼자만 탄식하며 말했다.

　"지금 도성의 부자들이 잉첩媵妾[3]을 구하고 있는데, 어찌 천자의 빈궁을 외신外臣[4]이 감히 입에 담는단 말입니까? 관가에서 소장을 올린 자를 속히 내쫓는다면 깨끗해질 것입니다."

1　도인술(導引術): 도가의 양생법의 일종. 육체의 관절을 굽혔다 폈다 하면서 근육과 피의 순환을 순조롭게 하는 일종의 체조법을 말한다.
2　대신(臺臣): 어사대(御史臺)의 신료(臣僚)로 대관(臺官)을 말한다.
3　잉첩(媵妾): 옛날에 제후나 귀족의 딸이 시집갈 때 딸려 보내던 시첩(侍妾). 나중에는 귀인의 시중을 드는 첩을 말한다.
4　외신(外臣): 조정의 신하. 궁내의 환관은 내신(內臣)이라 한다.

인종은 말이 없었다. 식사를 마치고 후원으로 행차한 뒤 인종은 내시에게 궁인의 명적名籍을 가져오라 명해 직접 궁인 몇 명을 출궁시켜 대신의 소장을 시행하도록 했다. 소두부인은 궁에 들어온 지 오래되었으므로 그녀를 맨 먼저 출궁시켰는데 인종도 더 이상 묻지 않았다. 어떤 사람이 참지정사參知政事 오규吳奎[5]에게 말했다.

"황상은 한나라의 문제文帝(유항)[6]와 비교해 어떻습니까?"

오규가 대답했다.

"이로써 본다면 문제를 훨씬 능가합니다!"

仁宗好用導引術理髮, 有宮人能之, 號曰梳頭夫人. 一日, 帝退朝, 命夫人理髮, 嬪御列侍. 帝袖中有章疏, 左右爭取之, 帝不能止. 有從旁讀者, 蓋臺臣乞放宮女章也. 衆聞之嘿然, 獨梳頭夫人歎息曰: "今京師富人尙求妾媵, 豈有天子嬪御, 外臣敢以爲言? 官家亟逐言者, 則淸淨矣." 帝不語. 旣御膳, 幸後苑, 命內侍按宮人籍, 上自出若干人, 行臺臣之言也. 梳頭夫人以入宮久, 首出之, 帝亦不問. 或謂參知政事吳奎曰: "上比漢文帝何如?" 奎對曰: "以此則過文帝遠矣!"

5 　오규(吳奎, 1011~1068): 자는 장문(長文). 북송의 대신. 인종 천성(天聖) 5년(1027) 진사 출신으로, 현량방정능언극간과(賢良方正能言極諫科)에 급제해 태상박사(太常博士)·진주통판(陳州通判)을 거쳐 지제고(知制誥)와 한림학사(翰林學士)를 지냈다. 신종(神宗)이 즉위한 후 참지정사에 임명되었는데, 왕안석(王安石)의 신법에 반대하다가 지청주(知靑州)로 나갔다.

6 　문제(文帝): 유항(劉恒). 전한의 제5대 황제(BC 179~BC 155 재위)로, 고조 유방(劉邦)의 아들이다. 유방이 대(代) 지방을 평정한 뒤 그를 대왕(代王)에 봉했다. 여후(呂后)가 죽은 뒤 진평(陳平)과 주발(周勃) 등이 여후 일당의 난을 진압하고 대왕을 황제로 옹립했다. 재위 기간에 '여민휴식(與民休息)' 정책을 실시해 세금과 형벌을 경감하고, 제후의 세력을 약화시켜 중앙집권을 공고히 했으며, 흉노와 화친을 맺어 변방의 근심을 없앰으로써 전한의 번영을 이루었다. 역사에서는 그와 아들 경제(景帝) 2대를 '문경지치(文景之治)'라 한다.

—

인종仁宗조에 정문간공程文簡公(정임)[7]이 대명부大名府[8]를 다스릴 때, 어떤 부병府兵이 등에 살이 돋아나 용이 엎드린 것처럼 구불구불했는데, 정문간공이 그를 잡아들여 그 일을 상주했다. 그러자 인종이 재상에게 말했다.

"이것이 무슨 죄란 말인가?"

그러고는 그를 풀어 주게 했다. 나중에 그 부병은 병으로 죽었다. 아, 육룡肉龍이 부병의 등에서 돋아난 것은 요망한 일이고, 인종이 그를 풀어 준 것은 덕으로 요망함을 제압하기에 충분하니, 병사가 곧 죽은 것이 마땅하도다!

仁宗朝, 程文簡公判大名府時, 府兵有肉生於背, 蜿蜒若龍伏[1]者, 文簡收禁之, 以其事聞. 仁宗語宰輔曰: "此何罪也?" 令釋之. 後府兵以病死. 嗚呼, 肉龍生於兵之背, 妖也, 帝釋之, 德足以勝妖矣, 兵輒死, 宜哉!

[1] 복(伏): 명초본에는 "상(狀)"이라 되어 있는데, 문맥상 보다 타당하다.

---

7 정문간공(程文簡公): 정임(程琳). 자는 천구(天球), 시호는 문간. 북송의 대신. 인종 때 복근사학과(服勤辭學科)에 급제해 태녕군절도추관(泰寧軍節度推官)에 보임되었으며, 그 후로 거란관반사(契丹館伴使)·지제고(知制誥)·삼사사(三司使)·지개봉부(知開封府)·참지정사(參知政事) 등을 거쳐 동중서문하평장사(同中書門下平章事)로서 대명부를 다스렸다. 사람됨이 영민하고 엄격했으며, 정사에 뛰어나 많은 치적을 쌓았다. 장헌태후(章獻太后: 유태후)가 섭정할 때 「무후임조도(武后臨朝圖)」를 바쳤다가 사람들의 빈축을 샀다.
8 대명부(大名府): 북송 인종 경력(慶曆) 2년(1042)에 요나라에 대항하기 위해 북쪽 변방에 세운 중요한 진(鎭)으로, 지위가 배도(陪都)로 높아져 북송의 사경(四京) 중 하나인 북경대명부(北京大名府)가 되었다. 사경은 도성인 동경 개봉부(開封府), 서경 하남부(河南府), 남경 응천부(應天府), 북경 대명부를 말한다. 지금의 허베이성[河北省] 다밍현[大名縣]에 치소가 있었다.

　손문의공孫文懿公(손변)[9]이 한림학사翰林學士가 되어 「진부이태후사문進祔李太后赦文」[10]을 다음과 같이 지었다.

　"장의태후章懿太后(이태후)[11]는 경하와 흠모를 크게 받고 실제로 어린 제왕[12]을 낳았으니, 길러 주신 은혜가 깊고 지켜 주신 염려가 무겁다. 신어神馭[13]가 이미 떠나, 신선 되어 저 아득한 곳으로 나들이 갔다. 아! 천하의 어미가 되어 천하의 군주를 길렀지만, 구중궁궐의 배알도 받지 못하고 사해의 봉양도 미치지 못했다. 마음속 깊은 생각을 말로 한번 드러내니 추모의 정이 더욱 맺힌다."

　인종황제仁宗皇帝는 그것을 보고 한 달 내내 느꺼워 울었다. 손문의공은 이때부터 마침내 대정大政에 참여하게 되었다. 인종이 손문의공에게 물었다.

9　손문의공(孫文懿公): 손변(孫抃, 996~1064). 자는 몽득(夢得), 시호는 문의. 북송의 대신. 진사 출신으로 개봉부추관(開封府推官)·상서이부낭중(尙書吏部郎中)·우간의대부(右諫議大夫)·어사중승(御史中丞)을 거쳐, 가우(嘉祐) 5년(1060)에 참지정사(參知政事)에 임명되었다. 영종(英宗)이 즉위한 후 호부시랑(戶部侍郎)에 임명되었지만 늙음을 이유로 사양했다.

10　「진부이태후사문(進祔李太后赦文)」: 이태후를 높여 합사(合祀)하는 문. 이태후는 인종의 생모 이씨다.

11　장의태후(章懿太后, 987~1032): 북송 진종의 비빈이자 인종의 생모 이씨(李氏). 시호는 장의. 인종은 유황후(劉皇后)가 양육했고, 이씨는 평생 인종의 생모를 자처하지 않았다. 진종 때 재인(才人)을 거쳐 완의(婉儀)에 봉해졌으며, 인종이 즉위한 후 유태후에 의해 순용(順容)에 봉해졌다. 명도(明道) 원년(1032)에 이씨의 병이 깊어지자 유태후는 그녀를 신비(宸妃)에 봉하고 태의(太醫)를 보내 돌보게 했는데 책봉 당일에 죽었다. 그 이듬해에는 유태후도 병으로 죽었다. 경력(慶曆) 연간에 인종은 생모 이씨에게 장의황후라는 시호를 내리고 유태후와 함께 태묘(太廟)에 합사(合祀)하게 했다.

12　어린 제왕: 원문은 "묘충(眇沖)". 어린 사람이란 뜻으로, 어린 제왕이 스스로를 부르는 말.

13　신어(神馭): 죽은 혼령이 의지하도록 만들어 놓은 신위(神位).

"경은 어떻게 짐의 마음속 일을 말할 수 있었는가?"

손문의공이 말했다.

"신은 어렸을 때 서자로 형제들 틈에 끼지 못했고 어머니를 봉양하지도 못했기에, 이 때문에 폐하의 성심聖心 속의 일을 알았습니다."

인종은 그를 위해 눈물을 흘렸다. 그 전에 안원헌공晏元獻公(안수)[14]이 「장의태후신도비章懿太后神道碑」를 지어 이렇게 말했다.

"오악五嶽이 가파르게 높지만 곤산崑山에서 옥이 나오며, 사해가 아스라이 드넓지만 여수麗水에서 금이 나온다."

이는 대개 명숙태후明肅太后(유태후)를 존숭하기 위함이었다. 학사대부들은 비유를 잘했다고 칭찬했지만 인종만은 기뻐하지 않았다.

孫文懿公爲翰林學士, 撰「進祔李太后赦文」曰: "章懿太后丕擁慶羨, 實生眇沖, 顧復之恩深, 保綏之念重. 神馭旣往, 仙遊斯邈. 嗟乎! 爲天下之母, 育天下之君, 不逮乎九重之承顔, 不及乎四海之致養. 念言一至, 追慕增結." 仁宗皇帝覽之, 感泣彌月. 公自此遂參大政. 帝問文懿曰: "卿何故能道朕心中事?" 公曰: "臣少以庶子不齒於兄弟, 不及養母, 以此知陛下聖心中事." 上爲之流涕. 先是晏元獻公撰「章懿太后神道碑」曰: "五嶽崢嶸, 崑山出玉, 四溟浩渺, 麗水生金." 蓋以明肅太后爲尊也. 學士大夫嘉其善比, 獨仁宗不悅.

---

14 안원헌공(晏元獻公): 안수(晏殊, 991~1055). 자는 동숙(同叔), 시호는 원헌. 북송의 관리이자 문인. 진종의 신임을 얻어 기밀(機密)에 참여했고, 인종 때는 재상으로서 형부상서(刑部尙書)·동중서문하평장사(同中書門下平章事) 겸 추밀사(樞密使)를 지냈다. 인재 발굴에 능해 후배 양성에 힘썼고, 오대(五代)의 난 이후로 처음으로 학교를 부흥시켰다. 문하에 범중엄(范仲淹)이 있었고, 부필(富弼)이 그의 사위였다. 한기(韓琦)와 구양수(歐陽修)도 그에 의해 등용되었다. 시문에 능했으며, 북송 초기의 사인(詞人)으로 유명했다.

―

내(소백온)가 일찍이 노승 해묘海妙에게서 들은 이야기다.

인종仁宗조에 그가 내도량內道場[15]에 갔는데, 밤에 음악 소리가 오래도록 하늘의 구름 사이에서 들렸다. 인종이 갑자기 와서 구경하면서 한참 있다가 좌우 시종을 돌아보며 말했다.

"승려들에게 각각 자색 비단 한 필씩을 하사하라."

승려들이 감사를 드리자 인종이 말했다.

"내일 동화문東華門을 나갈 때, 비단을 품속에 넣어 사람들에게 보이지 말 것이니, 대간臺諫(간관)이 상주해 논박할까 두렵다."

아! 인종은 하찮은 물건을 승려에게 하사하면서도 말이 날까 봐 두려워했으니, 이것이 바로 태평성세를 이룬 까닭이다.

해묘가 또 이야기해 주었다.

그가 일찍이 인종이 20세쯤 되었을 때 보았더니, 남쪽 교외에서 제사 지내고 돌아오면서 황금수레 안에 앉아 있었는데, 해가 막 떠올라 인종의 얼굴빛과 금빛이 서로 비춰 정말로 천인天人이었다.

그래서 이 두 가지 이야기를 함께 기록한다.

伯溫嘗得老僧海妙者言: 仁宗朝, 因赴內道場, 夜聞樂聲, 久出雲霄間. 帝忽來臨觀, 久之, 顧左右曰: "衆僧各賜紫羅一疋." 僧致謝, 帝曰: "來日出東華門, 以羅置懷中, 勿令人見, 恐臺諫有文字論列." 嗚呼! 仁宗以微物賜僧, 尙畏

---

15 내도량(內道場): 궁궐 안에 있던 사원이나 도관.

言者, 此所以致太平也. 海妙又言: 嘗觀仁宗二十許歲時, 祀南郊回, 坐金輦中, 日初出, 面色與金光相射, 眞天人也. 因幷記之.

2-5(024)

―

인종仁宗이 하루는 장귀비張貴妃[16] 전으로 행차했다가 정주定州의 붉은 자기를 보고 단단히 물었다.

"어떻게 이 물건을 얻었느냐?"

장귀비가 왕공진王拱辰[17]이 바친 것이라고 대답하자 인종이 노해 말했다.

"일찍이 너에게 신료들의 선물을 받지 말라고 주의를 주었거늘 왜 듣지 않았느냐?"

그러고는 들고 있던 주부柱斧[18]로 그것을 부쉈는데, 장귀비가 부끄러워하

---

16 장귀비(張貴妃, 1024~1054): 인종의 총비(寵妃)로, 청하군왕(淸河郡王) 장요봉(張堯封)의 딸이다. 어려서 입궁해 시녀로 있다가 강정(康定) 원년(1040)에 재인(才人)에 봉해지고 경력(慶曆) 원년(1041)에 수원(修媛)에 봉해졌으며, 경력 8년(1048)에 귀비에 봉해졌다. 황우(皇祐) 6년(1054)에 31세로 죽자, 인종이 애통해하며 황후로 추봉하고 시호를 온성(溫成)이라 했다. 인종의 총애를 독차지해 모든 대우가 조황후(曹皇后: 광헌황후)를 뛰어넘었다. 인종은 장귀비를 황후로 삼으려 했지만 신하들이 반대해 그만두었다.

17 왕공진(王拱辰, 1012~1085): 원명은 공수(拱壽), 자는 군황(君貺), 시호는 의각(懿恪). 북송의 대신. 인종 천성(天聖) 8년(1030) 진사 출신으로, 한림학사(翰林學士)·지개봉부(知開封府)·어사중승(御史中丞)을 지냈다. 경력변법(慶曆變法)에 반대했다. 지화(至和) 3년(1056)에는 삼사사(三司使)가 되어 거란에 사신으로 갔다. 사건에 연루되어 탄핵받아 여러 해 동안 외직으로 떠돌다가, 신종 희녕(熙寧) 원년(1068)에 소환되었지만 왕안석(王安石)이 그의 옛 허물을 언급하자 다시 지응천부(知應天府)로 나갔다. 원풍(元豐) 연간에 보갑법(保甲法)을 반대하는 상소를 올렸다.

18 주부(柱斧): 수정으로 장식한 작은 의장용 도끼.

며 사죄했으나 한참 후에야 멈췄다. 장귀비가 또 한 번은 단문端門에서 열린 정월 대보름 연회에서 인종을 모시고 있었는데, 이른바 등롱금燈籠錦[19]으로 만든 옷을 입고 있자, 인종이 또 이상히 여겨 물었더니 장귀비가 말했다.

"문언박文彦博[20]이 폐하께서 신첩을 아끼신다고 해서 이것을 바쳤습니다."

인종은 연회가 끝날 때까지 즐거워하지 않았다. 나중에 노공潞公(문언박)이 조정에 들어와 재상이 되자, 대관臺官 당개唐介[21]가 그의 허물을 말하면서 등롱금의 일까지 언급했는데, 당개는 비록 황상께 대답하면서 실례를 범해 먼 곳으로 폄적되었다지만 노공도 얼마 후 판허주判許州[22]로 나갔으니, 대개 인종이 두 사람을 모두 파직시킨 것이다. 혹자는 등롱금을 노공의 부인이 장귀비에게 선물했는데 노공이 몰랐다고 말하기도 한다. 당공唐公(당개)의 주장奏章과 매성유梅聖俞(매요신)[23]의 「서찬書竄」 시[24]는 지나쳤다. 아,

---

19 등롱금(燈籠錦): 성도(成都)에서 생산되던 최고급 비단. 금실을 가지고 등롱의 형태로 짰다.

20 문언박(文彦博, 1006~1097): 자는 관부(寬夫), 호는 이수(伊叟), 시호는 충렬(忠烈). 북송의 대신. 인종 천성(天聖) 5년(1027) 진사 출신으로, 전중시어사(殿中侍御史)·전운부사(轉運副使)·추밀부사(樞密副使)·참지정사(參知政事) 등을 지냈으며, 왕칙(王則)의 반란을 평정한 공으로 재상에 올랐다. 가우(嘉祐) 3년(1058)에 노국공(潞國公)에 봉해졌다. 인종·영종·신종·철종의 4조에 걸쳐 50년 동안 출장입상(出將入相)했다. 전중시어사로 있을 때는 법을 공정하게 집행하고 서하(西夏)의 침입을 성공적으로 막았으며, 재상으로 있을 때는 대담하게 8만 정병으로 병력수를 줄여 백성들의 부담을 경감시키자고 주장하기도 했다. 신종 때는 왕안석의 신법에 반대했다. 만년에는 불법에 귀의했다.

21 당개(唐介, 1010~1069): 자는 자방(子方), 시호는 질숙(質肅). 북송의 대신. 인종 천성(天聖) 8년(1030) 진사 출신으로, 황우(皇祐) 연간에 전중시어사(殿中侍御史)가 되었는데, 간쟁할 때 권력자들을 피하지 않아 재상 문언박(文彦博) 휘하의 사람을 탄핵했다가 영주별가(英州別駕)로 좌천당했다. 가우(嘉祐) 4년(1059)에 다시 간원(諫院)을 맡았는데, 언사가 예전과 변함이 없어 다시 여러 지주(知州)를 전전했다. 영종 치평(治平) 원년(1064)에 어사중승(御史中丞)이 되었고, 신종 희녕(熙寧) 원년(1068)에 참지정사(參知政事)에 올랐다. 왕안석의 신법에 반대해 여러 차례 논쟁했다.

22 판허주(判許州): '판'은 당송시대에 고관이 보다 낮은 직위의 직무를 겸하는 것을 말한다.

23 매성유(梅聖俞): 매요신(梅堯臣, 1002~1060). 자는 성유, 호는 완릉(宛陵). 북송의 시인. 지방의 관리로 전전하다가 친구 구양수(歐陽修)의 추천으로 국자감직강(國子監直講)이 되었

인종은 장귀비를 총애한 것이 육궁六宮[25]에서 으뜸이었지만, 올바른 예도로 이처럼 질책했으니 가히 성군이라 이를 만하도다!

仁宗一日幸張貴妃閣, 見定州紅甆器, 帝堅問曰: "安得此物?" 妃以王拱辰所獻爲對, 帝怒曰: "嘗戒汝勿通臣僚饋遺, 不聽何也?" 因以所持柱斧碎之, 妃愧謝, 久之乃已. 妃又嘗侍上元宴於端門, 服所謂燈籠錦者, 上亦怪問, 妃曰: "文彦博以陛下眷妾, 故有此獻." 上終不樂. 後潞公入爲宰相, 臺官唐介言其過, 及燈籠錦事, 介雖以對上失禮遠謫, 潞公尋亦出判許州, 蓋上兩罷之也. 或云燈籠錦者, 潞公夫人遺張貴妃, 公不知也. 唐公之章與梅聖俞「書竄」之詩, 過矣. 嗚呼, 仁宗寵遇貴妃冠於六宮, 其責以正禮尙如此, 可謂聖矣!

2-6(025)

—

인종황제仁宗皇帝 때 왕안석王安石[26]이 지제고知制誥가 되었다. 하루는 꽃

다. 소순흠(蘇舜欽)·구양수 등과 함께 성당(盛唐)의 시를 본받아 당시 유행하던 서곤체(西崑體)의 섬세하고 교묘한 폐풍을 일소하고 새로운 송시(宋詩)의 개조(開祖)가 되었다.

24 「서찬(書竄)」 시: 인종의 총애를 받던 장귀비의 백부 장요좌(張堯佐)가 진사에 급제한 후 갑자기 발탁되어 하루 만에 선휘사(宣徽使)·절도사(節度使)·경령사(景靈使)·군목사(群牧使)에 제수되자, 어사 당개가 상소하고 간관 포증(包拯)·오규(吳奎) 등과 함께 대전에서 논쟁해 장요좌를 선휘사와 경령사에서 물러나게 했는데, 얼마 후에 장요좌가 다시 선휘사에 제수되자 당개가 더욱 심하게 간쟁하다가 인종의 노여움을 사 결국 춘주별가(春州別駕)로 좌천되었다. 그래서 매요신이 「서찬」 시를 지어 당개를 두둔했다.

25 육궁(六宮): 황후와 다섯 부인이 거처하던 궁전. 여기서는 모든 후비(后妃)와 후궁을 가리킨다.

26 왕안석(王安石, 1021~1086): 자는 개보(介甫), 호는 반산(半山), 시호는 문(文). 북송의 대

을 감상하고 물고기를 낚으며 즐기는 연회에서 내시가 각각 황금접시에 낚 싯밥을 담아 탁자 위에 올려놓았는데, 왕안석이 그것을 다 먹어 버렸다. 다 음 날 인종이 재상에게 말했다.

"왕안석은 사기꾼이다. 설령 낚싯밥을 잘못 먹었다 하더라도 한 알이면 멈춰야지, 다 먹어 버린 것은 인지상정에 맞지 않다."

인종은 그를 좋아하지 않았다. 나중에 왕안석은 스스로 『일록日録』을 지 으면서 조종祖宗(태조)을 싫어하고 비하했는데, 인종에 대해서는 특히 심했 다. 그가 매번 한나라 문제文帝의 겸손함과 검소함을 취할 게 없다고 여긴 것은 그가 마음속으로 인종을 비하한 것이었다. 그래서 한 시대의 대신인 부필富弼²⁷·한기韓琦²⁸·문언박文彦博 이하로 모두 그의 비난을 받았다.

신이자 문인. 인종 경력(慶曆) 2년(1042) 진사 출신으로, 섬서회남절도판관(陝西淮南節度 判官)으로 관직을 시작한 뒤 20년 정도를 화남(華南) 지방에서 각급 지방관으로 근무했는 데, 이 과정에서 관개 사업과 재정 관리에 뛰어난 능력을 보여 이름이 알려지기 시작했다. 가우(嘉祐) 3년(1058)에 인종에게 자신의 정치적 이상과 그것을 실현하기 위한 구체적인 정책을 서술한 「만언서(萬言書)」를 제출했는데, 비록 채택되지는 않았지만 그의 개혁정책 의 사상적 기반이 되었다. 신종은 즉위한 후 정치의 쇄신과 개혁을 추진하며 왕안석을 등 용해 지강녕부(知江寧府)로 임명하고 곧바로 중앙으로 불러 한림학사(翰林學士)로 삼았다. 희녕(熙寧) 2년(1069)에는 그를 참지정사(參知政事)로 임명하고 신법(新法)을 입안해 개혁 정책을 실행하게 했다. 왕안석은 제치삼사조례사(制置三司條例司)를 설치해 신법을 추진 했으며, 희녕 3년(1070)에는 동중서문하평장사(同中書門下平章事)가 되어 재상으로서 국 정 전반을 관장했다. 왕안석은 균수법(均輸法)을 시작으로 청묘법(靑苗法)·모역법(募役 法)·보갑법(保甲法)·방전균세법(方田均稅法)·시역법(市易法)·보마법(保馬法) 등의 신 법을 잇달아 실시했지만, 이러한 개혁은 대지주와 대상인, 고리대업자들과 조정 보수파의 반발에 부닥쳤고 희녕 7년(1074)에 심한 기근마저 들어 반발이 커져 결국 신법은 실패로 끝 났다. 사후에 형국공(荊国公)에 봉해졌다. 왕안석은 뛰어난 산문과 서정시를 남겨 당송팔 대가(唐宋八大家) 가운데 하나로 꼽힌다. 만년에는 한자의 연원과 제자(製字) 원리 등을 연 구해 『자설(字說)』이란 책을 남기기도 했다.

27 부필(富弼, 1004~1083): 자는 언국(彦國), 시호는 문충(文忠). 북송의 대신. 인종 천성(天 聖) 8년(1030)에 무재(茂才)로 천거되었다. 경력(慶曆) 2년(1042)에 지제고(知制誥)가 되어 거란에 사신으로 가서 영토 할양에 강력히 항의하고 대신 세폐(歲幣)를 늘리는 것으로 합 의했다. 다음 해 추밀사(樞密使)로 옮겨 범중엄(范仲淹) 등과 함께 경력신정(慶曆新政)을

仁宗皇帝朝, 王安石爲知制誥. 一日, 賞花釣魚宴, 內侍各以金楪盛釣餌藥
置几上, 安石食之盡. 明日, 帝謂宰輔曰: "王安石詐人也. 使誤食釣餌, 一粒
則止矣, 食之盡, 不情也." 帝不樂之. 後安石自著『日錄』, 厭薄祖宗, 於仁宗
尤甚. 每以漢文帝恭儉爲無足取者, 其心薄仁宗也. 故一時大臣富弼·韓琦·
文彥博而下, 皆爲其詆毀云.

2-7(026)

—

인종황제仁宗皇帝 때 하루는 하늘에서 천둥과 벼락이 크게 내려치자, 인
종이 의관을 정제하고 향을 피우며 재배한 뒤 물러나 앉아 이러한 변고가
생긴 이유를 조용히 생각해 보았지만 알 수 없었다. 우연히 후원작장後苑作
匠이 바친 칠보침병七寶枕屏[29] 하나가 떠올라 황급히 그것을 가져와 부숴 버

추진했다. 지화(至和) 2년(1055)에 동중서문하평장사(同中書門下平章事)로 재상이 되어
현상(賢相)이라 칭송받았으며, 정국공(鄭國公)에 봉해졌다. 신종 희녕(熙寧) 2년(1069)에
다시 재상이 되어 왕안석의 신법에 반대하다가 판박주(判亳州)로 나갔으며, 청묘법의 시행
을 거부하고 시행하지 않았다. 나중에 사도(司徒)로 벼슬을 마쳤으며, 한국공(韓國公)에 봉
해졌다. 사후에 태사(太師)에 추증되었다.

28 한기(韓琦, 1008~1075): 자는 치규(稚圭), 호는 공수(贛叟), 시호는 충헌(忠獻). 북송의 대
    신. 인종 천성(天聖) 5년(1027) 진사 출신으로, 장작감승(將作監丞)·개봉부추관(開封府推
    官)·우사간(右司諫) 등을 지냈다. 일찍이 지주안무사(知州按撫使)로서 촉(蜀)의 기민(飢
    民) 190만 명을 구제하고, 이어 서하(西夏)의 침입을 격퇴해 변경방비에도 역량을 과시함으
    로써, 30세에 추밀부사(樞密副使)가 되었다. 가우(嘉祐) 3년(1058)에 재상에 올라 약 10년
    간 국정에 참여했다. 영종 치평(治平) 원년(1064)에 조태후(曹太后)의 수렴청정을 거두고
    영종이 친정(親政)하도록 도와 위국공(魏國公)에 봉해졌다. 신종이 즉위한 후 다시 지방으
    로 나갔으며, 왕안석의 신법에 강력히 반대하다가 관직에서 물러났다.

29 칠보침병(七寶枕屏): 칠보로 장식한 머릿병풍. '침병'은 머리맡에 치는 병풍을 말한다.

렸다. 아, 인종이 하늘의 위엄을 공경한 것이 이와 같았으니, 태평성세에 오래도록 제위를 누린 것이 마땅하도다! 희녕대신熙寧大臣(왕안석)[30]이 "하늘의 변고는 두려워하기에 부족하다"라는 말로 군주를 설득해 오늘의 화를 만들었으니 슬프도다!

仁宗皇帝時, 一日, 天大雷震, 帝衣冠焚香再拜, 退坐靜思所以致變者, 不可得. 偶後苑作匠進一七寶枕屛, 遽取碎之. 嗚呼, 帝敬天之威如此, 其當太平盛時享國長久, 宜矣! 至熙寧大臣以"天變不足畏"說人主, 以成今日之禍, 悲夫!

2-8(027)

———

인종仁宗의 어마御馬 중에 옥소요玉逍遙라는 말이 있었는데, 빛깔은 흰색이고 그것을 타면 가마처럼 편안했다. 말을 사육하는 사람이 말했다.

"이 말은 걸음걸이에 척도가 있고, 천천히 가고 빨리 가는 것이 모두 절도에 맞습니다. 말을 모는 사람이 너무 빨리 가면 말이 발로 제지합니다."

———

30 희녕대신(熙寧大臣): 왕안석을 말한다. 신종 희녕 연간에 왕안석이 신법을 시행했기 때문에 역사에서 이를 '희녕신정(熙寧新政)'이라 한다. 왕안석이 신법을 시행하는 동안에 그가 일찍이 신종에게 "천변부족외(天變不足畏: 하늘의 변고는 두려워하기에 부족하다), 조종부족법(祖宗不足法: 조종은 본받기에 부족하다), 인언부족휼(人言不足恤: 사람들의 말은 근심하기에 부족하다)"이라는 세 가지 신법 원칙을 제시했다는 말이 조정에 파다하게 퍼졌는데, 사실 왕안석은 이러한 원칙을 명확히 제시한 적은 없지만 그의 저술과 언행을 살펴보면 대체로 비슷하다고 여겨진다.

하루는 연왕燕王(조원엄)[31]이 그 말을 빌려 탔는데, 길게 울기만 하고 가지 않았다. 연왕은 화를 내며 말을 돌려주었다. 인종은 연왕을 숙부로 매우 공경히 모셨기에 그 말을 남성南城의 역참에 배속시켰다. 한참 후에 다시 어마가 되었는데 그 보행이 처음과 같았다. 인종이 승하하자 그 말은 장지까지 따라가 능침 아래에 이르러 슬피 울며 먹이를 먹지 않다가 죽었다. 이천선생伊川先生 정이程頤가 나(소백온)에게 말했다.

"천리마는 그 힘을 칭찬하는 것이 아니라 그 덕을 칭찬하는 것이로다!"[32]

仁宗御馬有名玉逍遙者, 馬色白, 其乘之安如輿輦也. 圉人云: "馬行步有尺度, 徐疾皆中節. 馭者行速, 則以足攔之." 一日, 燕王借乘, 卽長鳴不行. 王怒, 還之. 帝以叔父事王甚恭, 配南城馬鋪. 久之復奉御, 其行如初. 帝升遐, 從葬至陵下, 悲鳴不食而斃. 伊川先生程頤謂伯溫曰: "驥不稱其力, 稱其德也歟!"

2-9(028)

－

본조에서는 조종祖宗(태조) 이후로 진사進士가 성시省試[33]를 통과하고 전시

---

31 연왕(燕王): 조원엄(趙元儼, 985~1044). 북송의 종실. 태종의 여덟째 아들로, 진종의 동생이자 인종의 숙부다. 태종 때 주왕(周王)에 봉해졌다. 넓은 이마에 턱이 크고 근엄해 사람들이 함부로 범접하지 못했으며, 조정 내외, 나라 안팎, 종실 내외, 백성들 사이에서 남녀노소가 모두 그의 이름을 알고 있었기에 '팔대왕(八大王)'으로 불렸다. 사후에 연왕에 추봉되었으며, 공숙(恭肅)이란 시호를 받았다.

32 천리마는 그 힘을 칭찬하는 것이 아니라 그 덕을 칭찬하는 것이로다: 원문은 "기불칭기력(驥不稱其力), 칭기덕야여(稱其德也歟)". 『논어(論語)』「헌문(憲問)」에 나오는 구절이다. 『논어』에는 "여(歟)" 자가 없다.

殿試[34]에 응시하고도 여전히 탈락된 자가 있었다. 먼 지방의 빈한한 선비는 전시에 낙제하면 가난해 돌아갈 수 없고 대부분 몸 둘 곳이 없었으므로 물에 뛰어들어 죽은 사람도 있었다. 인종은 그 일을 듣고 측은해했는데, 그때부터 전시에서는 탈락시키지 않고 비록 잡범일지라도 끄트머리에 붙여 주는 것을 정한 제도로 삼았다. 아! 이를 일러 가히 어질다고 하겠다.

本朝自祖宗以來, 進士過省赴殿試, 尙有被黜者. 遠方寒士殿試下第, 貧不能歸, 多至失所, 有赴水而死者. 仁宗聞之惻然, 自此殿試不黜落, 雖雜犯亦收之末名, 爲定制. 嗚呼! 可以謂之仁矣.

2-10(029)

인종황제仁宗皇帝는 지화至和 연간(1054~1056)에 몸이 불편해 사흘 동안 사람을 알아보지 못할 정도로 혼미했는데, 낫고 나서 스스로 다음과 같은 말을 했다.

꿈속에 가시나무 속을 걸어가다가 허둥대며 길을 잃었는데, 황금갑옷을 입은 신인神人이 하늘에서 내려와 황제에게 말했다.

"하늘이 폐하께서 어진 마음을 지니고 있어서 12년의 수명을 더 주셨습

---

33 성시(省試): 당송시대에 상서성(尙書省)의 예부(禮部)에서 주관한 시험으로 예부시(禮部試)라고도 했다. 나중에는 회시(會試)라고 했다.
34 전시(殿試): 과거시험의 마지막 단계로, 황제가 친히 전정(殿廷)에 임해 치루는 시험. 정시(廷試)라고도 한다.

니다."

황제가 말했다.

"내가 어떻게 돌아갈 수 있는가?"

신인이 말했다.

"청컨대 신의 수레로 보내드리겠습니다."

황제가 수레에 올라 신인에게 누구냐고 물었더니 신인이 말했다.

"신은 갈장군葛將軍[35]이라고 합니다."

인종이 깨어나 『도장道藏』을 찾아보게 했더니, 과연 천문天門의 일을 주
관하는 갈장군이 있었다. 그래서 대초大醮[36] 의식에서 그 위호位號를 더해
주고 도성에 사당을 세워 주었다. 인종은 이때부터 조회에 임할 때면 손을
모은 채 아무 말도 하지 않았다. 대신들이 일을 아뢸 때, 가하면 머리를 끄
덕였고 그렇지 않으면 머리를 흔들었다. 그런데도 사시가 온화하고 해마다
풍년이 들었으며, 백성들이 편안하고 즐거워했으며, 사방의 오랑캐가 공물
을 바치고 복종해 천하가 태평무사했다. 대개 인종은 다스림의 요체를 알
았으니, 재상에게 국사를 맡기고, 대간臺諫을 등용하며, 하늘을 경외하고
백성을 사랑하며, 조종祖宗의 법도를 지켰다. 당시 재상은 부필富弼·한기韓

---

35 갈장군(葛將軍): 도교의 신장(神將)으로, 천문삼장군(天門三將軍) 가운데 하나. 삼장군은
    당굉(唐宏)·갈옹(葛雍)·주무(周武)를 말한다. 이들은 원래 주(周)나라 여왕(厲王)의 신하
    였는데, 여왕이 정치를 어지럽히자 누차 충간했으나 받아들여지지 않자 사직하고 떠났다.
    여왕이 죽고 선왕(宣王)이 즉위하자 세 사람은 조정으로 돌아와 태자를 구하는 데 공을 세
    워 제후에 봉해졌다. 전하는 말에 따르면, 송나라 진종이 태산(泰山)에 올라 대악(岱嶽)을
    봉할 때, 남천문(南天門)에서 보았더니 세 천신이 하늘에서 내려와 천제의 명을 받들어 어
    가(御駕)를 보호하러 왔다고 말했다. 진종은 돌아온 뒤 도성에 그들을 위한 사당을 세우고
    '삼원진군(三原眞君)'이란 호를 하사했다. 그 후로 민간에서 사당을 많이 세우고 제사 지내
    면서 이들을 '천문삼장군'이라 불렀다.
36 대초(大醮): 도교에서 제단을 세우고 융숭하게 거행하는 제천(祭天) 의식.

琦・문언박文彦博이었고, 대간은 당개唐介・포증包拯[37]・사마광司馬光[38]・범진
范鎭[39]・여회呂誨[40]였다. 아, 주나라의 성왕成王과 강왕康王,[41] 한나라의 문제文
帝(유항)와 경제景帝(유계)[42]에 견줘 보더라도 미치지 못하는 바가 없고 오히려
그보다 뛰어난 점이 있었으니, 이것이 송나라가 흥성하게 된 까닭이로다!

---

37 포증(包拯, 999~1062): 자는 희인(希仁), 별칭은 포공(包公) 또는 포청천(包靑天). 북송의
대신. 인종 천성(天聖) 5년(1027) 진사 출신으로, 감찰어사(監察御史)・삼사호조판관(三司
戶曹判官)・지개봉부(知開封府) 등을 지낸 뒤, 어사중승(御史中丞)・삼사사(三司使)・추
밀부사(樞密副使) 등을 역임했다. 조정에서 강직하고 올곧아 귀척(貴戚)과 환관들이 감히
함부로 하지 못했다. 송사를 처결할 때도 공명정대하게 해 명성이 높았다. 중국에서 청백
리(淸白吏)의 대명사로 불린다. 후대에 공안소설(公案小說)과 공안극(公案劇)의 주인공으
로 자주 등장한다.

38 사마광(司馬光, 1019~1086): 자는 군실(君實), 호는 우수(迂叟), 별칭은 속수선생(涑水先
生). 북송의 대신・역사가・문인. 인종 보원(寶元) 원년(1038) 진사 출신으로, 여러 벼슬을
거쳐 용도각직학사(龍圖閣直學士)에 올랐다. 신종 때 왕안석의 신법에 반대해 15년 동안
조정을 떠나 있으면서 중국 최초의 편년체 통사인 『자치통감(資治通鑑)』을 편찬했다. 철종
이 즉위한 후 조정에 복귀해 재상이 되어 왕안석의 신법을 하나하나 폐지하고 구법(舊法)
으로 대체해 구법당(舊法黨)의 영수가 되었지만 몇 달 뒤에 죽었다. 사후에 온국공(溫國公)
에 봉해지고 문정(文正)이란 시호를 받았다.

39 범진(范鎭, 1008~1089): 자는 경인(景仁), 시호는 충문(忠文). 북송의 대신이자 학자. 인종
보원(寶元) 원년(1038) 진사 출신으로, 지간원(知諫院)・집현전수찬(集賢殿修撰)을 지냈다.
영종이 즉위한 후 한림학사(翰林學士)로 있다가 지진주(知陳州)로 나갔다. 신종이 즉위한
후 다시 한림학사가 되었는데, 왕안석의 신법을 강력히 반대하다가 벼슬을 그만두었다. 철
종이 즉위한 후 조정으로 복귀해 단명전학사(端明殿學士)에 임명되었다. 촉군공(蜀郡公)에
봉해졌다. 학문은 육경(六經)을 근본으로 했으며, 고악(古樂)을 정밀히 연구했다.

40 여회(呂誨, 1014~1071): 자는 헌가(獻可). 북송의 대신. 인종 때 진사 출신으로, 전중시어
사(殿中侍御史)가 되어 탄핵할 때 사람을 꺼리지 않았다. 지강주(知江州)로 나갔다가 다시
시어사와 지간원(知諫院)이 되어 환관 임수충(任守忠)과 왕소명(王昭明)의 죄를 탄핵했다.
신종 때 다시 지간원과 어사중승(御史中丞)에 임명되었는데, 왕안석의 신법에 반대하다가
지등주(知鄧州)로 좌천되었다. 세 차례 대간(臺諫)으로 있으면서 모두 대신들을 탄핵해서
물러가게 해 올곧다는 칭송을 받았다.

41 주나라의 성왕(成王)과 강왕(康王): 이른바 주(周)나라의 '성강지세(成康之世)'를 말한다.
이때는 천하가 안정되고 편안해 형법을 쓸 필요가 없었다.

42 한나라의 문제(文帝)와 경제(景帝): 이른바 한(漢)나라의 '문경지치(文景之治)'를 말한다.
이때는 천하가 안정되고 나라가 부유해 번영을 이루었다.

仁宗皇帝至和間不豫, 昏不知人者三日, 既愈, 自言: 夢行荊棘中, 周章失路, 有神人被金甲自天而下, 謂帝曰: "天以陛下有仁心, 錫一紀之壽." 帝曰: "吾何以歸?" 神人曰: "請以臣之車輅相送." 帝登車, 問神何人, 曰: "臣所謂葛將軍者." 帝寤, 令檢案『道藏』, 果有葛將軍主天門事. 因增其位號於大醮儀中, 立廟京師. 帝自此御朝, 卽拱嘿不言. 大臣奏事, 可卽肯首, 不卽搖首, 而時和歲豐, 百姓安樂, 四夷賓服, 天下無事. 蓋帝知爲治之要, 任宰輔, 用臺諫, 畏天愛民, 守祖宗法度. 時宰輔曰富弼 · 韓琦 · 文彦博, 臺諫曰唐介 · 包拯 · 司馬光 · 范鎭 · 呂誨云. 嗚呼, 視周之成 · 康, 漢之文 · 景, 無所不及, 有過之者, 此所以爲有宋之盛歟!

2-11(030)

—

인종황제仁宗皇帝가 처음 광헌황후光獻皇后(조황후)[43]를 맞아들였을 때, 광헌황후는 병이 있었는데 어의御醫도 치료하지 못했다. 그래서 인종이 말했다.

"황후는 사가에 있을 때 어떤 사람이 치료했소?"

광헌황후가 말했다.

"신첩은 하양河陽에서 벼슬한 숙부를 따라갔었는데, 병이 났을 때 손용화孫用和[44]의 약을 먹고 바로 나았습니다."

---

43 광헌황후(光獻皇后, 1016~1079): 조황후(曹皇后). 자성광헌황후(慈聖光獻皇后) 조씨(曹氏). 북송 인종의 두 번째 황후로, 개국공신 조빈(曹彬)의 손녀다. 경우(景祐) 원년(1034)에 황후로 책봉되었다. 성정이 온화하고 근검해 인종의 사치행위를 여러 차례 막았다. 영종이 즉위했지만 병약했기에 황태후가 되어 수렴청정했으며, 신종이 즉위한 후 태황태후가 되었다.

얼마 후 손용화를 불러들여 그 약을 복용했더니 과연 효험이 있었다. 손 용화는 포의布衣에서 상약봉어尚藥奉御[45]에 제수되었는데, 이때부터 등용되 었다. 손용화는 본래 위주衛州 사람이었는데, 사건을 피해 하양에서 객지생 활을 했으며, 장중경張仲景(장기)[46]의 의술로 상한傷寒[47]을 치료하는 데 뛰어 나 천하에 이름이 알려졌다. 그의 두 아들 손기孫奇와 손조孫兆[48]는 모두 진 사에 급제해 조정 관리가 되었으며 의술에도 뛰어났다.

仁宗皇帝初納光獻后, 后有疾, 國醫不效. 帝曰: "后在家用何人醫?" 后曰: "妾隨叔父官河陽, 有疾服孫用和藥輒效." 尋召用和, 服其藥, 果驗. 自布衣除 尚藥奉御, 用和自此進用. 用和, 本衛人, 以避事客河陽, 善用張仲景法治傷 寒, 名聞天下. 二子奇・兆, 皆登進士第, 爲朝官, 亦善醫.

---

44 손용화(孫用和): 원래 민간의 유의(儒醫)로, 경학에 밝았고 특히 의술에 정통했다. 인종 때 어의도 치료하지 못한 광헌황후의 병을 치료해, 선덕랑상약봉어(宣德郎尚藥奉御)에 제수 되고 태의령충의사(太醫令充醫師) 등을 지냈다. 『전가비보방(傳家秘寶方)』 3권을 지었다.
45 상약봉어(尚藥奉御): 황제의 의약을 담당하는 상약국(尚藥局)의 책임자.
46 장중경(張仲景): 장기(張機). 자는 중경. 동한 말의 명의. 후세에 의성(醫聖)으로 존중받는 다. 의방(醫方)을 널리 수집해 유명한 『상한잡병론(傷寒雜病論)』을 지었다. 그의 치료법은 중의(中醫) 임상의 기본 원칙이 되었다.
47 상한(傷寒): 추위로 인해 생기는 병의 총칭. 감기, 급성 열병, 폐렴 등을 말한다.
48 손기(孫奇)와 손조(孫兆): 손기는 상서부관원외랑(尚書部官員外郎)을 지냈고, 손조는 장인 랑수전중승(將仁郎守殿中丞)・상약봉어승(尚藥奉御丞) 등을 지냈다. 두 사람 모두 의술에 정통했는데, 인종 가우(嘉祐) 2년(1057)에 교정의서국(校正醫書局)을 설치했을 때 주요 구 성원이 되어, 『상한론(傷寒論)』・『금궤요략(金匱要略)』・『금궤옥함경(金匱玉函經)』・『천 회요방(千會要方)』・『천금익방(千金翼方)』・『외대비요(外臺秘要)』 등을 교정했다.

인종황제仁宗皇帝가 막 승하했을 때, 궁중의 영창군부인永昌郡夫人 옹씨翁氏[49]에게 한고韓蠱라는 개인 심부름꾼[50]이 있었는데, 스스로 말하길, 그녀가 일찍이 물을 긷고 있을 때 인종이 그녀의 몸을 용이 감고 있는 것을 보고 성은을 베풀고 팔찌를 남겨 주셨다고 했으며, 또 남겨 주신 물건으로 증거를 삼을 수 있다고 하면서 마침내 임신했다고 말했다. 하지만 임신 기한이 넘도록 출산하지 않자 조사해 보았더니 모두 한고의 거짓말이었다. 불당의 땅속에서 그 팔찌를 찾았는데, 한고가 스스로 묻어 놓은 것이었다. 그래서 옹씨는 한 품계를 깎였고, 한고는 곤장을 맞고 비구니 절에 동복으로 배속되었다. 처음에 집정관들이 그녀를 주살하길 청하자 광헌태후光獻太后(조태후)가 말했다.

"한고를 비구니 절에 배치시켜 외부 사람들이 모두 그녀의 거짓말을 알게 하고자 하오. 만약 죽인다면 사람들은 필시 한고가 실제로 아들을 낳았다고 생각할 것이오."

영종英宗(조서)[51] 초년에 광헌태후가 수렴청정했는데, 일을 분명하게 처리

---

49 옹씨(翁氏): 원문에는 "옹씨위(翁氏位)"라 되어 있고 인명으로 처리했는데, 문맥상 타당하지 않으므로 『사고전서(四庫全書)』본에 의거해 "옹씨회(翁氏會)"로 고쳐 번역했다. "회(會)"는 "때마침"이란 뜻이다.
50 개인 심부름꾼: 원문은 "사신(私身)". 송나라 때 개인 심부름꾼으로 고용된 일반백성은 '사신'이라 하고, 관아에 소속된 심부름꾼은 '관신(官身)'이라 했다.
51 영종(英宗): 조서(趙曙). 북송의 제5대 황제(1063~1067 재위)로, 태종의 증손이고 복왕(濮王) 조윤양(趙允讓)의 열셋째 아들이다. 인종 가우(嘉祐) 7년(1062)에 황태자가 되었고, 다음 해에 인종이 죽자 제위에 올랐다. 처음에는 병 때문에 조태후(曹太后)가 수렴청정했다가, 치평(治平) 원년(1064)에 친정(親政)에 나섰다. 치평 3년(1066)에 서하(西夏)가 공격하

한 것이 이와 같았다.

仁宗皇帝初升遐, 禁中永昌郡夫人翁氏位[1]有私身韓蠱者, 自言嘗汲水, 仁宗見龍繞其身, 因幸之, 留其釧, 復遺以物爲驗, 遂稱有娠. 旣踰期不産, 按驗, 皆蠱之詐. 得其釧於佛閣土中, 乃蠱自埋也. 翁氏削一資, 杖韓蠱, 配尼寺爲童. 初, 執政請誅之, 光獻太后曰: "置蠱於尼寺, 欲令外人盡知其詐. 若殺之, 則必謂蠱實生子也." 英宗初載, 光獻太后垂簾同聽政, 其決事之明類如此.

[1] 위(位): 『사고전서(四庫全書)』본에는 "회(會)"라 되어 있는데, 문맥상 타당하다.

2-13(032)

―

인종황제仁宗皇帝가 가우嘉祐 8년(1063) 3월 29일에 승하하고 유조遺詔가 낙양에 도착했는데, 나(소백온)는 당시 7살이었지만 성안의 군민軍民과 부인과 아이들이 아침부터 저녁까지 동쪽을 향해 소리쳐 울고 지전을 태우는 연기가 하늘을 가려 태양에 빛이 없었던 것을 아직도 기억하고 있다. 당시 외삼촌 왕원수王元修가 도성에서 낙양에 들렀는데, 도성에서 저자를 닫고 골목에서 곡하는 소리가 며칠 동안 끊이지 않았으며, 거지와 아이들까지도 모두 지전을 태우며 대궐 앞에서 곡을 했다고 선공先公(소옹)에게 말했다. 또 주장유周長孺[52]가 도관都官으로 있다가 검주劍州 보안지현普安知縣으로 부

자 사신을 보내 화의를 회복했다. 사마광(司馬光)이 『통지(通志)』를 지어 올리자 관리를 두어 계속 편찬할 것을 명해, 나중에 『자치통감(資治通鑑)』으로 완성되었다.

[52] 주장유(周長孺): 자는 사언(士彦). 북송의 관리. 위주(渭州) 공성현령(共城縣令)과 도관원

임하면서 어지러이 솟은 산속을 가다가 보았더니, 물 긷는 부인이 흰 종이를 싣고 가면서 곡을 했다. 아, 이것이 이른바 "백성들이 친부모를 잃은 것처럼 슬퍼했다"[53]라는 것이로다!

仁宗皇帝嘉祐八年三月二十九日升遐, 遣詔到洛, 伯溫時年七歲, 尙記城中軍民以至婦人孺子, 朝夕東向號泣, 紙煙蔽空, 天日無光. 時舅氏王元修自京師過洛, 爲先公言京師罷市巷哭, 數日不絶, 雖乞丐者與小兒皆焚紙錢, 哭於大內之前. 又有周長孺都官赴劍州普安知縣, 行亂山中, 見汲水婦人, 亦載[1]白紙行哭. 嗚呼, 此所謂"百姓如喪考妣"者歟!

[1] 재(載): 명초본에는 "대(戴)"라 되어 있는데, 문맥상 보다 타당하다.

2-14(033)

―

(신종) 희녕熙寧 연간(1068~1077) 초에 인종황제仁宗皇帝의 막내딸이 전경진錢景臻[54]에게 시집갔는데, 도성의 어른들이 그녀가 인종의 딸임을 알고 수레를 따라가면서 탄식하며 울었다. (철종) 원우元祐 연간(1086~1094)에 북로北虜

〰〰

외랑(都官員外郞) 등을 지냈다. 신종 희녕(熙寧) 3년(1070)에 소백온의 부친인 소옹(邵雍)의 문하생이 되었다. 본서 16-4(163)에 그에 관한 고사가 나온다.

53 백성들이 친부모를 잃은 것처럼 슬퍼했다: 원문은 "백성여상고비(百姓如喪考妣)". 『서경(書經)』「우서(虞書)·순전(舜典)」에 나오는 구절이다.

54 전경진(錢景臻, 1055~1126): 자는 도수(道邃). 북송의 대신. 오대십국 중 오월(吳越) 전유(錢鏐)의 후손이다. 인종의 열째 딸 노국대장공주(魯國大長公主)에게 장가들었다. 좌령군위대장군(左領軍衛大將軍)·부마도위(駙馬都尉)·소사(少師)·안무군절도사(安武軍節度使)를 지냈으며, 강국공(康國公)에 봉해졌다.

(요)의 군주가 본조本朝(송)의 사신에게 말했다.

"과인이 어렸을 때 대국을 섬기는 예를 미처 갖추지 못했지만, 인종께서 특별히 마음 써서 너그럽게 용납해 주셨는데, 생각만 할 뿐 보답해 드리지 못했습니다. 인종께서 승하하신 후로 본조本朝(요)에서는 그 어용御容을 조종祖宗처럼 모시고 있습니다."

이윽고 눈물을 흘렸다. 대개 북로의 군주가 태자로 있을 때 입국 사신 중에 섞여 있었는데, 웅주雄州에서 은밀히 아뢰었다. 그래서 인종이 그를 궁중으로 불러들여 황후를 알현하게 하고 후한 예로 대우했으며, 돌아갈 때 그를 어루만지며 말했다.

"나와 너는 한 집안이니, 훗날 오직 우호의 맹약만을 생각하고 백성만을 아끼도록 하라."

그래서 북로의 군주가 감동했던 것이다. 아, 인종이 하늘의 손님이 되신 지 이미 오래되었지만, 도성 사람과 북로의 군주가 추모하며 여전히 잊지 않았으니, 이는 전대에 없었던 바이로다!

熙寧初, 仁宗皇帝幼女下嫁錢景臻, 京師父老知其爲仁宗女也, 隨其車咨嗟泣涕. 元祐中, 北虜主謂本朝使人曰: "寡人年少時, 事大國之禮或未至, 蒙仁宗加意優容, 念無以爲報. 自仁宗升遐, 本朝奉其御容如祖宗." 已而泣. 蓋虜主爲太子時, 雜入國使人中, 雄州密以聞. 仁宗[1]召入禁中, 俾見皇后, 待以厚禮, 臨歸, 撫之曰: "吾與汝一家也, 異日惟盟好是念, 唯生靈是愛." 故虜主感之. 嗚呼, 帝上賓旣久, 都人與虜主追慕猶不忘, 此前代所無也!

[1] 인종(仁宗): 명만력본(明萬曆本)에는 이 앞에 "지궐하(至闕下)" 3자가 있는데, 문맥상 의미가 보다 분명하다.

영종英宗이 붕어하자, 연관輦官[55] 필달畢達이 인종仁宗의 영소릉永昭陵 아래에서 통곡하며 말했다.

"신이 폐하를 40여 년간 섬겼는데, 하늘에서까지 모실 수 있다면 죽어도 여한이 없겠습니다."

그날 밤에 필달이 갑자기 죽었다. 한위공韓魏公(한기)이 사마온공司馬溫公(사마광)에게 이 일을 말해 주었다.

英宗山陵, 有輦官畢達慟哭於仁宗永昭陵下曰: "臣事陛下四十餘年, 得服役天上, 死不恨." 是夕達暴卒. 韓魏公爲司馬溫公云.

영안永安의 곽도전霍道全은 일찍이 삼릉호채사三陵壕寨使[56]를 지냈고 나이가 아흔이 넘었는데, 정위丁謂가 영정릉永定陵의 황당皇堂을 옮긴 사건[57]에

---

55 연관(輦官): 황제의 어연(御輦)을 관장하던 관리.
56 삼릉호채사(三陵壕寨使): 황릉의 보수와 유지를 담당하던 관리.
57 정위(丁謂)가 영정릉(永定陵)의 황당(皇堂)을 옮긴 사건: 진종 건흥(乾興) 원년(1022)에 진종이 죽자, 환관 뇌윤공(雷允恭)이 산릉도감(山陵都監)을 맡아 진종의 영정릉을 조성하면서 함부로 능묘의 기저를 이동해 물이 나왔다. 당시 재상 정위는 산릉사(山陵使)에 임명되어 뇌윤공과 함께 조정에서 권력을 마음대로 휘둘렀다. 사건이 발각된 후 뇌윤공은 곤장을

연루되어 박주毫州에서 객지생활을 했다. 곽도전은 땅속에 오래 묻혀 있는 물건을 많이 알아맞혀 박주 사람들이 그를 신기하게 여겼다. 나중에 사면을 받아 영안으로 돌아갔다. (인종) 가우嘉祐 7년(1062)에 곽도전은 갑자기 산과 들판을 두루 돌아다니며 지형을 살펴보다가 사람들에게 말했다.

"이 땅에서 장차 큰 공사가 있을 것이오."

이듬해에 인종仁宗이 승하하자 처음 능묘를 점칠 때 담당 관리가 그를 불러 물었더니 곽도전이 말했다.

"지금 영안현이 길한 땅이니, 나는 이곳으로 옮겨 능침을 조성하는 것이 마땅하다고 생각합니다."

담당 관리는 그가 영안현 사람들을 소요시키려 한다고 의심해 그가 말한 것을 모두 듣지 않았다. 곽도전도 이어서 죽었다. 지금의 영소릉永昭陵이 조성되고 나서 어떤 사람이 말했다.

"지명이 화아원和兒原이니 좋은 징조가 아니다."

3년 뒤에 영종英宗이 붕어했다.

永安霍道全者, 嘗爲三陵壕寨, 年踰九十, 坐丁謂移永定陵皇堂事, 羈管毫州. 道全言地中宿藏物多驗, 毫人神之. 遇赦歸永安. 嘉祐七年, 道全忽歷遍山原觀地形, 語人曰: "此地將有大役." 明年, 仁宗升遐, 初卜陵[1], 有司召問之, 道全曰: "今永安縣地吉, 吾謂宜徙以爲陵寢." 有司疑其欲騷動縣人, 凡所言皆不用. 道全亦相繼卒. 今永昭陵旣成, 或曰: "地名和兒原, 非佳兆." 後三年英宗晏駕.

[1] 능(陵): 명초본에는 "능지(陵地)"라 되어 있는데, 문맥상 의미가 보다 분명하다.

맞아 죽었고, 정위는 폄적되었다.

(신종) 원풍元豐 연간(1078~1085)에 신종神宗(조욱)[58]은 한나라 원묘原廟[59]의 제도를 본받아 경령궁景靈宮[60]을 증축했다. 그 전에 사원과 도관에서 여러 황제와 황후의 어용御容을 영접해 궁중에 봉안했다. 길일을 택해 차례대로 법가法駕[61]를 준비하고 우위羽衛(호위의장)가 앞을 인도하며 경령궁으로 갔는데, 구경하는 사람이 길을 메웠고 고취악鼓吹樂을 떠들썩하게 연주했다. 교방사教坊使[62] 정선현丁仙現이 춤을 추다가 인종仁宗의 어상御像을 바라보며 소매를 끌어 얼굴을 가렸는데 마치 눈물을 뿌리는 것 같았으며, 도성의

---

58 신종(神宗): 조욱(趙頊). 북송의 제6대 황제(1067~1085 재위)로, 영종의 장자다. 치평(治平) 3년(1066)에 황태자로 책봉되었고, 다음 해에 황제로 즉위했다. 즉위한 후 왕안석을 재상으로 등용하고 신법을 강력히 추진해 부국강병책을 시행하도록 했는데, 그 결과 재정은 호전되었지만 대외정벌은 실패했다. 교지(交趾: 월남)를 정벌한 결과는 손해였고, 요나라와의 싸움에서도 하동(河東)의 경계지를 양보했으며, 서하(西夏)의 원정에서도 대패했다. 결국 수구파의 강력한 반대에 부딪혀 신종의 정치개혁은 실패로 끝났지만, 국가 체제를 바로잡고 국가 권력의 확립에 기여했다.

59 원묘(原廟): 종묘(宗廟)의 정묘(正廟) 외에 따로 세운 별묘(別廟). "원(原)"은 '거듭한다'는 뜻으로 거듭 세운 사당이란 뜻이다. 한나라 혜제(惠帝) 때 숙손통(叔孫通)의 건의로 한고조를 모시기 위해 처음 세웠다고 한다.

60 경령궁(景靈宮): 진종은 "세계의 근본을 헤아려 마침내 헌원을 시조로 한다[推本世系, 遂祖軒轅]"라고 표명하고 헌원황제(軒轅黃帝)를 송나라의 시조로 삼았다. 경령궁은 이 헌원황제를 기리기 위해 세운 황실의 궁관(宮觀)으로, 선덕문(宣德門) 앞의 중축선(中軸線)상에 웅장한 규모로 자리했다. 진종은 천서(天書)와 성조(聖祖) 강림사건을 통해 '전연의 맹약'에 대한 굴욕적인 이미지를 지우고 자신의 통치를 태평성세로 꾸미려는 의도가 다분했다.

61 법가(法駕): 황제의 어가(御駕) 가운데 하나로, 그 의장(儀仗)의 규모에 따라 대가(大駕)·법가(法駕)·소가(小駕)의 구별이 있었는데, 법가는 주로 제향(祭享)과 대사례(大射禮) 의식 때 사용되었다.

62 교방사(教坊使): 궁정의 음악·춤·연희(演戲) 등을 전문적으로 훈련하기 위해 궁중에 설치한 교방의 우두머리로, 대부분 환관이 임명되었다. 교방은 당나라 때 처음 설치되어 계속 이어지다가 청나라 옹정제(雍正帝) 때 폐지되었다.

어른들도 모두 눈물을 흘렸다. 아, 사람들에게 남아 있는 인종의 은택이 깊도다!

元豐中, 神宗倣漢原廟之制, 增築景靈宮. 先於寺觀迎諸帝后御容奉安禁中. 涓日以次備法駕, 羽衛前導赴宮, 觀者夾路, 鼓吹振作. 教坊使丁仙現舞, 望仁宗御像引袖障面, 若揮淚者, 都人父老皆泣下. 嗚呼, 帝之德澤在人深矣!

3-1(037)

—

　영종英宗은 인종仁宗에게는 조카이고 선인황후宣仁皇后(영종의 황후)[1]는 광헌황후光獻皇后(인종의 황후)에게는 외조카인데, 어려서부터 함께 궁중에서 양육되었다. 온성황후溫成皇后 장귀비張貴妃가 (인종에게) 총애를 받게 되자, 영종은 본궁本宮으로 돌아가고 선인황후는 본댁으로 돌아갔다. 온성황후는 죽을 때까지 결국 아들이 없었다. 하루는 인종이 광헌황후에게 말했다.

　"우리 부부는 늙도록 자식이 없어서 오래전에 십삼十三(영종의 항렬)과 도도滔滔(선인황후의 어릴 적 자)를 양육했는데, 이제 각자 이미 장성했소. 짐은 십삼을 위해, 황후는 도도를 위해 혼인을 주선해 서로 장가들고 시집가게 합시다."

　당시 궁중에서 말하길, 천자는 며느리를 맞아들이고 황후는 딸을 시집보냈다고 했다. 대개 인종과 광헌황후는 영종을 아들로 여겼으니 성상聖上의

1　선인황후(宣仁皇后, 1032~1093): 선인성렬황후(宣仁聖烈皇后) 고씨(高氏). 북송 영종의 황후로 신종(神宗)의 생모다. 본명은 정의(正儀)이고 아명은 도도(滔滔)다. 인종의 황후 조씨(曹氏: 광헌황후)가 그녀의 이모다. 영종 치평(治平) 2년(1065)에 황후로 책봉되었다. 신종 원풍(元豐) 8년(1085)에 아들 신종이 죽자 철종(哲宗)을 옹립하고 태황태후의 신분으로 섭정했다. 섭정하는 동안 사마광(司馬光) 등을 다시 기용해 구법(舊法)을 회복시켰다.

뜻이 평소에 정해져 있었다. 이는 거의 하늘이 명한 것이지 사람의 힘으로
한 것이 아니다. 영종을 불러 황태자로 삼자 영종이 감사드리러 입궁했을
때, 인종이 황후와 함께 마침 후원의 영서정迎曙亭〔서曙는 영종의 휘諱다〕을 둘러
보다가 인종이 황후에게 말했다.

"어찌 우연이겠는가!"

가우嘉祐 8년(1063) 3월 그믐에 인종은 편안히 기거하다가 밤 일경一更에
황급히 약을 찾고 황후를 불렀다. 황후가 도착하자 인종은 가슴을 가리키
며 말을 할 수 없었다. 어의에게 약을 쓰라고 하교했지만 이미 미치지 못했
다. 인종이 붕어하자 좌우에서 궁문을 열고 양부兩府²를 부르려 했더니 황
후가 말했다.

"지금 이때에 궁문을 열어서는 안 되니, 다만 은밀히 양부에 칙지를 내려
내일 날이 밝을 때 들어오라 하시오."

또 삼경에 죽을 올리게 하고 사경에 다시 어의를 불렀으며, 또한 사람을
시켜 지키게 했다. 다음 날 양부가 입궁하자 황후는 울면서 황상이 붕어했
음을 알리고 황태자를 불러 제위를 잇게 했다. 영종이 처음에 감당하지 못
하자 양부가 함께 그를 감싸 안아 머리를 풀어 주고 황의黃衣를 입혔다. 한
림학사翰林學士 왕규王珪³에게 명해 유조遺詔의 초안을 짓게 했는데, 왕규는

---

2 양부(兩府): 송대에 재상의 권력을 행사하던 중서성(中書省)과 추밀원(樞密院), 또는 이 두
   기관의 수장을 말한다.
3 왕규(王珪, 1019~1085): 자는 우옥(禹玉), 시호는 문공(文恭). 북송의 재상. 인종 경력(慶
   曆) 2년(1042) 진사 출신으로, 지제고(知制誥)·한림학사·지개봉부(知開封府) 등을 역임
   했다. 신종 희녕(熙寧) 3년(1070)에 참지정사(參知政事)에 임명되었고, 희녕 9년(1076)에
   동중서문하평장사(同中書門下平章事)와 집현전대학사(集賢殿大學士)로 승진했으며, 원풍
   (元豐) 5년(1082)에 상서좌복야(尙書左僕射) 겸 문하시랑(門下侍郎)에 제수되었다. 원풍 6년
   (1083)에 순국공(郇國公)에 봉해졌다. 인종·영종·신종의 세 조정에서 18년간 벼슬하는 동
   안 조정의 대전책(大典冊)이 대부분 그의 손에서 나왔다.

너무 두려운 나머지 붓을 댈 수 없었다. 승상인 위공魏公 한기韓琦가 조용히 "대행황제大行皇帝[4] 재위 몇 년"이라고 말하자, 왕규는 그제야 유조의 초안을 지을 수 있었다. 영종이 즉위한 지 며칠 만에 병이 나자, 집정대신이 광헌태후에게 임시로 수렴청정하길 청했다. 태후는 사양하다가 한참 후에 그 청을 따르기로 했다. 광헌태후가 아들을 천자로 옹립한 공을 어찌 가릴 수 있겠는가! 그래서 신종神宗은 깊이 감사하며 광헌태황태후를 섬기는 예를 매우 극진히 했다. 광헌태황태후가 붕어하자 신종은 몸이 야윌 정도로 애통해해 조회를 볼 수 없었으며, 그가 지은 만장挽章[5]은 지금 읽어 보아도 사람을 눈물 흘리게 한다.

한위공韓魏公(한기)이 죽자 그 자손이 (당나라의) 곽분양郭汾陽(곽자의)[6]을 모방해 『가전家傳』 10권을 지어 위공의 공적을 갖추어 기록했다. (그 기록에 따르면) 영종 즉위 초에 이르러 광헌태후가 참소를 믿고 자주 불평의 말을 하자, 위공이 바른말로 태후를 감동시키며 "만약 관가官家(황제)[7]가 보살핌을

---

4 대행황제(大行皇帝): 천자가 붕어한 뒤 아직 시호를 받지 못했을 때의 호칭.

5 만장(挽章): 만장(輓章)이라고도 쓴다. 죽은 사람을 애도해 지은 글을 비단 천이나 종이에 적어 깃발처럼 만든 것을 말한다.

6 곽분양(郭汾陽): 곽자의(郭子儀, 697~781). 당나라의 명장. 일찍이 분양왕(汾陽王)에 봉해졌기에 '곽분양'이라 불렸다. 처음에 무과(武科)에 급제해 구원태수(九原太守)를 지냈다. 안사(安史)의 난이 일어나자 삭방절도사(朔方節度使)에 임명되어 하북과 하동 지역을 수복한 공으로 병부상서(兵部尚書) · 동평장사(同平章事)에 제수되었다. 숙종(肅宗) 지덕(至德) 2년(757)에 광평왕(廣平王) 이숙[李俶: 대종(代宗) 이예(李豫)]을 보좌해 장안과 낙양을 수복한 공으로 사도(司徒)에 제수되고 대국공(代國公)에 봉해졌다. 보응(寶應) 원년(762)에 하동에 병란이 일어나자 분양왕에 봉해져 군대를 일으켜 반란을 평정했다. 대종 광덕(廣德) 2년(764)에 복고회은(僕固懷恩)이 토번(吐蕃: 티베트) · 회흘(回紇: 위구르)과 연합해 침입하자, 회흘을 설득해 토번을 대파함으로써 당나라를 구했다. 덕종(德宗)이 즉위한 후 태위(太尉) · 중서령(中書令)에 임명되고 상보(尙父)라는 칭호를 하사받았다. 85세에 죽었으며 시호는 충무(忠武)다. 당나라 최고의 공신으로서 본인뿐만 아니라 8명의 아들과 7명의 사위가 모두 입신출세해 장수와 부귀공명의 상징이 되었다.

7 관가(官家): 신하가 황제를 높여 부르는 말. 여기서는 영종을 가리킨다.

잃는다면 태후 또한 평온하실 수 없을 것입니다"라고 말했다고 했다. 또 말하길, 태후가 일찍이 한漢나라 창읍왕昌邑王(유하)[8]의 일이 어떠한지 물었다고 했다. 또 이르길, 태후가 "어젯밤에 심히 이상한 꿈을 꾸었는데, 이 아이가 도로 경녕궁慶寧宮에 있는 것을 보았소〔영종이 다시 구저舊邸에 있는 것을 말한다〕"라고 말하자, 위공이 "도로 경녕궁에 있는 것은 바로 성상의 옥체가 옛날로 회복될 징조이니 이는 좋은 꿈입니다"라고 말했다고 했다. 또 말하길, 영종이 몸이 편치 않자 위공이 "대왕大王(신종)이 장자로서 태자로 책립되었으니 또한 보살핌을 주셔야 합니다〔신종을 말한다〕"라고 아뢰었더니, 태후가 노해 "아직도 옛 보금자리에서 토끼를 찾으려 하시오?"라고 말했다고 했다. 또 말하길, 태후가 대신大臣을 마주 대하고 영종에게 읍소하며 "부필富弼은 마음속으로 이 태후를 주인으로 여기고 있습니다"라고 말했다고 했다. 또 이르길, 태후가 전전前殿(대전)으로 가려고 하자 위공이 자신의 의견을 논해 아뢰었더니 태후가 그만두었다고 했다. 또 이르길, 대간臺諫이 주장奏章을 올려 빨리 환정還政[9]하길 청하자 태후가 울면서 "만약 내려놓는다면 다시 어찌 눈길이나 받겠는가!"라고 했다고 했다. 이와 같은 일이 아직도 많지만 모두 허망하고 불손해서 말하기에 마땅하지 않은 바이다. 한씨韓氏(한기)의 자손은 소나무와 개오동나무를 판매하면서 조상의 공훈을 과장해 등용되기를 바랐지만, 그들의 부친과 조부를 불의에 빠뜨린 것은 거의 알지 못했다.

왕암수王巖叟[10]는 부자가 위공의 문객이 되었는데, 또한 『위공유사魏公遺

---

8 창읍왕(昌邑王): 유하(劉賀, BC 92~BC 59). 전한 무제(武帝)의 손자. BC 74년에 소제(昭帝)의 뒤를 이어 즉위했으나, 향락과 음행을 일삼다가 곽광(霍光)에 의해 즉위한 지 27일 만에 폐위되어 해혼후(海昏侯)로 강등되었다.

9 환정(還政): 섭정하던 사람이 정권을 임금에게 돌려주는 것을 말한다.

事』한 편을 지었다. 거기에 위공의 언행을 매우 상세하게 기록했는데, 광헌태후가 임시로 수렴청정한 일을 논한 것은 또한 거짓이다. 이르길, 태후가 환정한 후에 위공이 영종에게 (태후를 위한) 의장儀仗과 시위侍衛를 더하라고 권하자, 영종이 "상공相公은 모후母后를 감싸지 마시오"라고 말했다고 했다. 또 이르길, 위공이 태후에게 "자신에게 아들이 없음을 인정하지 않으면 안 됩니다"라고 말했다고 했다. 그 뜻을 살펴보면, 영종은 위공이 아니면 제위에 오를 수 없었고, 이미 제위에 오르고 나서도 위공이 아니면 편안할 수 없었다고 여긴 것이다. 영종은 인종의 천하를 받아 존귀하기로 천자가 되었음에도 광헌태후의 은덕에 보답할 바를 생각한 사람이었는데, 어찌하여 오히려 의장과 시위 같은 말단의 예를 아까워해서 "모후를 감싸지 말라"라는 말을 했다고 여겼단 말인가? 영종의 효성스런 덕행에 누가 되지 않을 수 없도다! 삼가 생각건대 태황태후는 천하의 어머니인데 그에게 아들이 없다고 인정하게 했으니, 이미 신하 된 자가 도리에 어긋나고 오만함이 이 지경에 이르렀다면 제멋대로 날뛰는 자에 가깝지 않겠는가! 전대의 간사한 자들이 스스로 정책국로定策國老[11]라 칭하면서 천자를 문하생으로 여긴 것

10　왕암수(王嚴叟, 1043~1093): 자는 언림(彦霖), 시호는 공간(恭簡). 북송의 대신으로 서예에도 뛰어났다. 인종(仁宗) 가우(嘉祐) 6년(1061) 명경과(明經科) 출신으로, 난성주부(欒城主簿)를 거쳐 안희지현(安喜知縣)을 지냈다. 철종 때 감찰어사(監察御史)·시어사(侍御史)·이부시랑(吏部侍郎)·중서사인(中書舍人)·추밀원직학사(樞密院直學士) 등을 지냈다. 사람됨이 고상하고 일처리가 분명해 사마광(司馬光)·소철(蘇轍)·여공저(呂公著) 등에게 인정을 받았다. 저서에 『역시춘추전(易詩春秋傳)』·『한위공별록(韓魏公別錄)』·『대명집(大名集)』 등이 있다.

11　정책국로(定策國老): 당나라 때 경종(敬宗)부터 선종(宣宗)까지 환관들이 국가의 대권을 잡고 제멋대로 황제를 폐위하고 옹립하면서 국가의 원로로 자처했는데, 환관들이 나이 든 황제를 폐하고 젊은 황제를 즉위시키는 것을 '정책'이라 하고, 그러한 환관을 '국로'라 했으며, 옹립된 황제를 '문생'이라 했다. 이 말은 추밀사(樞密使)인 환관 양복공(楊復恭)이 처음 했다.

은 모두 이 때문이었다.

위공은 어진 사람이었으니 만약 죽은 자에게 지각이 있다면 어찌 감당하겠는가? 그래서 신종이 일찍이 말했다.

"이와 같은 것은 아마도 한기의 뜻이 아닐 것이다."

내(소백온)가 일찍이 영종의 즉위를 논한 적이 있었는데, 맨 처음 건의한 사람은 범촉공范蜀公(범진)이고, 이어서 추진한 사람은 사마온공司馬溫公(사마광)이며, 인종과 광헌황후의 뜻을 받들어 이룬 사람은 한위공이었다. 부공富公(부필)의 「사호부상서장辭戶部尙書章」과 중승中丞 여회呂誨의 「위공이하천관소魏公以下遷官疏」는 바로 천하의 공변된 말이니, 이를 갖추어 기록해 사관이 채택하기를 기다린다.

英宗於仁宗爲姪, 宣仁后於光獻爲甥, 自幼同養禁中. 溫成張妃有寵, 英宗還本宮, 宣仁還本宅. 溫成薨而竟無子. 一日, 帝謂光獻曰: "吾夫婦老無子, 舊養十三〔英宗行第〕·滔滔〔宣仁小字〕, 各已長立. 朕爲十三, 后爲滔滔主婚, 使相娶嫁." 時宮中謂天子娶婦, 皇后嫁女云. 蓋仁宗·光獻以英宗爲子, 聖意素定矣. 此殆天命, 非人力也. 至召英宗爲皇子, 入謝, 帝與后適御後苑迎曙〔曙, 英宗諱〕亭, 帝謂后曰: "豈偶然哉!" 嘉祐八年三月晦日, 帝起居尙安, 夜一更, 遽索藥, 且召后. 后至, 帝指心, 不能言. 宣醫投藥, 已無及矣. 帝崩, 左右欲開宮門召兩府, 后曰: "此際宮門不可開, 但以密勑召兩府, 令黎明入." 又三更令進粥, 四更再召醫, 又使人守之. 翌日, 兩府入, 后哭告以上崩, 令召皇子嗣位. 英宗初不敢當, 兩府共抱之, 解其髮, 衣以黃衣. 命翰林學士王珪草詔[1], 珪懼甚, 筆不能下. 丞相魏公韓琦從容曰"大行皇帝在位幾年", 珪乃能草詔. 英宗卽位數日, 有疾, 執政大臣請光獻后垂簾權同聽政. 后辭退, 久之, 乃從. 則光獻立子之功, 其可掩哉! 故神宗深感之, 所以事光獻之禮甚至. 迨光獻之崩,神宗哀毀, 不能視朝, 其所製挽章, 至今讀之令人流涕也. 韓魏公薨, 其子孫倣郭汾陽, 著『家傳』十卷, 具載魏公功業. 至英宗卽位之初, 乃云光獻信讒, 屢有不平之語, 魏公以危言感動曰: "若官家失照管, 太后亦未得安穩." 又言, 太后曾問漢昌邑王事如何. 又云, 太后言: "昨夕夢甚異, 見這孩兒却在慶寧宮〔謂英宗復在舊邸〕." 魏公曰: "却在慶寧宮, 乃是聖躬復舊之兆, 此是好夢." 又言, 英宗不豫, 魏公奏曰: "大王長立, 且與照管〔謂神宗〕." 后怒曰: "尚欲舊窠中求兔[2]耶?" 又言, 太后對大臣泣訴英宗語曰: "富弼意主太后." 又云, 太后欲御前殿, 魏公論奏云云, 乃止. 又云, 臺諫有章, 乞早還政, 太后泣曰: "若放下, 更豈見眼道耶!" 如此等事尙多, 皆誕妄不恭, 非所宜言. 韓氏子孫, 販賣松檟, 張大勳業, 以希進用, 殊不知陷其父祖於不義也. 王巖叟者, 父子爲魏公之客, 亦著『魏公遺事』一編. 其記魏公言行甚詳, 至論光獻權同聽政事, 亦爲欺誕. 謂太后還政之後, 魏公勸英宗加儀衛, 帝曰: "相公休獎縱母后." 又謂魏公對太后曰: "自家無子, 不得不認." 察其意, 以爲英宗非魏公不得立, 旣立, 非魏公不得安也. 英宗受仁宗天下, 貴爲天子, 思所以報光獻之德者, 何以爲稱反惜儀衛末禮, 有"無獎縱母后"之語? 於英宗孝德, 不無累乎! 恭惟太皇太后, 天下之母也, 以其無子而令認. 業爲臣子者, 悖慢至此, 不幾於跋扈者乎! 前代奸人自稱定策國老, 以天子爲門生, 皆由此. 以魏公之賢, 使死者有知, 其敢當也? 故神宗嘗曰: "如此恐非韓琦之意." 伯溫嘗論英宗之立, 首建議者, 范蜀公也, 繼之者, 司馬溫公也, 順成仁宗·光獻意者, 韓魏公也. 富公「辭戶部尙書章」·呂誨中丞「魏公以下遷官疏」, 乃天下之公言也, 具書之, 以俟史官採擇.

[1] 조(詔): 명초본에는 "유조(遺詔)"라 되어 있는데, 문맥상 의미가 보다 분명하다.
[2] 토(兔): 명초본에는 "아(兒)"라 되어 있다.

　영종英宗이 즉위 초에 질병에 걸려 조회를 볼 수 없자 대신들이 광헌태후
光獻太后(조태후)에게 임시로 수렴청정하길 청했는데, 태후는 사양했지만 그
럴 수 없자 결국 따르기로 했다. 영종의 건강이 회복되자마자 태후는 이미
섭정을 그만두겠다는 친서를 써 놓았다. 그런데 위공魏公(한기)이 아뢰길,
대간臺諫이 소장疏章을 올려 태후가 빨리 환정還政하길 청한다고 했다. 태후
가 그 말을 듣고 황급히 일어나자 위공이 급히 의란사儀鸞司[12]에 주렴을 거
두게 했는데, 태후가 미처 어병御屛을 돌리지 못해 옷이 보였다. 당시 부한
공富韓公(부필)은 추밀상樞密相[13]으로 있었는데, 위공이 주렴을 거둔 일을 문
서로 보고하지 않은 것을 탓하면서 "한위공韓魏公(한기)이 나를 멸족의 지경
에 이르게 하고자 한다"라는 말을 했다. 참지정사參知政事로 있던 구양공歐
陽公(구양수)[14]이 복안의왕濮安懿王(조윤양)[15]의 추존을 맨 처음 건의하자 부공

12　의란사(儀鸞司): 송나라 때 궁중에서 의례를 관장하던 관서.
13　추밀상(樞密相): 송나라 때 재상 겸 추밀사(樞密使)를 일컫던 말로, 줄여서 추상(樞相)이라
　　했다.
14　구양공(歐陽公): 구양수(歐陽修, 1007~1072). 자는 영숙(永叔), 호는 취옹(醉翁)·육일거사
　　(六一居士). 북송의 정치가이자 문학가. 인종 천성(天聖) 8년(1030) 진사 출신으로, 한림학
　　사(翰林學士)·추밀부사(樞密副使)·참지정사 등을 지냈으며, 문충(文忠)이라는 시호를
　　받았기에 구양문충공(歐陽文忠公)으로 불린다. 북송의 시문(詩文) 혁신운동을 영도했다.
　　당송팔대가 중 한 명으로, 한유(韓愈)의 고문운동을 계승 발전시켜 한 시대의 문풍(文風)을
　　새롭게 열었으며, 시풍(詩風)과 사풍(詞風)에 대해서도 혁신을 시도했다. 그 밖에 『신당서
　　(新唐書)』편찬을 주도했으며, 혼자 『신오대사(新五代史)』를 편찬했다.
15　복안의왕(濮安懿王): 조윤양(趙允讓, 995~1059). 자는 익지(益之). 북송의 황족으로 태종
　　의 손자이자 영종의 생부다. 인종이 아들이 없었기에 조윤양의 열셋째 아들 조서(趙曙: 영
　　종)를 황태자로 삼았다가 인종이 붕어한 후에 조서가 제위에 올랐다. 조윤양은 성품이 중
　　후하고 기쁨과 성냄의 감정을 안색에 드러내지 않았다. 일찍이 여남군왕(汝南郡王)에 봉해

富公(부필)이 말했다.

"구양공은 전적을 읽어서 예법을 알고 있는데, 이 일을 거론한 까닭은 인종仁宗을 망각하고 주상께 누를 끼치고 한공韓公(한기)을 기만하고자 할 따름이다."

부공은 집정관이 관례에 따라 승진하는 것을 사양하는 상소를 올렸는데, 그 말이 매우 직설적이어서 사흘 동안 보고되지 않자, 직접 영종을 알현하고 면전에서 아뢰었다.

"인종께서 폐하를 책립하신 것은 황태후의 공입니다. 폐하께서는 아직 황태후의 큰 공에 보답하지 않으셨는데, 신의 작은 노고를 먼저 거두시는 것은 인종의 뜻이 아닙니다. 바야흐로 인종께서 재위하실 때 종친 중에서 가깝기가 폐하와 서로 비슷한 사람이 오히려 많았지만, 굳이 폐하를 아들로 삼은 것은 폐하의 효성스런 덕행이 널리 알려졌기 때문입니다. 지금 황태후께서 신과 호숙胡宿[16]·오규吳奎 등에게 '지아비 없는 아낙네는 하소연할 곳이 없소'라고 말씀하셨는데, 그 말이 차마 듣지 못할 지경이어서 신은 참으로 마음이 아팠습니다. 이것이 어찌 인종께서 폐하께 바라는 바이었겠습니까!"

그러고는 홀笏로 용상을 가리키며 말했다.

"폐하께서 효성스런 덕행을 지니지 않으셨다면 어떻게 여기에 앉을 수

지고, 동평장사(同平章事)와 판대종정사(判大宗正司)를 지냈다. 사후에 복왕(濮王)에 추봉되고 안의(安懿)라는 시호를 받았기에 '복안의왕'이라 한 것이다.

16 호숙(胡宿, 995~1067): 자는 무평(武平), 시호는 문공(文恭). 인종 천성(天聖) 2년(1024) 진사 출신으로, 지호주(知湖州)·양절전운사(兩浙轉運使)·지제고(知制誥)·한림학사(翰林學士)·추밀부사(樞密副使) 등을 지냈으며, 영종 치평(治平) 3년(1066)에 상서이부시랑(尙書吏部侍郎)·관문전학사(觀文殿學士)·지항주(知杭州)를 역임했다. 성품이 관대했으며 조정에서 강직함으로 이름이 알려졌다.

있겠습니까?"

영종이 몸을 굽히며 말했다.

"감히 그럴 수 없소."

부공은 더욱 굳세게 떠나길 청해 결국 판하양군判河陽軍[17]으로 나가게 되었으며, 이때부터 위공·구양공과 절교했다. 나중에 부공이 벼슬을 그만두고 낙양에 거할 때, 매년 생일이면 위공이 원근을 불문하고 반드시 사자를 파견해 매우 공경스럽게 서찰과 선물을 보냈지만, 부공은 그저 늙고 병들었다고 답할 뿐 서찰을 보내지는 않았다. (부공에 대한) 위공의 예의는 끝까지 바뀌지 않았으며 죽고 나서야 멈추었으니, 혹시 위공은 부공에게 부끄러운 일이 있었던 것일까? 하지만 세상에서는 둘 다 어질다고 여겼다. 위공과 구양공이 죽자 부공은 모두에게 조문을 했다. 국사國史(송사)에서는 부공이 영종의 책립에 참여하지 않아서 위공과 불화해 위공이 죽었을 때 조문하지 않았다고 기록했는데 이는 사실이 아니다.

英宗卽位之初, 感疾不能視朝, 大臣請光獻太后垂簾權同聽政, 后辭之不獲, 乃從. 英宗才康復, 后已下手書復辟. 魏公奏, 臺諫有章疏, 請太后早還政. 后聞之遽起, 魏公急令儀鸞司撤簾, 后猶未轉御屏, 尙見其衣也. 時富韓公爲樞密相, 怪魏公不關報撤簾事, 有"韓魏公欲致弼於族滅之地"之語. 歐陽公爲參政, 首議追尊濮安懿王, 富公曰: "歐陽公讀書知禮法, 所以爲此擧者, 忘仁宗, 累主上, 欺韓公耳." 富公因辭執政例遷官疏言甚危, 三日不報, 見英宗, 面奏曰: "仁宗之立陛下, 皇太后之功也. 陛下未報皇太后大功, 先錄臣之

17 판하양군(判河陽軍): '판'은 당송시대에 고관이 보다 낮은 직위의 직무를 겸하는 것을 말한다. 부필은 영종 치평(治平) 2년(1065)에 진해군절도사(鎭海軍節度使)·동중서문하평장사(同中書門下平章事)로서 판하양군(判河陽軍)에 제수되었으며, 기국공(祁國公)에 봉해졌다.

小勞, 非仁宗之意也. 方仁宗之世, 宗屬與陛下親相等者尙多, 必以陛下爲子者, 以陛下孝德彰聞也. 今皇太后謂臣與胡宿·吳奎等曰: '無夫婦人無所告訴.' 其言至不忍聞, 臣實痛之[1]. 豈仁宗之所望於陛下者哉!" 以笏指御牀曰: "非陛下有孝德, 孰可居此?" 英宗俯躬曰: "不敢." 富公求去益堅, 遂出判河陽, 自此與魏公·歐陽公絶. 後富公致政居洛, 每歲生日, 魏公不論遠近, 必遣使致書幣甚恭, 富公但答以老病, 無書. 魏公之禮終不替, 至薨乃已, 豈魏公有愧於富公者乎? 然天下兩賢之. 魏公·歐陽公之薨也, 富公皆有祭弔. 國史著富公以不預策立英宗, 與魏公不合, 至此[2]祭弔不通, 非也.

[1] 지(之): 명초본에는 "심(心)"이라 되어 있는데, 문맥상 보다 타당하다.
[2] 차(此): 명초본에는 "사(死)"라 되어 있는데, 문맥상 보다 타당하다.

3-3(039)

―

본조本朝(송)는 조종祖宗으로부터 검소한 미덕을 세상에 드리웠기 때문에 예조藝祖(태조 조광윤)의 훈시에서 이렇게 말했다.

"늘 갑마영甲馬營[18]에 있을 때를 생각하는 것이 좋다."

태조가 사용한 휘장에는 푸른 베로 테두리를 두른 것이 있었다. 인종仁宗은 태평한 시대에 성장했지만 더욱 근검절약했다. 도성 남쪽의 민현사慜賢寺는 온성황후溫成皇后 장귀비張貴妃의 묘원墓院이다. 민현사 안에는 온성궁

―

18 갑마영(甲馬營): 옛 군영(軍營)의 명칭으로 지금의 허난성[河南省] 뤄양청[洛陽城] 밖에 있었다. 태조 조광윤이 이곳에서 태어났다. 나중에는 그가 미천했을 때 처했던 환경을 가리키는 것으로 쓰인다. 한편 『송사』 「태조본기」에는 "협마영(夾馬營)"이라 되어 있다.

溫成宮의 옛 물건인 붉은 옻칠을 한 소박한 침상, 누런 명주로 테두리를 두른 자리, 격자 문양으로 짠 누런 요가 있었다. 인종이 친히 비백서飛白書[19]로 쓴 온성황후 영장影帳[20]의 영패靈牌[21]는 겨우 2척 정도였고 붉은 옻칠 바탕에 금색 글씨뿐이었다. 온성황후에 대한 총애는 육궁六宮에서 으뜸이었지만 의복과 기물이 이 정도뿐이었다. 그래서 인종이 병들어 몸져누웠을 때 대신들이 입궁해 위문하면서 보았더니, 인종이 사용하는 것은 모두 누런 명주였다. 아, 공손함과 검소함의 덕이 여기에 있는 것이 아니겠는가! 영종英宗은 내전에 빈첩이 없었다. 왕광연王廣淵[22]은 복안의왕濮安懿王(조윤양) 부저府邸의 옛 신료로서 대제待制[23]로 기용되었는데, 가난해서 의례에 필요한 기물을 마련할 수 없자 한위공韓魏公(한기)이 그를 위해 말씀을 드렸더니 영종이 말했다.

"하사할 명분이 없으니 불가하오."

며칠 후에 영종은 왕광연에게 (『서경書經』의) 「무일편無逸篇」을 어병御屏에 쓰게 하라는 교지를 내리고 백금 100냥을 하사했다. 아, 우리 본조의 조종

19　비백서(飛白書): 서체의 일종으로, 필획에 실낱을 풀어 놓은 것 같은 흰 부분이 드러나고 필세가 나부끼는 듯하다고 해서 붙여진 명칭이다. 후한 때 채옹(蔡邕)이 처음 만들었다고 한다. 송 인종은 비백서의 필획을 조수(鳥獸)나 충어(蟲魚) 모양으로 변형시켜 새로움을 추구했다.

20　영장(影帳): 망자의 영정(影幀)을 모셔 두는 휘장.

21　영패(靈牌): 사람이 죽은 후에 잠시 설치하는 신주패(神主牌).

22　왕광연(王廣淵, 1016~1075): 자는 재숙(才叔). 인종 경력(慶曆) 연간 진사 출신으로, 대리법직관(大理法直官)을 지냈다. 송수(宋綬)에게서 서예를 배워 자못 조예가 있었다. 영종이 즉위한 뒤 집현전직학사(集賢殿直學士)와 삼사호부판관(三司戶部判官)을 역임했으며, 흠명전(欽明殿)의 병풍에 『서경(書經)』을 써서 용도각직학사(龍圖閣直學士)를 더해 받았다. 신종이 즉위한 뒤 지제주(知齊州)로 나갔다가 동경로전운사(東京路轉運使)로 전임되었으며, 신법(新法)의 시행에 힘썼다.

23　대제(待制): 당송시대에 전(殿)과 각(閣)에 설치된 관명으로 문물을 관장했으며, 지위는 학사와 직학사(直學士)의 밑에 있었다.

이 근검절약을 가법家法으로 삼은 것이 이와 같도다!

　本朝自祖宗以儉德垂世, 故藝祖之訓曰:"當思在甲[1]馬營時可也." 其所用幃簾, 有靑布緣者. 仁宗生長太平, 尤節儉. 京城南慜賢寺, 溫成張妃墳院也. 寺中有溫成宮中故物: 素朱漆牀, 黃絹緣席, 黃隔織褥. 帝御飛白書溫成影帳牌, 纔二尺許, 朱漆金字而已. 以溫成寵冠六宮, 服用止於此. 故帝寢疾, 大臣入問, 見所御皆黃紬. 嗚呼, 恭儉之德不在此乎! 英宗內無嬪御. 王廣淵以濮邸舊僚進待制, 貧不能辦儀物, 韓魏公爲言, 帝曰:"無名以賜, 不可." 後數日, 有旨令廣淵書「無逸篇」於御屛, 賜白金百兩. 嗚呼, 吾本朝祖宗以節儉爲家法如此!

[1] 갑(甲):『송사(宋史)』「태조본기(太祖本紀)」에는 "협(夾)"이라 되어 있다.

3-4 (040)

―

　광헌태황태후光獻太皇太后는 원풍元豐 4년(1081) 봄에 질병이 들었는데, 문서 한 상자를 아주 단단히 봉하고 걸쇠를 달아 신종神宗에게 건네주면서 말했다.

　"기다렸다가 내가 죽거든 열어 보시고 이것으로 인해 사람들을 처벌해서는 안 됩니다."

　신종은 울면서 그것을 받았다. 태황태후의 병이 낫자 신종이 그 상자를 다시 바쳤더니 태황태후가 말했다.

　"잠시 가지고 계십시오."

그해 7월에 태황태후가 승하했다. 신종이 상자를 열어 보았더니, 모두 인종이 영종을 황태자로 책립할 때 이의를 제기한 신료들의 문서였다. 신종은 그 문서를 들고 통곡했으며, 태황태후의 유훈遺訓에 따라 감히 그 사람들의 지난 허물을 탓하지 않았다. 그래서 신종이 궁중에서 삼년상을 치르면서 예와 효를 다했던 것은 자애로운 은덕을 갚을 수 없음을 알았기 때문이었다.

光獻太皇太后, 元豊四年春感疾, 以文字一函封鐍甚嚴, 付神宗曰: "俟吾死開之, 唯不可因此罪人." 帝泣受. 后疾愈, 帝復納此函, 后曰: "姑收之." 是年七月[1], 后上仙. 帝開函, 皆仁宗欲立英宗爲皇嗣時, 臣僚異議之書也. 神宗執書慟哭, 以太皇太后遺訓, 不敢追咎其人. 故帝宮中服三年之喪, 盡禮盡孝者, 知慈德之不可報也.

[1] 시년칠월(是年七月): 『속자치통감장편(續資治通鑑長編)』 권300에서는 광헌태황태후가 원풍 2년(1079) 10월 을묘일(乙卯日)에 붕어했다고 했다.

3-5(041)

나(소백온)는 어르신들을 모시다가 이런 말씀을 들었다.

"본조本朝(송)는 진종眞宗 함평咸平 연간(998~1003)과 경덕景德 연간(1004~1007) 사이에 흥성했는데, 그때는 북쪽 오랑캐(요나라)와 화친을 맺어[24] 전쟁을 하지

---

24 화친을 맺어: 진종 경덕 원년(1004)에 거란의 요나라와 맺은 이른바 '전연(澶淵)의 맹약'을 말한다.

않았기에 집들이 넉넉하고 사람들이 풍족했다. 낙중洛中(낙양)의 말에 따르면, 백성들이 수레에 술과 음식을 싣고 음악을 연주하면서 큰길에서 놀았는데 이를 '붕거고적棚車鼓笛'25이라 불렀다. 인종仁宗 천성天聖 연간(1023~1032)과 명도明道 연간(1032~1033) 초에도 여전히 이와 같았는데, 보원寶元 연간(1038~1040)과 강정康定 연간(1040~1041) 사이에 이원호李元昊26가 반란을 일으켜 서쪽에서 전쟁이 벌어지는 바람에 천하에 점차 일이 많아져 더 이상 이러한 기풍이 남아 있지 않았다. 이원호가 신하를 칭하고 나서 인종은 절대로 군대를 입에 담지 않았다. 경력慶曆 연간(1041~1048) 이후에 천하가 비록 다시 태평해졌지만, 끝내 천성·명도 연간 이전과는 같지 않았다."

아, 인종의 군대는 응병應兵27으로 부득이하게 사용한 것이었으며, 사태가 평정되자 사용하지 않았으니 이는 인정仁政을 펼치고자 했기 때문이도다!

伯溫侍[1]長老言曰: "本朝惟眞宗咸平·景德間爲盛, 時北虜通和, 兵革不用, 家給人足. 以洛中言之, 民以車載酒食聲樂, 遊於通衢, 謂之棚車鼓笛. 仁宗天聖·明道初尙如此, 至寶元·康定間, 元昊叛, 西方用兵, 天下稍多事, 無

---

25 붕거고적(棚車鼓笛): 수레를 타고 이동하면서 음악을 연주하는 것을 말한다. '붕거'는 차양이 달린 수레를 말하고, '고적'은 북과 피리라는 뜻으로 여러 악기 소리를 말한다.

26 이원호(李元昊): 서하(西夏)의 초대 황제 경종(景宗, 1032~1048 재위). 송나라에서는 조원호(趙元昊)라 불렀다. 송 인종 명덕 원년(1032)에 부왕 이덕명(李德明)이 죽은 후 서평왕(西平王)을 계승(1032)하고 흥경부(興慶府: 지금의 닝샤성[寧夏省] 인촨[銀川])에 도읍을 정했으며, 송나라의 제도를 본떠 관제를 개정하고 문무관의 복식을 정했다. 또한 독자적으로 연호를 사용하고 서하문자를 만들었다. 인종 보원 원년(1038)에 마침내 칭제하고 국호를 대하(大夏)라 했다. 그 후로 송나라와 3년 동안 세 번의 전쟁에서 모두 승리했지만 피해도 컸으므로, 인종 경력 4년(1044)에 송나라에 신하의 예를 갖추는 대신 송나라는 은·차·견직물 등을 세폐(歲幣)로 보내고 관영 무역장에서 무역을 허락하는 조건으로 화친을 맺었다. 한문에 능통하고 법률과 병법에 밝았으며 그림과 불학(佛學)에도 조예가 깊었다. 인종 경력 8년(1048)에 아들 영령가(寧令哥)에게 살해당했다.

27 응병(應兵): 적의 침략에 대응해 부득이하게 싸우는 군대.

復有此風矣. 元昊旣稱臣, 帝絶口不言兵. 慶曆以後, 天下雖復太平, 終不若
天聖 · 明道之前也." 嗚呼, 仁宗之兵, 應兵也, 不得已而用之, 事平不用, 此所
以爲仁歟!

[1] 시(侍): 명초본에는 "득(得)"이라 되어 있는데, 문맥상 보다 타당하다.

3-6(042)

신종神宗이 영저潁邸[28]를 열었을 때 영종英宗이 한위공韓魏公(한기)에게 영
왕부潁王府의 신료를 선발하라고 명하자, 한위공이 왕도王陶[29] · 한유韓維[30] ·
진천陳薦[31] · 손고孫固[32] · 손사공孫思恭[33] · 소항邵亢[34]을 등용했는데, 이들은 모

---

28 영저(潁邸): 영왕(潁王)의 부저(府邸). 신종은 영종 치평(治平) 원년(1064)에 영왕으로 올
    려 봉해졌고, 치평 3년(1066) 12월에 황태자로 책립되었으며, 치평 4년(1067) 정월에 황제
    로 즉위했다.

29 왕도(王陶, 1020~1080): 자는 낙도(樂道). 북송의 관리. 인종 경력(慶曆) 2년(1042) 진사 출
    신으로, 악주군사판관(嶽州軍事判官)을 거쳐 감찰어사이행(監察御史裏行)을 지냈다. 영종
    때는 영왕부익선(潁王府翊善)과 지제고(知制誥)를 역임했다. 신종이 즉위한 후에는 권어사
    중승(權御史中丞) · 권삼사사(權三司使) · 판남경유사어사대(判南京留司御史臺) · 지하남
    부(知河南府) 등을 지냈다.

30 한유(韓維, 1017~1098): 자는 지국(持國). 북송의 관리이자 문학가. 참지정사 한억(韓億)의
    아들이다. 인종 때 구양수(歐陽修)의 추천으로 지태상예원(知太常禮院)을 지냈으며, 영종
    때는 지제고(知制誥)와 지통진은대사(知通進銀臺司)를 역임했다. 신종이 즉위한 후 한림학
    사(翰林學士)와 지개봉부(知開封府)에 임명되었는데, 왕안석(王安石)과의 갈등으로 지양
    주(知襄州)로 전출되었다. 철종이 즉위한 후 문하시랑(門下侍郎)에 제수되었으며 태자소부
    (太子少傅)로 벼슬을 마쳤다. 소성(紹聖) 2년(1095)에 원우당인(元祐黨人)으로 지목되어
    재차 폄적되었다.

31 진천(陳薦): 자는 언승(彦升). 북송의 관리. 일찍이 한기(韓琦)의 인정을 받아 그의 추천으
    로 비각교리(秘閣校理)와 지태상예원(知太常禮院)을 지냈다. 영왕(潁王)이 황태자로 책봉
    되었을 때 우유덕(右諭德)에 임명되었다. 신종이 즉위한 후 천장각대제(天章閣待制) · 지제

96

두 이름난 학자에 후덕한 선비였다. 왕도와 한유는 행동거지에 법도가 있었다. 신종이 궁중에서 황제를 배알할 때 절하면서 다소 다급해하자 한유가 말했다.

"제가 아래에서 절을 하면 왕께서는 저를 따라 하시면 됩니다."

여러 공들이 하루는 신종을 모시고 앉아 있었는데, 측근 시종이 활 모양의 신발[35]을 바치자 한유가 말했다.

"왕께서는 어찌하여 춤 신발을 신으십니까?"

신종은 부끄러운 기색을 띠며 빨리 그것을 버려 버리게 했다. 그 보좌한 공이 이와 같았기 때문에 영저의 신료들은 '천하선天下選'[36]이라 불렸다.

고(知制誥)·지간원(知諫院)을 역임했으며, 보문각학사(寶文閣學士)와 자정전학사(資政殿學士)를 지냈다.

32 손고(孫固, 1016~1090): 자는 윤중(允中), 호는 화보(和父). 북송의 대신으로 재상까지 올랐다. 진사 출신으로 자주사호참군(磁州司戶參軍)으로 있다가 영왕(穎王)의 시독(侍讀)으로 전임되었다. 신종이 즉위한 후 공부낭중(工部郎中)·천장각대제(天章閣待制)·지개봉부(知開封府)·태중대부(太中大夫)·추밀원사(樞密院使) 등을 지냈다. 서하(西夏) 경략에 반대하고, 왕안석(王安石)과의 갈등이 잦았다. 철종이 즉위한 후 문하시랑(門下侍郎)과 추밀원사를 지냈고 우광록대부(右光祿大夫)에까지 이르렀다.

33 손사공(孫思恭, 1009~1069): 자는 언선(彦先). 북송의 관리이자 학자. 오규(吳奎)의 추천으로 국자직강(國子直講)과 비각교리(秘閣校理)를 지냈다. 신종이 영왕(穎王)으로 있을 때 시강(侍講)이 되었으며 직집현원(直集賢院)을 지냈다. 신종이 즉위한 후 천장각대제(天章閣待制)로 발탁되었고, 지강녕부(知江寧府)를 지냈다. 관씨(關氏) 역학(易學)에 정통했고 특히 『대연(大衍)』에 뛰어났다.

34 소항(邵亢, 1011~1071 또는 1014~1074): 자는 흥종(興宗). 북송의 관리. 이원호(李元昊)가 반란을 일으키자 「병설(兵說)」을 바쳐 유신(儒臣)이 병사를 통솔하는 폐단을 논했다. 영주단련추관(潁州團練推官)과 삼사탁지판관(三司度支判官)을 지냈다. 영종이 그를 만나 보고 국기(國器)라고 칭송했다. 신종이 즉위한 후 용도각직학사(龍圖閣直學士)로 발탁되었다가 추밀직학사(樞密直學士)로 전임되었고 지개봉부(知開封府)를 지냈는데, 사안마다 신속하고 공정하게 처리해 송사의 폐단을 그치게 했다. 그 후로 추밀부사(樞密副使)와 자정전학사(資政殿學士)를 지냈으며, 정주(鄭州)·운주(鄆州)·박주(亳州)의 지주(知州)를 역임했다.

35 활 모양의 신발: 원문은 "궁양화(弓樣靴)". 춤출 때 사용하기 위해 특별히 제작한 신발.

36 천하선(天下選): 천하의 수많은 사람 중에서 선발된 훌륭한 인재를 말한다.

神宗開穎邸, 英宗命韓魏公擇宮僚, 用王陶·韓維·陳薦·孫固·孫思恭·邵亢, 皆名儒厚德之士. 王陶·韓維, 進止有法. 神宗内朝, 拜稍急, 維曰: "維下拜, 王當效之." 諸公一日侍神宗坐, 近侍以弓樣靴進, 維曰: "王安用舞靴?" 神宗有愧色, 亟令毀去. 其翊贊之功如此, 故穎邸賓僚號天下選云.

3-7(043)

―

신종神宗이 처음 즉위했을 때 어사중승御史中丞 왕도王陶가 말하길, 재상 한위공韓魏公(한기)이 일상 조회의 반열을 점검하지[37] 않고 제멋대로 한다고 했다. 신종이 측근 시종을 보내 그 소장疏章을 한위공에게 보여 주었더니 한위공이 아뢰었다.

"신은 제멋대로 하는 사람이 아니지만, 폐하께서 소황문小黃門(환관)[38] 하나를 보내 신을 포박해 가시면 됩니다."

신종은 그 말에 감동받아 왕도를 지진주知陳州로 전출시켰다.

神宗初卽位, 中丞王陶言, 宰相韓魏公不押常朝班爲跋扈. 帝遣近侍以章疏示魏公, 公奏曰: "臣非跋扈者, 陛下遣一小黃門至則可縛臣以去矣." 帝爲之動, 出王陶知陳州.

37　일상 조회의 반열을 점검하지: 원문은 "압상조반(押常朝班)". 상례(常禮)로 되어 있는 조회를 '상조'라 하고, 조회에 참여하는 문무백관들이 늘어서는 차례를 '조반'이라 하며, 조회의 반열을 정렬하고 감찰하는 것을 '압반'이라 한다.

38　소황문(小黃門): 황문시랑(黃門侍郎) 밑에 있던 환관으로, 일반적으로 환관을 가리킨다.

—

신종神宗은 즉위한 후 치도治道를 구하는 데 뜻을 집중했다. 처음에 여진
呂溱[39]을 한림학사翰林學士로 등용해 개봉부開封府를 맡게 했다. 여진이 죽자
다시 등보滕甫(등원발)[40]를 한림학사로 등용하고 어사중승御史中丞으로 삼았
다. 등보는 성품이 활달했다. 황상이 때때로 소황문小黃門(환관)에게 친히 밀
봉한 짧은 서찰을 들려 보내 일을 물었는데, 등보가 그것을 사람들에게 자
랑하며 보여 주었다. 어떤 사람이 어찰御札 중에 잘못 쓴 글자가 있는 것을
보고 오히려 등보가 황상의 잘못을 드러내려 한다고 비방하자, 황상이 노
해 그를 배척하고 반역자 이봉李逢[41]의 친당이라고까지 여겨 더 이상 등용
하지 않았다. 당시 왕안석王安石은 금릉金陵(남경)에 거하고 있었는데, 막 모
친상을 벗었을 때 영종英宗이 누차 불렀으나 나아가지 않았다. 왕안석은 인
종仁宗 때 영종을 황태자로 책립하는 일을 논하면서 한위공韓魏公(한기)과 뜻
이 맞지 않았기 때문에 감히 입조하지 못했다. 왕안석은 비록 과거에서 우
등으로 급제했고 문장과 학문도 갖추었지만 본래 먼 지방 사람[42]이어서 아

---

39 여진(呂溱, 1014~1068): 자는 제숙(濟叔). 북송의 관리. 인종 보원(寶元) 원년(1038) 진사
   출신으로, 일찍이 박주통판(亳州通判)·직집현원(直集賢院) 등을 지냈다. 영종 때는 지강
   녕부(知江寧府)를 지냈다. 신종이 즉위한 후 지항주(知杭州)·지개봉부(知開封府)를 지냈
   는데, 정확한 식견으로 송사를 신속하게 판결했다. 추밀직학사(樞密直學士)로 전임되었다
   가 병사했다.
40 등보(滕甫): 등원발(滕元發, 1020~1090). 본명은 보(甫), 자는 달도(達道). 북송의 대신 범
   중엄(范仲淹)의 외손자다. 성품이 호탕해 작은 예절에 구애받지 않았다. 어려서부터 문장
   에 뛰어났으며, 범중엄의 둘째 아들 범순인(范純仁)과 함께 공부했다. 과거시험에서 두 번
   탐화(探花: 3등)를 차지했고, 세 차례나 개봉부윤(開封府尹)을 지냈다. 서북 변방을 진수하
   며 위엄을 떨쳐 '명수(名帥)'로 불렸다.
41 이봉(李逢): 신종 때 조정의 모반을 획책했던 여요현(餘姚縣) 주부(主簿) 이봉을 말한다.

직 조정 사대부들의 인정을 받지 못했기에 한씨韓氏와 여씨呂氏 두 가문의 형제와 깊이 교유했다. 한씨와 여씨는 조정의 세신世臣이어서 천하의 선비는 한씨에서 나오지 않으면 바로 여씨에서 나왔다. 한씨 형제 중에서 한강韓絳[43]은 자가 자화子華이고 왕안석과 같은 해에 과거에 급제했으며, 한유韓維는 자가 지국持國이고 학술이 특히 높았는데 벼슬길에 나가지 않고 있다가 대신大臣의 추천으로 관각館閣에 들어갔다. 여씨 중에서 여공저呂公著[44]는 자가 회숙晦叔이고 가장 현능賢能했으며, 또한 왕안석과 같은 해에 진사에

42 먼 지방 사람: 왕안석은 지금의 장시성(江西省)에 속한 무주(撫州) 임천(臨川) 사람이다.

43 한강(韓絳, 1012~1088): 자는 자화. 북송의 대신 한억(韓億)의 셋째 아들이자 한유(韓維)의 형이다. 인종 경력(慶曆) 2년(1042) 진사 출신으로, 진주통판(陳州通判)과 직집현원(直集賢院)을 거쳐 개봉부추관(開封府推官)과 호부판관(戶部判官)을 지냈으며 용도각직학사(龍圖閣直學士)에 올랐다. 신종(神宗)이 즉위한 후 추밀부사(樞密副使)와 삼사조례사(三司條例司)가 되어 왕안석과 함께 일했는데, 매번 왕안석이 안건을 올릴 때마다 "지당가용(至當可用)"이라고 말했다. 희녕(熙寧) 3년(1070)에 참지정사(參知政事)가 되었다. 서하(西夏)가 국경을 침범하자 변방 순행을 자청해 섬서(陝西)와 하동(河東)의 선무사(宣撫使)를 지냈고 동중서문하평장사(同中書門下平章事)에 제수되었다. 희녕 7년(1074)에 왕안석을 대신해 재상이 되어 신법을 집행했지만 안건 처리가 자주 지연되고 여혜경(呂惠卿)과 불화하자 비밀리에 신종에게 왕안석의 재기용을 요청했다. 왕안석이 재기용된 후 갈등이 생겨 지허주(知許州)로 나갔다. 철종(哲宗)이 즉위한 후 진강군절도사(鎭江軍節度使)와 개부의동삼사(開府儀同三司)를 지내고 강국공(康國公)에 봉해졌으며, 북경유수(北京留守)·사공(司空)·검교태위(檢校太尉) 등을 역임했다.

44 여공저(呂公著, 1018~1089): 자는 회숙, 시호는 정헌(正獻). 북송의 대신이자 학자인 여이간(呂夷簡)의 셋째 아들이다. 진사 출신으로 영주통판(潁州通判)을 거쳐 용도각직학사(龍圖閣直學士)를 지냈다. 신종이 즉위한 후 한림학사(翰林學士)·지통진은대사(知通進銀臺司)에 발탁되었는데, 신종이 사마광(司馬光)을 파직시키려는 것을 저지했지만 그럴 수 없자 관직을 그만두었다가 나중에 다시 지개봉부(知開封府)와 어사중승(御史中丞)에 임명되었다. 희녕(熙寧) 3년(1070)에 신법에 반대해 지영주(知潁州)로 나갔다가 나중에 다시 조정으로 불려 와 한림학사승지(翰林學士承旨)·단명전학사(端明殿學士)·동지추밀원사(同知樞密院事)·자정전대학사(資政殿大學士) 등을 역임했다. 철종이 즉위한 후 상서우승(尙書右丞)·문하시랑(門下侍郎)·상서우복야(尙書右僕射)·중서시랑(中書侍郎)을 지내면서 사마광과 함께 정치를 보좌해 신법을 바꾸었다. 그는 사마광·문언박(文彦博)·구양수(歐陽修)·소식(蘇軾) 등과 함께 왕안석의 신법에 반대했다. 사마광이 죽은 후에는 혼자 정사를 담당했다. 사후에 태사(太師)에 추증되고 신국공(申國公)에 추봉되었다.

급제했다. 한자화韓子華(한강)·한지국韓持國(한유)·여회숙呂晦叔(여공저)이 조
정에서 다투어 그를 칭찬해 왕안석의 명성이 비로소 크게 알려졌다. 왕안
석은 또한 한 시대의 명성과 덕망을 지닌 선비인 사마군실司馬君實(사마광)과
같은 무리와 교분을 맺어 모두 친하게 지냈다. 이에 앞서 치평治平 연간
(1064~1067)에 신종이 영왕穎王으로 있을 때 한지국이 익선翊善[45]이 되어 매번
경전의 뜻을 강론했는데, 신종이 훌륭하다고 칭찬하자 한지국이 말했다.

"이것은 저의 설이 아니라 저의 벗 왕안석의 설입니다."

그리하여 신종이 즉위한 후 마침내 왕안석을 불러 크게 기용하게 되었다.

神宗卽位, 銳意求治. 初用呂溱爲翰林學士, 爲開封府. 溱死, 又用滕甫爲
翰林學士, 爲御史中丞. 甫性疎. 上時遣小黃門持短札御封問事, 甫誇示於人.
或有見御札中誤用字者, 乃反謗甫以爲揚上之短, 上怒, 疎斥之, 至以爲逆人
李逢親黨, 不復用. 時王安石居金陵, 初除母喪, 英宗屢召不至. 安石在仁宗
時, 論立英宗爲皇子與韓魏公不合, 故不敢入朝. 安石雖高科有文學, 本遠人,
未爲中朝士大夫所服, 乃深交韓·呂二家兄弟. 韓·呂, 朝廷之世臣也, 天下
之士, 不出於韓, 卽出於呂. 韓氏兄弟絳字子華, 與安石同年高科, 維字持國,
學術尤高, 不出仕, 用大臣薦入館. 呂氏公著字晦叔, 最賢, 亦與安石爲同年
進士. 子華·持國·晦叔爭揚於朝, 安石之名始盛. 安石又結一時名德之士如
司馬君實輩, 皆相善. 先是治平間, 神宗爲穎王, 持國翊善, 每講論經義, 神宗
稱善, 持國曰: "非某之說, 某之友王安石之說." 至神宗卽位, 乃召安石, 以至
大用.

---

45 익선(翊善): 당나라 때 태자의 속관인 찬선대부(贊善大夫)를 송나라에서 '익선'으로 개칭하
고 친왕부(親王府)에 설치했다.

신종神宗이 이미 사마온공司馬溫公(사마광)을 물리치고 나서 일시에 올바른 인물들이 모두 물러났고, 오직 왕형공王荊公(왕안석)을 등용해 조종祖宗의 법도를 모두 바꾸어 군대를 쓰고 이익을 추구함으로써 천하가 비로소 어지러워졌다. 신종이 하루는 태후太后(선인태후)를 모시고 기왕祁王(조종의)[46]과 함께 태황태후太皇太后(광헌태황태후) 궁으로 갔는데, 그때는 종묘에 제사를 드리기 며칠 전이었다. 태황태후가 말했다.

"날씨가 화창하니 제례를 행하는 날도 이와 같다면 큰 경사입니다."

신종이 말했다.

"그렇습니다."

태황태후가 말했다.

"내가 예전에 들었는데, 민간의 질병과 고통을 반드시 인종仁宗에게 고하면 늘 그에 따라 사면을 행했다고 하니 지금도 응당 그리하셔야 합니다."

신종이 말했다.

"지금은 별다른 일이 없습니다."

태황태후가 말했다.

"내가 듣건대 민간에서 청묘법青苗法[47]과 조역전助役錢[48]을 몹시 고통스러

---

46 기왕(祁王): 조종의(趙宗誼). 북송의 종실. 복안의왕(濮安懿王) 조윤양(趙允讓)의 셋째 아들로, 영종의 형이자 신종의 백부다. 휘종(徽宗) 정화(政和) 4년(1114)에 기왕으로 추봉되었다.

47 청묘법(青苗法): 신종 희녕(熙寧) 2년(1069)에 실시한 왕안석의 신법 가운데 하나. 민간의 높은 이자를 없애고 정부의 세입을 증가시키기 위해 매년 봄과 가을에 관에서 백성들에게 2부의 낮은 이자로 돈과 곡식을 빌려주던 제도다. 봄에 빌려준 것은 가을에, 가을에 빌려준

위한다고 하니 그만두는 것이 마땅합니다."

신종이 불쾌해하며 말했다.

"백성을 이롭게 하는 것이지 고통스럽게 하는 것이 아닙니다."

태황태후가 말했다.

"왕안석王安石은 진실로 재주와 학문을 지녔지만 그를 원망하는 사람이 아주 많습니다. 황제께서는 그를 아껴 보전해 주고자 하시지만 잠시 그를 지방으로 내보내는 것만 못하니, 1년 남짓 후에 다시 불러 기용하는 것이 좋겠습니다."

신종이 말했다.

"여러 신하들 중에서 오직 왕안석만이 몸을 바쳐 국가를 위해 일에 임할 수 있습니다."

기왕이 말했다.

"태황태후의 말씀은 지당하신 말씀이니 폐하께서는 고려하지 않으시면 안 됩니다."

그러자 신종이 화를 내며 말했다.

"내가 천하를 무너뜨렸단 말이오? 그렇다면 그대가 (황제가 되어) 직접 해 보시오."

기왕이 울면서 말했다.

"어찌 이러하십니까!"

것은 이듬해 봄에 받아들였다.

48 조역전(助役錢): 신종 희녕 3년(1070)에 신법 가운데 하나로 모역법(募役法)이 시행되었는데, 모역법은 요역(徭役)을 대신해 농민을 재산에 따라 5등급으로 나눠 면역전(免役錢)을 내게 하고 이를 재원으로 정부가 인부를 저임금으로 고용하는 제도다. 그 과정에서 그동안 요역을 면제받았던 호족·관리·사관(寺觀)·상인 등에게도 약 반액의 조역전(助役錢)을 내게 했으므로 이들의 반감을 샀다.

모두 즐겁지 못한 채로 그만두었다. 사마온공이 일찍이 개인적으로 부한공富韓公(부필)의 말을 기록한 것이 이와 같은데 세상에서 이를 아는 사람이 없다. (휘종徽宗) 숭녕崇寧 연간(1102~1106)에 채경蔡京[49] 등이 철종哲宗(조후)[50]의 역사를 수찬하면서 「왕안석전王安石傳」을 작성했는데, 왕안석을 성인聖人으로 여기면서도 또한 자성광헌후慈聖光獻后와 선인성렬후宣仁聖烈后가 기회를 틈타 황상을 뵙고 눈물을 흘리며 왕안석이 천하를 어지럽게 한다고 말하고 나서 얼마 후에 왕안석이 재상을 그만둔 사실을 기록했다. 혹왕안석의 죄는 비록 그 도당일지라도 결국 가릴 수 없었던 것일까? 아니면 하늘이 우리 본조 모후母后의 어짊을 드러내고자 해서 본디 삭제할 수 없었

---

49 채경(蔡京, 1047~1126): 자는 원장(元長). 북송 말기의 재상이자 서예가. 신종 희녕(熙寧) 3년(1070) 진사 출신으로, 지방관을 거쳐 중서사인(中書舍人)·용도각대제(龍圖閣待制)·지개봉부(知開封府)를 지냈다. 철종 소성(紹聖) 연간에 권호부상서(權戶部尙書)가 되어 장돈(章惇)을 도와 신법(新法)을 시행했다. 휘종이 즉위한 후 신법을 부활시키자 동관(童貫)의 도움으로 숭녕(崇寧) 원년(1102)에 우복야(右僕射) 겸 문하시랑(門下侍郎)으로 재상이 되었으며, 그 후로 네 차례에 걸쳐 16년간 정권을 담당했다. 신법을 회복한다는 명분으로 원우(元祐)의 구신들을 폄적하면서 간당(奸黨)이라 부르고 당인비(黨人碑)를 세웠다. 금(金)나라와 동맹해 숙적 요(遼)나라를 멸망시킨 것은 그의 공적이었으나, 휘종에게 아첨해 사치를 권하고 대규모 토목공사를 일으켜 국가 재정을 궁핍하게 만들었다. 금군(金軍)이 침입하고 흠종이 즉위한 후 국난을 초래한 '육적(六賊)'의 우두머리로 몰려 유배 도중에 죽었다.

50 철종(哲宗): 조후(趙煦). 본명은 조용(趙傭). 북송의 제7대 황제(1085~1100 재위). 신종의 여섯째 아들이며 모친은 흠성황후(欽成皇后) 주씨(朱氏)다. 일찍이 균국공(均國公)과 연안군왕(延安郡王)에 봉해졌다가, 신종 원풍(元豐) 8년(1085)에 태자로 책립되었고 같은 해에 황제로 즉위했는데, 겨우 9살이었으므로 할머니인 선인태황태후(宣仁太皇太后)가 수렴청정했다. 선인태황태후는 신종 이래 20년간 시행해 온 신법을 폐지하고 사마광 등의 구법당을 기용해 구법을 회복시켰는데, 이를 역사에서 '원우갱화(元祐更化)'라 한다. 하지만 원우 8년(1093)에 선인태황태후가 죽자 철종이 친정(親政)을 시작하면서 신종 희녕(熙寧)·원풍 연간에 시행한 신법을 계승해 실시하게 하고 장돈(章惇)·증포(曾布) 등 신법당을 기용했으며, 재상 범순인(范純仁)과 여대방(呂大防) 등 구법당을 축출했다. 철종 시대는 섭정시기와 친정시기에 국가의 정책이 크게 변동하면서 혼란이 일어났지만, 유능한 관료이자 학자로서 사마광과 소식(蘇軾) 같은 훌륭한 인물이 나오기도 했다.

던 것일까? 신종은 왕안석을 물리치고 나서 10년 동안 등용하지 않았다. 원풍元豊 연간(1078~1085) 말에 신종이 병들었을 때 성자聖子(철종)를 맡길 수 있는 사람을 생각하면서 혼자 말했다.

"장차 사마광司馬光과 여공저呂公著로 (태자의) 사부師傅를 삼아야겠다."

하지만 왕안석은 참여시키지 않았다. 아, 슬기롭도다!

神宗既退司馬溫公, 一時正人皆引去, 獨用王荊公, 盡變更祖宗法度, 用兵興利, 天下始紛然矣. 帝一日侍太后, 同祁王至太皇太后宮, 時宗祀前數日. 太皇太后曰: "天氣晴和, 行禮日亦如此, 大慶也." 帝曰: "然." 太皇太后曰: "吾昔聞民間疾苦, 必以告仁宗, 常因赦行之, 今亦當爾." 帝曰: "今無它事." 太皇太后曰: "吾聞民間甚苦靑苗·助役錢, 宜因赦罷之." 帝不懌, 曰: "以利民, 非苦之也." 太皇太后曰: "王安石誠有才學, 然怨之者甚衆. 帝欲愛惜保全, 不若暫出之於外, 歲餘復召用可也." 帝曰: "羣臣中惟安石能橫身爲國家當事耳." 祁王曰: "太皇太后之言, 至言也, 陛下不可不思." 帝因發怒, 曰: "是我敗壞天下耶? 汝自爲之." 祁王泣曰: "何至是也!" 皆不樂而罷. 溫公嘗私記富韓公之語如此, 而世無知者. 崇寧中, 蔡京等修哲宗史, 爲「王安石傳」, 至以王安石爲聖人, 然亦書慈聖光獻后·宣仁聖烈后因間見上, 流涕爲言安石變亂天下, 已而安石罷相. 豈安石之罪雖其黨竟不能文耶? 抑天欲彰吾本朝母后之賢, 自不得而刪也? 帝退安石, 十年不用. 元豊末, 帝屬疾, 念可以託聖子者, 獨曰: "將以司馬光·呂公著爲師傅." 王安石不預也. 嗚呼, 聖矣哉!

—

신종神宗 원풍元豐 4년(1081)에 북경유수北京留守(대명부유수) 문노공文潞公(문언박)이 남교南郊⁵¹에서 제천祭天 의식에 배석했다. 때마침 관제官制가 바뀌어 문노공은 사도시중司徒侍中에서 태위太尉로 임명되어 시중을 그만두었으며, 개부의동삼사開府儀同三司로 판하남부判河南府가 되었지만 하직하고 떠났다. 이에 앞서 옛 참지정사參知政事 왕요신王堯臣⁵²의 아들 왕동로王同老⁵³는 (인종) 지화至和 연간(1054~1056)에 문노공이 재상 유항劉沆,⁵⁴ 한공韓公 부필富弼, 참지정사 왕요신과 함께 영종英宗을 황태자로 책립하길 청했기에, 주장奏章을 기초해 바치면서 자기 부친의 공을 밝혔다. 신종은 그를 궁중에 머물게 하고서 문노공에게 면전에서 물었는데, 문노공의 대답이 왕동로와 일치하자 문노공에게 두 진鎭의 절도사를 더해 주었으며, 그의 아들 문종도文宗道에게 승사랑承事郎 벼슬을 주었다. 하지만 문노공은 두 진의 절도사

---

51 남교(南郊): 천자가 도성 남쪽 교외 밖에 환구(圜丘)를 쌓고 하늘에 제사 지내는 곳을 말한다. 천자의 제천 의식을 말하기도 한다.

52 왕요신(王堯臣, 1003~1058): 자는 백용(伯庸). 북송의 대신·문학가·서예가. 인종 천성(天聖) 5년(1027) 진사 출신으로, 지제고(知制誥)와 한림학사(翰林學士)를 지냈다. 서하(西夏)와의 전쟁 때 섬서체량안무사(陝西體量安撫使)와 경원로안무사(涇原路安撫使)를 역임하면서 변방 수비와 장수 임용에 많은 건의를 했다. 그 후로 권삼사사(權三司使)와 추밀부사(樞密副使)를 지냈으며, 가우(嘉祐) 원년(1056)에 참지정사에 임명되었다. 시호는 문안(文安)이었다가 신종 때 문충(文忠)으로 고쳐졌다. 목록서인 『숭문총목(崇文總目)』을 편찬했다.

53 왕동로(王同老): 북송의 관리. 왕요신의 장남으로 대리평사(大理評事)를 지냈다.

54 유항(劉沆, 995~1060): 자는 충지(沖之), 호는 여산(廬山). 북송의 대신. 인종 천성(天聖) 8년(1030) 진사 출신으로, 대리평사(大理評事)와 서주통판(舒州通判)을 지냈다. 황우(皇祐) 3년(1051)에 참지정사에 임명되었고, 지화(至和) 원년(1054)에 동중서문하평장사(同中書門下平章事)로 재상이 되었다.

를 극구 사양하고 단지 식읍食邑만 받았다. 유항은 태사太師·중서령中書令 겸 상서령尚書令·연국공兗國公에 추증되었고, 그의 아들 유근劉僅은 사부원 외랑祠部員外郎에서 천장각대제天章閣待制가 되었다. 왕요신은 태사·중서령 에 추증되고 문충文忠이란 시호를 받았으며, 그의 아들 왕동로는 수부원외 랑水部員外郎에서 비각교리秘閣校理로 충임되었다. 부공富公(부필)은 사도로 승진했고, 그의 아들 부소경富紹京은 합문지후閤門祗候에 제수되었다. 부공 의 문객 이시李偲가 부공에게 물었다.

"공은 치평治平 연간(1064~1067) 초에 호부상서户部尚書로 승진되자 누차 사양하셨는데, 지금 사도로 승진되자 한 번 사양하고 받으신 것은 어째서 입니까?"

공이 말했다.

"치평 연간 초에는 나 혼자 스스로 관직을 사양했지만, 오늘은 문노공 이 하로 모두 승진했으니 내가 어찌 감히 한사코 사양해 다른 사람을 방해하 겠는가?"

대개 문노공은 왕형공王荊公(왕안석)과 함께 정사를 논하다 뜻이 맞지 않 아 판북경判北京(판대명부)[55]으로 나갔다가 7년 동안 부름을 받지 못했는데, 이때부터 신종의 예우가 다시 두터워졌다.

神宗元豐四年, 召北京留守文潞公陪祀南郊. 會更官制, 自司徒侍中拜太尉, 罷侍中, 爲開府儀同三司·判河南府, 陛辭. 先是, 故參知政事王堯臣之子同老 以至和中潞公與劉相沆·富韓公弼·王參政堯臣, 共乞立英宗爲皇嗣, 章草進

---

55 판북경(判北京): '판'은 당송시대에 고관이 보다 낮은 직위의 직무를 겸하는 것을 말하고, '북경'은 대명부(大名府)를 말한다.

呈, 明其父功. 帝留之禁中, 面問潞公, 公對與同老合, 乃加潞公兩鎭節度使, 官其子宗道爲承事郎. 潞公力辭兩鎭, 止受食邑. 劉沆贈太師·中書令, 兼尙書令·兗國公, 子僅自祠部員外郎爲天章閣待制. 王堯臣贈太師·中書令, 諡文忠, 子同老自水部員外郎充祕閣校理. 富公進司徒, 子紹京除閣門祗候. 富公之客李偲問公曰: "公治平初進戶部尙書, 屢辭, 今進司徒, 一辭而拜, 何也?" 公曰: "治平初乃某自辭官, 今日潞公以下皆遷, 某豈敢堅辭, 妨他人也?" 蓋潞公與荊公論政事不合, 出判北京, 七年不召, 自此帝眷禮復厚矣.

3-11(047)

—

신종神宗 초에 하국夏國(서하)을 격파하고자 마침내 친히 대요大遼 정벌에 나섰는데, 어영御營의 무장 병사, 병장기, 깃발을 모두 준비하고 하북제로河北諸路(하북동로·하북서로)의 군사를 나누어 장차 보갑保甲[56] 민병을 배치하려고 했는데 하북제로에서 소동이 일어났다. 하루는 신종이 황금갑옷을 입고 광헌태황태후光獻太皇太后를 뵈었더니 태황태후가 말했다.

"임금이 이것을 입으면 천하의 사람은 어떻게 하란 말입니까? 상서롭지 못하니 벗으십시오."

또 도성에 망루를 설치하려고 했지만 태황태후가 또한 불허하자 단지 여

---

56 보갑(保甲): 왕안석의 신법 가운데 하나로, 농촌의 자경(自警) 및 민병제의 원활한 운영을 위해, 농촌의 10가구를 1보(保), 50가구를 1대보(大保), 500가구를 1도보(都保)로 편성하고, 각각 장(長)을 두어 치안유지와 사건 신고 등의 의무를 주었다. 북방의 요나라와 대치함에 따라 증가하는 군사비 절감과 군대를 강화하려는 부국강병책에 따른 것이었으나, 농민의 부담을 가중시켜 얼마 후 폐지되었다.

러 성문에 저장 창고만 지었다.

神宗初, 欲破夏國, 遂親征大遼, 御營兵甲·器械·旗幟皆備, 分河北諸路
兵, 遂將置保甲民兵, 諸路騷動. 一日, 帝衣黃金甲以見光獻太后, 后曰: "官家
着此, 天下人如何? 脫去, 不祥." 又欲京城安樓櫓, 后亦不許, 但以庫貯於諸門.

3-12(048)

—

신종神宗은 우애가 돈독해서 두 동생(조호와 조군)[57]이 궁 밖으로 나가는 것
을 들어주지 않았는데, (철종) 원우元祐 연간(1086~1094) 초에 선인태황태후宣
仁太皇太后가 비로소 천파문天波門 밖에 (그들을 위해) 저택 축조를 명했다. 저
택이 완성되자 철종哲宗은 선인후(와 흠성후欽聖后)를 모시고 행차했으며, 두
왕(오왕 조호와 익왕 조군)의 아들들에게 각각 관직을 한 등급씩 올려 주라는
어지를 내렸다. 사인舍人 소식蘇軾[58]의 행제사行制辭(제칙을 행하는 글)에서 말

57 두 동생: 조호(趙顥)와 조군(趙頵)을 말한다. 조호는 자가 중명(仲明)이며, 영종의 둘째 아
    들이자 신종의 친동생이다. 처음 안락군공(安樂郡公)에 봉해졌다가 다시 기국공(祁國公)에
    봉해지고 동양군왕(東陽郡王)에 봉해졌으며, 이후 창왕(昌王)·옹왕(雍王)·양왕(揚王)·
    기왕(冀王)·초왕(楚王)·연왕(燕王)·오왕(吳王)에 고쳐 봉해졌다. 조군(1056~1088)은 영
    종의 넷째 아들이자 신종의 친동생이다. 처음에 대녕군공(大寧郡公)에 봉해졌다가 다시 무
    국공(鄧國公)·낙안군왕(樂安郡王)·가왕(嘉王)에 봉해졌다. 이후 조왕(曹王)·형왕(荊王)
    에 봉해지고 태위(太尉)에 이르렀으며, 사후에 휘종 때 익왕(益王)에 고쳐 봉해졌다.
58 소식(蘇軾, 1036 또는 1037~1101): 자는 자첨(子瞻)·화중(和仲), 호는 동파거사(東坡居
    士), 시호는 문충(文忠). 북송의 관리·문학가·서화가다. 인종 가우(嘉祐) 2년(1057) 진사
    (進士) 출신으로, 단명전학사(端明殿學士)·한림원시독학사(翰林院侍讀學士)·사부원외
    랑(祠部員外郎)을 지냈다. 신종 희녕(熙寧) 5년(1072)에 왕안석(王安石)의 신법에 반대해

했다.

　"선황제先皇帝(신종)께서 형제간의 우애를 돈독히 하고 은정으로 법도를 눌러 두 숙부가 궁 밖으로 나가 사는 것을 윤허하지 않으신 것은 대개 (주나라) 무왕武王이 (동생인) 주공周公과 소공召公을 대우한 뜻이다. 태황태후께서 조정의 예법을 엄히 하고 법도로 은정을 억제해 비로소 그 청에 따라 외부의 저택으로 나가 살게 하신 것은 공자孔子가 그 아들을 멀리한 뜻을 얻은 것이다. 두 분(신종과 선인후)의 성심聖心은 다르지만 똑같이 도에 부합하니 만세의 본보기로 삼을 만하다. 짐은 두 궁의 어른(선인후와 흠성후)을 모시고 새로 지은 저택으로 행차해 돌아보고 사념에 잠겨 주르륵 눈물을 흘렸다. 옛날 한나라 명제明帝(유장)[59]가 동평왕東平王(유창)[60]에게 '집에서 어떤 일을 즐거움으로 삼는가?'라고 물었더니, 동평왕이 '선善을 행하는 것이 가장 즐겁습니다'라고 말했다. 명제는 그 말을 크게 여겨 열후列侯의 인장 19개를 보내 주어 동평왕의 아들들 중에서 5세 이상에게 모두 차게 하고 그 사실을 역사에 기록하게 했는데, 천하의 사람들은 그 일을 사사롭다고 여기지

지방으로 나가 항주통판(杭州通判)·지밀주(知密州)·지서주(知徐州)·지호주(知湖州)를 역임했다. 원풍(元豊) 3년(1080)에 '오대시안(烏臺詩案)'으로 인해 황주단련부사(黃州團練副使)로 좌천되었다. 철종이 즉위한 후 한림학사·시독학사(侍讀學士)·예부상서(禮部尙書) 등을 지냈으며, 만년에 신법당이 집정하자 소성(紹聖) 원년(1094)에 혜주(惠州)와 담주(儋州)로 유배되었다. 휘종이 즉위한 후 사면을 받아 돌아오다가 도중에 상주(常州)에서 병사했다. 소식은 북송 중기 문단의 영수로서, 시·사·산문·서·화 등에 모두 뛰어났다. 부친 소순(蘇洵), 동생 소철(蘇轍)과 더불어 '삼소(三蘇)'로 불렸고, 당송팔대가(唐宋八大家)의 대표인물이다.

59 명제(明帝): 유장(劉莊). 후한의 제2대 황제(57~75 재위)로, 광무제(光武帝)의 일곱째 아들이다. 광무제를 이어 내치(內治)를 공고히 했으며, 대외적으로는 북쪽의 흉노를 평정하고 반초(班超)를 서역(西域)에 파견했다. 묘호는 현종(顯宗), 시호는 효명황제(孝明皇帝)다.

60 동평왕(東平王): 유창(劉蒼, ?~83): 후한 광무제의 여덟째 아들이자 명제의 친동생이다. 건무(建武) 15년(39)에 동평공(東平公)에 봉해졌다가 건무 17년(41)에 동평왕으로 높여 봉해졌다. 벼슬은 표기장군(驃騎將軍)을 지냈다. 시호가 헌(憲)이기 때문에 동평헌왕으로 불린다.

않았다. 지금 두 왕의 아들들은 성품이 충실하고 우애하며 예의에 돈독해 옷을 가눌 정도의 나이 이상은 모두 늠름하게 성인의 풍모를 지녔으니 짐이 심히 가상히 여긴다. 그래서 그들에게 각각 한 관직씩 올려 주어 선을 행하는 즐거움을 돕고자 하니, 열심히 노력해서 아버지와 할아버지를 욕되게 하지 말고 나라의 빛이 되기를 바란다."

다음 날 승상 여대방呂大防[61]과 범순인范純仁[62]의 두 부인이 입궁해 알현하자 선인후가 말했다.

"어제 황제와 함께 두 왕의 부저府邸로 행차했는데, 두 왕은 선 채로 황제를 모셨고 수라 올리는 일도 매우 공손했으며, 황제께서 그들을 대우한 것도 예를 다했소. 늙은 나는 이를 매우 기쁘게 생각하오."

선인후가 또 말했다.

"인종仁宗께서는 (숙부인) 연왕燕王(조원엄)을 섬기면서 조카로서의 예를 다하셨소. 연왕은 자못 자중했지만 항렬로 인종을 불렀고, 비록 궁중의 의복

---

61 여대방(呂大防, 1027~1097): 자는 미중(微仲). 북송의 대신이자 서예가. 인종 황우(皇祐)
    원년(1049) 진사 출신으로, 풍익주부(馮翊主簿)와 영수현령(永壽縣令)을 지냈다. 영종이
    즉위한 후 태상박사(太常博士)·감찰어사이행(監察御史裏行)을 지냈으며, 복의(濮議: 영
    종의 친부인 복왕의 추존과 관련된 논의)에 참여했다가 폄적되었다. 철종 때 조정으로 불
    려 와 한림학사가 되었으며, 원우(元祐) 원년(1086)에 상서좌복야(尚書左僕射) 겸 문하시
    랑(門下侍郎)으로 재상에 올랐고 급군공(汲郡公)에 봉해졌다. 하지만 원우당쟁(元祐黨爭)
    으로 인해 지수주(知隨州)로 좌천되었으며, 소성(紹聖) 4년(1097)에 다시 서주단련부사(舒
    州團練副使)로 좌천되었다.
62 범순인(范純仁, 1027~1101): 자는 요부(堯夫), 시호는 충선(忠宣). 북송의 대신으로, 참지
    정사(參知政事) 범중엄(范仲淹)의 둘째 아들이다. 인종 황우(皇祐) 원년(1049) 진사 출신으
    로, 일찍이 호원(胡瑗)과 손복(孫復)에게서 수학했다. 시어사(侍御史)·동지간원(同知諫
    院)으로 있다가 지하중부(知河中府)로 나갔으며 성도로전운사(成都路轉運使)로 전임되었
    다. 철종이 즉위한 후 급사중(給事中)에 임명되었다가 원우(元祐) 원년(1086)에 동지추밀
    원사(同知樞密院事)를 거쳐 재상에 올랐다. 철종이 친정(親政)한 후에는 영주(永州)로 유
    배되었다. 휘종이 등극한 후 조정으로 불려 와 관문전대학사(觀文殿大學士)가 되었다.

과 기물을 번번이 가져갔지만 인종께서는 감히 아까워하지 않으셨소. 나의 두 아들이 어찌 감히 그와 같겠소?"

아, 선인후의 말은 그 뜻이 깊도다! 불행히도 선인후가 하늘로 올라간 후에 소인배들의 비방이 미치지 않는 곳이 없어서 천하 사람들이 이를 억울해했으니, 그 일은 내(소백온)가 지은 「변무辨誣」에 자세히 적혀 있다.

神宗友愛, 二弟不聽出於外, 至元祐初, 宣仁太后始命築宅於天波門外. 既就館, 哲宗奉宣仁后[1]臨幸. 有旨: 二王諸子各進官一等. 舍人蘇軾行制辭曰: "先皇帝篤兄弟之好, 以恩勝義, 不許二叔出居於外, 蓋武王待周·召之意. 太皇太后嚴朝廷之禮, 以義制恩, 始從其請, 出就外宅, 得孔子遠其子之義. 二聖不同, 同歸於道, 可以爲萬世法. 朕奉侍兩宮, 按行新第, 顧瞻懷思, 潸然出涕. 昔漢明帝問東平王: '在家何等爲樂?' 王言: '爲善最樂'. 帝大其言, 因送列侯印十九枚, 諸子年五歲以上悉帶之, 著之簡册, 天下不以爲私. 今王諸子, 性于忠愛, 漸於禮義, 自勝衣以上, 頎然皆有成人之風, 朕甚嘉之. 其各進一官, 以助其爲善之樂, 尚勉之哉, 毋忝父祖, 以爲邦家之光." 次日, 丞相呂大防·范純仁二夫人入見, 宣仁后曰: "昨同皇帝幸二王府, 二王侍立, 尚食甚恭, 皇帝待之亦盡禮. 吾老矣, 深以此爲喜." 又曰: "仁宗事燕王, 盡子姪禮. 王頗自重, 但以行第呼仁宗, 雖禁中服用, 王輒取之, 仁宗不敢吝. 吾二兒豈敢如此?" 嗚呼, 后之言, 其旨深矣! 不幸后上仙, 小人謗毀靡所不至, 天下寃之, 其詳伯溫著之「辨誣」云.

[1] 선인후(宣仁后): 만력본(萬曆本)에는 이 뒤에 "흠성후(欽聖后)" 3자가 있는데 타당해 보인다. 흠성후는 신종의 첫째 황후 상씨(向氏)다. 신종이 붕어하자 흠성후는 신종의 생모인 선인후의 뜻에 따라 신종의 둘째 황후 주씨(朱氏)의 소생인 철종을 황제로 옹립하는 데 찬성하고 함께 국정에 참여했다. 철종 때 신종의 두 동생인 오왕(吳王) 조호(趙顥)와 익왕(益王) 조군(趙頵)에게 천파문(天波門) 밖에 저택을 하사하고 선인후와 흠성후를 모시고 함께 행차해 종일 머물며 잔치했다는 기록이 『송사』 권246 「오왕호전」과 「익왕군전」에 보인다.

112

4-1(049)

—

(신종) 희녕熙寧 7년(1074) 봄에 거란契丹(요나라)에서 범사汎使[1] 소희蕭禧[2]를 파견해 와서 말했다.

"국경을 마주하고 있는 대북代北[3] 지역에 침범당한 땅이 있으니, 사신을 파견해 함께 구획을 나누길 청합니다."

신종은 허락했지만 (사신으로 파견할) 적당한 사람을 찾기 어려웠다. 집정執政(왕안석)이 태상소경太常少卿·판삼사개탁사判三司開拆司 유침劉忱을 사신으로 파견하기로 논의했는데, 유침이 편전便殿에서 대답했다.

"신이 명을 받은 이후로 추부樞府(추밀원)에서 문서를 면밀히 조사했는데, 본조에서 척촌이라도 오랑캐의 땅을 침범한 사실을 보지 못했습니다. 또한 안문鴈門[4]은 옛 명칭이 한새限塞이니 비록 반걸음의 땅이라도 포기할 수

1　범사(汎使): 송나라 때 다른 나라에 파견되어 임시로 사무를 처리하던 일반 사절을 말한다.

2　소희(蕭禧): 요나라 도종(道宗) 야율홍기(耶律洪基) 때의 대신으로, 북면행군관(北面行軍官) 소속의 임아(林牙)와 흥복군절도사(興復軍節度使)를 지냈다.

3　대북(代北): 한나라와 진(晉)나라 때의 대군(代郡)과 당나라 이후 대주(代州)의 북부 지역. 지금의 산시성[山西省] 북부와 허베이성[河北省] 서북부 일대에 해당한다.

4　안문(鴈門): 군명(郡名)으로 지금의 산시성 다이현[代縣]에 해당한다. 북방 변경의 요충지

없는데, 어떻게 500리의 강토를 버려 적을 도와주려고 하십니까? 신은 이미 사명을 욕되게 했지만 반드시 죽음으로 항거할 것이니, 오직 폐하께서 신의 말을 존중해 주시면 정말 다행이겠습니다!"

신종은 그를 훌륭하다고 여겼다. 유침이 국경을 나갈 때 신종이 친히 조서를 내려 말했다.

"오랑캐가 논리가 막히면 화를 낼 것이니, 경은 일단 그들이 바라는 바대로 넘겨주도록 하라."

하지만 유침은 조서를 받들지 않았다. 처음에 비서승秘書丞 여대충呂大忠[5]을 부사副使로 삼았는데, 명이 내려졌을 때 여대충이 친상 중이었기에 기복起復[6]하라는 조서를 내렸지만 미처 떠나기 전에 유공劉公(유침)이 또한 사신으로 갔다가 돌아왔다. 오랑캐가 다시 소희를 파견해 오자, 신종은 천장각天章閣을 열고 집정과 유침·여대충을 불러 자정전資政殿에서 함께 대면하고 오랫동안 논란을 벌였다. 신종이 말했다.

"무릇 오랑캐가 한 가지 일을 다투면서도 그만두려 하지 않고 지금 두 번이나 사신을 파견했으니, 어찌 중간에 멈출 리가 있겠소? 경 등이 조정을 위해 변경을 한사코 아끼는 것은 진실로 옳은 일이지만 그렇다고 어찌 근

로 천하구새(天下九塞) 중에서 첫째로 꼽혔다. 당시 북쪽은 요나라 지역이었고, 동쪽으로는 평형관(平型關)·자형관(紫荊關)·도마관(倒馬關)을 거쳐 곧장 유주(幽州)와 연주(燕州)까지 이어졌다.

5 여대충(呂大忠, 1020~1096?): 자는 진백(進伯) 또는 진백(晉伯). 북송 관학(關學: 장재가 창시한 유학의 학파)의 저명한 인물로, 동생 여대방(呂大防)·여대균(呂大鈞)·여대림(呂大臨)과 함께 '남전여씨사현(藍田呂氏四賢)'으로 불렸다. 인종 황우(皇祐) 5년(1053) 진사 출신으로 화음현위(華陰縣尉)와 진성현령(晉城縣令)을 거쳐 비서승·하북전운판관(河北轉運判官)·공부낭중(工部郎中)·섬서로전운부사(陝西路轉運副使)·보문각직학사(寶文閣直學士) 등을 지냈다. 섬서로전운부사로 있을 때 서안비림(西安碑林)을 세웠다.

6 기복(起復): 기복출사(起復出仕)의 줄임말로 탈정기복(奪情起復)이라고도 한다. 상을 당해 휴직한 관리를 상이 끝나기 전에 직무를 보게 하는 것을 말한다.

심을 그치게 할 수 있겠소?"

여대충이 나아가 말했다.

"저들이 사신을 파견해 온다고 즉시 대북의 땅을 넘겨준다면, 만약 또 위왕魏王 영필英弼(야율을신)[7]이란 자를 사신으로 보내와서 관남關南[8]의 땅을 요구할 경우에는 어떻게 하실 것입니까?"

신종이 말했다.

"경은 무슨 말이오?"

여대충이 말했다.

"폐하께서 이미 신의 말을 그렇지 않다고 여기신다면, 지금 대북으로 어찌 그 단초를 열어 줄 수 있겠습니까?"

유침이 나아가 말했다.

"대충의 말은 사직을 위한 큰 계책이니 폐하께서 심사숙고하시길 원합

---

7 영필(英弼): 야율을신(耶律乙辛, ?~1083). 자는 호도곤(胡睹袞). 요나라 도종(道宗) 때의 권신이자 간신. 송나라에서는 그를 '영필'이라 불렀다. 총명하고 기민했으며 풍채가 당당했다. 흥종(興宗) 때 문반리(文班吏)로 벼슬을 시작해 호위태보(護衛太保)로 승진했다. 도종이 즉위한 후 동지점검사사(同知點檢司事)로 있다가 동지북원추밀부사(同知北院樞密副使)로 승진했다. 청녕(淸寧) 5년(1059)에 남원추밀부사(南院樞密副使)가 되었으며, 청녕 9년(1063)에 남원추밀사에 오르고 조왕(趙王)에 봉해졌다. 야율중원(耶律重元)의 난을 평정한 후로 북원추밀사에 오르고 위왕(魏王)에 봉해졌으며, 도종의 깊은 신임을 받았다. 이후 14년간 국정을 장악하고 권력을 전횡하면서 엄청난 뇌물을 받았다. 대강(大康) 원년(1075)에 도종의 선의황후(宣懿皇后) 소관음(蕭觀音)이 간통했다고 무고해 처형시켰으며, 또한 태자 야율준(耶律濬)이 모반했다고 무고해 옥사시켰다. 이어서 황태손(皇太孫) 야율연희(耶律延禧: 천조제) 암살을 시도했다가 도종이 그의 간악함을 알아차리고 작위를 삭탈하고 흥중윤(興中尹)으로 좌천시켰다. 그 후 나라에서 금한 물건을 외국에 판 죄로 체포되어 유배되자 북송으로 망명을 시도했지만 실패하고 처형되었다.

8 관남(關南): 오대 후주(後周)시대에 후주 세종(世宗)이 거란의 수중에 있던 와교관(瓦橋關)·익진관(益津關)·어구관(淤口關)의 세 관과 영주(瀛州)·막주(莫州) 등의 땅을 수복했는데, 북송에서는 이 세 관의 남쪽 지역을 '관남'이라 불렀다. 대략 지금의 허베이성[河北省] 바이양뎬[白洋淀] 동쪽의 다칭하[大淸河] 남쪽에서 허젠현[河間縣]에 이르는 일대에 해당한다.

니다."

집정은 그들의 뜻을 빼앗을 수 없음을 모두 알고, 유침에게 사신을 그만 두게 하고 삼사염철판관三司鹽鐵判官으로 삼았으며, 여대충도 상기를 마치겠다고 청했다. 신종은 중사中使[9]를 파견해 부한공富韓公(부필) · 한위공韓魏公(한기) · 문노공文潞公(문언박) · 증노공曾魯公(증공량)[10]에게 친필 조서를 내렸는데, 그 대략은 다음과 같다.

"조정이 북쪽 오랑캐와 우호관계를 맺은 지 거의 80년이 되는데, 근년 이래로 더욱 심하게 일이 발생했다. 대북의 땅은 본디 정해진 경계가 없지만 저들이 분쟁의 단초를 만들어 망령되이 논의하길 요구하고 있다. 근자에 관리에게 칙명을 내려 함께 사안을 조사하게 했는데, 지도와 전적이 매우 분명하지만 저들은 궤변을 늘어놓으며 승복하지 않고 있다. 지금 무례한 사신이 다시 왔으니 그 의도는 반드시 땅을 차지하려는 데 있으며, 오랑캐의 마음은 만족함이 없어서 아마도 그 기세를 멈추지 않을 것 같으니, 예측하지 못한 만일의 사태를 어떻게 대비해야 하는가? 옛날에 큰 정사는 반드시 원로에게 물었다고 한다."

한위공이 상소해 말했다.

9　중사(中使): 궁중에서 파견한 사자(使者)로 대부분 환관이 맡았다.

10　증노공(曾魯公): 증공량(曾公亮, 998~1078). 자는 명중(明仲), 호는 낙정(樂正). 북송의 관리 · 군사가 · 사상가로, 소훈각(昭勳閣) 24공신 가운데 하나다. 인종 천성(天聖) 2년(1024) 진사 출신으로, 회계지현(會稽知縣)을 거쳐 지제고(知制誥) · 한림학사(翰林學士) · 단명전학사(端明殿學士) · 참지정사(參知政事) · 추밀사(樞密使) 등을 지냈으며, 가우(嘉祐) 6년(1061)에 이부시랑(吏部侍郎) · 동평장사(同平章事) · 집현전대학사(集賢殿大學士)로 재상에 올랐다. 영종이 즉위한 후 중서시랑(中書侍郎) 겸 호부상서(戶部尚書)를 더해 받았다. 신종이 즉위한 후 문하시랑 겸 이부상서(吏部尚書) · 소문관대학사(昭文館大學士)를 더해 받았고, 노국공(魯國公)에 봉해졌으며, 태부(太傅)로 벼슬을 마쳤다. 정도(丁度)와 함께 칙명을 받들어 편찬한 『무경총요(武經總要)』는 중국 최초의 관찬(官撰) 군사백과전서다.

"신이 살펴보니 근년 이래로 조정의 일처리는 강적을 근심으로 여기지 않는 것 같으며, 오랑캐가 본색을 드러내며 의심을 하는 것은 필시 우리에게 연남燕南11 지역을 수복하려는 뜻이 있다고 여기기 때문입니다. 비록 오랑캐의 군주가 나약하고 망령되다고 들었지만, 어찌 강력한 종실이나 모신謀臣과 책사 없이 먼저 상대방을 제압하려는 말을 꺼내 이런 분쟁의 단초를 조성하겠습니까? 그래서 누차 사신을 파견해 땅의 경계를 다투는 것을 명분으로 삼아 우리의 대응이 실제로 어떠한지를 살펴보려는 것입니다. 오랑캐의 의심을 초래하게 된 것에는 일곱 가지 일이 있습니다. 고려高麗가 거란에 신하로 예속되어 우리 조정에 조공을 끊은 지 오래되었기에 상선商船을 통해 불러서 타이르고자 했지만 고려가 오거나 오지 않는 것은 국가에 전혀 손익이 없으니, 거란이 이를 알고 우리 조정이 장차 자기네를 도모하려 한다고 여기는 것이 그 첫째입니다. 토번吐蕃(티베트)의 부족은 군장君長을 따르지 않고 일찍이 변방의 근심을 만든 적이 없었는데, 그 땅을 억지로 빼앗아 희하로熙河路12를 설치하고 수만에 달하는 노약자를 살해했으며 계산하지 못할 정도의 비용을 썼으니, 거란이 이를 듣고 응당 장차 자기네에게도 미칠 것이라고 여기는 것이 그 둘째입니다. 변경에 가까운 서산西山13은 지세가 높아 연못이나 호수를 만들 수 없는데, 얼마 전에 들으니 부병部兵을 파견해 느릅나무와 버드나무를 두루 심었다가 그것이 자라서 오랑캐

---

11 연남(燕南): 연주(燕州)의 남쪽이란 뜻으로, 연주는 지금의 베이징시 서남쪽 지역에 해당한다.
12 희하로(熙河路): 북송의 행정구획으로 신종 희녕(熙寧) 5년(1072)에 설치해 경략안무사로(經略安撫使路)가 되었다. 치소는 희주(熙州: 지금의 간쑤성[甘肅省] 린타오현[臨洮縣])에 있었으며, 희주·하주(河州)·조주(洮州)·민주(岷州)와 통원군(通遠軍)을 관할했다.
13 서산(西山): 지금의 베이징 시산[西山]을 말한다. 타이항산[太行山]의 지맥으로, 예로부터 '태항산의 머리'로 불렸으며 소청량산(小淸涼山)이라고도 한다.

의 기병을 억제하길 바란다고 하니, 옛날 경력慶曆 연간(1041~1048)의 「만서
慢書」¹⁴에서 언급한 제방을 세워서 요로를 막은 것과 다름이 없다는 것이 그
셋째입니다. 의용 민병과 장교가 매우 엄정하고 훈련도 숙련되어 있는데,
갑자기 보갑保甲을 새로 결성해 모두가 어수선하고 옛 의용병은 열에 일곱
을 없애, 활용할 수 있는 기존의 제도를 깨뜨리고 숫자만 늘리는 허명虛名
을 얻은 것이 그 넷째입니다. 하북河北의 여러 주에서 변경을 따라 안쪽으
로 성과 해자 공사를 함께 일으키고 성을 방비하는 기구를 증설하며 갑옷
과 병장기를 점검하는 것이 그 다섯째입니다. 도작원都作院¹⁵을 창설해 신
형 활과 칼을 반포하고 대대적으로 전거戰車를 만들었는데, 이 모두는 사람
들이 직접 본 것으로 첩자가 염탐하기에 쉬우며 국고와 국력을 소진해 먼
저 스스로 지쳐서 죽게 되는 것이 여섯째입니다. 하북에 37장군¹⁶을 배치해
각각 군정軍政을 전담하게 하고 주현州縣에서는 관여할 수 없게 했으며, 정
벌에 나선다고 큰소리쳐 또한 의심할 만한 정황을 깊이 드러내는 것이 일
곱째입니다. 대적 북쪽 오랑캐는 본래 적국으로서 의심으로 인해 사건을

---

14 「만서(慢書)」: 『송사』 권314 「범중엄전(范仲淹傳)」에 따르면, 인종 경력 원년(1041)에 범
   중엄이 연주(延州)에서 서하(西夏)의 국왕 이원호(李元昊)를 토벌할 때, 이원호가 범중엄
   과 화친을 맺으면서 보낸 답신의 말이 불손하자 범중엄이 그것을 불태워 버렸는데, 대신들
   은 범중엄이 적과 서신을 주고받은 것이 부당하고 또 그것을 불태운 것도 부당하다고 여겨,
   송상(宋庠)이 범중엄을 참하길 청했지만 신종이 듣지 않았다. 「만서」는 바로 이원호가 범
   중엄에게 보낸 서신을 말한다.

15 도작원(都作院): 송대에 군대의 각종 무기와 기계를 제작하던 곳으로, 공부(工部)의 군기소
   (軍器所)에 속했다.

16 37장군: 신종 희녕 7년(1074)에 동경(개봉부) 동서로와 하북로에 장군과 부장을 나누어 배
   치했는데, 하북에서부터 시작해 제1장군부터 제17장군까지는 하북사로(河北四路)에, 제18
   장군부터 제24장군까지는 경기(京畿) 지역에, 제25장군부터 제33장군까지는 경동로(京東
   路)에, 제34장군부터 제37장군까지는 경서로(京西路)에 각각 배치해 끊어짐 없이 이어지도
   록 했다. 이들은 모두 호부(虎符)를 받았으며, 장군부(將軍府)를 열고 군사업무를 처리하면
   서 전쟁을 준비했다.

일으켜 그렇게 하지 않을 수 없으니, 이는 또한 스스로 모책을 잘 세운 것입니다. 지금 무례한 사신이 다시 와서 처음에 거만함을 보이며 조정을 탐색하고 있으며 게다가 대북과 웅주雄州[17]는 본래 정해진 경계가 있으니, 만약 너그럽게 받아들여 그 땅을 넘겨준다면 오랑캐의 마음은 만족함이 없어서 점점 날이 갈수록 심해질 것이고, 허락하지 않는다면 오랑캐는 마침내 이를 가지고 자기들이 정당하다고 여겨 설령 크게 군대를 일으키지는 않더라도 형세로 보아 필시 점점 여러 변경을 어지럽혀 결국 동맹의 우호를 깨뜨릴 것입니다. 신은 예전에 일찍이 청묘전靑苗錢의 일을 언급했고 이 일을 언급한 자는 번번이 심한 무고를 당했는데, 폐하의 명철하심이 아니었다면 하마터면 처형될 뻔했습니다. 이때부터 신법의 천하에서는 실제로 혐의를 피하기 위해 감히 논의하지 않는다고 들었습니다. 지금 친히 조서를 내려 물으셨는데, 일이 국가의 안위에 관계된 것인지라 언급하면서 숨긴다면 그 죄는 죽음으로도 용납되지 못할 것입니다. 신이 일찍이 삼가 헤아려 보니, 처음 폐하를 위해 일을 도모한 자는 필시 조종祖宗 이래로 소탈함과 간소함을 좇아 나라를 다스리는 근본은 마땅히 먼저 부강하는 것이니 재물을 모으고 곡식을 쌓으며 백성들 중에서 병사를 편성하면[18] 사방 오랑캐를 제압하고 당唐나라의 옛 강역을 모두 수복할 수 있다고 말했을 것입니다. 그런 연후에 예악을 제정해 태평성세를 꾸미는 것입니다. 그래서 청묘전을 풀어

---

17 웅주(雄州): 오대 후주(後周) 현덕(顯德) 6년(959)에 후주 세종(世宗)이 요나라 정벌에 직접 나서서 와교관(瓦橋關)을 수복하고 웅주를 설치했다. 와교관은 송대의 명장 양육랑(楊六郎) 이 진수한 삼관(三關) 중 하나다. 지금의 허베이성[河北省] 바오딩시[保定市] 슝현[雄縣] 일대에 해당한다.

18 백성들 중에서 병사를 편성하면: 원문은 "우병우민(寓兵于民)". 우병우농(寓兵于農)과 같은 말로, 농민들에게 일정한 군사훈련을 받게 했다가 평시에는 농사를 짓고 전시에는 전쟁에 참여하게 하는 둔전제(屯田制)를 말한다.

백성들에게 이자를 내게 하고 또 면역법免役法을 만들어 등급에 따라 돈을 거두니, 비록 온갖 방법으로 그 폐단을 보완하더라도 결국 좋은 법이 아닙니다. 이것이 이른바 부국富國의 방법이라는 것입니다. 또 안팎으로 시역무市易務[19]를 설치해 소상인과 영세민이 손발을 둘 데가 없고, 게다가 새로운 제도가 시행되는 중에도 시도 때도 없이 바뀌어 관리들이 망연해하는 상황은 상세히 기록할 수조차 없습니다. 이를 어긴 자와 연루된 무리는 용서하지 않고, 감독관은 심하게 질책하면서 엄격히 하는 것을 잘 살피는 것이라 여기며, 회계법의 가혹함은 고민령告緡令[20]보다 심합니다. 지금 농부는 밭고랑에서 원망하고 상인은 길거리에서 탄식하며 관리는 그 직책을 불안해하지만, 아마도 폐하께서는 이런 사실을 모두 알지는 못하실 것입니다. 대저 사방 오랑캐를 물리쳐 태평성세를 일으키고자 하면서 먼저 나라의 근본을 심하게 흔들어 백성들의 마음을 원망으로 떠나게 하니, 이는 폐하를 위해 처음 일을 도모한 자의 큰 잘못입니다. 폐하께서는 요堯임금의 어짊과 순舜임금의 총명함을 지니시고 허물을 고치는 것에 인색하지 않으시니, 이는 성인의 큰 덕망입니다. 하지만 또 나서길 좋아하는 사람은 국가의 이해

19　시역무(市易務): 시역법(市易法)을 실시할 때 설치한 관서. 시역법은 왕안석의 신법 가운데 하나로, 신종 희녕 5년(1072)에 호상(豪商)의 독점 영업과 고리대금으로 고통받는 중소상인을 구제하기 위해 시행되었다. 변경(汴京)에 도시역사(都市易司)를 설치하고 변방과 중요 도시에 시역사나 시역무를 설치해, 정부자금으로 중소상인의 물자를 매입해 주거나 연리 2할의 저리로 대부해 주었다. 이 법은 폭리를 취하고 있던 호상들의 이익 독점을 위협했으므로 수구파와 결탁한 호상들의 강한 반대에 부딪혀 원풍(元豐) 8년(1085)에 폐지되었다.

20　고민령(告緡令): 한나라 무제 때 시행한 탈세 고발제도. 전한 무제 원수(元狩) 4년(BC 119)에 상공업자의 자산에 대해 특별 과세하는 산민령(算緡令)을 내렸는데, 상인에게는 자산 2,000전(錢)에 대해 1산(算: 120전)을 부과하고 수공업자에게는 4,000전에 대해 1산을 부과했다. 그러나 상공업자들이 산민령에 협조하지 않고 자진 신고하지 않거나 부정으로 신고하자, 원정(元鼎) 3년(BC 114)에 고민령을 내려 자산을 은닉하거나 허위 신고자에 대한 고발을 장려해 고발자에게 몰수 자산의 절반을 보상금으로 지불했다.

를 돌아보지 않은 채, 그저 변방의 일이 장차 일어나면 부귀를 도모할 수 있다고 여기면서 필시 오랑캐의 세력이 이미 쇠했지만 단지 겉으로만 교만함을 보일 뿐이라고 말할 것입니다. 폐하의 신성하신 문무文武의 지략으로 만약 장수를 선택해 대군을 거느리고 오랑캐의 국경으로 깊숙이 들어가면 강한 기주冀州(하북)의 땅을 일거에 수복할 수 있다고 하는데, 이 또한 사려 깊지 못한 것입니다. 지금 하삭河朔(황하 이북 지역)은 몇 년째 재해로 피해를 입어 백성들의 생활이 크게 궁핍하고, 변방 주변의 주군州郡은 말을 먹일 꼴과 군량이 충분하지 못하며, 새로 선발된 장수는 모두 용기만 드세고 지모가 부족한 사람이고, 보갑은 새로 편성되어 아직 훈련을 거치지 않았으니, 만약 강한 군대를 몰아 견고한 성 아래에 주둔시키더라도 군량을 운송하는 길이 이어지지 않는다면 앞뒤로 적의 공격을 받을 것입니다. 비록 조빈曹彬과 미신米信[21]은 명망과 덕행이 높은 노련한 장군이었지만 오히려 이때문에 기구관歧溝關[22]에서 패배하고 말았습니다. 어리석은 신이 지금 폐하

---

21 미신(米信, 926~992): 본명은 해진(海進). 북송 초의 장수. 처음에 후주(後周)에서 벼슬했는데, 송 태조 조광윤이 후주의 금군(禁軍)을 통솔할 때 그를 기용해 심복으로 삼고 아교(牙校)에 임명했다. 태조가 즉위한 후 전전지휘사(殿前指揮使)와 침주자사(郴州刺史) 등을 지냈다. 태종이 즉위한 후 산도두지휘사(散都頭指揮使) · 고주단련사(高州團練使) · 조주관찰사(洮州觀察使) 등을 역임했으며, 태평흥국(太平興國) 4년(979)에 북한(北漢) 정벌에 참여한 공으로 보순군절도사(保順軍節度使)에 임명되었다. 옹희(雍熙) 3년(986)에 조빈과 함께 기구관(歧溝關)에서 요나라 군대와 전쟁을 벌여 대패했으며, 군율을 범한 죄로 우둔위대장군(右屯衛大將軍)으로 좌천되었다가 다음 날 다시 창무군절도사(彰武軍節度使)에 임명되었다. 미신은 글자를 알지 못했으며 성격이 포악하고 행동이 거칠었다.

22 기구관(歧溝關): 당나라 말에 지금의 허베이성[河北省] 줘현[涿縣] 서남쪽 30리에 설치한 관으로, 기구(奇溝) · 기구(祁溝)라고도 한다. 송 태종 옹희(雍熙) 3년[986, 요 성종(聖宗) 통화(統和) 4년]에 송나라가 유운십육주(幽雲十六州)와 일찍이 거란에게 점령당한 요서(遼西)의 영주(營州) · 평주(平州)를 수복하기 위해 이곳에서 요나라와 전면전을 벌였다. 송나라에서는 장군 조빈과 미신 등이 나섰고 요나라에서는 장군 야율휴가(耶律休哥)가 맞섰는데, 결과는 군량 보급이 제대로 되지 않아 송나라의 참패로 끝났다. 송나라는 요나라와 고량하(高粱河) 전투(979)에서 패배한 후로 다시 기구관 전투에서 대패함으로써, 한 뼘의 땅도 수

를 위해 헤아려 보니, 마땅히 사신을 파견해 답방하고 예물을 넉넉히 보내면서, 아울러 '조정에서 이전에 일으킨 일은 일상적인 방비이며, 북조北朝(요나라)와 이렇게 오랫동안 우호관계를 맺은 것은 예로부터 없었던 일이니 어찌 다른 뜻이 있겠느냐, 아마도 첩자가 잘못 파악한 것일 뿐이다'라고 자세히 말해야 합니다. 또한 강토는 본래 정해져 있어서 옛 경계대로 하는 것이 마땅하니, 청컨대 변방의 관리에게 명해 근자에 침범한 땅에서 물러나게 함으로써 저들이 이것을 가지고 빌미를 만들어 여러 세대의 우호를 무너뜨릴 수 없게 하며 길이 믿음의 맹세를 돈독히 해 양국이 의심을 끊도록 하십시오. 바라건대 폐하께서 의심할 만한 정황을 스스로 드러낸 것을 이유로 장수의 무리를 파직시켜 오랑캐의 의심을 풀어 주신다면 시일을 지연시킬 수 있을 것입니다. 폐하께서 백성을 양육해 그들의 힘을 아끼고 현명한 자를 중용하고 능력 있는 자를 임용하며, 간사하고 아첨하는 자를 멀리하고 충직한 사람을 등용하시면, 천하가 기쁜 마음으로 복종하고 변경의 방비가 나날이 충실해져 변방에는 비축물자가 남아돌고 국고에는 남은 재물이 있게 될 것입니다. 오랑캐가 정말로 스스로 맹세를 깨뜨리고 쇠란의 상태가 되면, 그런 연후에 한바탕 위무威武를 떨쳐 옛 강역을 회복해 충성스럽고 의로운 사람의 불평스런 마음을 통쾌하게 해 주고 조종祖宗의 여러 조정의 분함을 씻으십시오."

부한공이 상소해 말했다.

"신이 5~6년 동안 가만히 들어 보니, 수주綏州[23] · 나와囉瓦(나올)[24] · 희하熙

복하지 못한 채 엄청난 군비를 소비하고 전투력에 큰 손실을 가져왔다.

23 수주(綏州): 지금의 산시성[陝西省] 쑤이더현[綏德縣]. 북송 초에 도(道)를 설치했다가 노(路)로 바꾸었다. 태종 태평흥국(太平興國) 7년(982)에 서하(西夏)가 이 지역을 점령했다. 영종 치평(治平) 4년(1067) 이후로 점차 수복해 신종 희녕(熙寧) 2년(1069)에 수덕성(綏德

河·진금辰錦[25]·융로戎瀘[26]·교지交趾[27]에서 모두 전쟁을 논의한다고 합니다. 혹은 장수를 잃기도 하고 혹은 적의 귀를 잘라 바치기도 했는데, 이런 사실이 즉시 사방에 전파되었습니다. 서쪽에서 군사를 처음 일으키자 곧바로 필시 영하靈夏[28]를 수복하려 한다고 전해졌는데, 얼마 후에 또 어떤 사람이 연주燕州를 평정하는 계책을 바쳤다고 크게 전해졌으니 북쪽 오랑캐는 필시 금세 이미 탐지했을 것입니다. 저들은 또 우리 조정이 병사와 말을 훈련시키고 성과 해자를 보수하고 꼴과 군량을 모으며 게다가 고려를 초치해 저들을 견제하려 한다고 들었습니다. 또 하북에 36장군을 배치한 것도 일의 시기가 맞아떨어집니다. 이것이 오랑캐가 먼저 분쟁 조성을 기도한 까닭이며, 이미 분쟁의 단초를 일으켰으니 그 기세를 멈추려 하지 않을 것입니다. 지금 분쟁의 단초가 이미 발생해 대북에서는 각각 국경상에 병마를 주둔하고 있지만, 논쟁이 해를 넘기도록 해결되지 않고 있습니다. 무례

城)을 설치하고 연주(延州)에 예속시켰다. 철종 원부(元符) 2년(1099)에는 수덕군(綏德軍)을 설치하고 영흥군로(永興軍路)에 예속시켰다.

24 나와(囉瓦): 나올(羅兀)을 말한다. 지금의 산시성[陝西省] 미즈현[米脂縣] 서북쪽에 해당한다. 서하에서 옛 무녕현(撫寧縣) 북쪽 적수애(滴水崖)에 성을 축조했는데 이를 나올성이라 한다. 성의 높이는 10장(丈)이 넘고 아래로 무정하(無定河)를 굽어보고 있다.

25 진금(辰錦): 진주(辰州)와 금주(錦州). '진주'는 지금의 랴오닝성[遼寧省] 가이저우시[蓋州市] 지역에 해당한다. 요나라 때 진주를 설치했고 금나라 때 개주(蓋州)로 개칭했다. '금주'는 지금의 랴오닝성 서남부 지역에 해당한다.

26 융로(戎瀘): 융주(戎州)와 노주(瀘州). '융주'는 지금의 쓰촨성[四川省] 이빈시[宜賓市] 지역으로, 남조 양(梁)나라 때 설치되었으며 북송 휘종 정화(政和) 4년(1114)에 서주(敍州)로 개칭되었다. '노주'는 옛 명칭이 강양(江陽)이며, 지금의 쓰촨성 동남부 지역에 해당한다. 북송 때 노주 노천군(瀘川郡)에 노천군절도(瀘川軍節度)를 설치했다.

27 교지(交趾): 지금의 베트남 북부 통킹과 하노이 지역에 해당한다. 한나라 무제 때 설치한 13자사부(刺史部) 가운데 하나로, 후한 말에 교주(交州)로 개칭했다. 월남(越南)이 10세기 중엽에 독립해 건국한 후에도 송나라는 그 나라를 '교지'라고 불렀다.

28 영하(靈夏): 영주(靈州)와 하주(夏州). '영주'는 대략 지금의 닝샤후이족자치구[寧夏回族自治區] 링우현[靈武縣] 일대에 해당하고, '하주'는 지금의 산시성[陝西省] 징볜현[靖邊縣] 북쪽 일대에 해당하는데, 당시 이 지역은 서하(西夏)가 점령하고 있었다.

한 사신이 다시 이르러 사태를 조정이 스스로 감당하게 되었으니, 아마도 형편상 사태를 늦추기는 어렵고 저들은 곧장 가부를 요구할 것입니다. 이를 어기면 군대가 일어나 근심이 속히 닥칠 것이고, 이를 따르면 하동河東의 정찰이 날로 위축될 것이니, 비록 당장은 시간을 벌 수 있겠지만 남은 근심이 뒤에 있을 것입니다. 신은 일단 변방 신하에게 맡겨 오랫동안 견지해 온 지도와 전적의 국경을 근거로 삼아 그에게 힘을 다해 서로 논박하게 하는 것이 차라리 낫다고 생각합니다. 하지만 북쪽 오랑캐는 스스로 그 이유를 알지 못하는 것은 아니지만, 아마도 일을 만들어 결국 전쟁을 일으키고자 할 것입니다. 어찌 아무 까닭 없이 갑자기 전쟁을 일으키겠습니까? 사실은 저들을 불러들이게 된 연유가 있습니다. 오직 폐하께서는 심사숙고하시어 단지 오랑캐가 분쟁을 조성해 맹약을 배반했다고만 여겨서는 안 됩니다. 만에 하나 저들이 침입해 사태가 어쩔 수 없게 되면, 우리는 다만 군대를 정비해 기다렸다가 저들이 오면 막아서 싸우고 가면 수비하면 되니, 이는 예로부터 중국이 변방을 방비하는 요체입니다. 만약 조정이 분함을 이용해 곧장 적진으로 깊이 들어가 공격하려고 한다면, 신은 사실 만에 하나라도 잘못되면 그 피해가 적지 않을 것이고 혹은 다시 서하와 서로 대치하는 형세가 되면 조정이 노심초사하게[29] 될까 봐 걱정됩니다. 일이 이미 이 지경에 이르면 두 변방이 위급해져 수년 동안 쉴 수 없을 것이고, 사방의 흉악한 무리 중에는 필시 관망하는 자가 있을 것입니다. 신은 원컨대 폐하께서 종묘사직을 근심하고 백성을 염려해 치욕을 참아 내고 안정을 추구하면서 모든 것이 갖춰지지 않으면 거병하지 않아야 하니, 이는 천하의 바

---

29 노심초사하게: 원문은 "소간(宵旰)". 소의간식(宵衣旰食)의 준말. 날이 새기 전에 옷을 입고 해가 진 뒤에야 밥을 먹는다는 뜻으로, 침식을 잊고 노심초사하며 정사에 부지런한 것을 비유한다.

람이며 신의 뜻입니다. 또한 폐하께서 친히 정벌하시는 모책을 결심하심을 크게 알려 나라 안팎에서 이를 듣게 되면 저들의 간담이 서늘해질 것입니다. 폐하의 영민하심은 하늘이 내려 준 것이니 필시 이미 세운 계획이 있을 것입니다. 하지만 태평성세의 천자와 나라를 창업한 군주는 일의 본질이 완전히 다르니 특히 감정이 격앙되어 가볍게 거병해서는 안 됩니다. 또한 조정이 큰소리로 기세를 부리지만 애당초 실제 실력이 없을까 걱정되니, 만약 그러하다면 이는 바로 우리가 허장성세로 저들을 실제로 불러들이는 것입니다. 허장성세를 부리는 자는 반드시 책략이 엉성한 근심이 있고, 실제로 온 자는 반드시 주도면밀한 고려를 다했으니, 그 성패가 어찌 분명하지 않겠습니까? 가령 호인胡人(거란)이 들어와 성토해 마침내 뜻을 얻고 돌아간다면 이는 거란의 실력이 평소 강한 것이며, 또 하국夏國(서하)·곡시라唃厮囉30·고려·흑수여진黑水女眞31·달단韃靼32의 여러 번국蕃國이 거란

---

30 곡시라(唃厮囉): 토번 왕조 마지막 찬보(贊普)의 후예인 곡시라(997~1065)가 세운 정권. 송나라 때는 청당토번(靑唐吐蕃)이라 불렸다. 곡시라는 본명이 기남룽온(欺南陵溫)이었는데, 12살 때 하주(河州: 지금의 간쑤성[甘肅省] 린샤현[臨夏縣])의 강족(羌族) 수령에 의해 하주로 옮겨 와 왕으로 옹립되고 '곡시라'로 존칭되었다. 당시 하주 사람들은 부처를 '곡'이라 했고 아들을 '시라'라 했으므로, '곡시라'는 부처의 아들이란 뜻이다. 송나라에 복속해 서하에 대항했다. 북송 진종 대중상부(大中祥符) 8년(1015)에 법제를 제정하고 수십만 명을 규합해 세력이 점점 강해졌다. 인종 명도(明道) 원년(1032)에 송나라는 곡시라를 영원대장군(寧遠大將軍)과 애주단련사(愛州團練使)에 제수했다. 이듬해에 왕성을 청당(靑唐: 지금의 칭하이성[靑海省] 시닝시[西寧市])으로 옮겼으며, 지금의 칭하이성 동부와 간쑤성 일부 지역을 다스렸다. 서하와의 전쟁에서 여러 차례 승리했다. 보원(寶元) 원년(1038)에 송나라는 그에게 보순군절도사(保順軍節度使)와 하서절도사(河西節度使)를 더해 제수했다.

31 흑수여진(黑水女眞): '흑수'는 여진족의 발상지인 헤이룽강[黑龍江]을 말한다. 여진족은 3천 년 전의 숙신(肅愼)에서 기원해 한나라에서 진(晉)나라 때까지는 읍루(挹婁), 남북조 시대에는 물길(勿吉), 수나라에서 당나라 때까지는 흑수말갈(黑水靺鞨), 요나라와 송나라 때는 여진이라 불렸다. 만주족의 직계 조상으로, '여진'이란 명칭은 당나라 초에 처음 등장한다. 11세기에 거란에 신하를 칭했으며, 요나라 때 생여진(生女眞)과 숙여진(熟女眞)으로 나뉘었다. 1115년에 완안아골타(完顏阿骨打)가 여진의 각 부족을 통일하고 거란의 속박에서 벗어나 금나라를 건국했으며, 1234년 몽고족에게 멸망당했다.

을 지원하는 무리가 된다면 그 기세는 필시 멸절하기 어려울 것이니, 이로 말미암아 변방의 환난을 결성해 결국 멈출 때가 없게 될 것입니다. 신이 삼가 생각건대, 지금 무례한 사신이 왔으니 일단 적임자를 선발해 저들이 우리를 의심하는 일을 열거하고 허심탄회하게 설명하길, '무릇 군비軍備를 갖추는 것은 중국의 일상적인 일이며, 대외적으로 정벌을 일으키려는 것이 아니다. 종래로 무력을 사용한 곳은 모두 잘못이 있는 작은 번국으로, 조정에서 마땅히 죄를 물은 것이다. 우리 두 대국 같은 경우는 우호관계를 맺은 지 이미 70여 년이 되는데 아무 이유 없이 어찌 갑자기 파괴하려 하겠는가? 또 아마도 간사한 자가 이간질하고 망령되이 첩자를 보내 이로 인해 서로 의심하고 불화가 생기게 해 마침내 오늘의 분쟁이 있게 된 것 같다'라고 말하게 하십시오. 만약 조정에 또 해명할 만한 여러 일이 있다면 모두 해명해서 모름지기 시원하게 의혹이 없도록 해 주는 것이 한 가지 도움입니다. 무례한 사신이 만약 받아들이지 않는다면 즉시 답방 사신을 파견해 오랑캐 군주 앞에서 이런 뜻을 자세히 말해 다행히 하나라도 얻는다면 필시 유익한 바가 있을 것입니다. 저들은 우리 조정의 세공歲貢에 크게 의지해 나라의 경제를 운영하고 있으므로, 저들이 이미 의지하는 마음이 있다면 어찌 안정을 도모하려 하지 않겠습니까? 다만 의심스런 마음이 아직 풀리지 않았기에 결국 강경하게 나오는 것입니다. 만약 분명하게 해명해 이해시키면 저들은 필시 마음을 돌리려 할 것입니다. 만약 양측의 마음이 통하지 않

---

32 달단(韃靼): 타타르족. 달단(達靼)·달단(達旦)·달달(達怛)·달달(達達)·탑탑아(塔塔兒)라고도 한다. 본래 말갈족의 지파로, 당나라 말에 처음 기록이 보인다. 처음에는 돌궐의 통치를 받다가 돌궐이 망한 후 점점 세력이 강성해졌다. 송나라·요나라·금나라 때는 고비사막 이북의 몽고부(蒙古部)를 흑달단(黑韃靼)이라 불렀고, 고비사막 이남의 왕고부(汪古部)를 백달단(白韃靼)이라 불렀다. 몽고가 흥기한 후 몽고에게 멸망되었지만 흔히 몽고를 달단이라 칭하기도 한다.

아 화환이 날로 깊어진다면 필시 후회하게 될 것입니다. 신은 다시 바라건 대, 폐하께서 여러 의견을 아울러 널리 구하시고 어느 한쪽의 말만 듣는 것은 옳지 않습니다. 성의聖意에 영합하거나 집정자를 두려워해 피하는 사람이 감히 사실을 아뢰지 못해 국가의 대계를 그르칠까 봐 걱정됩니다. 신이 먼저 이런 사실을 언급하는 까닭은 작년 봄에 가뭄이 길어지자 폐하께서 특별히 친필 조서를 내려 사람들이 시정時政의 득실을 적극 진언하도록 허락하셨다고 삼가 들었기 때문입니다. 하지만 얼마 후에 들었더니 상소를 올려 시정을 논한 자가 매우 많았지만 뒤이어 간혹 폄관貶官당하기도 했다고 합니다. 폐하께서 친필 조서를 내려 사람들이 적극 진언하도록 한 의도대로 너그럽게 용납하지 못하고 오히려 죄를 짓게 하셨기에, 사대부들이 그 후로 모두 감히 입을 열지 못해 아랫사람의 뜻이 위로 전달될 수 없으니 이는 조정의 크나큰 근심입니다. 원컨대 폐하께서는 심사숙려하셔서 속히 천하 사람들이 성은을 받게 해 주십시오."

문노공과 증노공도 상소를 올려 모두 땅을 넘겨주지 말라는 논지를 주장하면서 장수를 선발하고 갑병을 날카롭게 해 적을 기다리길 청했다. 당시 왕형공王荊公(왕안석)은 다시 조정으로 들어와 재상이 되었는데 이렇게 말했다.

"장차 가지려고 하면 반드시 먼저 주어야 합니다."

그러고는 붓으로 지도에 금을 그어 천장각대제天章閣待制 한진韓縝[33]에게 명해 사명을 받들어 넘겨주게 했으니, 대개 동서로 포기한 땅이 700여 리나 되었다. 한공韓公(한진)이 왕형공의 교지를 받으면서 유공劉公(유침)과 여공呂

---

33 한진(韓縝, 1019~1097): 자는 옥여(玉汝). 참지정사 한억(韓億)의 아들이자 한강(韓絳)·한 유(韓維)의 동생이다. 인종 경력(慶曆) 2년(1042) 진사 출신으로, 영종 때는 회남전운사(淮 南轉運使)를 지냈고, 신종 때는 용도각직학사(龍圖閣直學士)에서 지추밀원사(知樞密院事) 로 승진했으며 일찍이 서하에 사신으로 다녀왔다. 철종 때는 상서우복야(尙書右僕射) 겸 중서시랑(中書侍郎)에 임명되었다.

公(여대충)을 보았더니 부끄러워하는 기색이 있었으며, 논자들은 조정을 위해 안타까워했다. 아, 조종의 옛 땅을 누가 감히 척촌이라도 『왕회도王會圖』[34]에 그려 넣지 않겠는가! 하지만 왕형공은 경솔하게 이웃 나라에 국토를 넘겨주고, 또 '먼저 주어야 가질 수 있다'는 논리를 내세워 황제로 하여금 한공韓公(한기)과 부공富公(부필)의 진언을 무시해 받아들이지 않게 했으며, 후세에 이르러 간신이 연주燕州 정벌을 신종의 유지遺旨라고 여겨 결국 천하의 혼란을 가져왔으니, 왕형공의 죄는 이루 셀 수 없도다! 이에 갖추어 기록해 세상의 경계로 삼고자 한다.

　　熙寧七年春, 契丹遣汎使蕭禧來言: "代北對境有侵地, 請遣使同分畫." 神宗許之, 而難其人. 執政議遣太常少卿·判三司開拆司劉公忱爲使, 忱對便殿曰: "臣受命以來, 在樞府考核文據, 未見本朝有尺寸侵虜地. 且鴈門者古名限塞, 雖跬步不可棄, 奈何欲委五百里之疆以資敵乎? 臣旣辱使, 指[1]當以死拒之, 惟陛下主臣之言, 幸甚!" 帝韙之. 忱出疆, 帝手敕曰: "虜理屈則忿, 卿姑如所欲與之." 忱不奉詔. 初以秘書丞呂公大忠爲副使, 命下, 大忠丁家艱, 詔起復, 未行, 公亦使回. 虜又遣蕭禧來, 帝開天章閣, 召執政與忱·大忠同對資政殿, 論難久之. 帝曰: "凡虜爭一事尙不肯已, 今兩遣使, 豈有中輟之理? 卿等爲朝廷固惜疆境, 誠是也, 然何以弭患?" 大忠進曰: "彼遣使相來, 卽與代北之地, 若有一使曰魏王英弼者, 來求關南之地, 則如何?" 帝曰: "卿是何言也?" 大忠曰: "陛下旣以臣言爲不然, 今代北安可啓其漸?" 忱進曰: "大忠之言, 社稷大計, 願陛下熟思之." 執政皆知不可奪, 罷忱爲三司鹽鐵判官, 大忠亦乞終喪

---

34 『왕회도(王會圖)』: 당나라의 화가 염입본(閻立本)이 그린 사이조회도(四夷朝會圖). 일반적으로 사방 이민족이 중국에 들어와 조공하는 모습을 그린 것을 말한다.

制. 帝遣中使賜富韓公·韓魏公·文潞公·曾魯公手詔, 其略曰: "朝廷通好北虜幾八十年, 近歲以來, 生事彌甚. 代北之地, 素無定封, 設造釁端, 妄求理辯. 比敕官吏同加案行, 雖圖籍甚明, 而詭辭不服. 今橫使復至, 意在必得, 虜情無厭, 勢恐未已, 萬一不測, 何以待之? 古之大政, 必詔[2]故老云云." 韓魏公疏曰: "臣觀近年以來, 朝廷舉事則似不以大敵爲恤, 虜人見形生疑, 必謂我有圖復燕南之意. 雖聞虜主孱而妄弱, 豈無强梁宗屬, 與夫謀臣策士, 引先發制人之說, 造此釁端? 故屢遣使以爭理地界爲名, 觀我應之之實如何爾. 其所致虜之疑者七事: 高麗臣屬契丹, 於朝廷久絶朝貢, 乃因商舶招諭而來, 且高麗來與不來, 於國家固無損益, 而契丹知之, 謂朝廷將以圖我, 一也. 吐蕃部族不相君長, 未嘗爲邊患, 而强取其地, 迺及[3]熙河一路, 殺其老弱以數萬計, 所費不貲, 契丹聞之, 當謂行將及我, 二也. 邊近西山, 地勢高仰, 不可爲溏濼, 向聞遣使部兵, 徧置楡柳, 冀其成長, 以制虜騎, 昔慶曆「慢書」, 所謂創立隄防, 障塞要路, 無以異矣, 三也. 義勇民兵, 將校甚整, 教習亦精, 而忽創團保甲, 一道紛然, 義勇舊人, 十去其七, 破可用之成法, 得增數之虛名, 四也. 河北諸州, 緣邊近裏, 城池工築並興, 增置防城之具, 檢視衣甲器械, 五也. 創都作院, 頒降弓刀新樣, 大作戰車, 此皆衆目所覩, 諜者易窺, 費財殫力, 先自困斃, 六也. 置河北三十七將, 各專軍政, 州縣不得關預, 聲言出征, 又深見可疑之形, 七也. 夫北虜素爲敵國, 因疑起事, 不得不然, 亦其善自爲謀者也. 今橫使再至, 初示倔彊, 以探伺朝廷, 況代北與雄州素有定界, 若優容而與之, 虜情無厭, 浸淫日甚, 不許[4], 虜遂持此以爲己直, 縱未大舉, 勢必漸擾諸邊, 卒隳盟好. 臣昔曾言青苗錢事, 而言者輒賜厚誣, 非陛下之明, 幾及大戮. 自此聞新法日下, 實避嫌疑, 不敢論列. 今親被詔問, 事係國家安危, 言及而隱, 罪不容誅. 臣嘗竊計始爲陛下謀者, 必曰自祖宗以來, 因循苟簡, 治國之本, 當先富强, 聚財積穀, 寓兵于民, 則可以鞭笞四夷, 盡復唐之故疆. 然後制禮作樂，以文太平．故散青苗錢，使民出利，又爲免役之法，次第取錢，雖百端補救，終非善法，此所謂富國之術也．又内外置市易務，小商細民，無措手足，加以新制日下，更改無常，官吏茫然，不能詳記．違者坐徒，不以赦降，監司督責，以刻爲明，簿法之苛，過於告緡．今農夫怨於畎畝，商旅歎於道路，官吏不安其職，恐陛下不盡知也．夫欲攘斥四夷，以興太平，而先使邦本困搖，衆心離怨，此則陛下始謀者大誤也．陛下有堯之仁，舜之聰，改過不吝，聖人之大德也．而又好進之人不顧國家利害，但謂邊事將作，富貴可圖，必曰虜勢已衰，特外示驕慢爾．以陛下神聖文武，若擇將帥領大兵深入虜境，則强冀[5]之地，一舉可復，此又未之思也．今河朔累歲災傷，民力大乏，緣邊州郡，芻糧不充，新選將官，皆貓勇寡謀之人，保甲新興，未經訓練，若驅重兵頓於堅城之下，糧道不繼，腹背受敵．雖曹彬・米信，名德宿將，猶以此致歧溝之敗也．臣愚今爲陛下計，謂宜遣使報聘，優致禮幣，具言朝廷向來興作，乃脩備之常，與北朝通好之久，自古所無，豈有它意？恐爲謀者所誤耳！且疆土素定，當如舊界，請命邊吏退近者侵占之地，不可持此造端，墜累世之好，永敦信誓，兩絕嫌疑．望陛下以自見可疑之形，如將官之類，因而罷去，以釋虜疑，則可以遷延歲月．陛下益養民愛力，重賢任能，疏遠姦諛，進用忠鯁，天下悅服，邊備日充，塞下有餘蓄，帑中有羨財．虜果自敗盟誓，有衰亂之形，然後一振威武，恢復故疆，快忠義不平之心，雪祖宗累朝之憤矣．"富韓公疏曰："臣五六年來，切聞綏州・囉瓦[6]・熙河・辰錦・戎瀘・交趾，咸議用兵．或以喪師，或以獻馘，即時傳播四方．而西師初舉，便傳必復靈夏，既又大傳有人上平燕之策，北虜必然尋已探知．彼復聞朝廷練士馬，繕城池，利器械，聚芻糧，加之招致高麗，欲爲牽制．又置河北三十六將，事機參合．此虜人所以先期造釁，既發爭端，勢未肯已也．今釁端已成，代北各屯兵馬境上，爭論逾年未決．橫使再至，事歸朝廷自當之，則恐理難款緩，便要可否．違之則兵起而患速，順之則河東斥候日蹙, 雖款目前, 遺患在後. 臣謂不若一委邊臣, 堅持久來圖籍疆界爲據, 使之盡力交相詰難. 然北虜非不自知理曲, 蓋欲生事, 遂興干戈. 豈是無故驟興? 實有以致其來也. 惟陛下深省熟慮, 不可獨謂虜人造釁背盟也. 彼若萬一入寇, 事不得已, 我但嚴兵以待之, 來則禦戰, 去則備守, 此自古中興[7]防邊之要也. 若朝廷乘忿便欲深入討擊, 臣實慮萬有一跌, 其害非細, 或更與西夏爲掎角之勢, 則朝廷宵旰矣. 事旣至此, 二邊警急, 數年未得息肩, 四方凶徒必有觀望者. 臣願陛下以宗社爲憂, 以生靈爲念, 納汙含垢, 且求安靜, 非萬全不舉, 此天下之願, 而臣之志也. 而又喧傳陛下決爲親征之謀, 中外聞之, 心殞膽落. 陛下英睿天縱, 必有成算. 然太平天子與創業之主事體絶異, 尤不可慨然輕舉. 又恐朝廷且作聲勢, 初無實事, 若如此, 乃是我以虛聲而召彼實來也. 張虛聲者, 必有疎略之虞, 作實來者, 必盡周密之慮, 成敗豈不灼然? 假令胡人入討, 遂得志而還, 此契丹一種事力素强, 又有夏國‧唃厮囉‧高麗‧黑水女眞‧韃靼諸蕃爲之黨援, 其勢必難殄滅, 則由此結成邊患, 卒無已時. 臣竊謂因今橫使之來, 且可選人以其疑我者數事, 開懷諭之云: 凡爲武備, 乃中國常事, 非欲外興征伐. 向來用武之地, 皆小蕃有過者, 朝廷須當問罪. 若吾二大邦, 通好已七十餘年, 無故安肯輒欲破壞? 又恐是姦人走作, 妄興閒諜, 因此互相疑貳, 養成釁隙, 遂有今日爭理. 如朝廷更有可說諸事, 但盡說之, 須令釋然無惑, 乃一助也. 橫使如不納, 卽遣報聘者於戎主前具道此意, 庶幾一得, 必有所益. 緣彼大藉朝廷歲與, 方成國計, 旣有憑藉之心, 豈無安靜之欲? 只以疑情未釋, 遂成倔强. 若與開解明白, 必肯回心. 若兩情不通, 禍患日深, 必成後悔. 臣更望陛下兼採博訪, 不宜專聽一偏. 恐有迎合聖意及畏避用事之人, 不敢以實事聞而誤國家大計. 臣所以先及此者, 竊聞去春久旱, 陛下特降手詔, 許人極陳時政得失. 尋聞上章論列者甚多, 隨而或遭貶降. 陛下殊不以手詔召人極陳爲意而優容之, 及[8]令得罪, 士大夫自此皆務結舌, 下情不能上達, 朝政莫大患也. 願陛下深思極慮, 早令天下受賜也." 文潞公·曾魯公疏, 皆主不與之論, 皆乞選將帥·利甲兵以待敵. 時王荊公再入相, 曰:"將欲取之, 必固與之也." 以筆畫其地圖, 命天章閣待制韓公縝奉使, 擧與之, 蓋東西棄地七百餘里云. 韓公承荊公風旨, 視劉公·呂公有愧也, 議者爲朝廷惜之. 嗚呼, 祖宗故地, 孰敢以尺寸不入『王會圖』哉! 荊公輕以畀鄰國, 又建以與爲取之論, 使帝忽韓·富二公之言不用, 至後世姦臣以伐燕爲神宗遺意, 卒致天下之亂, 荊公之罪, 可勝數哉! 具載之以爲世戒.

[1] 지(指): 주성이(周星詒) 교본에는 "필(必)"이라 되어 있는데, 문맥상 보다 타당하다.

[2] 조(詔): 명초본에는 "순(詢)"이라 되어 있는데, 문맥상 보다 타당하다.

[3] 내급(迺及): 명초본에는 "건(建)"이라 되어 있는데, 문맥상 보다 타당하다. 희하로(熙河路)를 설치한 일은 『송사』 권328 「왕소전(王韶傳)」에 자세히 나온다.

[4] 불허(不許): 명초본에는 "약거절불허(若拒絶不許)"라 되어 있는데, 문맥상 의미가 보다 분명하다.

[5] 강기(強冀): 명초본에는 "유계(幽薊)"라 되어 있고, 『진체비서』본과 『학진토원』본에는 "강획(強劃)"이라 되어 있다.

[6] 와(瓦): 명초본에는 "올(兀)"이라 되어 있다.

[7] 흥(興): 명초본에는 "국(國)"이라 되어 있는데, 문맥상 보다 타당하다.

[8] 급(及): 『학진토원본』에는 "반(反)"이라 되어 있는데, 문맥상 보다 타당하다.

4-2(050)

—

신종神宗은 천성이 근검절약했으므로 나이 든 궁인들로부터 이런 말을 들었다.

"조종祖宗(태조) 때는 비빈과 공주가 매달 받는 봉록이 매우 적었는데, 지금은 거기에도 미칠 수 없음을 탄식한다."

하지만 왕안석王安石만 이렇게 말했다.

"폐하께서는 정말 이재理財에 능하시니 비록 천하로 스스로를 봉양하게 하더라도 괜찮습니다."

그래서 신종은 비로소 청묘법青苗法과 조역법助役法을 중시할 뜻을 갖게 되었다. 왕안석의 술책이 이와 같았기 때문에 어사중승御史中丞 여회呂誨가 그를 탄핵하는 주장奏章에서 말했다.

"겉으로는 질박함을 보이지만 속으로는 간교함을 품고 있습니다."

神宗天資節儉, 因得老宮人言: "祖宗時, 妃嬪·公主, 月俸至微, 歎其不可及." 王安石獨曰: "陛下果能理財, 雖以天下自奉可也." 帝始有意主靑苗·助役之法矣. 安石之術類如此, 故呂誨中丞彈章曰: "外示朴野, 中懷狡詐."

5-1(051)

소성紹聖 연간(1094~1098)에 철종哲宗이 친정親政하면서 이청신李淸臣[1]을 중
서시랑中書侍郎으로 등용했는데, 승상 범순인范純仁과 이청신이 국사를 논하
면서 뜻이 맞지 않아 범공范公(범순인)이 떠나길 청했다. 철종이 윤허하지 않
았지만 범공이 한사코 사직을 청하자, 철종은 할 수 없이 그를 관문전대학
사觀文殿大學士와 지영창부知潁昌府에 제수했다. 철종은 장돈章惇[2]을 불러 재

---

1   이청신(李淸臣, 1032~1102): 자는 방직(邦直). 북송의 관리이자 문인. 신종 희녕(熙寧) 연
    간 진사 출신으로, 형주사호참군(邢州司戶參軍)을 거쳐 한림학사(翰林學士)·상서좌승(尙
    書左丞)을 지냈다. 재식겸무과(材識兼茂科)에 응시했는데, 구양수(歐陽修)가 그의 문장을
    훌륭히 여겨 소식(蘇軾)에 견주었다. 철종 때 중서시랑을 지냈고, 휘종 때 문하시랑이 되었
    는데 얼마 후 증포(曾布)에게 모함당해 지대명부(知大名府)로 전출되었다.
2   장돈(章惇, 1035~1105): 자는 자후(子厚), 호는 대척옹(大滌翁). 북송의 대신. 인종 가우(嘉
    祐) 2년(1057) 진사 출신으로, 지방관을 지내면서 뛰어난 치적을 세웠다. 신종이 즉위한 후
    입각해 희녕변법(熙寧變法)에 참여했으며, 구당파가 집권한 후 신법 폐지에 반대하다가 여
    주(汝州)로 폄적되었다. 철종 원우(元祐) 8년(1093)에 재상에 임명되어 형법을 엄준하게
    집행하고 언론을 제약했다. 정치상으로는 구법당을 배척해 여러 신하를 유배시켰고, 행정
    상으로는 진녕군(晉寧軍)과 농우절도군(隴右節度軍)을 설치했고, 법령상으로는 희녕변법
    을 회복시켜 보완했고, 과거제도상으로는 시부(詩賦)를 폐지하고 이경(二經)으로 대체했으
    며, 군사상으로는 서하(西夏)를 정복하고 곡시라(唃厮囉)를 멸했으며, 외교상으로는 서하
    와 원부화의(元符和議)를 체결하고 토번(吐蕃)의 여러 부족을 투항시켰으며, 그 밖에 관제

상으로 삼았는데, 그가 도착하기 전에 이청신은 혼자 중서성을 담당하게 되자 더욱 재상 자리를 바랐으며, 면역법免役法과 청묘법靑苗法을 다시 시행해 제로상평사諸路常平使에 제수되었다. 장돈은 도착한 후 그를 용납할 수 없자 사건을 만들어 중상했으며, 결국 이청신은 지북경知北京(지대명부)으로 나갔다. 건중정국년建中靖國年(1101) 초에 상황上皇(휘종)[3]이 즉위한 후 한충언韓忠彦[4]을 재상으로 삼고 이청신을 문하시랑門下侍郎으로 삼았는데, 한충언과 이청신은 오랜 교분이 있었기 때문에 한충언은 오직 이청신의 말만 들었다. 이청신이 다시 집권했을 때, 우승右丞 범순례范純禮[5]는 한충언이 추천

(官制)를 개혁하고 황하의 수계를 정비하는 등 북송의 정치에 깊은 영향을 미쳤다. 대외관계에서 취한 강경한 태도는 요군(遼軍)의 남하를 불러오기도 했지만, 서하를 내쫓아 고비 사막으로 국경을 삼아 영토를 개척하기도 했다.

3 상황(上皇): 북송의 제8대 황제 휘종(徽宗, 1100~1125 재위)을 말한다. 이름은 조길(趙佶), 호는 선화주인(宣和主人). 신종의 열한째 아들로 철종의 동생이며, 생모는 신종의 셋째 황후인 흠자황후(欽慈皇后) 진씨(陳氏)다. 철종이 원부(元符) 3년(1100) 정월에 병으로 붕어하자, 상태후(向太后)가 같은 달 그를 황제로 옹립했다. 휘종은 즉위한 후 신법을 시행했지만 그가 중용한 채경(蔡京) 등이 국정을 농단하면서 휘종에게 사치를 권하고 대규모 토목공사를 일으켜 국가 재정을 파탄시켰다. 휘종은 도교를 신봉해 스스로 "교주도군황제(教主道君皇帝)"라 칭하면서 대규모의 도관(道觀)을 세우고 도관(道官)과 도직(道職)을 설치했다. 이런 와중에 농민 봉기가 사방에서 일어나 송강(宋江)과 방랍(方臘)이 차례로 봉기해 조정에 대항했다. 정강(靖康) 원년(1126)에 금군(金軍)이 쳐들어오자 태자 조환(趙桓: 흠종)에게 제위를 선양하고 위기를 모면하려 했지만, 결국 이듬해(1127)에 흠종(欽宗)과 함께 금나라에 포로로 잡혀갔다가 금나라 태종 천회(天會) 13년(1135)에 오국성(五國城)에서 죽었다. 휘종은 예술적인 조예가 뛰어났는데, 그에 의해 송대의 회화예술이 공전의 발전을 했으며, 서예에서도 '수금체(瘦金體)'라는 독특한 서체를 만들었다.

4 한충언(韓忠彦, 1038~1109): 자는 사박(師朴). 북송의 대신으로, 소훈각(昭勳閣) 24공신 가운데 하나다. 위군왕(魏郡王) 한기(韓琦)의 장자다. 진사 출신으로, 철종 원우(元祐) 연간에 호부상서(戶部尚書)·지추밀원사(知樞密院事)를 지냈다. 휘종이 즉위한 후 상서우복야(尚書右僕射) 겸 중서시랑을 지냈는데, 우상(右相) 증포(曾布)와 불화해 숭녕(崇寧) 원년(1102)에 채경(蔡京)에게 배척당하고 자주단련부사(磁州團練副使)로 폄적되었다.

5 범순례(范純禮, 1031~1106): 자는 이수(彝叟) 또는 이수(夷叟). 북송의 대신. 참지정사 범중엄(范仲淹)의 셋째 아들이자 우상(右相) 범순인(范純仁)의 동생이다. 부음(父蔭)으로 비서성정자(秘書省正字)가 되었으며 지수주(知遂州)를 지냈다. 철종 때 급사중(給事中)이 되

한 사람이었는데, 이청신이 그를 파직시켰다. 유안세劉安世[6]와 여희순呂希純[7]은 모두 한충언이 중시한 사람이었는데, 이청신이 그들을 조정으로 들어오지 못하게 하고 지방관으로 제수해 유안세에게 정무定武를 진수하게 하고[8] 여희순에게 고양高陽을 진수하게 했다. 장순민張舜民은 한충언의 추천으로 간의대부諫議大夫가 되었는데, 이청신이 그를 내보내 진정眞定을 진수하게 했다. 이청신이 내보낸 사람과 지방관으로 제수한 사람과 조정으로 들어오지 못하게 한 사람은 모두 현사賢士로서 이청신이 평소 꺼려 해 기용할 수 없는 사람이었으며, 한충언은 심히 나약해 그 일을 주관할 수 없었다. 증포曾布[9]가 우상右相이 되자 범치허范致虛[10]가 간언하는 상소를 올려 말

었으며, 왕안석의 신법을 완전히 폐지하는 것을 반대했다. 휘종이 즉위한 후 용도각직학사(龍圖閣直學士)로서 지개봉부(知開封府)에 임명되어 학정(虐政)을 없애고자 노력했으며, 상서우승(尙書右丞)으로 발탁되었다. 왕선(王詵)의 무고를 받아 단명전학사(端明殿學士)로 좌천되었다가 정강군절도부사(靜江軍節度副使)로 다시 폄적되었다.

6 유안세(劉安世, 1048~1125): 자는 기지(器之), 호는 원성(元城)·독역노인(讀易老人). 북송의 대신. 신종 희녕(熙寧) 6년(1073) 진사 출신으로, 관리 선발에 응하지 않고 사마광(司馬光)에게서 수학했다. 나중에 사마광이 재상이 되자 그의 추천으로 비서성정자(秘書省正字)가 되었으며, 또 여공저(呂公著)의 추천으로 우정언(右正言)이 되었다. 거듭 승진해 좌간의대부(左諫議大夫)와 추밀도승지(樞密都承旨) 등을 역임했다. 직간으로 이름이 알려져 당시에 '전상호(殿上虎)'라고 불렸으며, 연이어 장돈(章惇)·채확(蔡確)·범순인(范純仁)을 탄핵했다. 철종 때 장돈이 집권하자 영주(英州)와 해주(海州)로 폄적되었다. 휘종(徽宗)이 즉위한 후 사면을 받아 지형주(知衡州)·지정주(知鼎州)·지운주(知鄆州) 및 지진정부(知眞定府)를 지냈으며, 채경(蔡京)이 재상이 되자 다시 섬주(陝州)로 유배되었다. 상수역학(象數易學)과 의리역학(義理易學)을 겸해 『주역』을 연구해야 한다고 주장했다.

7 여희순(呂希純): 자는 자진(子進). 북송의 관리. 여공저(呂公著)의 아들이다. 진사 출신으로 태상박사(太常博士)를 지냈다. 철종 원우(元祐) 연간에 태상승(太常丞)·권태상소경(權太常少卿)을 역임했다. 선인태후(宣仁太后)가 죽은 후 철종에게 신법을 회복시키지 말라고 간언했다가 소성(紹聖) 연간 초에 지박주(知亳州)로 전출되었으며, 간관의 탄핵을 받아 다시 지목주(知睦州)·지귀주(知歸州)로 전임되었다. 휘종이 즉위한 후 지영주(知瀛州)로 옮겨졌으며, 숭녕(崇寧) 연간 초에 원우당적(元祐黨籍)에 들어갔다.

8 정무(定武)를 진수하게 하고: 원문은 "수정무(帥定武)". 안무사(安撫使)로서 정무군(定武軍)을 진수한다는 뜻. '수'는 송나라 때 경략안무사(經略安撫使)를 줄여서 부르던 말로, 중요 군진(軍鎭)에 안무사를 임명했다.

했다.

"하북河北의 세 안무사安撫使가 연합하면 아마도 사직의 복이 아닐 것입니다."

그래서 유안세·여희순·장순민은 같은 날 파직되었고, 이청신도 증포에게 모함을 받아 지북경知北京(지대명부)으로 나갔다. 내(소백온)가 일찍이 논했는데, (철종) 소성 연간과 (휘종) 건중정국년 초는 조정의 정사正邪와 치란治亂이 아직 정해지지 않은 때였으며, 모든 일이 재상 자리를 바라는 이청신 한 사람의 사적인 생각으로 파괴되었다. 그릇되고 간사한 말이 이미 넘쳐나고 소인배들이 한꺼번에 등용되자, 이청신 자신도 조정에 설 수 없게되었다. 만약 이청신이 소성 연간 초에 범 승상范丞相(범순인)과 함께하고, 건중정국년 초에 범우승范右丞(범순례)·유안세·여희순·장순민과 함께 공정하게 논의해 국사를 해결했다면, 조정에 훗날의 화가 없었을 것이고 이청

---

9 증포(曾布, 1036~1107): 자는 자선(子宣). 북송의 대신. 증공(曾鞏)의 동생이다. 인종 가우(嘉祐) 2년(1057) 진사 출신으로, 선주사호참군(宣州司戶參軍)·회인현령(懷仁縣令)을 거쳐 집현교리(集賢校理)·지제고(知制誥)·한림학사(翰林學士)·삼사사(三司使)·호부상서(戶部尙書)·중서시랑(中書侍郞) 등을 역임했다. 신종 때 왕안석이 추진한 신법의 중요 지지자였다. 철종이 즉위한 후 선인태후(宣仁太后)가 수렴청정하면서 구법당이 집권하자 정치 중심에서 배제되었다가, 철종이 친정(親政)을 시작한 후에 중용되어 신법을 다시 추진해 추밀사(樞密使)로 임명되었지만, 같은 신법당인 장돈(章惇)과 심한 갈등을 빚었다. 휘종이 즉위한 후 휘종의 즉위를 반대했던 장돈이 폄적되자 우복야(右僕射)에 임명되어 좌복야로 있던 한충언(韓忠彦)을 배척했으나, 다시 신임 좌복야 채경(蔡京)과의 갈등으로 폄적되어 윤주(潤州)에서 죽었다.

10 범치허(范致虛, ?~1129): 자는 겸숙(謙叔). 북송의 관리. 철종 원우(元祐) 3년(1088) 진사 출신으로 태학박사(太學博士)를 지냈다. 휘종이 즉위한 후 좌정언(左正言)으로 발탁되었고 중서사인(中書舍人)·병부시랑(兵部侍郞)·형부상서(刑部尙書)를 역임했다. 흠종 정강(靖康) 원년(1126)에 금나라 군대가 남하했을 때 섬서오로경략사(陝西五路經略使)로 있었는데, 금나라 군대가 도성으로 침입하자 군대를 통솔해 맞섰다가 대패했다. 남송 고종(高宗)이 즉위한 후 지등주(知鄧州)·지경조부(知京兆府)·자정전학사(資政殿學士)·지정주(知鼎州) 등을 지냈다.

신도 재상 자리를 얻어 훌륭한 명성을 누렸을 것이다. 이는 충직한 신하와 의로운 선비가 한때의 치란의 기회를 아끼다가 그 때문에 눈물을 흘리게 된 경우다.

紹聖初, 哲宗親政, 用李淸臣爲中書侍郎, 范丞相純仁與淸臣論事不合, 范公求去. 帝不許, 范公堅辭, 帝不得已, 除觀文殿大學士·知穎昌府. 召章惇爲相, 未至, 淸臣獨當中書, 益覬倖相位, 復行免役·靑苗法, 除諸路常平使者. 惇至, 不能容, 以事中之, 淸臣出知北京. 建中靖國初, 上皇卽位, 用韓忠彦爲相, 淸臣爲門下侍郎, 忠彦與淸臣有舊, 故忠彦惟淸臣言是聽. 淸臣復用事, 范右丞純禮, 忠彦所薦, 淸臣罷之. 劉安世·呂希純皆忠彦所重, 淸臣不使入朝, 外除安世帥定武·希純帥高陽. 張舜民, 忠彦薦爲諫議大夫, 淸臣出之, 帥眞定. 其所出與外除及不使入朝者, 皆賢士, 淸臣素所憚不可得而用者, 忠彦懦甚, 不能爲之主. 曾布爲右相, 范致虛諫疏云: "河北三帥連衡, 恐非社稷之福." 劉安世·呂希純·張舜民同日報罷, 淸臣亦爲布所陷, 出知北京. 伯溫嘗論紹聖·建中靖國之初, 朝廷邪正治亂未定之際, 皆爲一李淸臣以私意倖相位壞之. 邪說旣騰, 衆小人並進, 淸臣自亦不能立於朝矣. 使淸臣在紹聖初同范丞相, 在建中靖國初同范右丞·劉安世·呂希純·張舜民以公議正論共濟國事, 則朝廷無後日之禍, 而淸臣亦得相位, 享美名矣. 此忠臣義士惜一時治亂之機, 爲之流涕者也.

―

(철종) 원부元符 연간(1098~1100) 말에 상황上皇(휘종)이 즉위하자, 황태후皇

太后(상태후)[11]가 수렴청정하면서 철종哲宗의 원우황후元祐皇后 맹씨孟氏[12]의

―

11 황태후(皇太后): 흠성헌숙황후(欽聖憲肅皇后) 상씨(向氏, 1046~1101). 북송 신종의 첫째
    황후로, 재상 상민중(向敏中)의 증손녀다. 신종이 태자 책봉을 망설이고 있을 때 상황후가
    신종의 둘째 황후 주씨(朱氏) 소생의 여섯째 아들 조후(趙煦: 철종)가 현달하다고 칭찬해
    조후가 태자로 책봉되었다. 원풍(元豐) 8년(1085)에 신종이 붕어하고 철종이 즉위한 후 황
    태후로 높여졌다. 원부(元符) 3년(1100)에 철종이 갑자기 붕어했는데 아들이 없었기에, 상
    황후가 신종의 셋째 황후 진씨(陳氏) 소생의 열한째 아들 조길(趙佶: 휘종)을 황제로 옹립
    하려고 했는데, 당시 재상 장돈(章惇)이 반대했지만 끝까지 자신의 뜻을 관철시켰다. 휘종
    이 즉위한 후 휘종의 간청으로 잠시 섭정하다가 이듬해(1101)에 병사했다.
12 원우황후(元祐皇后) 맹씨(孟氏, 1073~1131): 철종의 첫째 황후인 소자성헌황후(昭慈聖獻
    皇后)를 말한다. 증태위(贈太尉) 맹원(孟元)의 손녀로, 17세에 철종의 할머니인 선인황후
    (宣仁皇后)에 의해 입궁해 궁중에서 예법 교육을 받았다. 성품이 온화하고 학식도 풍부했
    으며 황후로서의 품행을 갖추었기에 선인황후와 흠성황후(欽聖皇后)의 사랑을 받아 원우
    7년(1092)에 황후가 되었다. 하지만 철종은 빼어난 미모에 시를 잘 짓는 첩여(婕妤) 유씨
    (劉氏)를 총애했는데, 유씨는 성격이 표독하고 늘 황후 자리를 노리고 있었다. 마침내 유씨
    는 맹황후가 불당을 만들고 요승(妖僧)을 불러서 황제를 저주했다고 철종에게 무고했다.
    결국 맹황후는 폐위되어 도궁(道宮)인 요화궁에 머물게 되었다. 첩여 유씨는 철종이 기다
    리던 아들을 낳고 황후로 책봉되었는데, 그 아들이 2개월 만에 죽고 뒤이어 철종도 병들어
    원부(元符) 3년(1100)에 갑자기 붕어했다. 휘종이 즉위한 후 상황후(흠성황후)가 태후가
    되어 섭정하면서 철종의 친정(親政) 이후 밀려나 있던 구법당 세력이 다시 집권하고 맹황
    후도 복위되어 철종의 정실 신분으로 황태후가 되었다. 하지만 1년 후인 건중정국(建中靖
    國) 원년(1101)에 상태후가 죽자 휘종은 다시 신법당을 중용하고 원우당 사건이 터지면서
    이에 연루되었다는 이유로 맹황후는 숭녕(崇寧) 원년(1102)에 또다시 황태후에서 폐위되
    었다. 맹황후는 이후 궁으로 다시 들어가지 못한 채 궁 밖에서 철종의 폐후로 20여 년을 살
    았다. 그러다가 흠종 정강(靖康) 2년(1127)에 도성 변경(汴京: 개봉)이 금나라에게 점령되
    는 '정강의 변'이 일어나, 휘종·흠종과 그 가족을 포함한 많은 황족들이 금나라의 연경(燕
    京)으로 압송되었는데, 맹황후는 철종과 휘종에게 폐위되었기에 황족이 아니라는 이유로
    끌려가지 않게 되었다. 금나라 군대는 물러가면서 장방창(張邦昌)을 괴뢰국 대초(大楚)의
    꼭두각시 황제로 세워 놓았는데, 장방창은 정권의 정통성을 위해 맹황후를 송태후(宋太后)
    로 복위시키고 원우황후라는 존호를 회복시켰으며 수렴청정을 청했다. 하지만 맹황후는

지위와 명호를 복원하고 요화궁瑤華宮에서 나와 궁중으로 들어와 거하라는 칙지를 내렸다. 당시 그것이 불가하다고 논한 자가 말했다.

"황상皇上(휘종)은 원우후에 대해서 시동생과 형수 관계이니, 시동생은 형수를 복위시킬 이유가 없다."

정이천程伊川(정이) 선생이 나(소백온)에게 말했다.

"원우황후의 현숙함은 분명하지만 논자의 말도 무례한 것은 아니다."

내가 말했다.

"그렇지 않습니다. 『예기禮記』[13]에서 이르길, '아들이 그 아내를 심히 마땅해하지만 부모님이 기뻐하지 않으시면 내보내야 하고, 아들이 그 아내를 마땅해하지 않지만 부모님이 "이 아이가 우리를 잘 모신다"라고 말씀하시면 아들은 부부의 예를 행해야 한다'라고 했습니다. 황태후는 철종에게는 어머니이고 원우후에게는 고모입니다. 어머니의 명과 고모의 명을 어찌 불가하다 하겠습니까? 이는 황상이 시동생으로서 형수를 복위시킨 것이 아닙니다."

휘종의 아들이자 흠종의 동생으로 멀리 제주(濟州)에 있던 강왕(康王) 조구(趙構: 고종)에게 친필 서한을 보내 송 황실의 제위에 오르라고 권했다. 그 권유에 따라 조구는 1127년에 남경(南京) 응천부(應天府)에서 남송 고종으로 즉위했다. 맹황후가 친필 서한을 보낸 일은 고종에게 정통성과 적법성을 부여해 송 황실을 재건하게 해 준 중요한 사건이었다. 이후 맹황후에게는 원우태후(元祐太后)・융우태후(隆祐太后)・정황태후(正皇太后)라는 존호가 올려졌다. 계속되는 금나라의 공격으로 도성 변경을 지킬 수 없게 되자, 맹황후는 고종을 따라 강남 항주(杭州)로 옮겨 왔다. 그러다가 건염(建炎) 3년(1129)에 '묘유(苗劉)의 난'이 일어나 고종이 강제로 퇴위되고 겨우 세 살 된 황태자 조부(趙旉)가 옹립된 상황에서 맹황후는 다시 수렴청정을 했다. 얼마 후 근왕군(勤王軍) 유광세(劉光世)・장준(張浚)・한세충(韓世忠)・장준(張俊) 등이 묘부(苗傅)와 유정언(劉正彦)을 주살하고 병란을 평정하자, 맹황후는 스스로 수렴청정을 그만두고 고종을 복위시켰다. 맹황후는 일생 동안 2번 폐위되고 2번 복위되는 파란만장한 삶을 살았으며, 나라가 위기에 빠졌을 때 2번 수렴청정을 하면서 송 황실의 구심점 역할을 했다.

13 『예기(禮記)』: 인용된 구절은 『예기』 「내칙(內則)」에 나온다.

이천선생이 기뻐하며 말했다.

"그대의 말이 타당하다."

서로 이어서 간신 증포曾布와 채경蔡京이 집권하자 붕당의 화가 다시 일어나, 원우후는 결국 궁을 나가 이전의 요화궁에서 20년을 지냈다. (흠종) 정강靖康 연간(1126~1127) 초에 대금大金이 도성을 함락하고 상황과 연성제淵聖帝(흠종)[14]를 북쪽으로 순행하도록 핍박했으며 황족들을 모두 옮겨 가게 했지만, 원우후 혼자만 도궁道宮(요화궁)에 있었기 때문에 포함되지 않았다. 오랑캐가 물러간 후, 신하들의 청으로 궁으로 들어와 수렴청정함으로써 불안한 정국을 안정시켰다. 금상今上(고종)[15]은 송주宋州(응천부)[16]에서 즉위한

----

14 연성제(淵聖帝): 흠종(欽宗)의 존호. 정강(靖康)의 변(1127) 이후에 고종이 임안(臨安)에서 즉위한 후 휘종을 태상황(太上皇)으로 존칭하고, 흠종을 효자연성황제(孝慈淵聖皇帝)로 존칭했다. 흠종 조환(趙桓)은 북송의 마지막 황제(1125~1127 재위)로, 휘종의 장남이자 남송 고종의 이복형이며, 생모는 현공황후(顯恭皇后) 왕씨(王氏)다. 휘종 정화(政和) 5년(1115)에 태자로 책립되었으며, 선화(宣和) 7년(1125) 도성 변경(汴京)이 금나라의 공격을 받기 직전에 갑자기 제위를 선양받았다. 일단은 금나라와 화의(和議)를 맺고 금군(金軍)을 돌아가게 했으나, 주전파와 주화파로 분열된 조정 신하들의 혼란을 수습하지 못하고 사태를 악화시켜, 정강 원년(1126)에 또다시 금군의 침략을 초래했다. 결국 정강 2년(1127)에 휘종과 함께 금나라에 포로로 잡혀가 북송이 멸망했으며, 휘종은 1135년 금나라의 오국성(五國城)에서 죽었고, 흠종은 1156년 금나라 도성 연경(燕京)에서 죽었다.

15 금상(今上): 본서의 찬자 소백온이 살아 있을 때의 황상. 남송의 개국황제 고종(高宗, 1127~1162 재위) 조구(趙構)를 말한다. 고종은 자가 덕기(德基)이며, 휘종의 아홉째 아들이자 흠종의 동생이다. 생모는 현인황후(顯仁皇后) 위씨(韋氏)다. 천성이 총명하고 박문강기(博聞强記)했다. 정강(靖康)의 변(1127)으로 휘종과 흠종이 금나라에 포로로 잡혀가 북송이 멸망하자, 원우황후(元祐皇后) 맹씨의 친필 서한을 받고 1127년에 남경(南京) 응천부(應天府)에서 황제로 즉위해 남송을 건립했다. 건염(建炎) 3년(1129)에 묘부(苗傅)와 유정언(劉正彦)이 '묘유(苗劉)의 난'을 일으켜 고종을 강제로 퇴위시키고 겨우 세 살 된 태자 조부(趙旉)를 옹립했는데, 곧 재상 장준(張浚) 등이 난을 평정하고 고종을 복위시켰다. 고종은 재위 기간 동안 주전파 대신인 악비(岳飛)를 처형하고 이강(李綱)·장준·한세충(韓世忠) 등을 파면했으며, 황잠선(黃潛善)·왕백언(汪伯彦)·왕윤(王倫)·진회(秦檜) 등 주화파 신하를 중용했다. 소흥(紹興) 32년(1162)에 태자 조신(趙眘: 효종)에게 제위를 선양하고 물러났으며, 순희(淳熙) 14년(1187)에 81세로 붕어했다.

16 송주(宋州): 지금의 허난성[河南省] 상추시[商丘市] 남쪽 지역. 북송 진종(眞宗) 경덕(景德)

뒤 유양維揚(양주)으로 행차했으며, 오랑캐가 다시 침범하자 여항餘杭(항주, 임안부)으로 행차했는데, 원우후는 고난 속에서 금상의 성덕聖德을 보필한 것이 많았다. 원우후가 붕어하자 금상은 심히 애도하며 며칠 동안 조회를 볼 수 없었다. 조서를 내려 자최복齊衰服[17]을 입게 하고 시호를 소자성헌昭慈 聖獻이라 했다. 아, 원우후는 선인성렬태후宣仁聖烈太后를 섬길 때부터 그 현 숙함에 바탕이 있었지만 흥폐興廢에 관한 일은 하늘의 뜻이로다!

元符末, 上皇卽位, 皇太后垂簾同聽政, 有旨復哲宗元祐皇后孟氏位號, 自 瑤華宮入居禁中. 時有論其不可者, 曰: "上於元祐后, 叔嫂也, 叔無復嫂之 理." 程伊川先生謂伯溫曰: "元祐皇后之言[1]固也, 論者之言亦未爲無禮." 伯 溫曰: "不然. 『禮』曰: '子甚宜其妻, 父母不說, 出. 子不宜其妻, 父母曰是善事 我, 子行夫婦之禮焉.' 皇太后於哲宗, 母也, 於元祐后, 姑也. 母之命·姑之 命, 何爲不可? 非上以叔復嫂也." 伊川喜曰: "子之言得之矣." 相繼姦臣曾 布·蔡京用事, 朋黨之禍再作, 元祐后竟出居舊宮者二十年. 靖康初, 大金陷 京師, 逼上皇·淵聖帝北狩, 宗族盡徙, 獨元祐后以在道宮不預. 虜退, 群臣請 入禁中, 垂簾聽政, 以安反側. 至上卽位於宋, 幸維揚, 虜再犯, 幸餘杭, 后於 艱難中輔成上聖德爲多. 后崩, 上哀悼甚, 不能視朝者累日. 下詔服齊衰, 諡 曰昭慈聖獻. 嗚呼, 后逮事宣仁聖烈太后, 其賢有自矣, 至於廢興則天也!

[1] 언(言): 원본(元本)·명초본·『학진토원』본에는 "현(賢)"이라 되어 있는데, 문맥상 보다 타당하다.

3년(1006)에 남경(南京) 응천부(應天府)로 승격되었다.

17 자최복(齊衰服): 상례(喪禮)에서 정한 오복제(五服制) 가운데 하나. 거친 생마포로 만들고 아랫단을 가지런하게 재봉하기 때문에 '자최'라고 부른다. 자최의 복상(服喪) 기간은 조부 모·처·계모일 경우 1년, 증조부모일 경우 5개월, 고조부모일 경우 3개월이다.

—

희녕熙寧 연간(1068~1077) 초에 한위공韓魏公(한기)이 재상의 직무를 그만두자 부공富公(부필)이 다시 재상이 되었는데, 신종神宗이 맨 먼저 변방의 일에 대해 물었더니 부공이 말했다.

"폐하께서 즉위하신 초기에는 마땅히 덕택과 은혜를 베풀어 행하셔야 하니, 20년 동안 '용병用兵' 두 글자를 말씀하지 마시기를 바랍니다."

대개 이때에 왕형공王荊公(왕안석)은 이미 총애를 받아 신종에게 군사를 써서 사방 오랑캐에게 위엄을 보이라고 권했다. 처음에 왕소王韶[18]를 기용해 희하熙河를 취해서 서하西夏의 오른팔을 잘랐고, 또 영무靈武[19]를 취해 대요大遼의 오른팔을 자르고자 했으며, 또 고려와 연합해 군대를 일으켜 대요를 도모하고자 했고, 또 장돈章惇을 찰방사察訪使로 기용해 호북湖北 기협夔峽(구당협)[20]의 오랑캐 땅을 취했다. 또 유이劉彝[21]를 지계주知桂州로 기용하고

---

18   왕소(王韶, 1030~1081): 자는 자순(子純), 호는 부양자(敷陽子). 북송의 명장. 지모가 출중했고 병략(兵略)에 뛰어났다. 인종 가우(嘉祐) 2년(1057) 진사 출신으로, 신종 희녕 원년(1068)에 「평융책(平戎策)」을 올려 하황(河湟)을 수복해 강족(羌族: 토번)을 진압하고 서하(西夏)를 고립시키는 방책을 주장해 신종이 채납했다. 진봉로경략사기의문자(秦鳳路經略司機宜文字)로 임명되어 군대를 통솔해 강족과 서하의 군대를 물리치고 희주(熙州)를 설치했으며, 희하(熙河)의 전쟁을 주도해 희(熙)·하(河)·조(洮)·민(岷)·탕(宕)·미(亹) 다섯 주를 수복하고 변경을 2천여 리나 확장함으로써 서하를 포위하는 형세를 만들었다. 관문전학사(觀文殿學士)·예부시랑(禮部侍郎) 등을 거쳐 추밀부사(樞密副使)에 올랐다. 왕안석의 신법이 실패한 후 지홍주(知洪州)로 폄적되었다가 지악주(知鄂州)로 전임되었으며, 원풍(元豐) 2년(1079)에 태원군개국후(太原郡開國侯)에 봉해졌다.

19   영무(靈武): 옛 명칭은 영주(靈州)이며, 지금의 닝샤후이족자치구[寧夏回族自治區] 링우현[靈武縣]에 해당한다.

20   기협(夔峽): 장강삼협(長江三峽) 중 하나인 구당협(瞿塘峽)의 별칭.

21   유이(劉彝, 1017~1086): 자는 집중(執中). 북송의 관리. 어려서 호원(胡瑗)에게서 수학했

심기沈起²²를 광서로안무사廣西路安撫使로 기용해 교지交趾를 엿보았는데, 두 사람이 비밀로 하지 않은 채 부량강富良江 가에서 전함을 건조하자, 교지가 이를 정탐해 알고서 먼저 병사를 실은 배를 바다에 띄워 염주廉州를 함락하고 또 옹주邕州를 격파했으며, 수령 소함蘇緘²³을 살해하고 그 성을 도륙하고 가축을 노략질해서 갔다. 그러자 또 곽규郭逵²⁴와 조설趙卨²⁵을 광남로선

다. 인종 경력(慶曆) 6년(1046) 진사 출신으로, 신종 때 소무위(邵武尉)와 도수승(都水丞) 등을 지냈다. 지건주(知虔州)로 있을 때『정속방(正俗方)』을 지어 의학으로 무속을 대신하게 했다. 심기(沈起)를 대신해 지계주(知桂州)로 임명되어 교지(交趾) 사람들의 변경 무역을 금지했는데, 당시 지옹주(知邕州)로 있던 소함(蘇緘)이 변경 무역을 허락해서 교지와의 긴장을 완화하길 청했지만 받아들여지지 않았다. 결국 교지가 군대를 일으켜 공격해 염주(廉州)·백주(白州)·흠주(欽州)·옹주(邕州) 네 주를 잇달아 함락했으며, 소함도 전사했다. 이로 인해 균주단련부사(均州團練副使)로 폄적되었다.

22 심기(沈起, 1017~1088): 자는 흥종(興宗). 북송의 관리. 평소 병법을 좋아해 일찍이 자신의 병법을 가지고 범중엄(范仲淹)을 알현했다. 진사 출신으로, 저주판관(滁州判官)과 지해문현(知海門縣)을 지냈다. 포증(包拯)의 추천으로 감찰어사(監察御史)가 되었으며, 그 후에 호남전운사(湖南轉運使)가 되었다. 희녕 6년(1073)에 소주(蕭注)를 대신해 지계주(知桂州)로 임명되었는데, 교지(交趾)에 대해 강경한 태도를 취하고 변경 무역을 금지하자, 교지국왕이 표문을 올려 호소했다. 조정에서는 심기에게 책임을 물어 유이(劉彝)로 교체했는데, 유이는 부임한 후에 심기의 강경 정책을 계속 유지했다가 결국 교지의 거병을 유발했다.

23 소함(蘇緘, 1016~1076): 자는 선보(宣甫). 북송의 관리. 인종 보원(寶元) 원년(1038) 진사 출신으로, 남해주부(南海主簿)·양무위(陽武尉) 등을 지냈다. 신종 희녕(熙寧) 4년(1071)에 지옹주(知邕州)가 되었는데, 앞뒤로 지계주(知桂州)로 부임한 심기와 유이가 교지에 대해 강경한 태도를 취하고 변경 무역을 금지하자, 이에 반대하고 완화 정책을 요청했지만 오히려 유이의 질책을 받았다. 결국 교지가 군대를 일으켜 옹주를 비롯한 네 주를 함락했는데, 소함은 투항을 거절하고 자결했다. 나중에 옹주 사람들이 그를 위한 성황묘(城隍廟)를 세워 받들었다.

24 곽규(郭逵, 1022~1088): 자는 중통(仲通). 북송의 명장으로 적청(狄靑)과 이름을 나란히 했다. 인종 가우(嘉祐) 3년(1058)에 반란을 도모한 하계주(下溪州)의 토착관리 팽사희(彭仕義)를 토벌해 호북(湖北)을 평정했다. 신종 희녕(熙寧) 9년(1076)에 30만 대군을 통솔해 교지 정벌에 나섰는데, 부량강(富良江) 전투에서 승리하긴 했지만 풍토병에 걸려 죽은 병사가 절반을 넘었고 군량이 바닥나 더 이상 진격하지 못하고 회군했다. 그 일로 폄적되었다가 철종이 즉위한 후 재기해 좌무위대장군(左武衛大將軍)·제거숭복궁(提擧崇福宮)으로 벼슬을 마치고 무공현남(武功縣男)에 봉해졌다.

25 조설(趙卨, 1026~1090): 자는 공재(公才). 북송의 관리. 진사 출신으로 분주사법참군(汾州

무사廣南路宣撫使로 기용해 곧장 교지로 쳐들어가게 했는데, 노장 곽규와 조설의 의견이 달랐고 교지가 부량강을 막는 바람에 군대가 진격할 수 없었으며 풍토병에 걸려 죽은 자가 10여만 명이나 되었다. 원풍元豊 4년(1081)에 오로五路에서 대대적으로 병사를 보내 영무를 취했는데, 서하가 황하의 수궤水櫃[26]를 터서 우리의 보루로 물을 대는 바람에 장병들이 물에 빠지고 얼고 굶주려 싸워 보지도 못하고 죽은 자가 수십만 명이나 되었다. 또 여혜경呂惠卿[27]이 추천한 서희徐禧[28]를 기용해 영락성永樂城[29]을 축조하게 했는데, 서하가 대군을 보내 격파해 서희 이하로 죽은 자가 10여만 명이나 되었다. 보고가 밤에 도착했는데, 신종이 아침 조회 때 당저當宁[30]에서 통곡하자 재상

<hr />

司法參軍)·섬서선무사선무판관(陝西宣撫司宣撫判官)·지계주(知桂州)를 거쳐 용도각직학사(龍圖閣直學士)·단명전학사(端明殿學士)를 지냈으며, 태중대부(太中大夫)로 있다가 죽었다.

26 수궤(水櫃): 많은 물을 저장해 놓았다가 갑자기 터뜨려 적의 공격을 막는 군사 방어시설 가운데 하나.

27 여혜경(呂惠卿, 1032~1111): 자는 길보(吉甫). 북송의 대신. 인종 가우(嘉祐) 2년(1057) 진사 출신으로, 왕안석(王安石)과 경의(經義)에 대해 논하다가 의견이 일치해 교유를 시작했다. 신종 희녕 연간 초에 집현교리(集賢校理)와 판사농시(判司農寺)를 지냈으며, 신법 운영에 적극 참여해 여러 법령들이 그의 손에서 나왔다. 지제고(知制誥)·판국자감(判國子監)·한림학사(翰林學士) 등을 역임했다. 희녕(熙寧) 7년(1074)에 왕안석이 실각한 뒤 참지정사(參知政事)가 되어 신법을 계속 시행했다. 나중에 왕안석과 사이가 벌어져 지진주(知陳州)·지연주(知延州)·지태원부(知太原府)로 나갔다. 철종 소성(紹聖) 연간에 지연안부(知延安府)가 되어 미지(米脂) 등 여러 요새를 쌓아 서하의 공격에 대비했다. 휘종 때 사건에 연루되어 선주(宣州)에 안치되었다가 여주(廬州)로 옮겨 갔다.

28 서희(徐禧, 1035~1082): 자는 덕점(德占). 북송의 관리. 어려서부터 큰 뜻을 지녔고 기량이 남달랐다. 힘써 공부했으나 과거에는 응시하지 않고 여러 지역을 주유하면서 고금의 사변(事變)과 풍속의 이해(利害)를 살폈다. 학식이 탁월해 파격적으로 기용되었다. 신종 원풍(元豊) 5년(1082)에 어명을 받들어 서하를 공격했는데, 부장들의 말을 듣지 않고 독단적으로 결정했다가 영락성의 전투에서 참패해 수많은 사상자를 냈으며 자신도 전사했다. 신종은 영락성의 전투 이후로 다시는 '용병(用兵)'을 함부로 언급하지 않았다.

29 영락성(永樂城): 옛 성 이름으로, 지금의 산시성[陝西省] 미즈현[米脂縣] 서쪽에 있었다. 북송 신종 원풍(元豊) 5년(1082)에 영락천(永樂川)에 쌓은 성으로 은천채(銀川砦)라고도 한다.

30 당저(當宁): 옛날 군주가 신하의 알현을 받던 곳으로 당의(當扆)라고도 한다. '저'는 궁실 문

146

들이 감히 쳐다보지 못했다. 신종이 탄식하며 말했다.

"영락성의 전투에 대해 그것이 불가하다고 말한 사람이 단 한 명도 없었다니!"

우승右丞 포종맹蒲宗孟[31]이 나아가 말했다.

"신이 일찍이 말씀드렸습니다."

신종이 정색하며 말했다.

"경이 언제 말한 적이 있었소? 조정 안에서는 오직 여공저呂公著만이, 그리고 조정 밖에서는 오직 조설만이 일찍이 용병이 좋은 일이 아니라고 말했소."

잠시 후에 또 재상들에게 말했다.

"지금부터 다시는 용병하지 않고 경 등과 함께 태평성세를 누리겠소."

하지만 신종은 이때부터 마음이 답답하고 즐겁지 않아 하다가 병세가 위독해졌다. 오호통재라! 그래서 (철종) 원우元祐 연간(1086~1094) 초에 재상이 모후母后(흠성황후 상씨)와 어린 주상을 보필하면서 더 이상 용병을 언급하지 않았다. 서하가 옛 땅을 요구하자 부연鄜延과 환경環慶[32]을 비롯해 우리의

안의 가림벽을 말한다.

31 포종맹(蒲宗孟, 1022~1088): 자는 전정(傳正). 북송의 관리. 인종 황우(皇祐) 5년(1053) 진사 출신으로, 기주관찰추관(虁州觀察推官)을 지냈다. 영종 치평(治平) 연간에 화재와 지진이 발생하자 상소를 올려 조정 대신과 환관 등을 질책했다. 신종 희녕 연간에 저작좌랑(著作佐郞)·집현교리(集賢校理)를 지냈으며, 상서좌승(尙書左丞)과 자정전학사(資政殿學士)를 역임했다. 원풍(元豊) 6년(1083)에 주색(酒色)에 빠졌다가 지여주(知汝州)로 나갔다. 철종 원우(元祐) 3년(1088)에 정치를 참혹하게 한다고 어사에게 탄핵당해 지괵주(知虢州)로 전임되었다. 사치가 심해 매일 식사 때마다 돼지와 양을 10마리씩 잡았고 촛불 300개를 피웠다.

32 부연(鄜延)과 환경(環慶): 모두 노(路)의 명칭. 인종 강정(康定) 2년(1041)에 섬서로(陝西路)를 분리해 부연로경략안무사(鄜延路經略安撫使)와 환경로경략안무사(環慶路經略安撫使)를 설치했다. 부연의 치소는 연주(延州: 지금의 산시성[陝西省] 옌안시[延安市], 나중에 연안부로 승격됨)에 있었고, 환경의 치소는 경주(慶州: 지금의 간쑤성[甘肅省] 칭양현[慶陽

요충 성채가 아닌 몇 곳을 넘겨주었다. 나중에 유사웅游師雄[33]과 충의種誼[34]가 귀장鬼章[35]을 생포했어도 상을 박하게 내렸으니, 대개 용병에서 마음이 멀어졌기 때문이었다.

熙寧初, 韓魏公罷政, 富公再相, 神宗首問邊事, 公曰: "陛下卽位之初, 當布德行惠, 願二十年不言'用兵'二字." 蓋是時王荊公已有寵, 勸帝用兵以威四夷. 初於用王韶取熙河以斷西夏右臂, 又欲取靈武以斷大遼右臂, 又結高麗起

縣], 나중에 경양부로 승격됨)에 있었다.

33 유사웅(游師雄, 1037~1097): 자는 경숙(景叔). 북송의 장수. 일찍이 장재(張載)에게서 수학했다. 영종 치평(治平) 2년(1065) 진사 출신으로, 의주사호참군(儀州司戶參軍)·덕순군판관(德順軍判官)을 지냈다. 철종 원우(元祐) 2년(1087)에 군기감승(軍器監丞)으로 발탁되었다. 청당토번(靑唐吐蕃: 곡시라)의 장수 귀장(鬼章)이 희하(熙河)를 점거하고 침략을 도모하자, 충의(種誼)와 요시(姚兕)를 거느리고 군사를 나눠 출격해 조주(洮州)를 격파하고 귀장 등 수령 9명을 포로로 잡았다. 섬서전운부사(陝西轉運副使)와 위위소경(衛尉少卿)을 역임했다. 철종에게 「소성안변책(紹聖安邊策)」을 올려 인종 경력(慶曆) 연간 이후로 조정의 득실과 변방 수비의 요체를 진언했다. 직용도각(直龍圖閣)으로 승진하고 지섬주(知陝州)로 벼슬을 마쳤다.

34 충의(種誼): 자는 수옹(壽翁). 북송의 장수로, 송대 명장 충세형(種世衡)의 아들이다. 신종 희녕 연간에 고준유(高遵裕)를 따라 토번 정벌에 나서 당나라 중기 이후에 빼앗겼던 조주(洮州)와 민주(岷州)를 수복한 공으로 희하부장(熙河副將)이 되었다. 철종 원우 2년(1087)에 유사웅(游師雄)을 도와 청당토번(靑唐吐蕃: 곡시라)을 물리쳤다. 충의는 기개와 절개가 남달랐으며, 군대의 기율을 엄정하게 해 군령(軍令)을 한번 내리면 부하들이 죽음을 각오하고 싸웠다. 또한 승리할 수 있다는 판단이 서지 않으면 함부로 출전하지 않아 전쟁에서 패한 적이 없었다. 벼슬은 서상합문사(西上閤門使)·강주자사(康州刺史)·지부주(知鄜州)·동상합문사(東上閤門使)·보주단련사(保州團練使) 등을 지냈다.

35 귀장(鬼章): 청의결귀장(靑宜結鬼章). 북송 때 곡시라(唃廝囉: 청당토번) 정권의 장수. 신종 희녕 7년(1074)에 수만의 군사를 이끌고 하주(河州)에서 출정해 송나라의 변방 장수 경사립(景思立)을 죽이고 송나라 군대에 막대한 피해를 입혀, 결국 송나라가 하황(河湟)에 발을 붙이지 못하게 했다. 희녕 10년(1077)에 송나라에서 그를 곽주자사(廓州刺史)에 제수했다. 그 후에 동전(董氈)을 따라 서하(西夏) 정벌에 나서 감주단련사(甘州團練使)에 제수되었다. 철종 원우 2년(1087)에 희하를 점거했다가 송나라 군대에 포로로 잡혀 도성으로 압송되었는데, 철종이 친히 그를 석방하고 배융교위(陪戎校尉)에 제수했다.

兵欲圖大遼, 又用章惇爲察訪使以取湖北夔峽之蠻. 又用劉彝知桂州, 沈起爲
廣西路安撫使, 以窺交趾, 二人不密, 造戰艦於富良江上, 交趾偵知, 先浮海
載兵陷廉州, 又破邕州, 殺守臣蘇緘, 屠其城, 掠生口而去. 又用郭逵・趙卨宣
撫廣南, 使直搗交趾, 逵老將, 與卨議論不同, 爲交趾扼富良江, 兵不得進, 瘴
死者十餘萬人. 元豐四年, 五路大進兵, 取靈武, 夏人決黃河水櫃以灌吾壘,
兵將凍溺餓飢不戰而死者數十萬人. 又用呂惠卿所薦徐禧築永樂城, 夏人以
大兵破之, 自禧而下死者十餘萬人. 報夜至, 帝早朝當宁慟哭, 宰執不敢仰視.
帝歎息曰: "永樂之擧, 無一人言其不可者!" 右丞蒲宗孟進曰: "臣嘗言之." 帝
正色曰: "卿何嘗有言? 在內惟呂公著, 在外惟趙卨, 曾言用兵不是好事." 旣又
謂宰執曰: "自今更不用兵, 與卿等共享太平." 然帝從此鬱鬱不樂, 以至大漸.
嗚呼痛哉! 故元祐初, 宰執輔母后・幼主, 不復言兵. 西夏求故地, 擧鄜延・環
慶非吾要害城塞數處與之. 游師雄・种誼生禽鬼章, 亦薄其賞, 蓋用心遠矣哉.

5-4(054)

———

　(철종) 소성紹聖 연간(1094~1098)과 원부元符 연간(1098~1100) 사이에 장돈章
惇이 집권하면서 다른 수신帥臣[36]들을 유배 보내고 군대를 일으켜 옛 땅을
취하고 새로운 요새를 축조했으며, 또 하북河北의 황주湟州와 선주鄯州[37] 등

36　수신(帥臣): 송나라 때 제로안무사(諸路安撫司)의 장관에 대한 칭호. 나중에는 통수(統帥)
　　나 주장(主將)에 대한 범칭(泛稱)으로 쓰였다.
37　황주(湟州)와 선주(鄯州): '황주'는 북송 철종 원부(元符) 2년(1099)에 설치되었으며, 치소
　　는 막천성(邈川城: 지금의 칭하이성[靑海省] 러두현[樂都縣] 남쪽)에 있었다. 휘종 건중정국

을 취하느라 관중關中이 크게 곤궁해졌다. 철종哲宗이 승하하고 (휘종) 건중
정국년建中靖國年(1101) 초에 간의대부諫議大夫 장순민張舜民은 빈주邠州[38] 사람
으로 영무靈武의 패전과 영락성永樂城의 참화가 신종을 병들게 한 이유였음
을 잘 알고 있었기에 경연經筵에서 상황上皇(휘종)을 위해 얘기했더니 상황
이 그 때문에 마음이 움직였다. 그래서 장돈이 재상을 그만두자 황주와 선
주 등의 땅을 포기했다. 숭녕崇寧 연간(1102~1106) 초에 채경蔡京이 집권하고
신법을 계승해 시행하면서 상황을 위협해 군사를 일으켜 다시 황주와 선주
의 옛 땅을 취하고 추밀사樞密使 안도安燾[39]와 그 땅을 포기한 수신帥臣들을
함께 질책했으며, 희하熙河·경원涇原[40]·환경環慶·부연鄜延에 각각 요새를
건축하고 노융瀘戎과 금주綿州에서도 변방을 개척했다. 또 내신內臣(환관) 동
관童貫[41]이 선무사宣撫使가 되어 매년 전쟁을 멈추지 않았다. 벼슬이 검교소

(建中靖國) 원년(1101)에 포기했다가 숭녕(崇寧) 2년(1103)에 다시 설치했으며, 선화(宣和)
원년(1119)에 낙주(樂州)로 개칭했다. '선주'는 북위(北魏) 때 설치되었으며, 당나라 안사
(安史)의 난 후에 토번(吐蕃)에 편입되었다. 북송 신종 희녕(熙寧) 연간에 수복하고 철종
원부 연간에 다시 설치했으며, 치소는 청당성(靑唐城: 지금의 칭하이성 러두현)에 있었다.
휘종 숭녕(崇寧) 3년(1104)에 서녕주(西寧州)로 개칭했다.

38 빈주(邠州): 당나라 개원(開元) 13년(725)에 빈주(豳州)를 빈주(邠州)로 개칭했으며, 치소
는 신평(新平: 지금의 산시성[陝西省] 빈현[彬縣])에 있었다.

39 안도(安燾, 1034~1108): 자는 후경(厚卿). 북송의 대신. 인종 가우(嘉祐) 4년(1059) 진사 출
신으로, 채주관찰추관(蔡州觀察推官)을 지냈다. 신종 때 왕안석이 신법을 시행하자 신법의
폐단을 열거하며 상주했다. 원풍(元豐) 연간 초(1078)에는 고려가 송나라와 외교관계를 수
립하자 간의대부의 신분으로 고려에 사신으로 다녀왔다. 원풍 6년(1083)에 동지추밀원사
(同知樞密院事)에 올랐다. 철종 소성(紹聖) 원년(1094)에 문하시랑(門下侍郎)에 임명되었
는데, 재상 장돈(章惇)과 뜻이 맞지 않아 지대명부(知大名府)로 나갔다. 휘종이 즉위한 후
다시 지추밀원에 올랐다가 이듬해 파직되었다. 숭녕 연간 초에 조정에서 그가 황주(湟州)
포기를 건의한 죄를 논해, 영국군절도부사(寧國軍節度副使)로 폄적되고 한양군(漢陽軍)에
안치되었다가 다시 기주단련부사(祁州團練副使)로 폄적되고 건창군(建昌軍)으로 옮겨졌다.

40 경원(涇原): 당나라 대력(大曆) 3년(768)에 설치한 방진(方鎭)으로, 치소가 경주(涇州: 지금
의 간쑤성[甘肅省] 징촨현[涇川縣] 북쪽)에 있었다.

41 동관(童貫, 1054~1126): 자는 도부(道夫) 또는 도보(道輔). 북송 휘종 때의 환관 권신으로,

보檢校少保에 이른 희하경략사熙河經略使 유법劉法[42]이 (서하와의 전쟁에서) 전군全軍과 함께 모두 전사했지만, 동관이 다시 승전보를 알려 오자 상황이 하례를 받았다. 정화政和 연간(1111~1118) 이래로 천하의 공적·사적 재용이 바닥나서 백성들이 생활을 영위할 수 없었다. 채경은 북쪽 오랑캐의 관리에 성공하지 못하자 재상 자리에서 떠났다. 이어서 재상이 된 왕보王黼[43]는 채경보다 높은 공을 세우고자 마침내 여진女眞(금나라)과 결탁해 대요大遼를 정

북송을 멸망시킨 '육적(六賊)' 가운데 하나다. 간사하고 아첨을 잘해 휘종의 총애를 받았다. 채경(蔡京)과 결탁해 그가 재상이 되자 세력을 떨쳤으며, 채경의 추천으로 감서북변군(監西北邊軍)과 지추밀원사(知樞密院事)가 되어 20년 동안 병권을 장악하고 권력을 휘둘렀다. 당시 채경은 '공상(公相)'으로 불렸고, 동관은 '온상(媼相: 할머니 재상)'으로 불렸다. 선화(宣和) 3년(1121)에 방랍(方臘)의 반란을 진압해 태사(太師)로 승진했다. 이듬해(1122)에 요나라를 공격했다가 실패하자 금나라에 구원을 요청하고 막대한 뇌물을 주어 단주(檀州)·순주(順州)·경주(景州)·계주(薊州)의 네 성을 받았다. 선화 7년(1125)에 금나라 군대가 남침하자 하북선무사(河北宣撫使)로 있다가 도성 변경(汴京)으로 도망쳐 휘종을 따라 남쪽으로 달아났다. 흠종이 즉위한 후 영주(英州)로 유배 가던 도중에 참수되었다.

42 유법(劉法, ?~1119): 북송의 명장. 장기간 변방에서 직접 전쟁을 치렀으며, 서하(西夏)와의 전쟁에서 이름을 날려 당시 적군들이 그를 '천생신장(天生神將)'이라 불렀다. 북송이 하황(河湟) 지역으로 진격하는 데 중요한 공헌을 해 희하경략사(熙河經略使)에 임명되었다. 휘종 선화(宣和) 원년(1119)에 동관(童貫)이 그에게 군대를 통솔해 서하의 통안성(統安城: 지금의 칭하이성[靑海省] 후주현[互助縣] 북쪽)을 공격하라고 명했는데, 유법은 서하군의 기세가 아직 꺾이지 않았다고 여겨 진격을 감행하고 싶지 않았지만, 동관이 출정하라고 위압하자 결국 출정했다가 서하군에게 포위 공격을 당해 전사했다. 전쟁이 끝난 후 동관은 패전의 책임을 유법에게 전가했다. 남송 고종 건염(建炎) 3년(1129)에 유법의 아들 유정언(劉正彦)이 '묘유(苗劉)의 난'에 참여했기 때문에 유법의 전공(戰功)과 사적이 묻혀 버려『송사』에도 그의 전(傳)이 실리지 않았다.

43 왕보(王黼, 1079~1126): 본명은 왕보(王甫), 자는 장명(將明). 북송 말의 대신. 언변이 좋았고 재지가 출중했지만 학식이 없었으며 아첨을 잘했다. 휘종 숭녕(崇寧) 연간 진사 출신으로, 교서랑(校書郞)과 좌사간(左司諫)을 지냈다. 채경(蔡京)이 다시 재상이 되도록 도와 단번에 어사중승(御史中丞)에 올랐다. 선화(宣和) 원년(1119)에 특진(特進)과 소재(少宰: 우상)에 올라 집권했다. 당시 조정에서 금나라와 연합해 요나라를 공략하려 했는데, 그도 찬성하면서 대대적으로 민간의 재물을 수탈했다. 마침내 금나라에게서 빈 성 몇 개를 돈으로 사서 개선했고, 태부(太傅)에 올랐다. 흠종이 즉위한 후 그에게 원한이 있던 개봉윤(開封尹) 섭산(聶山)이 사람을 보내 그를 살해했다.

벌했다. 연주燕州와 기주冀州의 남은 백성들은 오랑캐를 거의 모두 죽였고, 또 금과 비단을 주고 여진에게서 빈 성을 사서 백성을 위로하고 죄인을 징벌한 공으로 삼았다. 또 옛 대요의 신하 장각張覺[44]과 은밀히 약조하고 평주平州와 난주灤州[45] 등의 경영을 도모했다. 하지만 일이 누설되어 여진은 조정에서 도망자를 받아들였다는 것을 명분으로 삼아, 하동河東으로부터 쳐들어온 자는 흔주忻州와 대주代州[46]를 함락하고 태원太原[47]을 넘고 융덕隆德[48]을 함락하고 택주澤州의 고평高平[49]에까지 이르렀으며, 하북으로부터 쳐들어온 자는 곧장 도성에 다다랐다. 상황은 제위를 (흠종에게) 선양하고 단양丹陽[50]으로 행차했다. 연성淵聖(흠종)은 세 진鎭[51]을 (금나라에) 할양하고 성 아래

---

44 장각(張覺, ?~1123): 장각(張珏)이라고도 한다. 요·금·송대의 장수. 요나라 진사 출신으로 일찍이 요나라에서 흥군절도부사(興軍節度副使)를 지냈다. 금나라가 요나라를 공격하자 금나라 명장 완안종한(完顏宗翰)에게 투항하고 임해군절도사(臨海軍節度使)와 지평주(知平州)에 임명되었다. 금나라 태조가 평주를 남경(南京)으로 정하고 그를 남경유수(南京留守)로 삼았다. 암암리에 북송의 연산선무사(燕山宣撫使) 왕안중(王安中)에게 연락해 북송에 귀항하고 태녕군절도사(泰寧軍節度使)에 제수되었다. 북송 휘종 선화(宣和) 5년(1123)에 금나라 군대의 습격을 받아 연산부(燕山府)로 패주했다가 왕안중에게 살해되었다.

45 평주(平州)와 난주(灤州): '평주'는 지금의 허베이성[河北省] 동부 루룽현[盧龍縣] 일대에 해당하고, '난주'는 지금의 허베이성 롼저우시[灤州市] 일대에 해당한다.

46 흔주(忻州)와 대주(代州): '흔주'는 지금의 산시성[山西省] 신저우시[忻州市] 일대에 해당하고, '대주'는 지금의 산시성 다이현[代縣] 일대에 해당한다. 당나라 무덕(武德) 원년(618)에 신흥군(新興郡)을 흔주로 개칭하고 안문군(雁門郡)을 대주로 개칭했으며 도독부(都督府)를 설치했다.

47 태원(太原): 옛 명칭은 진양(晉陽)·용성(龍城)이고 별칭은 병주(幷州)다. 지금의 산시성[山西省] 타이위안시[太原市]에 해당한다.

48 융덕(隆德): 북송 휘종 숭녕(崇寧) 3년(1104)에 융덕군(隆德軍)을 융덕부(隆德府)로 개칭했다. 치소는 상당현(上黨縣: 지금의 산시성[山西省] 창즈시[長治市])에 있었다.

49 택주(澤州)의 고평(高平): 수나라 개황(開皇) 3년(583)에 건주(建州)를 택주로 개칭했고, 당나라 때 고평군(高平郡)으로 개칭했다가 다시 택주로 바꾸었으며, 북송 때 택주와 고평군을 설치해 하동로(河東路)에 소속시켰다. 금나라가 북송을 멸한 뒤 남택주(南澤州)로 개칭했다. '택주'는 지금의 산시성[山西省] 쩌저우시[澤州市]에 해당하고, '고평'은 지금의 산시성 가오핑시[高平市]에 해당한다.

50 단양(丹陽): 지금의 장쑤성[江蘇省] 남부 단양시에 해당한다.

에서 맹약했다.[52] 여진이 물러가자 다시 세 진을 견고히 지키라는 조서를
내렸다. 또 여진의 사신을 통해 누런 비단에 쓴 조서를 보내 여진이 등용한
대요의 옛 신하 여도余覩[53]에게 연락했는데, 사신이 돌아가서 도리어 받은
조서를 가지고 그 군주를 속여 조서에 "함께 대금大金을 멸하자"라는 말이
들어 있다고 했다. 이에 여진이 분노해 다시 군사를 일으켜 도성을 격파하
고 두 황제를 겁박해 데려갔으며, 황족과 대신을 포로로 잡아가고 나라의
중요한 기물과 도서를 빼앗아 갔다. 금상今上(남송 고종)은 송주宋州(남경 응천
부)에서 즉위한 뒤 회양淮揚(양주)[54]으로 옮겨 갔는데, 오랑캐가 가까이 닥쳐
오자 금상은 매우 위험하게 장강을 건넜으며, 병사와 백성 중에서 물에 빠
져 죽거나 붙잡혀 간 자는 이루 셀 수 없었다. 금상의 어거御車는 멀리 피난
했고 중원의 땅은 모두 잃었으며 천하의 사람 중에 병란에서 죽은 자가 십
중팔구였으니 슬프도다! 왕안석王安石 한 명이 군주에게 군사를 동원하라
권했고 장돈·채경·왕보가 그 주장을 본받아 화가 여기에까지 이르렀다.

---

51 세 진(鎭): 중산진(中山鎭)·하간진(河間鎭)·태원진(太原鎭)이다.

52 성 아래에서 맹약했다: 원문은 "성하지맹(城下之盟)". 적군이 성 밑까지 쳐들어와서 할 수
    없이 항복하고 체결하는 맹약이란 뜻으로, 대단히 굴욕적인 강화나 항복을 이르는 말이다.

53 여도(余覩): 야율여도(耶律余覩, ?~1132). '여도'는 여도(余睹)·여독(余篤)·여도고(余都
    姑)·이도(伊都)라고도 쓴다. 요나라의 황족으로, 요나라의 마지막 황제인 천조제(天祚帝)
    의 문비(文妃) 소슬슬(蕭瑟瑟)의 매부다. 천경(天慶) 연간(1111~1120)에 금오위대장군(金
    吾衛大將軍)과 동로도통(東路都統)이 되었다. 보대(保大) 원년(1121)에 태자 책봉을 둘러
    싸고 갈등이 생겨, 원비(元妃)의 오라비 소봉선(蕭奉先)이 문비가 자신이 낳은 진왕(晉王)
    을 태자로 책봉하려 한다고 무고해, 여도의 처가 처형되고 문비에게 사약이 내려지자, 두려
    움을 느낀 여도가 금나라에 투항했다. 이듬해(1122)에 여도는 금나라 군대를 이끌고 천조
    제의 행궁을 습격해 천조제가 서쪽 협산(夾山)으로 도망쳤다. 요나라는 그로부터 3년 뒤에
    금나라에게 멸망당했다. 여도는 금나라 태종(太宗) 천회(天會) 10년(1132)에 서하(西夏)로
    망명했는데 서하에서 받아주지 않자 달단(韃靼)으로 도망쳤다가 살해되었다.

54 회양(淮揚): 지금의 화이허[淮河]와 양쯔강[揚子江] 하류 지역으로, 양저우[揚州]·전장[鎭
    江]·옌청[鹽城]·화이안[淮安] 등지를 포괄한다. 옛날에는 일반적으로 양주(揚州)를 지칭
    했다.

그래서 이를 갖추어 기록해 세상의 경계警戒로 삼는다.

紹聖·元符間, 章惇用事, 謫棄他帥臣, 興兵取故地, 築新塞, 又取河北鄗[1]·鄜等州, 關中大困. 因哲宗升遐, 建中靖國之初, 諫議大夫張舜民, 邠人, 熟知靈武之敗·永樂之禍, 神宗致疾之由, 在經筵爲上皇言之, 上皇爲之感動. 故章惇罷相, 棄鄗·鄜等州之地. 崇寧初, 蔡京用事, 以紹述之, 刼持上皇興兵復取鄗·鄜故地, 責樞密使安公燾並棄地帥, 熙河·涇原·環慶·鄜延各進築, 瀘戎·綿州亦開邊. 內臣童貫爲宣撫使, 每歲用兵不休. 熙河帥劉法, 官至檢校少保, 與全軍俱陷, 童貫更以捷聞, 上皇受賀. 政和以來, 天下公私匱竭, 民不聊生. 蔡京經營北虜不就, 去位. 王黼作相, 欲功高於京, 遂結女眞以伐大遼. 燕·冀遺民, 殺虜殆盡, 復用金帛從女眞買空城, 以爲弔伐之功. 又陰約舊大遼臣張覺, 圖營平·灤州等. 事泄, 女眞以招納叛亡爲名, 由河東來者, 陷忻·代, 越太原, 陷隆德, 以至澤州之高平, 由河北來者, 直抵京城. 上皇禪位, 幸丹陽. 淵聖割三鎭以爲城下之盟. 女眞退, 復詔三鎭堅守. 又因女眞之使, 以黃絹詔書結其所用大遼舊臣余覩者, 使歸反以所得詔書給其主, 詔有"共滅大金"之言. 女眞怒, 再起兵破京師, 劫遷二帝, 虜宗族大臣, 取重器圖書以去. 上卽位於宋, 遷淮揚, 虜逼, 上渡江甚危, 兵民溺水死軀執者不可勝數. 今乘輿播越, 中原之地盡失, 天下之人死於兵者十之八九, 悲夫! 一王安石勸人主用兵, 章惇·蔡京·王黼祖其說, 禍至於此. 因具載之, 以爲世戒.

[1] 황(鄗):『송사』권87「지리지(地理志)·섬서로(陝西路)·진봉로(秦鳳路)」에 의거해 "황(湟)"으로 고치는 것이 마땅하다. 이하도 마찬가지다.

원부元符 연간(1098~1100) 말에 철종哲宗이 승하하고 상황上皇(휘종)이 즉위
하자, 흠성황태후欽聖皇太后(상태후)가 수렴청정하면서 영주永州에서 범충선
공范忠宣公(범순인)을 불러 재상 자리를 비워 놓고 기다렸다. 하지만 범충선
공이 병들어 입조할 수 없자 한충언韓忠彦을 좌복야左僕射에 제수했다. 안도
安燾는 당시 명망이 있었지만 모친상 중에 있었기에 증포曾布를 우복야右僕
射에 제수했다. 다음 해에 연호를 건중정국建中靖國으로 고쳤으며, 흠성태
후가 하늘로 떠나자 증포를 산릉사山陵使[55]로 삼았다. 증포는 내신內臣(환관)
유원劉瑗과 내통하면서 궁중의 일을 많이 알고 있었으므로, 능침 아래에서
어사중승御史中丞 조정지趙挺之[56]에게 은밀히 알려 소술紹述[57]을 건의해 황상
(휘종)의 뜻에 영합하도록 했다. 증포는 조정으로 돌아온 뒤 한충언의 세력
과 맞서면서 한충언이 천거해 발탁한 인사들을 점차 축출했다. 우승右丞 범

---

55 산릉사(山陵使): 당송시대에 대례오사(大禮五使) 중 하나로, 황제가 붕어했을 때 황제의 무
덤인 산릉 조성에 관한 모든 일을 총괄하는 관직이다. 대부분 대신(大臣)이 임시로 충임되
었다.

56 조정지(趙挺之, 1040~1107): 자는 정부(正夫). 북송의 대신. 신종 희녕(熙寧) 3년(1070) 진
사 출신으로, 덕주통판(德州通判)이 되어 시역법(市易法)을 적극 시행했다. 철종 원우(元
祐) 연간 때 비각교리(秘閣校理)와 감찰어사(監察御史)를 지냈다. 소식(蘇軾)이 소인배들
을 불러 모아 신종을 비방한다고 탄핵했다가 오히려 간관(諫官)에게 탄핵받아 서주통판(徐
州通判)으로 쫓겨났다. 나중에 다시 조정으로 돌아와 중서사인(中書舍人)과 급사중(給事
中)을 역임했다. 휘종이 즉위한 후 예부시랑(禮部侍郞)에 오르고 어사중승(御史中丞)이 되
어, '소술(紹述)'을 적극 주장하고 원우당인(元祐黨人)들을 극력 배격했다. 숭녕(崇寧) 5년
(1105)에 상서우복야(尙書右僕射)로 재상이 되고 나서 채경과 권력을 다투었다. 대관(大
觀) 원년(1107)에 채경(蔡京)이 다시 재상이 되자, 재상에서 물러났다가 얼마 후에 죽었다.

57 소술(紹述): 이어받아 시행한다는 뜻으로, 특별히 북송 신종이 시행한 신법을 계승하는 것
을 말한다.

순례范純禮는 사람됨이 과묵하고 강직해 자주 직언으로 황상의 심기를 거슬렀는데, 증포가 그를 꺼려 해 부마도위駙馬都尉 왕선王詵[58]에게 말했다.

"황상께서 그대를 추밀도승지樞密都承旨에 제수하려고 했는데, 범우승范右丞(범순례)이 옳지 않다고 여겨 결국 그만두었소이다."

대개 왕선이 일찍이 황상께 상주문을 올려 그 관직을 청한 적이 있었는데, 황상이 황태후에게 여쭈었더니 황태후가 말했다.

"왕선은 경박하니 만약 그렇게 한다면 추밀원을 망칠 것입니다. 부마도위 왕사약王師約[59]은 이전 조정에서 이 관직을 맡아 직무를 잘 수행했으니 그를 임명할 만합니다."

황상은 왕선이 바친 상주문을 들어주고자 했지만 결국 왕사약을 추밀도승지에 제수한 것은 황태후의 뜻이었다. 그러나 증포는 그 일이 범우승에게서 나온 것이라고 망령된 말을 해서 왕선을 격노시켰고, 왕선은 그 말을 믿고 범우승에게 원한을 품었다. 나중에 왕선은 대요大遼의 사신을 위한 관반館伴[60]이 되었는데, 범우승이 연회를 주관하면서 연회석상에서 얘기하다가 어명御名을 범해 나라를 욕되게 했다고 터무니없는 말을 했다. 범우승은

---

58 왕선(王詵, 1048?~1104?): 자는 진경(晉卿). 북송의 관리이자 화가. 신종 희녕(熙寧) 2년(1069)에 영종의 딸 촉국대장공주(蜀國大長公主)와 결혼해 부마도위가 되고 좌위장군(左衛將軍)에 임명되었다. 원풍(元豐) 2년(1079) 소식(蘇軾)의 '오대시안(烏臺詩案)'에 연루되어 소화군절도행군사마(昭化軍節度行軍司馬)로 폄적되었다. 철종 원우(元祐) 원년(1086)에 등주자사(登州刺史)가 되었다. 시사(詩詞)를 잘 지었고 서예에 능했으며 특히 산수화와 수묵화에 뛰어났다. 소식·황정견(黃庭堅)·미불(米芾) 등과 교유했다.

59 왕사약(王師約, 1044~1102): 자는 군수(君授). 북송의 관리. 공부시랑(工部侍郎) 왕극신(王克臣)의 아들이다. 영종의 딸 서국공주(徐國公主)와 결혼해 부마도위가 되고 좌위장군에 임명되었다. 신종 때 진주관찰사(晉州觀察使)까지 올랐다. 철종이 즉위한 후 진안군절도관찰유후(鎭安軍節度觀察留後)로 전임되었고, 선인태후(宣仁太后)가 섭정했을 때 여러 차례 상소문을 올려 시사(時事)에 대해 진언했다. 원부(元符) 3년(1100)에 추밀도승지가 되었다. 휘종이 즉위한 후 보평군유후(保平軍留後)가 되었고 다시 추밀도승지에 임명되었다.

60 관반(館伴): 관반사(館伴使). 외국에서 사신이 왔을 때 사신의 접대를 담당하는 임시 관직.

더 이상 변명하지 않아 단명전학사端明殿學士로서 지영창부知潁昌府로 전출되었으며, 이때부터 한충언의 문객들은 잇달아 축출되었다. 증포는 오로지 '소술'에만 뜻을 두고 (철종) 소성紹聖·원부元符 연간의 신정新政을 모두 회복시켰다. 한충언은 나약하고 지모가 없었지만 이미 증포를 원망하며 말했다.

"증포가 스스로 계책을 세우는 것은 '소술'일 따름이니, 나는 응당 '소술'에 능한 자를 등용해 그를 눌러야겠다."

그러고는 마침내 채경蔡京을 불러들였으니, 채경이 크게 기용된 것은 한충언으로부터 시작되었다. 한충언이 결국 자신의 좌상左相 자리에 안주할 수 없어 그만두고 떠나자 증포 혼자 재상이 되었다. 대간관臺諫官 진관陳瓘[61]과 공쾌龔夬[62]의 무리는 대부분 현능한 자들로 모두 증포가 기용한 사람들이었지만, 역시 뜻이 맞지 않아 떠났다. 채경은 우승에 임명되어 재상에까지 이르렀으며, 채변蔡卞[63]은 지추밀원知樞密院이 되었다. 채경은 집권하고

---

61 진관(陳瓘, 1057 또는 1060~1124): 자는 영중(瑩中), 호는 요옹(了翁)·요재(了齋)·요당(了堂). 북송의 관리이자 학자. 신종 원풍(元豐) 2년(1079) 진사 출신으로, 호주장서기(湖州掌書記)를 지냈다. 철종 소성(紹聖) 연간 초에 막직관(幕職官)과 태학박사(太學博士) 등을 지냈다. 채변(蔡卞) 등이 『자치통감(資治通鑑)』 판본을 훼손하는 것을 저지했으며, 교서랑(校書郎)으로 옮겨 '소술(紹述)'에 반대하다가 창주통판(滄州通判)으로 전출되었다. 휘종이 즉위한 후 좌사간(左司諫)에 발탁되어 채변과 장돈(章惇)의 죄상을 강하게 논했다. 숭녕(崇寧) 연간에 원우당인(元祐黨人)으로 몰려 원주(袁州)·염주(廉州)·침주(郴州) 등지로 유배되었다. 일찍이 선종(禪宗)에 관심을 두어 깨달은 바가 있었으며, 나중에 『화엄경(華嚴經)』을 깊이 이해해 자호를 화엄거사(華嚴居士)라 했다. 유안세(劉安世)의 학문을 종주로 하고, 사마광(司馬光)의 사숙제자가 되었으며, 소옹(邵雍)과 이정(二程)의 학문도 사숙했다. 유불도(儒佛道) 사상을 통합해 이해했고 유가와 불가의 큰 요지가 일치한다고 여겼다.

62 공쾌(龔夬, 1056~1111): 자는 언화(彦和). 북송의 관리. 철종 원우(元祐) 3년(1088) 진사 출신으로, 첨서하양판관(簽書河陽判官)을 지냈으며, 소성(紹聖) 연간 초에 감찰어사(監察御史)로 발탁되었다. 휘종이 즉위한 후 전중시어사(殿中侍御史)에 임명되어 충신과 간신을 판별하길 청하는 상소를 올리고, 장돈·채변·채경을 탄핵해 세 사람 모두 파직되었다. 철렴하고 강직해 아첨하지 않았다. 숭녕(崇寧) 연간 초에 원우황후(元祐皇后)의 폐위를 반대했다가 방주(房州)로 폄적되었다.

나서 증포가 재상을 그만두자 도성에서 크게 옥사獄事를 일으켜 증포의 뇌물 사건을 다스려 증포를 백주사호참군白州司戶參軍으로 폄적시키고 염주廉州에 안치했다. 증포의 아들들과 문하의 인사들이 모두 심하게 문책당한 것은 채경이 그렇게 한 것이었다. 한충언도 하북河北의 가까운 군郡으로 안치되었다가 얼마 후에 자신이 편한 곳으로 유배 가도록 허락받았는데, 이는 채경이 그가 천거해 이끌어 준 공을 몰래 보답해 준 것이었다고 한다. 대관大觀 연간(1107~1110) 말에 황상은 채경을 자못 싫어하던 차에 성변星變64으로 말미암아 내쫓았다. 또 채경이 임평산臨平山65을 치장하고 흥화수興化水66를 터서 관개한 일 등을 이유로 그가 사직에 이롭지 못한 마음을 가지고 있다고 여겨, 태자소부太子少傅로 폄적하고 소주蘇州에 거하도록 했다. 황상이 장상영張商英67을 우상右相으로 기용했는데, 장상영은 책략이 없고

---

63 채변(蔡卞, 1048~1117): 자는 원도(元度). 북송의 대신. 채경(蔡京)의 동생이자 왕안석(王安石)의 사위다. 신종 희녕(熙寧) 3년(1070) 진사 출신으로, 기거사인(起居舍人)·동지간원(同知諫院)·시어사(侍御史)를 지냈다. 철종이 즉위한 후 예부시랑(禮部侍郎)이 되었으며, 요나라에 사신으로 다녀와 지강녕부(知江寧府)와 지양주(知揚州) 등을 역임했다. 소성(紹聖) 4년(1097)에 상서좌승(尙書左丞)이 되어 '소술(紹述)'을 논하면서 반대파들을 음해했다. 휘종(徽宗)이 즉위한 후 간관의 탄핵을 받아 지주(池州)에 안치되었다가 지대명부(知大名府)로 재기해 지추밀원(知樞密院)에 발탁되었다. 당시 재상으로 있던 형 채경과 뜻이 맞지 않아 지하남부(知河南府)로 전출되었다가 나중에 진동군절도사(鎭東軍節度使)에 올랐다.

64 성변(星變): 별의 위치나 빛에 생긴 이상 변화. 옛날에는 이를 장차 재앙이 일어날 조짐으로 여겼다. 휘종 대관(大觀) 4년(1110)에 혜성이 규수(奎宿)와 누수(婁宿)의 사이에 출현하자, 어사 장극(張克)이 채경의 재상 자질을 공개적으로 논의했다.

65 임평산(臨平山): 지금의 저장성[浙江省] 항저우시[杭州市] 린핑[臨平] 북쪽에 있는 산. 예로부터 '임평십경(臨平十景)'으로 유명했다.

66 흥화수(興化水): 지금의 장쑤성[江蘇省] 타이저우시[泰州市]에 있는 물길. 장쑤성 중부, 장강삼각주(長江三角洲)의 북쪽 날개에 위치하며, 장쑤성 역사문화명승지다.

67 장상영(張商英, 1043~1122): 자는 천각(天覺), 호는 무진거사(無盡居士). 영종 치평(治平) 2년(1065) 진사 출신으로, 통천현주부(通川縣主簿)와 지남천현(知南川縣)을 지냈다. 신종 희녕(熙寧) 4년(1071)에 장돈(章惇)의 추천으로 권검정중서예방공사(權檢正中書禮房公事)

지모가 부족했음에도 같은 반열을 업신여겼기에 그를 비난하는 말이 한꺼번에 일어났다. 황상은 못마땅해하며 그를 파직시켰다. 채경은 은밀히 내신 동관童貫과 결탁했는데, 동관이 대요에 사신으로 갔다가 돌아온 후 오랑캐 군주가 채경이 어디에 있는지 물었다고 거짓말했다. 황상은 그 말을 믿고 다시 채경을 불러들였다. 당시 하집중何執中[68]이 이미 좌상으로 있었기에 채경을 태사太師에 임명하고 공상公相이라 부르고 삼성三省[69]의 일을 총괄하게 했다. 동관은 채경을 이끌어 주고 나서 스스로 추밀사樞密使가 되려고 했지만, 채경이 단지 동관을 태위太尉·절도사節度使·섬서선무사陝西宣撫使로만 삼자, 동관이 크게 실망해 채경을 원망하기 시작했다. 채경이 태사로 벼슬을 마치자, 황상은 정거중鄭居中[70]을 재상으로 임명했지만 정거중

를 거쳐 권감찰어사이행(權監察御史里行)에 발탁되었다. 철종 원우(元祐) 원년(1086)에 개봉부추관(開封府推官)이 되었으며, 철종이 친정(親政)한 뒤 우정언(右正言)과 좌사간(左司諫)이 되어 원우대신(元祐大臣)인 사마광(司馬光)과 여공저(呂公著) 등을 강력하게 공격했다. 휘종 숭녕(崇寧) 연간에 한림학사(翰林學士)·상서우승(尙書右丞)·좌승(左丞)이 되었다가, 채경(蔡京)과 뜻이 맞지 않아 지박주(知亳州)로 나가고 원우당적(元祐黨籍)에 들어갔다. 대관(大觀) 4년(1110)에 상서우복야(尙書右僕射) 겸 중서시랑(中書侍郎)으로 우상(右相)이 되어 채경의 정책을 변경했다. 대신들의 공격으로 폄적되었다가 나중에 다시 복직했다.

68 하집중(何執中, 1044~1118): 자는 백통(伯通). 북송의 대신. 신종 희녕(熙寧) 6년(1073) 진사 출신으로, 대주(臺州)와 박주(亳州)의 판관을 거쳐 공부상서·이부상서를 역임했다. 휘종 때 채경(蔡京)을 추종해 숭녕(崇寧) 4년(1105)에 상서우승이 되었고 대관(大觀) 3년(1109)에 채경을 대신해 상서좌승이 되었는데, 태학(太學) 제생(諸生)들의 반대를 불러일으켰다. 재임 기간 동안 황제의 뜻에 영합해 태평성세를 꾸몄다. 정화(政和) 원년(1111)에 채경과 함께 재상이 되었고, 태부(太傅)로 벼슬을 마쳤다.

69 삼성(三省): 문하성(門下省)·중서성(中書省)·상서성(尙書省)을 말한다.

70 정거중(鄭居中, 1059~1123): 자는 달부(達夫). 북송의 대신. 진사 출신으로, 휘종 숭녕(崇寧) 연간에 귀비(貴妃)의 사촌오라비임을 내세워 기거사인(起居舍人)·급사중(給事中)·한림학사(翰林學士) 등을 역임했다. 대관(大觀) 원년(1107)부터 4년까지, 정화(政和) 3년(1113)부터 7년까지, 선화(宣和) 2년(1120)부터 5년까지 세 차례에 걸쳐 동지추밀원사(同知樞密院事)를 지냈으며, 숭국공(崇國公)·숙국공(宿國公)·연국공(燕國公)에 잇달아 봉해졌다. 처음에는 재상에서 파직된 채경(蔡京)을 변호해 채경이 다시 재상이 되는 데 도움

이 모친상 중이어서 여심余深[71]을 재상에 임명했는데, 이들은 모두 비속한 소인이어서 언급하기에 부족하다. 또 왕보王黼를 재상에 임명했는데, 나이가 젊고 흉포한 왕보는 채경보다 높은 공을 세우고자 대금大金과 결탁해 대요를 멸하고 연운燕雲을 취하는 일을 혼자 맡아 경무방經撫房[72]을 설치하고 삼성과 추밀원도 모두 관여하지 못하게 했다. 또 족주령族誅令[73]을 내려 북쪽의 일을 말하는 것을 금했다. 왕보는 나중에 태부太傅로 벼슬을 마쳤지만 여전히 응봉사應奉司[74]를 맡아 황상의 총애를 굳건히 했다. 백시중白時中[75]과 이방언李邦彦[76]이 나란히 좌상과 우상이 되었는데, 약삭빠르고 경박해 직무

<hr>

을 주었지만, 나중에는 채경이 법도를 어지럽힌다며 일마다 반대했다. 조정에서 금나라와 연합해 요나라를 공격하고 연운(燕雲)을 수복하자는 주장에 극력 반대했다.

71 여심(余深, 1050?~1130?): 신종 원풍(元豊) 5년(1082) 진사 출신으로, 어사중승(御史中丞) 겸 시독(侍讀)을 지냈다. 채경(蔡京)의 적극적인 추천으로 집정에까지 이르렀다. 대관(大觀) 2년(1108)에 이부상서로서 상서좌승에 제수되었는데, 얼마 후 채경이 치사(致仕)하자 지청주(知青州)로 나갔다. 정화(政和) 2년(1112)에 채경이 다시 복귀하자 조정으로 돌아와 문하시랑이 되었다. 선화(宣和) 원년(1119)에 소보(少保)에 임명되고 풍국공(豐國公)에 봉해졌다.

72 경무방(經撫房): 북송 휘종 선화(宣和) 4년(1122)에 설치된 관서로, 금나라와의 전쟁을 전담했으며 추밀원의 논의를 거치지 않았다. 선화 6년(1124)에 폐지되었다.

73 족주령(族誅令): 한 사람의 죄로 그 일족을 주살하는 법령.

74 응봉사(應奉司): 북송 휘종 숭녕(崇寧) 4년(1105)에 응봉국(應奉局)을 설치해 화석강(花石綱: 진귀한 꽃과 돌을 운반하던 선단)을 총괄하게 했다. 방랍(方臘)의 난이 일어난 후 폐지되었다가, 선화(宣和) 3년(1121)에 다시 응봉국을 설치하고 응봉사를 두어 사방의 진기한 물품을 수집해 궁중에 바치는 일을 총괄하게 했다.

75 백시중(白時中, ?~1127): 자는 몽형(蒙亨). 북송의 대신. 진사 출신으로, 철종 원우(元祐) 연간에 동주교수(同州教授)가 되었고 이부시랑에까지 올랐다가, 사건에 연루되어 지운주(知鄆州)로 나갔다. 휘종 정화(政和) 6년(1116)에 상서우승이 되고 다음 해에 중서문하시랑이 되었다. 선화(宣和) 6년(1124)에 태재(太宰) 겸 문하시랑에 임명되고 숭국공(崇國公)에 봉해졌다. 모든 일을 채경(蔡京) 부자의 뜻을 받들어 행했다. 정강(靖康)의 변 때 흠종에게 도성을 포기하고 피난하라고 건의했다. 나중에 나약하고 무능하다고 탄핵당했다가 얼마 후에 죽었다.

76 이방언(李邦彦, ?~1129): 본명은 이언(李彦), 자는 사미(士美). 북송 말의 대신. 모습이 준일하고 풍모가 멋있다고 생각해 스스로를 '이낭자(李浪子)'라고 했다. 휘종 대관(大觀) 2년

를 제대로 해내지 못했다. 그래서 채경이 실명된 몸으로 다시 출사해 삼성의 일을 관장했으며 그의 아들 채조蔡絛[77]를 모사謀士로 삼았는데, 채조가 그의 형 채유蔡攸[78]와 서로 싸우다가 채조가 패하자 채경은 다시 벼슬자리에서 물러났다. 선화宣和 7년(1125) 11월에 황상이 교천郊天[79] 의식을 마치고한창 경령궁景靈宮(도궁)에서 전례를 행하고 있을 때, 금나라가 군사를 일으켜 도성을 침범했다는 소식을 들었다. 황상은 조서를 내려 상황上皇을 칭하고 연성황제淵聖皇帝(흠종)에게 제위를 선양했으며 정강靖康으로 개원했다. 이방언은 화의和議를 주장하고 이업李鄴[80]·이절李梲[81]·정망지鄭望之[82]를 오

(1108) 진사 출신으로, 중서사인을 지냈다. 선화(宣和) 5년(1123)에 상서좌승과 소재(少宰)에 오르자, 사람들이 그를 '낭자재상(浪子宰相)'이라 불렀다. 흠종이 즉위한 후 태재(太宰)와 제거용덕궁사(提擧龍德宮使)가 되었다. 금나라 군대가 도성 가까이 진격해 오자 땅을할양하고 화의해야 한다고 적극 주장했다. 남송 고종이 즉위한 후 건무군절도부사(建武軍節度副使)로 폄적되어 심주(潯州)에 안치되었고 계주(桂州)로 옮겼다가 죽었다.

77 채조(蔡絛): 자는 약지(約之), 호는 무위자(無爲子)·백납거사(百衲居士). 북송의 관리로, 채경(蔡京)의 넷째 아들이다. 휘종 선화(宣和) 6년(1124)에 채경이 태사(太師)가 되어 삼성(三省)을 관장했지만, 연로해 직무를 수행할 수 없자 모든 결정을 채조를 통해서 했다. 선화 7년(1125)에 진사가 되었지만 얼마 후에 취소되었다. 벼슬은 휘유각대제(徽猷閣待制)를지냈다. 흠종 정강(靖康) 원년(1126)에 채경이 실각한 후 그의 자손 23명이 모두 유배되었는데, 채조도 소주(邵州)로 유배되었다가 백주(白州)로 옮겨 간 뒤에 죽었다.

78 채유(蔡攸, 1077~1126): 자는 안거(居安). 북송 말의 대신으로 채경(蔡京)의 큰아들이다. 일찍이 단왕(端王) 조길(趙佶: 휘종)과 교유했으며, 휘종이 즉위한 후 총애를 받았다. 진사출신으로 용도각학사(龍圖閣學士)·회강군절도사(淮康軍節度使)·선화전대학사(宣和殿大學士) 등을 역임했다. 선화 5년(1123)에 왕보(王黼)를 대신해 추밀원사(樞密院事)를 맡고소보(少保) 등 요직을 지냈다. 재임 기간 동안 정무는 돌보지 않고 오직 황제 옆에서 도교의 신비한 일을 논하고 시정의 음란한 놀이를 펼쳐 황제의 총애를 얻었다. 권력을 다투는과정에서 부친 채경과 반목해 서로 알력이 심했다. 북송이 금나라와 연합해 요나라를 멸한후 공을 인정받아 소사(少師)와 태보(太保)에 임명되고 영국공(英國公)에 봉해졌다. 휘종이 흠종에게 제위를 선양할 때 측근 신하로서 그 계책에 참여했다. 흠종이 즉위한 후 태중대부(太中大夫)로 폄적되고 만안군(萬安軍)에 안치되었다가 얼마 후에 사약을 받았다.

79 교천(郊天): 황제가 교외에서 하늘에 제사 지내는 제천(祭天) 의식.

80 이업(李鄴): 북송 말의 관리. 대금통문사(大金通問使)·월주안무사(越州安撫使)·행대우승(行臺右丞)·지동평부(知東平府)·지대주(知代州) 등을 역임했다.

랑캐에 사신으로 보내 세 진鎭을 할양하고 성 아래에서 맹약했다. 오랑캐가 물러가고 이방언이 파직되자 다시 세 진의 할양을 불허했다. 이듬해 (1126) 겨울에 오랑캐가 도성을 격파하고 [다음 해(1127)에] 두 황제를 북쪽으로 행차하게 했다. 금상今上(고종)은 송주宋州(남경 응천부)에서 즉위한 후에 유양維揚(양주)으로 행차했다가 장강을 건너 여항餘杭(항주, 임안부)으로 행차했다. 아, 증포·채경·왕보의 죄가 위로 하늘에까지 닿았으니 이를 갖추어 기록해 세상의 경계로 삼는다.

元符末, 哲宗升遐, 上皇卽位, 欽聖皇太后垂簾同聽政, 召范忠宣公於永州, 虛宰席以待. 忠宣病, 不能朝, 乃拜韓忠彦爲左僕射. 安燾有時望, 方服母喪, 乃拜曾布爲右僕射. 次年, 改建中靖國, 欽聖太后上仙, 布爲山陵使. 布與內臣劉瑗交通, 多知禁中事, 就陵下密諭中丞趙挺之, 建議紹述以迎合上意. 布還朝, 與忠彦勢相敵, 漸逐忠彦薦引之士. 右丞范公純禮爲人沈默剛正, 數以言忤上, 布憚之, 謂駙馬都尉王詵曰: "上欲除君樞密都承旨, 范右丞不以爲然, 遂罷." 蓋詵嘗以劄子求此官於上, 上稟皇太后, 后曰: "王詵浮薄, 果使爲之則壞樞密院. 駙馬都尉王師約在先朝爲此官稱職, 可命之." 上從王詵所納劄子, 批除王師約樞密都承旨, 皇太后之意也. 布妄言出於范右丞, 以激怒詵, 詵信而恨之. 後詵因館伴大遼使, 妄稱范右丞押宴, 席間語犯御名, 辱國. 右

---

81 이절(李梲): 북송 말의 관리. 이부상서·동지추밀원사(同知樞密院事)·상서우승·상서좌승 등을 역임했다.

82 정망지(鄭望之, 1078~1161): 자는 고도(顧道). 북송 말의 관리. 휘종 숭녕(崇寧) 5년(1106) 진사 출신으로, 개봉부의조(開封府儀曹)를 지냈다. 흠종 정강(靖康) 원년(1126)에 금나라가 도성 변경(汴京)을 침공하자 화친을 주장하고 이업·이절과 함께 금나라에 사신으로 다녀왔다. 남송 고종 건염(建炎) 원년(1127)에 해주단련부사(海州團練副使)로 폄적되고 연주(連州)에 안치되었다. 나중에 다시 호부시랑으로 재기해 이부시랑으로 전임되었다. 소흥(紹興) 연간에 휘유각직학사(徽猷閣直學士)로 벼슬을 마쳤다.

丞不復辭, 以端明殿學士出知穎昌府, 自此忠彥之客相繼被逐矣. 布專意紹述, 盡復紹聖·元符之政. 忠彥懦而無智, 既怨布, 乃曰: "布之自爲計者紹述耳, 吾當用能紹述者勝之." 遂召蔡京, 京之大用, 自韓忠彥始. 忠彥竟不能安其位, 罷去, 布獨相. 臺諫官陳瓘·龔夬輩多賢者, 皆布所用, 亦不合, 去. 蔡京拜右丞, 至作相, 蔡卜知樞密院. 京既用事, 曾布罷相, 京師起大獄, 治布贓狀, 貶布白州司戶參軍, 廉州安置. 布之諸子及門下士皆重責, 蔡京爲之也. 韓忠彥亦安置於河北近郡, 尋聽自便, 京陰報其薦引之功云. 大觀末, 上頗厭京, 因星變出之. 又以飾臨平之山, 決興化之水等事, 謂其有不利社稷之心, 貶太子少傅, 居蘇州. 上用張商英爲右相. 商英無術寡謀, 藐視同列, 間言並興. 上不樂, 罷之. 京密結內臣童貫, 因貫使大遼歸, 詐言虜主問蔡京何在. 上信之, 再召京. 時何執中已爲左相, 乃拜京太師, 謂之公相, 總三省事. 童貫既引京, 自欲爲樞密使, 京止以貫爲太尉·節度使·陝西宣撫使, 貫大失望, 始怨京矣. 京以太師致仕, 上命鄭居中爲相. 居中丁母憂, 相乃命余深, 皆鄙夫小人, 無足言. 又相王黼, 黼年少凶愎, 欲其功高蔡京, 乃獨任結大金滅大遼取燕雲事, 置經撫房, 三省·樞密院皆不預. 下族誅之令, 禁言北事者. 黼後以太傅致仕, 猶領應奉司以固上寵. 白時中·李邦彥並左右相, 儇薄庸懦無所立. 蔡京以盲廢復出, 領三省事, 用其子絛爲謀主, 絛與其兄攸相仇, 絛敗, 京復致仕. 宣和七年十一月, 上郊天罷, 方恭謝景靈宮, 聞金人舉兵犯京師. 上下詔稱上皇, 禪位於淵聖皇帝, 改元靖康. 李邦彥主和議, 遣李鄴·李梲·鄭望之使虜, 割三鎭爲城下之盟. 虜退, 李邦彥罷, 復不許[1]三鎭. 次年冬, 虜破京師, 二帝北狩. 今上卽位於宋, 幸維揚, 渡江, 幸餘杭. 嗚呼, 曾布·蔡京·王黼之罪, 上通於天也, 其載之以爲世戒.

[1] 허(許): 명초본에는 이 뒤에 "할(割)" 자가 있는데, 문맥상 의미가 보다 분명하다.

6-1(056)

—

　나(소백온)는 (휘종) 숭녕崇寧 연간(1102~1106)에 낙양洛陽에서 살았는데, 인왕사仁王寺의 승사僧舍에 들렀다가 엽자본葉子本[1] 옛 책 한 권을 얻었다. 거기에 중서령中書令 조보趙普가 (태종) 옹희雍熙 3년(986)에 등주절도사鄧州節度使로 있을 때 태종황제太宗皇帝의 연주燕州 정벌을 간하는 상소문과 상주문 각 한 통이 있었는데, 그의 깊은 우국애민의 마음이 문장 밖으로 드러난 것은 (당나라) 육선공陸宣公(육지)[2]이 나랏일을 논한 글 속에 섞어 놓아도 분간하지 못할 정도다. 그 상소문은 다음과 같다.

　"무승군절도사武勝軍節度使 신 조보. 앞의 신은 [옹희 3년(986)] 3월[3] 중에 갑

1　엽자본(葉子本): 책을 장정하는 방법 가운데 하나로, 긴 종이를 적당한 폭으로 여러 겹 접어서 책처럼 만든 뒤 그 앞과 뒤에 따로 표지를 붙인 법첩(法帖)과 같은 형태의 장정이다. 절본(折本)·절첩본(折帖本)·접본(摺本)·접첩본(摺疊本)·첩장본(帖裝本)·첩책(帖冊)이라고도 한다.

2　육선공(陸宣公): 육지(陸贄, 754~805). 자는 경여(敬輿), 시호는 선(宣). 당나라의 대신이자 문장가로, 주(奏)·의(議)·논(論)·소(疏)의 문장에 뛰어났다. 대종(代宗) 대력(大曆) 6년(771) 진사 출신으로, 덕종(德宗) 때 감찰어사·한림학사·간의대부·중서사인·병부시랑 등을 지냈으며, 정원(貞元) 8년(792)에 중서시랑·동문하평장사(同門下平章事)로 재상에 올랐다. 성품이 강직하고 재주가 남달랐으며 민정(民情)을 몸소 살폈다.

자기 사신을 파견하고 군량과 마초馬草를 운반하라 명하신 것을 삼가 보았습니다. 칙명을 자세히 알아보고 나서야 유주幽州를 취하고자 이미 조칙을 받들어 과배科配[4]를 시행한 것을 알게 되었는데, 이는 정상적인 조치가 아닌지라 그 연유를 헤아리지 못하겠습니다. 이후에 비록 승전 소식은 들었지만 일이 끝났다는 소문은 아직 듣지 못했으니 잠시 수복한 것이라 생각됩니다. 얼마 후에 찌는 듯한 무더위가 시작되면 마초를 나르고 군량을 운반하는 것만 해도 몹시 바쁠 텐데 갑옷을 입고 창을 든 채로 쉬지 못한다면, 백성은 피로하고 군사는 쇠약해져 점점 두려움이 생길 것입니다. 신은 그달 이후로 의심과 염려가 더욱 커졌습니다. 깊이 생각해 보니 폐하께서는 온갖 정무를 고려하고 백성을 마음으로 삼으시며 성스러운 지략과 신묘한 공력을 펼침에 실책이 없으셨습니다. 절우浙右를 평정하고[5] 힘으로 하동河東을 취해,[6] 후대에 특출한 재지才智를 드리우고 전조前朝의 분함을 씻으셨으며, 사해가 모두 수중手中으로 돌아와 10년 동안 태평성세를 이루었으니, 유독 저 번융蕃戎(거란)만을 어찌 적으로 대하겠습니까? 새가 날아가듯이 이리저리 옮겨 다니는 그들은 예로부터 제어하기가 어려웠기에, 전대의 성명聖明한 제왕들은 정령政令의 교화가 미치지 않는 국경 밖에 그들을 두

---

3 3월: 『송사』 권5 「태종본기」에 따르면, 옹희 3년 정월에 지웅주(知雄州) 하영도(賀令圖)가 거란 정벌을 청하자, 경인일(庚寅日)에 북벌을 감행해 2월까지 조빈(曹彬)·미신(米信)·전중진(田重進)·반미(潘美)·양엽(楊葉) 등의 대장을 잇달아 파견해 대군을 이끌고 출격하게 했으며, 3월에 각 노(路)의 대군이 거란군과 전투를 전개했다.

4 과배(科配): 정상적으로 부과한 세금 외에 임시로 추가해 부과한 세금.

5 절우(浙右)를 평정하고: 북송 태종 태평흥국(太平興國) 3년(978)에 오월왕(吳越王) 전숙(錢俶)에게 정치적 압박을 가해 장주(漳州)와 천주(泉州)를 헌납받아 이 지역을 평정한 것을 말한다.

6 힘으로 하동(河東)을 취해: 북송 태종 태평흥국 4년(979)에 태원(太原)을 공략해 북한(北漢)을 멸망시킨 것을 말한다.

고서 물과 풀을 쫓아다니도록 방임하지 않은 적이 없었으니, 모두 그들을 금수로 여겨 길렀던 것입니다. 이때에 폐하께서 어찌 구태여 괘념하실 필요가 있겠습니까? 필시 누군가가 아첨에 부화해 폐하의 총명을 미혹하게 했을 것이니, 급하지 않은 군대를 일으킴으로써 명분이 없다는 비판에 직면하게 될 것입니다. 시비곡직을 막론하고 시일이 지체되어 장차 6월에 정벌이 이루어진다면 천금의 막대한 비용이 들어갈 것입니다. 이로써 미루어 헤아려 보니 깊이 근심하고 걱정하게 됩니다. 삼가 생각건대 신은 비록 지모智謀가 부족하지만 대강이나마 옛 전적을 직접 접하고서, 천고의 흥망의 이치를 서책에서 얻었고 백왕百王의 선악의 징조를 경사經史에서 알았습니다. 그 사이에서 선한 사람이 복을 받고 악한 사람이 재앙을 받은 것은 모두 그림자가 몸을 따르는 것과 같고 단청처럼 환하고 해와 달처럼 밝게 드러납니다. 일찍이 이를 대훈大訓[7]으로 삼아 역대로 보배로 여겼습니다. 신은 『사기史記』를 읽다가 한나라 무제武帝(유철) 때 주보언主父偃[8]·서낙徐樂[9]·엄안嚴安[10]의 무리가 장문의 글을 올리고, 당나라 현종玄宗(이융기) 때 재

7 대훈(大訓): 성명(聖明)한 제왕의 본받을 만한 교훈.
8 주보언(主父偃, ?~BC 126?): 한나라 무제 때의 신하. 빈한한 출신으로 일찍부터 종횡술(縱橫術)을 공부했고 나중에는 『역(易)』·『춘추(春秋)』와 백가의 학술을 공부했다. 원삭(元朔) 원년(BC 128)에 무제에게 국정에 대해 간언하는 글을 직접 올렸는데, 그날로 바로 무제를 알현하고 서낙·엄안과 동시에 낭중(郎中)에 임명되었으며, 1년 안에 알자(謁者)·중랑(中郎)·중대부(中大夫)로 잇달아 승진했다. 아울러 무제에게 '대일통(大一統)'의 정치주장을 제기했다.
9 서낙(徐樂, BC 156?~BC 87?): 한나라 무제 때의 신하. 원삭 원년(BC 128)에 무제에게 국정에 대해 간언하는 글을 올려 "천하의 근심은 토붕(土崩)에 있지 와해(瓦解)에 있지 않다"라는 경구(警句)를 남겼다. '토붕'은 흙(지반)이 무너진다는 뜻으로 백성들이 폭정을 견디지 못해 난을 일으켜 나라가 망하는 것을 말하고, '와해'는 기와가 깨진다는 뜻으로 정권 내부에서 일어나는 권력 다툼을 말한다. 서낙은 진(秦)나라의 멸망을 거울삼아 무제에게 민정(民情)을 잘 살펴 아직 폭발하지 않은 숨은 환난을 없애길 바란 것이다.
10 엄안(嚴安, BC 156?~BC 87?): 한나라 무제 때의 신하. 원삭 원년(BC 128)에 무제에게 전쟁

상 요원숭姚元崇[11]이 10가지 일을 직접 상주해, 앉아서 환난을 해소하고 즉시 태평성세를 이룰 수 있었음을 보았습니다. 오직 지존께서 미처 이를 유념하시지 못할까 염려되니, 시폐時弊를 바로잡아 구제하는 것은 여기에서 벗어나지 않습니다. 또 듣건대 이전의 일은 이후의 일의 스승이 되고 옛사람은 지금 사람의 본보기라고 하니, 그 시대에 근거하면 비록 같지 않지만 그 시비를 헤아려 보면 반드시 다름이 없을 것입니다. 문득 생각한 바를 기록해 갖추어 진헌하니, 성상께서 특별히 열람해 주시기를 엎드려 바라며 아래와 같이 한 가지씩 삼가 진언합니다.

엎드려 생각해 보니 신은 외람되게도 용렬한 재주를 가지고 현달한 지위에 함부로 거했지만, 다행히 천년의 운수를 만나 두 성상聖上(태조와 태종)의 인정을 깊이 받았습니다. 신이 초라한 집[12]에서 푸른 하늘로 올라간 것은 지략 때문이 아니며, 낮은 벼슬에서 신하로서 최고의 지위에 오른 것은 단지 좋은 시운時運을 만났기 때문일 뿐입니다. 신에게 내려주신 은정이 어찌 수레와 생선요리[13]뿐이겠습니까마는 그에 대한 보답은 견마지로犬馬之勞만

을 종식해 백성을 편안하게 하고 오랜 전쟁으로 인해 생기는 변란을 막아야 한다고 건의했다. 무제는 그를 불러 접견하고 찬탄하면서 늦게 만난 것을 한스러워하며 낭중으로 삼았다. 그 후에 기마령(騎馬令)에 임명되었다.

11 요원숭(姚元崇, 651~721): 자는 원지(元之). 당나라의 대신. 측천무후(則天武后) 때 하관낭중(夏官郎中: 병부낭중)을 거쳐 하관시랑동평장사(夏官侍郎同平章事)로 재상이 되었으며, 신룡(神龍) 원년(705)에 장역지(張易之) 형제를 주살하는 데 참여하고 중종(中宗)을 복위하는 데 공을 세웠다. 예종(睿宗) 때 병부상서동중서문하삼품으로 두 번째 재상에 올랐다가, 얼마 후 태평공주(太平公主)에게 죄를 얻어 신주자사(申州刺史)로 폄적되었다. 현종 개원(開元) 2년(714)에 세 번째 재상에 올라 병부상서를 겸임했다. 연호 개원을 피휘(避諱)해 이름을 숭(崇)으로 바꾸었다. 현종에게 「십사요설(十事要說)」을 진언하고 실제로 새로운 정치를 시행해 사회 개혁을 추진했으며, 송경(宋璟)과 함께 현종을 잘 보필해 개원지치(開元之治)를 이루었다.

12 초라한 집: 원문은 "백옥(白屋)". 흰 띠로 지붕을 덮은 초라한 집이란 뜻으로, 빈한한 처지나 빈한한 사람을 비유한다.

도 못합니다. 대강이나마 사리분별력을 가지고 있지만 늘 황공함만 쌓였습니다. 한스러운 것은 치아와 머리카락이 쇠잔해지고 정신력이 감퇴되어, 이미 궁궐 아래에서 모책을 바칠 수 없고 또 군대 앞에서 목숨을 바칠 수도 없다는 것입니다. 오직 작은 정성으로 글을 써서 상주할 뿐입니다. 지금 삼가 스스로 살펴보니, 조정에서 금군禁軍을 크게 일으켜 멀리 산융山戎(거란)을 정벌하면서 백만 호戶의 백성을 몰아 모두 군량 운반을 담당하게 해, 수십 주州의 토지 중에서 절반이 경작과 양잠을 하지 못하게 되었으니, 이는 생쥐를 잡으려고 쇠뇌를 발사하고 빛나는 진주를 가지고 참새를 쏘는 것과 무엇이 다르겠습니까? 얻는 것은 적고 잃는 것은 많습니다. 단지 적게 얻는 것도 오히려 손에 넣기가 어려우니, 더군다나 많이 잃는 것에 대해서는 따로 관심을 기울여야 합니다. 미리 시의時宜에 합당한 바를 미처 보지 못했다면, 이제라도 다시 상황을 자세히 헤아리는 것이 좋습니다. 신이 또한 듣건대, 성인은 특정한 대상에 집착하지 않으며, 옳음을 보고 나아가고 어려움을 알고 물러나며, 사리에 변통이 있고 감정에 구속됨이 없다고 합니다. 그래서 앞의 책(『사기』)에서 말한 바대로 일이 어려우면 걱정을 쉽게 하고 전쟁이 오래되면 변고가 생기는 법입니다. 신은 어리석은 충정에 이것을 심히 두려워하고 있습니다. 진秦나라 시황제始皇帝는 간언을 막았다가 결국 자손에게 누를 끼쳤고, 한나라 무제는 마음을 돌려 오히려 종묘사직을 연속시켰습니다. 만약 혹시라도 결정을 늦춘다면 마땅한 기회를 잃을까 걱정됩니다. 게다가 한 달 정도만 있으면 바로 7월이 되니, 내지內地는 먼저

---

13 수레와 생선요리: 『전국책(戰國策)』 「제책(齊策)」에 따르면, 풍훤(馮諼)이 제나라의 공자 맹상군(孟嘗君)의 문객이 되었는데, 처음에 그가 외출할 때 수레를 요구하고 식사할 때 생선요리를 요구했지만 맹상군은 모두 들어주었다. 나중에 맹상군은 위난에 처했지만 풍훤의 계책으로 벗어날 수 있었다.

곤궁해지고 변방은 일찍 서늘해지므로, 북적北狄(거란)은 활이 단단해지고 말이 살쪄 더욱 제압하기 어렵게 되지만, 중국은 백성이 피로하고 군사가 쇠약해져 응당 지휘를 그르치게 될까 봐 삼가 염려됩니다. 신이 지금 혼자만 사람들의 기분을 상하게 하는 말을 해서 하늘에 가득 찬 잘못을 깊이 짊어진 채 문득 무지몽매한 말씀을 드리지만 오히려 그렇게 하는 이유가 있습니다. 삼가 생각해 보니 석양의 남은 빛과 같은 늘그막에 남은 며칠 동안 폐하의 은의恩義에 보답할 수 있는 것은 바로 지금입니다. 아마도 소간宵旰[14]의 근심을 한다 하더라도 어찌 참월僣越의 죄를 피할 수 있겠습니까? 삼가 바라건대 성상께서는 조속히 철군을 논의하십시오. 다만 (제갈량과 같은) 칠종칠금七縱七擒의 지모를 쓰더라도 따로 만전의 대책을 세워야 합니다. 엎드려 바라건대 황제폐하께서 침식을 편안히 하시면서 쇠약하고 궁핍한 백성들을 은혜로 기르시어, 오래도록 집 밖에 병기를 거치하지[15] 않게 하고 영원히 변방의 봉화가 경보를 알리지 않게 하신다면, 자연히 먼 이역에서 교화를 흠모해 땅을 가지고 어진 나라로 귀화할 것입니다. 이미 사방 오랑캐가 내복來服하고 나면 저 거란契丹이 어디로 가겠습니까? 그러니 또한 어찌 구태여 백성들을 수고롭게 동원하며 소를 팔아 칼을 살 필요가 있겠습니까? 도리가 있는 일은 행하기에 쉽고 무위無爲[16]의 공은 가장 위대하니, 이처럼 고통받는 백성을 위로하고 죄인을 토벌하는 것이 또한 최선입니다. 신이 또 삼가 헤아려 보니, 폐하께서 상례常例를 따르지 않고 군대를 일

---

14 소간(宵旰): 소의간식(宵衣旰食)의 준말. 날이 새기 전에 옷을 입고 해가 진 뒤에야 밥을 먹는다는 뜻으로, 침식을 잊고 노심초사하며 부지런한 것을 비유한다.
15 병기를 거치하지: 원문은 "경(扃)". 병기를 거치하거나 깃발을 꽂기 위해 두는 횡목(橫木)을 말한다.
16 무위(無爲): 강요하지 않고 덕으로 사람을 교화시키는 것을 말한다.

으키신 것은 아마도 한쪽 편의 말만 들음으로 인해 어쩔 수 없이 아첨하는 사람이 많아졌기 때문이니, 이런 일이 오래되는 것을 미연에 방지해야 합니다. 대체로 소인배들은 각자 자신의 이익을 도모하는 데 힘쓰니 누가 나라의 살림을 생각하겠습니까? 그들은 간혹 군주의 하문을 받들더라도 모두 사실대로 말하지 않으며, 죄다 군주를 속일 줄만 알고 자신의 일을 그르칠까만 늘 걱정합니다. 정벌에 성공하면 간사한 무리들이 이득을 얻고, 실패하면 사직이 근심을 안게 됩니다. 지난번에 곧장 유주를 취한 것은 모책한 사람이 누구인지 모르겠습니다. 필시 이미 정해진 계획이 없었을 것이며 모두가 터무니없는 말입니다. 그 거짓과 진실이 차제에 모두 응당 드러나게 될 것입니다. 신은 주동자를 알지 못해 그 성명을 지목하지 못하지만, 엎드려 바라건대 폐하께서 그중 심한 자를 찾아내고 특별히 간사한 자의 죄를 바로잡아 성주聖主의 명철함을 해치는 것을 면하십시오. 귀하게 여기는 바는 거짓을 행한 자들이 잘못을 뉘우치고 충신들이 힘을 다해, 함께 3천의 왕법[17]을 두려워하고 같이 800년 왕업의 기틀[18]을 견고히 하는 것입니다. 신은 그때 폐와 간을 쏟아 내려고 했는데, 먼저 털과 머리카락이 곤두서면서 놀라움과 의혹에 망설이다가 며칠 동안 심사숙고했습니다. 또 생각해 보니 선철先哲은 임종할 때도 오히려 능히 시체로 간했는데, 미천한 신은 아직 죽지 않았으니 어찌 차마 면전에서 아첨하겠습니까? 귀에 거슬리는 말을 하는 것이 몸을 보전하는 계책이 아님을 분명히 알지만, 신이 받

---

17 3천의 왕법: 원문은 "삼천지법(三千之法)". 본래는 오형[五刑: 묵형(墨刑) 1천 가지, 의형(劓刑) 1천 가지, 비형(剕刑) 500가지, 궁형(宮刑) 300가지, 대벽형(大辟刑) 200가지]에 처해지는 3천 가지의 형법을 말하는데, 나중에는 모든 형벌을 가리키는 말로 쓰였다.

18 800년 왕업의 기틀: 원문은 "팔백지기(八百之基)". 본래는 BC 1046년부터 BC 256년까지 존속한 주(周)나라의 왕업을 말하는데, 나중에는 제왕의 왕업을 가리키는 말로 쓰였다.

은 은택은 새가 알을 날개로 품는 것과 같고 목숨은 단지 기러기의 털처럼 가벼우니, 신을 국사國土로 예우해 주신 것에 대한 보답을 어찌 일반 사람들의 보답에 비하겠습니까? 황무지에 버려지거나 저잣거리에서 처형되더라도 그날의 주살을 달게 감당할 것이며, 봉록을 훔쳐 안일함을 꾀함으로써 다음 생의 업보를 짓지는 않을 것입니다. 오직 성상께서 특별히 이를 양찰해 주시길 바라며, 더 남아 있는 자세한 일은 따로 상주문에 갖추어 함부로 지존을 범하고자 합니다. 신은 마음을 기울이고 정성을 다해 나라를 걱정하고 집을 잊은 채 눈물을 흘리며 방황하면서 간절하고 황공한 마음의 지극함을 가눌 길이 없습니다."

그 상주문은 다음과 같다.

"신은 외람되이 번방藩方을 지키면서 그런대로 농사에 대해 알게 되었습니다. 삼가 살펴보니 본주本州(등주 무승군)[19]의 관할 지역은 이전부터 대부분 황량한 곳으로, 호구가 작고 백성들이 가난하며 여정이 멀고 길이 편벽됩니다. 그 경계의 땅을 살펴보니 다섯 현 중에서 네 현이 산에 있고, 그 민가를 조사해 보니 3분의 2가 객지 사람입니다. 그들은 근래에 부과된 노역과 세금을 몹시 고통스러워하고 있습니다. 삼가 따져 보니 여기에서 곧장 막주莫州[20]까지는 왕복 400여 리인데, 혹시라도 세금을 내는 장정이 없으면 사람을 고용해 품삯을 지불해야 합니다. 매번 인부를 불러 고용할 경우 싸더라도 500두斗를 내려가지 않으며, 원래 2만 석石이 배당되었으니 돈으로는 약 10만 관貫을 초과합니다. 다만 만일 본호本戶에서 스스로 행한다면 비용이 많이 들지는 않을 것입니다. 계산해 보면 2만 가구의 가난한 민호民戶가

---

19 본주(本州): 등주(鄧州) 무승군(武勝軍)을 말한다. 북송 초에 등주에 무승군을 설치하고 절도사를 파견해 관할하게 했다. 지금의 허난성[河南省] 덩저우시[鄧州市] 일대에 해당한다.
20 막주(莫州): 지금의 허베이성[河北省] 런추시[任丘市] 북쪽 일대에 해당한다.

이 10만 관의 현금을 내야 하므로, 뽕밭을 저당 잡히고 소를 파는 집이 열 중에 예닐곱이며, 그사이에 아들과 딸을 파는 자도 있고 또 목숨을 버리는 자도 있습니다. 여전히 좋게 권유하는 것 같지만 엄격한 기한을 맞춰야 합니다. 출발해서 떠난 지 이미 80여 일이 됩니다. 근자에 경내에 있는 민호들이 떠났다가 중도에 사사로이 마을로 도로 왔는데, 모두 군량을 운반해 목적지에 납부하기 전에 끼니를 때울 것이 없어서 다시 여비를 가지러 왔다고 말했습니다. 비록 그 진위를 판별할 수는 없지만 또한 자세히 조사하기도 어려운 실정입니다. 저잣거리에서 남몰래 하는 논의를 수소문해 들어보니 앞뒤로 여러 가지 말들을 하는데, 거란에게 군영을 포위당하고 아울러 군량과 마초를 빼앗겼다고 하기에 조사해 보게 했더니 모두 군영에서 감춘 것이었다고 합니다. 대개 신은 전장의 사정을 알지 못하기 때문에 단지 외부의 소식을 들었을 뿐입니다. 하물며 구중궁궐의 비밀스런 일은 응당 조정에서 새어 나가서는 안 되는데, 어찌하여 백성들 사이에 떠도는 말이 이미 길거리에서 전해지는 것입니까? 그 막혀 있는 상황을 자세히 알아보는 데에는 필시 어려움이 있을 것입니다. 엎드려 청하건대 성자聖慈(성상)께서는 조속히 정벌을 멈추게 하셔야 하니, 혹시라도 또 시일이 지체된다면 군량과 군비를 더욱 허비하게 될 것입니다. 지금의 민정을 깊이 생각해 보건대 다시 노역과 세금을 부과할 수는 없으니, 만약에 다시 요역徭役을 시행한다면 반드시 광범위하게 도망자가 발생하게 될 것입니다. 가령 유주를 수복해 변경이 더욱 넓어져 전쟁이 그치지 않는다면, 갑자기 일이 발생해도 처리되지 못하는 날이 길어질 것입니다. 필시 참람하고 간사한 도당이 단지 거란의 시운이 어린 군주를 만났고 땅에 재변災變이 있다고 말하면서 이것으로 말을 지어내 성상의 뜻에 영합했기 때문입니다. 오랑캐가 유주에서 올라갈지 유주로 내려올지 알지 못하지만, 각자 자신의 일생을 바치고 토수土宿(토성)²¹가 바깥을 비추고 있으니 정벌해서는 안 됩니다. 만약 저들이 사람들의 뜻을 하나로 모을 수 있다면 설령 어린 군주일지라도 얕잡아 보기 어려우며, 사람들의 마음을 따르지 않는다면 재변이 없더라도 또한 패할 것입니다. 진실로 도리를 지킴이 마땅하며 일은 사사로움이 없음을 귀히 여겨야 하니, 만약 화를 즐겨 공을 구한다면 그것을 얻더라도 무위武威를 떨치지 못할 것입니다. 이는 대개 양성兩省(중서성과 문하성)에 직언하는 인사가 적고 영대靈臺²²에 재주 있는 사람이 없기 때문입니다. 하물며 보궐補闕과 습유拾遺는 마땅히 규간規諫을 전담해야 하고 천문과 역산歷算으로 모름지기 길흉을 예측해 결정해야 하는데, 이런 과오의 연유를 만들었으니 각자 직무를 소홀히 한 벌을 받아야 할 것입니다. 만약 견책을 하지 않는다면 어떻게 뒷사람을 경계시킬 수 있겠습니까? 개인적으로 신은 근직近職에 오래 있었기 때문에 사람들의 마음을 자세히 살펴보았는데, 후전後殿의 삼반三班²³과 이전 조정의 백관은 문무文武가 비록 다르지만 그 시비는 대략 같습니다. 임무를 받들어 파견되자마자 곧바로 요행을 생각하며, 비록 이득과 손해를 따지면서도 각자 혐의를 피하려고 합니다. 게다가 마음 내키는 대로 비방하거나 칭찬하고 제멋대로 탐욕스럽게 구하며 아주 망령되게 부화뇌동하는 것을 대개 일상의 일로 여깁니다. 그중에서 오랫동안 일을 겪은 자는 분명히 알고 있지만 짐짓 알지 못하는 체하고 처음 관리가 된 자는 잘 알지 못하면서도 거듭 교활하게 속이니, 사리에 합당하지 않

---

21 토수(土宿): 토성(土星). 진성(鎭星)이라고도 한다. 예로부터 토성은 토덕(土德)을 주재한다고 여겨, 민간신앙에서 토성을 중앙토덕지후진성성군(中央土德地侯鎭星星君)으로 모셨다.
22 영대(靈臺): 제왕이 천문기상과 재이(災異)의 길흉을 관찰하던 대.
23 삼반(三班): 송나라 때 공봉관(供奉官)과 좌우반전직(左右班殿直)을 말한다. 나중에는 동서공봉(東西供奉)·좌우시금(左右侍禁)·승지차직(承旨借職)을 '삼반'이라고도 했다.

은 경우가 많고 순수하고 선량한 경우는 적습니다. 또한 무릇 칙명을 받들어 관關에 파견된 자는 바로 제왕의 심복으로, 보고 들은 것을 바탕으로 치밀하게 살피는 것이 절실하게 필요하니, 그 안에서 용병을 달리하고 간첩의 일을 반드시 헤아려야 합니다. 신은 일찍이 국경 근처에 사자使者로 나가 관찰하면서 왕래하며 자세히 살펴보았는데, 대체 몇 사람이나 당시에 신이 한 말을 알아들을 수 있었는지 모르겠습니다. 지금 비교해 보면 진실과 거짓이 모두 드러날 것이니, 황상을 속인 무리를 주살해 철군의 명분으로 삼으시길 청합니다. 이제부터 아첨꾼을 점차 제거해 조정을 그르치는 것을 면하시고, 이렇게 처리해 격려와 권계로 삼으십시오. 군대를 징집해 저들의 도발에 맞서서는 안 되니, 한편으로 우리에게는 싸울 뜻이 없기 때문이고 한편으로 저들에게는 복수심이 있기 때문입니다. 게다가 거란은 금수의 마음을 품고 호마胡馬의 힘을 믿고 있으니, 인자함을 드리워 저들을 용서해 놓아주더라도 추격병을 염려해 모름지기 방비를 철저히 함으로써 간계에 걸려드는 것을 면해야 합니다. 엎드려 청하건대 황제폐하께서는 이미 세운 계획을 은밀히 내리시고 뛰어난 계책을 멀리 선포하십시오. 다만 강한 쇠뇌와 장창으로 방어를 치밀하게 펼치고 앞에서 노래하고 뒤에서 춤추며 노정路程을 짧게 하십시오. 그러면 설령 칼끝이 교차하는 상황이 닥치더라도 어찌 힘이 부족함을 걱정하겠습니까? 단지 이틀이면 이내 성과 해자에 이르러 곧장 전사들에게 말안장을 풀게 할 수 있을 것입니다. 또한 변경을 방어하는 군대를 편성하고 농부는 집으로 돌려보내 다시 즐겁게 생업에 종사하는 사람이 되게 하십시오. 많은 어려움을 이겨 내고 왕업을 일으킨 군주는 이미 옛날에 훌륭한 명성을 남겼으니, 간언을 따르시면 성군聖君이 되어 마땅히 바로 지금 칭송받으실 것임을 압니다. 이 일이 행해지고 나면 천하가 매우 행복해질 것입니다. 개인적으로 신은 지금 본말을 갖춰 크고 작은 일을 진술하면서 일찍이 입신양명하게 된 연유를 생각해 보니 실로 남다른 행운이 있었습니다. 그러한 시운을 만난 것은 가까운 시대에 견줄 만한 경우가 없습니다. 삼가 생각해 보니 선조황제宣祖皇帝(조홍은, 태조와 태종의 부친)께서 저주滁州에서 편찮으셨을 때 신은 내실로 불려 들어가는 은총을 입었고, 소헌태후昭憲太后(두씨, 태조와 태종의 모친)[24]께서 저택에서 병들어 누우셨을 때 폐하께서 신을 침상 앞으로 불러 성심誠心을 다해 걱정하시면서 일찍이 손을 잡고 안부를 묻고 어루만져 타이르셨으니 집안사람과 다름이 없었습니다. 오직 절개와 충성을 다해 집안을 일으켜 나라를 세우셨는데, 신은 부끄럽게도 요행히 덕망을 얻어 이런 좋은 시운을 만났습니다. 선황先皇(태조)께서 개국하신 초기에 잠시 기밀을 다루는 곳에 있다가 폐하께서 제위를 계승하신 후에 다시 중서성中書省으로 들어갔습니다. 두 성군의 깊은 인정을 받아 두 조정에서 크게 기용된 것은 현세現世뿐만 아니라 분명 전생에 인연이 있었기 때문입니다. 예법은 비록 임금과 신하 사이에 제한이 있지만 은정은 실로 골육과도 같으므로, 충간을 드리면서 위험을 피하지 않는 것입니다. 대개 폐하께서는 본래 하늘의 사람으로서 잠시 인간 세상에 내려오셨기에 나면서부터 복된 공덕을 알고 성정이 인자하심을 늘 인식하고 있습니다. 삼가 듣건대 폐하께서는 궁중에서 불경을 보고 수라상에 고기를 금하신다고 하니, 지금 하루아침의 분함을 참아 내어 만겁의 인과를 두텁게 하시길 바랍니다. 만약 전쟁을 멈추지 않으면 필시 살상이 점점 많아질까 두려우니, 그러면 백성들의 시름이 그치지 않음으로 인해 전세가 흔들려 부질없는 와중에 번거롭고 수고로운 일이 크게 일어날

---

24 소헌태후(昭憲太后, 902~961): 성은 두씨(杜氏)이며 태사 두상(杜爽)의 딸이다. 송 선조(宣祖) 조홍은(趙弘殷)의 부인으로, 태조 조광윤과 태종 조광의(조경)의 모친이다. 조광윤이 황제로 즉위한 후 황태후가 되었으며, 사후에 소헌태후로 추시(追諡)되었다.

것입니다. 어찌 하찮은 무리가 우리 지존을 그르치게 할 수 있겠습니까? 청하건대 간사한 자들을 명철하게 살펴서 악당의 우두머리를 용납하지 마시길 바랍니다. 여기까지 말씀드리고 나니 눈물이 흘러내립니다. 또 생각건대 신은 비록 지모가 부족하지만 실제로 영욕을 함께했으니, 마음이 간절하기 때문에 저도 모르게 말을 번거롭게 했습니다. 폐하의 위엄을 함부로 범함에 황공함을 가누지 못하겠습니다."

그 상소문은 국사國史에 실려 있는 것과 대략 서로 비슷하고 다른 부분도 있지만, 상주문은 오직 여기에서만 보인다. 태종이 만년에 불교를 좋아했기에 중서령(조보)은 태종이 좋아하는 것을 가지고 간언한 것이다. 내(소백온)가 삼가 다음과 같은 이야기를 들었다. 태조가 어느 날 유주와 연주의 지도를 중서령에게 보여 주며 유주와 연주를 취할 계책을 물었더니 중서령이 말했다.

"도모하려면 반드시 조한曹翰[25]을 출정시켜야 합니다."

태조가 "그렇지"라고 말하며 또 물었다.

"조한이 취할 수 있겠소?"

중서령이 말했다.

"조한은 취할 수 있지만 누가 지킬 수 있겠습니까?"

---

25 조한(曹翰, 924~992): 북송 초의 명장. 처음에 북주(北周) 세종(世宗)의 휘하에 있으면서 고평(高平)과 와교관(瓦橋關) 정벌에 참여했다. 북송이 건국된 후에는 이균(李筠)의 반란을 평정하는 데 참여했다. 태조 건덕(乾德) 2년(964)에 균주자사(均州刺史) 겸 서남제주전운사(西南諸州轉運使)가 되어 후촉(後蜀)으로 진격하는 대군의 군량 수송을 감독했으며, 전사웅(全師雄)과 여한(呂翰)이 이끄는 반란을 진압하는 데 참여했다. 또 남당(南唐)을 평정하는 데 참여해 강주(江州)를 점령했다. 태종 태평흥국(太平興國) 4년(979)에 태종을 따라 북한(北漢)을 멸하고 거란을 공격했으며, 이듬해에 유주행영도부서(幽州行營都部署)가 되었다. 나중에 군수물자를 사적으로 매각한 일이 발각되어 등주(登州)로 유배되었다가, 옹희(雍熙) 연간에 우천우위대장군(右千牛衛大將軍)과 분사서경(分司西京)으로 다시 기용되었다.

태조가 말했다.

"조한에게 지키게 하겠소."

중서령이 말했다.

"조한이 죽으면 누가 대신할 수 있겠습니까?

그러자 태조가 말없이 한참을 있다가 말했다.

"경은 가히 멀리 내다본다고 이를 만하오."

태조는 이때부터 입을 닫고 연주 정벌을 언급하지 않았다. 태종 때에 이르러 하동을 평정하고 나서 그 승기를 타고 연주와 계주薊州를 치려고 했는데, 당시 중서령이 등주를 진수하고 있었기 때문에 이 상주문을 올렸던 것이다. 태종은 조서를 내려 그의 진언을 칭찬했다. 아, 중서령은 조종祖宗(태조)이 천하를 평정할 때부터 오히려 유주와 연주를 취하는 것을 어렵다고 여겼는데, 근자의 소인 중에서 대신大臣의 자리를 훔친 자가 여진女眞(금나라)과 결탁해 대요大遼를 멸하고 유주와 연주를 취할 것을 건의해 결국 천하를 어지럽게 만들었으니 슬프도다!

伯溫崇寧中居洛, 因過仁王僧舍, 得葉子冊故書一編, 有趙普中書令雍熙三年爲鄧州節度使日, 諫太宗皇帝伐燕疏與劄子各一道, 其憂國愛君之深, 有出乎文章之外者, 雖雜陸宣公論事中不辨也. 疏曰: "武勝軍節度使臣趙普. 右臣自三月中, 伏覩忽降使臣, 差般糧草. 及詳教命, 知取幽州, 旣奉指揮, 尋行科配, 非時舉動, 莫測因由. 爾後雖聽捷音, 未聞成事, 稍稽克復. 俄及炎蒸, 飛芻輓粟以猶繁, 擐甲持戈而未已, 民疲師老, 漸恐有之. 臣自此月以來, 轉增疑慮. 潛思陛下萬幾在念, 百姓爲心, 聖略神功, 舉無遺算. 至於平收浙右, 力取河東, 垂後代之英奇, 雪前朝之憤氣, 四海咸歸於掌握, 十年時致於雍熙, 唯彼蕃戎, 豈爲敵對? 遷徙鳥舉, 自古難得制之, 前代聖帝明王, 無不置於化

外, 任其追逐水草, 皆以禽獸畜之. 此際官家何須掛意? 必是有人扶同諸佞,
誑惑聰明, 因舉不急之兵, 稍涉無名之議. 非論曲直, 但覺淹延, 將成六月之
征, 頗有千金之費. 以茲忖度, 深抱憂虞. 竊念臣雖寡智謀, 粗親墳典[1], 千古
興亡之理, 得自簡編, 百王善惡之徵, 聞於經史. 其間禍淫福善, 莫不如影隨
形, 煥若丹青, 明如日月. 嘗以大訓, 歷代寶之. 臣讀『史記』, 見漢武帝時主父
偃・徐樂・嚴安輩所上長書, 及唐玄宗時宰相姚元崇直奏十事, 可以坐銷患害,
立致昇平. 惟慮至尊未能留意, 醫時救弊, 無出於斯. 又聞前事爲後事之師, 古
人是今人之則, 據其年代, 雖卽不同, 量彼是非, 必然無異. 輒思抄錄, 專具進
呈, 伏望聖慈, 特垂披覽, 謹具逐件如後云云. 伏念臣謬以庸材, 叨居顯位, 幸
遇千年之運, 深承二聖之知. 從白屋而上青霄, 非由智略, 出卑僚而登極位,
只是遭逢. 恩私何啻於車魚, 報效不如於犬馬. 粗懷性識, 嘗積驚惶. 所恨者
齒髮衰殘, 精神減耗, 旣不能獻謀闕下, 又不能效命軍前. 惟有微誠, 書章上
奏. 今者伏自朝廷大興禁旅, 遠伐山戎, 驅百萬戶之生靈, 咸當輦運, 致數十
州之地土, 半失耕桑, 則何異爲鼷鼠而發機, 將明珠而彈雀? 所得者少, 所失
者多. 只於得少之中, 猶難入手, 更向失多之外, 別有關心. 前未見於便宜, 可
垂[2]興於詳酌. 臣又聞聖人不凝滯於物, 見可而進, 知難而退, 理有變通, 情
無拘執. 故前所謂事久則慮易, 兵久則變生[3]. 臣之愚誠, 深懼於此. 秦始皇
之拒諫, 終累子孫, 漢武帝之回心, 轉延宗社. 如或遲晚, 恐失機宜. 而況旬朔
之間, 便爲一月[4], 竊慮內地先困, 邊廷荒涼[5], 北狄則弓硬馬肥, 轉難擒制,
中國則民疲師老, 應誤指呼. 臣今獨興沮衆之言, 深負彌天之過, 輒陳狂瞀,
抑有其由. 竊以暮景殘光, 能餘幾日, 酬恩報義, 正在今時. 恐勞宵旰之憂, 寧
避僭踰之罪? 虔希聖德, 早議抽軍. 聊爲一縱[6]之謀, 別有萬全之策. 伏望皇
帝陛下安和寢膳, 惠養疲羸, 長令戶外不扃, 永使邊烽罷警, 自然殊方慕化,
率土歸仁. 旣四夷以來王, 料契丹而安往? 又何必勞民動衆, 賣犢買刀? 有道

之事易行，無爲之功最大，如斯弔伐，是又萬全．臣又竊料陛下非次興兵，恐因偏聽，其奈人多獻佞，事久防微．大凡小輩，各務身謀，誰思國計？或承宣問，皆不實言，盡解欺君，嘗憂敗事．得之則奸邪獲利，失之則社稷懷憂．昨者直取幽州，未審誰爲謀者？必無成算，俱是誑言．其於虛實之間，此際總應彰露．臣既不知頭主，無以指射姓名，伏望官家尋其尤者，特正姦人之罪，免傷聖主之明．所貴詐僞悛心，忠臣盡力，共畏三千之法，同堅八百之基．臣於此時，欲吐肺肝，先寒毛髮，驚疑猶豫，數日沉思．又念往哲臨終，尚能屍諫，微臣未死，爭忍面諛？明知逆耳之言，不是全身之計，但緣恩同卵翼，命直鴻毛，將酬國士之知，豈比衆人之報？投荒棄市，甘同[7]此日之誅，竊祿偷安，不造來生之業．惟祈聖明，特賜察量，更存細微，別具劄子，冒犯冕旒．臣無任傾心瀝懇，憂國忘家，涕泗徬徨，激切屏營之至．”其劄子曰：“臣濫守藩方，聊知稼穡．竊見當州管界，承前多是荒涼，戶小民貧，程遙路僻．量其境土，五縣中四縣居山，驗彼人家，三分內二分是客．昨來差配，甚覺艱辛．伏緣在此直至莫州，來往四百餘里，或是無丁有稅，須至雇人般量．每尅雇召之資賤者不下五百，元配二萬石數，約破十萬貫錢．直如本戶自行，費用無多．所較乃是二萬家之貧戶，出此十萬貫之見錢，所以典桑費[8]牛，十間六七，其間兼有鬻男女者，亦有棄性命者．仍如善誘，偶副嚴期．自從起發，去來已及八十餘日．近知內有人戶，衷私却到鄉村，皆云裝運軍糧，未有送納去處，緣無口食，再取盤纏．雖不辨其眞虛，又難行於審覆．訪聞街坊竊議，前後說得多般，稱被契丹圍却軍都，兼被劫糧草，及令尋勘，皆却隱藏．蓋緣臣無以知軍前事宜，只聽得外面消息．況九重密事，應不泄於朝堂，奈何百姓流言已相傳於道路？詳其住滯，必有艱難．伏乞聖慈，早令停罷，更或遲久，轉費糧儲．潛思今日人情，不可再行差配，如或再行徭役，決定廣有逃移．假令收下幽州，邊境轉廣，干戈未息，忽然生事，未見理長．必因有僭濫之徒，姦邪之黨，但說契丹時逢幼

主, 地有災星, 以此爲詞, 曲中聖旨. 殊不知蕃戎上下幽州, 各致其生涯, 土宿
照臨外處, 不可以征討. 若彼能同衆意, 縱幼主以難輕, 不順羣情, 無災星而
亦敗. 誠宜守道, 事貴無私, 如樂禍以求功, 竊慮得之而不武. 此蓋兩省少直
言之士, 靈臺無有藝之人. 而況補闕 · 拾遺, 合專司於規諫, 天文 · 歷算, 須預
定以吉凶, 成茲誤失之由, 各負疏遺之罪. 若無懲責, 何戒後來? 一臣緣久居
近職, 備見人情, 至於後殿三班, 前朝百辟, 文武雖異, 是非略同. 纔奉委差,
便思僥倖, 雖詢利害, 各避嫌疑. 而況毀譽生心, 貪求恣意, 扶同狂妄, 率以爲
常. 其間久歷事者, 明知而佯作不知, 初爲官者, 不會而仍兼詐獪, 多非允當,
少得純良. 而又凡關宣敕委差, 便是帝王心腹, 方資視聽, 切要精詳, 就中用
軍不同, 閫事必料. 曾使沿邊相度, 往返參詳, 不知能有幾人應得當時言語.
如今比較, 並見眞虛, 乞誅罔上之輩流, 便作抽軍之題目. 自此則潛消媚佞,
免誤朝廷, 唯此區分, 以爲激勸. 唯有勾抽, 不同擧發, 一則我無鬪志, 一則彼
有釁心. 而況契丹懷禽獸之心, 恃胡馬之力, 垂慈恕捨, 却慮追奔, 須作堤防,
免輸奸便. 伏乞皇帝陛下, 密授成算, 遐宣睿謀. 但令硬弩長槍, 周施禦捍, 前
歌後舞, 小作程途. 縱逼交鋒, 何憂乏力? 只應信宿, 尋達城池, 便可使戰士解
鞍. 且作防邊之旅, 耕夫歸舍, 重爲樂業之人. 是知多難興王, 已垂芳於往昔,
從諫則聖, 宜頌美於當今. 此事旣行, 天下幸甚. 一臣今將本末, 細巨敷陳, 嘗
思發跡之由, 實有殊嘗之幸. 其於際遇, 近代無倫. 伏自宣祖皇帝滁州不安之
時, 臣蒙召入臥內, 昭憲太后在宅寢疾之日, 陛下喚至牀前, 念以傾心, 皆曾
執手, 溫存撫諭, 不異家人. 惟懷竭節盡忠, 以至變家爲國, 懃虧德望, 有此遭
逢. 先皇開創之初, 尋居密地, 陛下纂承之後, 再入中書. 蒙二聖之深知, 當兩
朝之大用, 不惟此世, 應繫前生. 禮雖限於君臣, 恩實同於骨肉, 是以凡開啟
沃, 罔避危亡. 蓋緣每認陛下本是天人暫來人世, 是以生知福業, 性稟仁慈.
潛聞內裏看經, 盤中戒肉, 今者願忍一朝之忿, 常隆萬刼之因. 如或未止干戈,

必恐漸多殺害, 卽因民愁未定, 戰勢方搖, 仍於夢幻之中, 大作煩勞之事. 是何微類, 誤我至尊? 乞明驗於奸人, 願不容於首惡. 興言及此, 涕淚交流. 又念臣雖寡智謀, 實同榮辱, 都緣意切, 不覺辭煩. 冒犯宸嚴, 不勝戰越." 其疏與國史所載大略相似, 有不同者, 劄子則惟見於此. 太宗晚喜佛, 中令因其所喜以諫云. 伯溫竊聞, 太祖一日以幽·燕地圖示中令, 問所取幽·燕之策, 中令曰: "圖必出曹翰." 帝曰: "然." 又曰: "翰可取否?" 中令曰: "翰可取, 孰可守?" 帝曰: "以翰守之." 中令曰: "翰死孰可代?" 帝不語, 久之, 曰: "卿可謂遠慮矣." 帝自此絶口不言伐燕. 至太宗, 因平河東, 乘勝欲搗燕·薊. 時中令鎮鄧州, 故有是奏. 帝下詔褒其言. 嗚呼, 中令從祖宗定天下, 尙以取幽·燕爲難, 近時小人竊大臣之位者, 乃建結女眞滅大遼取幽·燕之議, 卒致天下之亂, 悲夫!

[1] 신수과지모(臣雖寡智謀), 조친분전(粗親墳典): 가정본(嘉靖本)과 『학진토원』본에는 "신수과지조모(臣雖寡智粗謀), 상친분전(嘗親墳典)"이라 되어 있는데, 문맥상 보다 타당한 것으로 보인다. 『송사』 권 256 「조보전(趙普傳)」에 인용된 문장에는 "신재피전적(臣載披典籍), 파식전언(頗識前言)"이라 되어 있다.

[2] 수(垂): 명초본에는 "중(重)"이라 되어 있는데, 문맥상 보다 타당하다.

[3] 전소위사구즉려이(前所謂事久則慮易), 병구즉변생(兵久則變生): 『송사』「조보전」에 인용된 문장에는 "전서유'병구생변'지언(前書有'兵久生變'之言), 심위가려(深爲可慮)"라 되어 있어 "전(前)" 뒤에 "서(書)" 자가 있는데, 문맥상 보다 타당하다. 또한 "사구(事久)"는 명초본에 "사난(事難)"이라 되어 있는데, "난"이라고 해야 "이(易)"와 대(對)가 되고 다음 구절의 "병구(兵久)"의 "구"와도 중복되지 않으므로, "사난"이라 하는 것이 문맥상 보다 타당하다. 이 말은 『사기』 권112 「평진후주보열전(平津侯主父列傳)·주보언(主父偃)」에 나오는데, "병구즉변생(兵久則變生), 사고즉려이(事苦則慮易)"라 해 "사구"가 "사고"라 되어 있다.

[4] 순삭지간(旬朔之間), 변위일월(便爲一月): 명초본과 『학진토원』본에는 "일월"이 "칠월(七月)"이라 되어 있는데, 『송사』「조보전」에 인용된 문장의 "순삭지간(旬朔之間), 시섭추서(時涉秋序)" 구절에 근거하면 "칠월"이 타당한 것으로 보인다.

[5] 변정황량(邊廷荒涼): 명초본에는 "변정조량(邊庭早涼)"이라 되어 있는데, 문맥상 보다 타당하다. 『송사』「조보전」에 인용된 문장에도 "변정조량"이라 되어 있다.

[6] 일종(一縱): 주성이(周星詒) 교본에는 "칠종(七縱)"이라 되어 있는데, 문맥상 보다 타당하다. 대개 이 구절은 제갈량(諸葛亮)의 '칠종칠금(七縱七擒)' 고사를 가지고 태종이 정책을 바꿔 요나라와 교통하려는 것을 풍간한 것이다.

[7] 동(同): 『진체비서』본과 『학진토원』본에는 "당(當)"이라 되어 있는데, 문맥상 보다 타당하다.

[8] 비(費): 명초본과 만력본(萬曆本)에는 "매(賣)"라 되어 있는데, 문맥상 보다 타당하다.

6-2(057)

―

진공晉公 왕우王祐[26]는 태조太祖를 섬겨 지제고知制誥가 되었다. 태조가 그를 위주魏州에 특사로 파견해 형편에 따라 재량껏 일을 처리하라고 분부하며 그에게 말했다.

"특사로 갔다가 돌아오면 경에게 왕부王溥[27]의 관직을 주겠소."

당시 왕부는 재상으로 있었다. 위주절도사 부언경符彦卿[28]은 태종太宗의

---

26 왕우(王祐, 923~986): 자는 경숙(景叔). 북송의 대신으로, 재상 왕단(王旦)의 부친이자 삼괴왕씨(三槐王氏)의 시조다. 문학에 뛰어났고 호탕한 풍류를 지녔다. 일찍이 오대시기에 위현령(魏縣令)을 지냈다. 태조가 즉위한 후 지광주(知光州)·전중시어사(殿中侍御史)·지제고·집현수찬(集賢修撰)·대명부윤(大名府尹) 등을 지냈고, 태종이 즉위한 후 하중부윤(河中府尹)·중서사인(中書舍人)·지개봉부(知開封府)·병부시랑(兵部侍郎) 등을 지냈다. 사후에 태사에 추증되고 진국공(晉國公)에 봉해졌다.

27 왕부(王溥, 922~982): 자는 제물(齊物). 후주(後周) 태조·세종·공제(恭帝)와 송 태조의 네 조정에서 재상을 지냈으며, 저명한 사학자로서 『세종실록(世宗實錄)』·『당회요(唐會要)』·『오대회요(五代會要)』를 수찬했다. 후한(後漢) 고조 건우(乾祐) 연간 진사 출신으로 비서랑을 지냈고, 후주 태조 광순(廣順) 3년(953)에 재상에 올랐다. 송 태조 건덕(乾德) 2년(964)에 재상에서 물러나 태자소보(太子少保)에 임명되었고, 태종 태평흥국(太平興國) 연간 초에 기국공(祁國公)에 봉해졌다. 태평흥국 7년(982)에 죽자, 조정에서 이틀간 조회를 멈추었다.

28 부언경(符彦卿, 898~975): 자는 관후(冠侯). 오대 말과 북송 초의 장수이자, 북송 태종 부황후(符皇后)의 부친이다. 후당(後唐)·후진(後晉)·후한(後漢)·후주(後周)·북송(北宋)의 다섯 조대에서 벼슬해, 산원지휘사(散員指揮使)·길주자사(吉州刺史)·충무군절도사(忠武軍節度使)·천웅군절도사(天雄軍節度使) 등을 지냈으며 위왕(魏王)에 봉해졌다. 용맹하고 지략이 있었고 용병술에 뛰어나, 척성(戚城)·양성(陽城)·정주(定州) 등의 전장에서 여러 차례 거란과 교전하면서 적국에 명성을 떨쳤다. 만년에는 낙양에서 한가롭게 지내면

장인으로 부인의 부친이었는데, (그가 모반하려 한다는) 유언비어가 황상의 귀에 들어갔다. 왕우는 진저晉邸[진왕(태종)부로 가서 태종에게 작별인사를 했는데, 태종이 좌우 사람들을 물리치고 그와 얘기하려 하자 곧장 달려 나가 버렸다. 왕우는 위주에 도착한 후 주인의 위세를 믿고 마음대로 횡포를 부린 부언경의 가복家僕 두 명을 붙잡아 형편에 따라 유배형에 처결한 것이 전부였다. 그가 조정으로 돌아오자 태조가 물었다.

"그대는 부안경에게 다른 뜻이 없음을 보증할 수 있겠는가?"

왕우가 말했다.

"신과 부안경의 가족은 각각 100명인데, 원컨대 신의 가족으로 부안경의 가족을 보증하겠습니다."

그러면서 또 말했다.

"오대五代의 군주들은 대부분 의심과 꺼림으로 인해 무고한 사람을 살해했기 때문에 나라를 오래 유지하지 못했으니, 원컨대 폐하께서는 이를 경계로 삼으십시오."

태조는 그의 말에 노해 곧장 그를 진국군鎭國軍의 행군사마行軍司馬로 폄적하고 화주華州에 안치했으며 7년 동안 불러들이지 않았다. 태종이 즉위한 후 보신輔臣(재상)에게 말했다.

"왕우가 문장 외에 따로 깨끗한 절조를 지니고 있는 것을 짐은 본디 알고 있소."

그러고는 병부시랑兵部侍郎으로 불러들였는데, 미처 태종을 알현하기 전에 죽었다. 처음 왕우가 폄적지로 갈 때, 친척과 빈객들이 도성 문밖에서 전송하며 왕우에게 말했다.

서 세상일에 관여하지 않았다.

"공께서 왕부의 관직을 맡으실 것으로 생각했습니다."

그러자 왕우가 웃으며 말했다.

"나는 되지 못했지만 아들 중에 이랑二郞이 틀림없이 될 것이오."

이랑은 문정공文正公 왕단王旦[29]이다. 왕우는 평소 그가 반드시 존귀해질 것임을 알고서 뜰에 홰나무 세 그루를 손수 심으며 말했다.

"내 자손 중에 틀림없이 삼공三公이 될 자가 있을 것이다."

나중에 과연 그렇게 되었다. 그래서 세상에서 그를 '삼괴왕씨三槐王氏'라 고 불렀다.

王晉公祐, 事太祖爲知制誥. 太祖遣使魏州, 以便宜付之, 告之曰: "使還, 與 卿王溥官職." 時溥爲相也. 蓋魏州節度使符彦卿, 太宗之婦翁夫人之父, 有飛 語聞於上. 祐往別太宗於晉邸, 太宗卻左右, 欲與之言, 祐徑趨出. 祐至魏, 得 彦卿家僅二人挾勢恣橫, 以便宜決配而已. 及還朝, 太祖問曰: "汝能保符彦卿 無異意乎?" 祐曰: "臣與符彦卿家各百口, 願以臣之家保符彦卿家." 又曰: "五 代之君, 多因猜忌殺無辜, 故享國不長, 願陛下以爲戒." 帝怒其語, 直貶護國 軍[1]行軍司馬, 華州安置, 七年不召. 太宗卽位, 謂輔臣曰: "王祐文章之外, 別 有淸節, 朕所自知." 以兵部侍郞召, 不及見而薨. 初, 祐赴貶時, 親賓送於都

---

29 왕단(王旦, 957~1017): 자는 자명(子明), 시호는 문정(文正). 북송의 명재상으로, 병부시랑 왕우(王祐)의 아들이다. 소훈각(昭勳閣) 24공신 가운데 하나다. 태종 태평흥국(太平興國) 5년(980) 진사 출신으로, 저작랑(著作郞)으로『문원영화(文苑英華)』의 편찬에 참여했으며, 동지추밀원사(同知樞密院事)·참지정사(參知政事) 등을 지냈다. 전연(澶淵)의 전쟁 때 동 경유수(東京留守)직을 대행했다. 진종 경덕(景德) 3년(1006)에 재상에 임명되어『양조국사 (兩朝國史)』편찬을 감수했다. 인물을 알아보는 데 뛰어나 추천한 인사의 대부분이 중용되 었다. 12년간 재상직을 수행하면서 진종의 깊은 신임을 받았지만, 진종의 천서(天書)와 봉 선(封禪) 사건을 막지 못해 후세에 비판을 받았다. 병으로 재상에서 물러난 후 태위(太尉) 신분으로 옥청소응궁사(玉淸昭應宮使)를 맡았다. 사후에 태사(太師)에 추증되고 위국공 (魏國公)에 봉해졌다.

門外, 謂祐曰: "意公作王溥官職矣." 祐笑曰: "某不做, 兒子二郎必做." 二郎

者, 文正公旦也. 祐素知其必貴, 手植三槐於庭曰: "吾子孫必有爲三公者." 已

而果然. 天下謂之三槐王氏.

[1] 호국군(護國軍): 진국군(鎭國軍)의 오기로 보인다. 『송사』 권269 「왕우전(王祐傳)」과 『동도사략(東都
事略)』에는 "진국군"이라 되어 있다. 송대의 군진(軍鎭) 중 '호국군'은 하중부(河中府)에 있었고 '진국군'
은 화주(華州)에 있었으므로, "진국군"으로 고치는 것이 타당하다.

6-3(058)

─

국초에 중서령中書令 조보趙普가 재상이 되었을 때, 청사의 좌병坐屏 뒤에
커다란 항아리 두 개를 놓아두었는데, 사람들이 투서한 이해利害 관련 문서
를 모두 그 항아리 속에 넣었다가 가득 차면 큰길에서 태웠다. 문정공文靖公
이항李沆[30]이 재상이 되었을 때는 태평한 시대였는데, 건의하면서 개혁에
힘쓰거나 지나치게 과격함을 좋아하는 자는 일체 등용하지 않으면서 매번
이렇게 말했다.

"이렇게 함으로써 국가에 보답할 뿐이다."

아, 현능한 재상의 사려가 심원하도다! (신종) 희녕熙寧 연간(1068~1077) 초

─

30 이항(李沆, 947~1004): 자는 태초(太初), 시호는 문정(文靖). 북송의 재상이자 시인. 소훈각
(昭勳閣) 24공신 가운데 하나다. 태종 태평흥국(太平興國) 5년(980) 진사 출신으로, 장작감
승(將作監丞)·담주통판(潭州通判)·직사관(直史館)을 거쳐 예부시랑 겸 태자빈객(太子賓
客)으로서 태자 조항(趙恒: 진종)을 보필했다. 진종이 즉위한 후 호부시랑과 참지정사를 지
냈고, 함평(咸平) 원년(998)에 평장사(平章事)에 오른 뒤 중서시랑·동경유수(東京留守)·
문하시랑을 거쳐 함평 5년(1002)에 상서우복야(尙書右僕射)에 제수되었다. 청정무위(淸靜
無爲)로 나라를 다스리고 관리의 업무를 중시했으며 특히 군주의 교만하고 사치하는 마음
을 경계시키는 데 주의를 기울여, "성상(聖相)"이라 칭송받았다.

에 왕형공王荊公(왕안석)이 재상이 되어서는 자고 먹을 겨를도 없었고, 조례사條例司[31]를 설치해 천하의 이해를 은밀히 논했으며, 어진 자와 불초한 자를 뒤섞어 기용해 뜻이 맞지 않은 어진 자는 떠났고 이득을 좋아하는 불초한 자만 남게 되었다. 또한 조종祖宗의 법도를 모두 바꾸어 천하가 어지러워짐으로써 오늘의 혼란을 초래했다. 그러니 조중령趙中令(조보)과 이문정李文靖(이항)이 재상 됨의 본질을 체득했음을 더욱 잘 알 수 있다.

國初, 趙普中令爲相, 於廳事坐屏後置二大甕, 凡有人投利害文字, 皆置甕中, 滿卽焚於通衢. 李沆文靖爲相, 當太平之際, 凡建議, 務更張喜矯激者, 一切不用, 每曰: "用此以報國耳." 嗚呼, 賢相思慮遠矣! 至熙寧初, 王荊公爲相, 寢食不暇, 置條例司, 潛論天下利害, 賢不肖雜用, 賢者不合而去, 不肖者嗜利獨留. 盡變更祖宗法度, 天下紛然, 以致今日之亂. 益知趙中令・李文靖得爲相之體也.

6-4(059)

―

태종太宗이 어느 날 재상에게 말했다.

"짐은 당 태종(이세민)과 비교해 어떻소?"

사람들이 모두 말했다.

---

31 조례사(條例司): 제치삼사조례사(制置三司條例司)의 약칭으로, 송나라 때 신법을 전담하던 임시 관서명. 신종 희녕 2년(1069)에 설치되었다가 이듬해에 폐지되었다.

"폐하께서는 요堯임금 · 순舜임금과 같으시니 어찌 당 태종과 비교할 수 있겠습니까?"

승상인 문정공文正公 이방李昉[32] 혼자만 말없이 있다가 천천히 (당나라) 백낙천白樂天(백거이)[33]의 시[34]를 읊었다.

"원망하는 궁녀 3천 명을 궁에서 내보냈고, 사형수 800명이 감옥으로 돌아왔네."

그러자 태종이 몸을 숙이며 말했다.

"짐은 그만 못하오."

신종神宗이 온공溫公(사마광)의 『자치통감資治通鑑』에 서문을 지어 말했다.

"당 태종 같은 이는 공자孔子가 '우禹임금은 내가 비판할 게 없다'라고 말한 바의 사람이다."

---

32 이방(李昉, 925~996): 자는 명원(明遠), 시호는 문정(文正). 오대와 북송 초의 재상이자 문인. 오대 후한(後漢) 건우(乾祐) 연간 진사 출신으로, 우습유(右拾遺) · 집현전수찬(集賢殿修撰)을 지냈고, 후주(後周) 때는 집현전직학사(集賢殿直學士) · 한림학사(翰林學士)를 지냈다. 북송이 건국된 후 중서사인(中書舍人)이 되었고, 태종 때 참지정사 · 평장사에 올라 재상이 되었다. 이방은 시에 뛰어났고 백거이(白居易)의 시풍을 본받아 이른바 '백체시(白體詩)'의 대표자 가운데 하나다. 30여 년간 고명(誥命)을 맡았으며, 일찍이 송대 4대 유서(類書) 가운데 『태평어람(太平御覽)』 · 『태평광기(太平廣記)』 · 『문원영화(文苑英華)』의 편찬을 이끌었다.

33 백낙천(白樂天): 백거이(白居易, 772~846). 자는 낙천, 자호는 향산거사(香山居士) · 취음선생(醉吟先生). 당나라의 시인. 덕종(德宗) 정원(貞元) 16년(800) 진사 출신으로, 비서랑 · 한림학사 · 좌습유를 지냈다. 헌종(憲宗) 원화(元和) 10년(815)에 재상 무원형(武元衡)을 암살한 범인을 속히 체포하라는 표문을 올렸다가 권문귀족들의 미움을 사 강주사마(江州司馬)로 좌천되었다. 그 후 항주자사(杭州刺史) · 소주자사(蘇州刺史)와 형부상서를 지냈다. 같은 해에 과거에 급제한 원진(元稹)과 함께 '원백(元白)'으로 병칭되고, 유우석(劉禹錫)과 함께 '유백(劉白)'으로 병칭되었다. 문집으로 『백씨장경집(白氏長慶集)』이 있다.

34 시: 인용한 시는 백거이의 「신악부(新樂府) · 칠덕무(七德舞)」에 나오는 구절이다. 당 태종 정관(貞觀) 6년(632)에 태종이 궁녀 3천 명을 내보내고 사형수 390명을 방면하면서 이듬해 가을 사형을 집행할 때 돌아오라고 약조했는데, 모든 사형수가 약속한 기일에 돌아오자 태종이 이를 가상히 여겨 모두 사면해 주었다고 한다.

그러니 신종은 가히 당 태종에게 부끄럽지 않다고 이를 만하다. 그런데 왕형공王荊公(왕안석)을 불러 접견했을 때, 왕형공이 매사에 마땅히 요임금과 순임금을 본받아야 한다는 주장을 첫째로 내세우자 신종은 그를 믿었다. 왕형공은 그 무리와 함께 거창한 설을 힘써 만들기 시작해 조종祖宗을 멸시하고 본받기에 부족하다고 여기기까지 했으니, 하물며 당나라 태종임에랴! 문정공의 말은 받들 만하다.

太宗一日謂宰輔曰: "朕如何唐太宗?" 衆人皆曰: "陛下堯·舜也, 何太宗可比?" 丞相文正公李昉獨無言, 徐誦白樂天詩云: "怨女三千放出宮, 死囚八百來歸獄." 太宗俯躬曰: "朕不如也." 神宗序溫公『資治通鑑』曰: "若唐之太宗, 孔子所謂'禹吾無間然'者." 神宗可謂無愧於太宗矣. 至召見王荊公, 首建每事當法堯·舜之論, 神宗信之. 荊公與其黨始務爲高大之說, 至厭薄祖宗以爲不足法, 況唐之太宗乎! 文正公之言可拜也.

6-5(060)

―

진종眞宗이 편찮았는데, 붕어하기 전날 밤에 이문정공李文定公(이적)이 재상과 함께 푸닥거리를 하느라 내전에서 밤을 샜다. 당시 인종仁宗은 어렸는데, 위세와 명망을 지닌 팔대왕八大王 조원엄趙元儼[35]이 병문안을 한다면서

―――

35 조원엄(趙元儼): 태종의 여덟째 아들로, 진종의 동생이자 인종의 숙부. 『송사』권245 「종실(宗室)」에 따르면, 조원엄은 어려서부터 영민해 태종이 특별히 사랑했으며, 태종이 그를 궁에서 일찍 내보내고 싶지 않아 20살이 되어서야 주왕(周王)에 봉해 봉지로 보냈다고 한다.

궁중에 머물며 며칠 동안 궁을 나가려 하지 않았다. 재상이 이를 근심했지만 달리 방법이 없었는데, 우연히 한림사翰林司[36]에서 황금사발에 끓인 물을 담으면서 "팔대왕이 요구하신 것입니다"라고 말했다. 그러자 이문정공은 책상 위의 먹 묻은 붓을 가져와 물을 저은 뒤 물이 모두 시커멓게 되자 가져가라고 했다. 팔대왕은 그것을 보고 크게 놀라며 독이 들었을 것이라고 생각해 즉시 말을 타고 떠났다. 이문정공이 일을 처리한 것이 대부분 이와 같았다.

眞宗不豫, 大漸之夕, 李文定公與宰執以祈禳宿內殿. 時仁宗幼冲, 八大王元儼者有威名, 以問疾留禁中, 累日不肯出. 執政患之, 無以爲計, 偶翰林司以金盂貯熟水, 曰: "王所須也." 文定取案上墨筆攪水中, 水盡黑, 令持去. 王見之大驚, 意其有毒也, 卽上馬去. 文定臨事, 大率類此.

6-6(061)

―

태종太宗이 강남江南(남당)을 접수하고 나서 가황중賈黃中[37]을 지금릉부知金

36 한림사(翰林司): 송나라 때 광록시(光祿寺)에 속한 관서. 황제에게 차·탕·과일 등을 바치는 일을 관장했으며, 황제의 행차와 연회 때 필요한 물품을 담당했다. 아울러 한림원에 근무하는 자들의 명부를 관리하고 그들의 근무를 안배하기도 했다.

37 가황중(賈黃中, 940~996): 자는 와민(媧民). 북송 초의 명신. 당나라 재상 가탐(賈耽)의 후손이다. 어려서부터 총명해 7살 때 동자과(童子科)에 합격했으며, 15살 때 후주(後周)의 진사과에 급제해 저작랑(著作郎)과 직사관(直士館)을 지냈다. 송 태조 때 좌습유(左拾遺)·태상예원(太常禮院)을 지냈으며, 태종 때 급사중(給事中)·참지정사·예부시랑·비서감(秘書監)을 역임했다. 일찍이『신의보구방(新醫普救方)』1천 권을 편찬했다.

陵府에 제수했다. 하루는 가황중이 관부의 저택을 순시하다가 자물쇠가 아주 단단히 채워진 창고를 보고 관리를 불러 모아 열게 했더니 보화가 담긴 수십 개의 커다란 궤짝이 나왔는데, 모두 이씨李氏(이욱)³⁸의 궁궐에 있던 물건으로 장부에 등재되지 않은 것들이었다. 가황중이 표문을 올려 그것을 모두 바쳤더니 태종이 감탄하며 말했다.

"나의 부고府庫에 있는 물건들은 장부에 등재되어 있는데도 탐오貪汚한 자들이 금령을 어기고 훔쳐 가거늘, 하물며 이것은 망국의 유물임에랴!"

그러고는 가황중에게 300만 전을 하사하고 그의 청렴함을 표창했다. 가황중은 당나라 재상 가탐賈耽³⁹의 4대손으로, 7살 때 동자과童子科에 급제했다. 문정공文正公 이방李昉이 그에게 다음과 같은 시를 보내 주었다.

"일곱 살의 신동은 예로부터 어려운 일이니, 가씨 가문에 귀한 관리 있구나. 열 명의 급제자 중 으뜸을 차지하고, 다섯 경서를 혀끝으로 외우네. 급제 방문을 보고도 이름 귀한 줄 모르고, 축하 잔치에 참석해서도 풍악의 즐거움 알지 못하네. 지금부턴 편안히 청운에 오르리니, 만 리에 뉘라서 그

---

38 이씨(李氏): 이욱(李煜). 오대십국 남당(南唐)의 후주(後主, 961~975 재위). 자는 중광(重光), 호는 종은(鍾隱)·연봉거사(蓮峰居士). 중주(中主) 이경(李璟)의 아들로, 975년에 송나라에 의해 도성 금릉(金陵: 남경)이 함락되자 포로가 되어 변경(汴京: 개봉)으로 끌려가 우천우위상장군(右千牛衛上將軍)에 임명되고 위명후(違命侯)에 봉해졌다. 나중에 고국에 대한 감회를 읊은 「우미인(虞美人)」이라는 사(詞)를 지었다가 태종에게 사약을 받고 죽었다. 이욱은 정치적으로는 무능했지만 서화·음악·시사(詩詞)·문장에 모두 상당한 조예가 있었으며, 특히 사 창작에서 뛰어난 재능을 보였다.

39 가탐(賈耽, 730~805): 자는 돈시(敦詩), 시호는 원정(元靖). 당나라 중기의 재상이자 지리학자. 현종(玄宗)·숙종(肅宗)·대종(代宗)·덕종(德宗)·순종(順宗)·헌종(憲宗)의 여섯 조정에서 벼슬한 원로였다. 현종 천보(天寶) 10년(751) 진사 출신으로, 지방과 중앙의 여러 관직을 거쳐 덕종 정원(貞元) 9년(793)에 상서우복야·동중서문하평장사로 재상에 올라 13년간 국정을 관장했으며, 위국공(魏國公)에 봉해졌다. 약 30년 동안 지리·풍속에 관한 자료를 수집해 『해내화이도(海內華夷圖)』와 『고금군국현도사이술(古今郡國縣道四夷述)』을 저술했지만 망실되었다.

날개를 헤아릴 수 있으랴?"

가황중은 태평홍국太平興國 연간(976~984)에 이르러 마침내 참지정사參知政事가 되었다. 56세에 죽자 태종이 그의 집을 후하게 구휼해 주면서 그의 어머니에게 말했다.

"여러 자손과 가문이 곤궁하다고 스스로 걱정하지 말지니, 짐이 늘 기억하고 있노라."

가황중의 손자 가종민賈種民[40]은 (신종) 원풍元豐 연간(1078~1085)에 재상 채확蔡確[41]에 의해 기용되어 대리시승大理寺丞 벼슬을 했는데, 옛 재상인 공공恭公 진집중陳執中[42]의 아들 진세유陳世孺[43]와 그의 부인을 심하게 고문해 극형에 이르게 해서 천하 사람들이 이를 원통해했다. 또 채확의 의중만 믿고 동지추밀원同知樞密院 여공저呂公著의 저택으로 가서 심문하면서 여공呂公(여공저)의 아들 여희순呂希純과 노모를 뜰에 세워 놓은 채 진세유의 처 여씨呂氏가 청탁한 일을 심문하고 칼[枷]과 채찍으로 위협했다. 여희순 등이 말했다.

"여씨는 추밀樞密(여공저)의 조카딸이기에 일찍이 그 일로 추밀을 찾아와 고했는데, 추밀은 아무 말 없이 눈물만 흘렸을 뿐이오."

40 　가종민(賈種民): 가황중(賈黃中)의 손자. 신종 때 대리시승·이부원외랑·가부원외랑(駕部員外郎), 철종 때 탁지원외랑(度支員外郎)·섬서로도전운사(陝西路都轉運使)·직용도각(直龍圖閣)·태부소경(太府少卿) 등을 지냈다.

41 　채확(蔡確, 1037~1093): 자는 지정(持正). 북송의 대신. 왕안석 신법의 주요 지지자 중 하나다. 인종 가우(嘉祐) 4년(1059) 진사 출신으로, 지제고·어사중승·참지정사를 역임했으며, 신종 원풍(元豐) 5년(1082)에 상서우복야 겸 중서시랑으로 재상에 올랐다가, 철종 원우(元祐) 원년(1086)에 파직되어 안주(安州)·등주(鄧州)·신주(新州) 등지에 안치되었다.

42 　진집중(陳執中, 990~1059): 자는 소예(昭譽), 시호는 공(恭). 북송의 대신. 참지정사 진서(陳恕)의 아들로, 부음(父蔭)으로 비서성정자(秘書省正字)에 선발되었다. 인종 보원(寶元) 원년(1038)에 동지추밀원사(同知樞密院事), 경력(慶曆) 4년(1044)에 참지정사, 경력 5년(1045)에 동평장사(同平章事) 겸 추밀사(樞密使), 황우(皇祐) 5년(1053)에 재상, 지화(至和) 2년(1055)에 진해군절도사(鎮海軍節度使)를 역임했으며, 사도(司徒)로 벼슬을 마쳤다.

43 　진세유(陳世孺): 재상 진집중의 아들로 일찍이 국자박사(國子博士)를 지냈다.

결국 죄가 없다고 판명되었다. 신종神宗이 그 사실을 알고 진노해 말했다.

"본래 여공저를 심문하라는 칙지가 없었는데도 일개 소신小臣 가종민이 감히 집정을 능욕했으니 특별히 충체衝替[44]하라."

아, 가황중의 후손이 쇠했도다!

가황중은 자가 창민昌民이고 창주滄州 사람으로, 당나라 재상 가탐賈耽의 후손이다. (위에서 이방이) 보내 준 시는 두의竇儀[45]가 지은 것이라고도 한다. 15살 때 진사에 급제해 교서랑校書郎·집현교리集賢校理·좌습유보궐左拾遺補闕에 제수되었다. 영남嶺南이 평정된 후 채방사採訪使가 되었고, 강남이 평정된 후 지승주知昇州가 되었다. 조정으로 불려 돌아와 지제고知制誥로 있다가 한림학사翰林學士로 전임되었다. 태종이 자주 그를 불러 접견하고 시정時政의 득실을 물었더니 그가 대답했다.

"조서를 담당하는 직분에 있는지라 본분에서 벗어나지 않고자 합니다."

태종이 더욱 그를 중시해 급사중給事中과 참지정사參知政事에 제수했다. 태종이 그의 어머니 왕씨王氏를 불러 접견하고 앉으라고 명한 뒤 말했다.

"이처럼 자식을 가르쳤으니 오늘날의 맹모孟母로다."

그는 성품이 진중하고 가법家法을 지켰으며, 대각臺閣의 옛일을 많이 알고 있어서 조정의 전례典禮를 수정 보완하는 데 도움을 주었다. 당시 명사들이 모두 그의 문하에서 나왔다. 문집이 세상에 전해지는데 30권이다. 공

---

44 충체(衝替): 송대 공문서에 사용하던 관용어로, 폄직(貶職)이나 강직(降職)을 뜻한다.

45 두의(竇儀, 914~966): 자는 가상(可象). 오대 후기와 북송 초기의 대신이자 학자. 후진(後晉) 때 진사에 급제했으며, 후한(後漢)과 후주(後周) 조정에서 우보궐(右補闕)·한림학사·단명전학사(端明殿學士) 등을 지냈다. 북송이 건국된 후 공부상서 겸 판대리시사(判大理寺事)와 예부상서를 역임했다. 두의는 학문이 해박하고 전고(典故)에 밝아 태조의 중시를 받았는데, 일찍이 태조 건륭(乾隆) 4년(963)에 칙명을 받들어 『건륭중정형통(建隆重定刑統)』[『송형통(宋刑統)』]과 『건륭편칙(建隆編敕)』의 편찬을 주도했다.

公(가황중)과 송백宋白[46]·이지李至[47]·여몽정呂蒙正[48]·소이간蘇易簡[49] 5명이 함께 한림학사에 임명되자, 당시 승지承旨로 있던 호몽扈蒙[50]이 시를 지어 보내 "다섯 봉황이 나란히 한림으로 날아 들어가네"라고 했다. 그 후에 모두 명신名臣이 되었다.

太宗既下江南, 以賈黃中知金陵府. 一日, 黃中按行府第, 見庫舍局鐍甚嚴, 集僚吏發之, 得寶貨數十巨檀, 皆李氏宮闈之物, 不隸於籍者. 黃中悉表上之, 太宗歎曰: "吾府庫之物有籍, 貪黷者尙冒禁盜之, 況此亡國之遺物乎!" 賜黃中錢三百萬, 以旌其潔. 黃中, 唐相耽四世孫也, 年七歲, 以童子舉及第. 李文

46 송백(宋白, 936~1012): 자는 태소(太素), 시호는 문헌(文憲). 북송 초의 대신. 태조 건륭(建隆) 2년(961) 진사 출신으로, 저작좌랑(著作佐郎)을 지냈다. 태종 때 좌습유로 발탁되었고 세 차례에 걸쳐 지공거(知貢擧)를 지냈으며, 이부상서로 벼슬을 마쳤다. 일찍이 이방(李昉) 등과 함께 『태평어람』·『태평광기』·『문원영화』의 편찬에 참여했다.

47 이지(李至): 자는 언기(言幾). 북송의 대신. 태종 태평흥국(太平興國) 연간 초 진사 출신으로, 장작감승(將作監丞)·악주통판(鄂州通判)으로 벼슬을 시작해 지제고와 직사관(直史館)을 거쳐, 태평흥국 8년(983)에 한림학사로 발탁되고 우간의대부·참지정사 등을 지냈다.

48 여몽정(呂蒙正, 944~1011): 자는 성공(聖功), 시호는 문목(文穆). 북송의 대신. 태종 태평흥국 2년(977) 진사 장원급제 출신으로, 장작감승과 승주통판(升州通判)을 거쳐 계속 승진해 세 차례나 재상에 올랐으며, 허국공(許國公)에 봉해지고 태자태사(太子太師)에 임명되었다. 사람됨이 관대하고 정직해 윗사람에게는 예를 갖추되 과감히 직언을 하고 아랫사람에게는 너그러운 아량으로 대했다.

49 소이간(蘇易簡, 958~997): 자는 태간(太簡), 시호는 문헌(文憲). 북송의 대신이자 문인. 태종 태평흥국 5년(980) 진사 장원급제 출신으로, 장작감승·승주통판·한림학사승지를 거쳐 지심관원(知審官院)·지심형원(知審刑院)·급사중·참지정사를 역임했다. 문장으로 이름이 알려졌으며, 『문방사보(文房四譜)』와 『속한림지(續翰林志)』를 지었다.

50 호몽(扈蒙, 915~986): 자는 일용(日用). 오대 후기와 북송 초기의 대신. 오대 후진(後晉) 천복(天福) 연간 진사 출신으로, 후주(後周)에서 우습유·직사관·지제고를 지냈다. 송나라가 건국된 후 태조 때 중서사인·한림학사·지제고·사관수찬(史館修撰)을 지냈으며, 개보(開寶) 연간에 이목(李穆) 등과 함께 『오대사(五代史)』를 수찬했다. 태종이 즉위한 후 다시 중서사인과 한림학사에 임명되었으며, 이방 등과 함께 『태조실록(太祖實錄)』을 수찬하고 『태평어람』·『태평광기』·『문원영화』 편찬에 참여했다. 옹희(雍熙) 3년(986)에 공부상서로 벼슬을 마쳤다.

正公昉贈之詩曰:"七歲神童古所難, 賈家門戶有衣冠. 十人科第排頭上, 五部經書誦舌端. 見榜不知名字貴, 登筵未識管弦歡. 從今穩上靑雲去, 萬里誰能測羽翰?"至太平興國中, 遂參大政. 年五十六以卒, 太宗厚恤其家, 謂其母曰: "勿以諸孫及私門之窘自撓, 朕嘗記之也."黃中之孫種民者, 元豐中爲宰相蔡確所用, 官大理寺丞, 鍛鍊故相陳恭公執中之子世孺與其婦獄至極典, 天下冤之. 又以蔡確風旨, 就府第問同知樞密院呂公公著, 呼公之子希純及老嫗立庭下, 問世孺妻呂氏請求事, 以枷捶脅之. 希純等曰: "呂氏因樞密之姪, 嘗以此事來告樞密, 樞密不語, 垂涕而已."竟無以爲罪. 神宗知之, 怒曰: "原無旨就問呂公著, 賈種民小臣, 輒敢凌辱執政, 特衝替."嗚呼, 黃中之後衰矣!

賈黃中字昌民[1], 滄州人, 唐相耽之裔. 所贈詩或云寶儀. 年十五舉進士, 授校書郎・集賢校理・左拾遺補闕. 嶺南平, 爲採訪使, 江南平, 知昇州. 召還, 知制誥, 遷翰林學士. 太宗多召見, 訪以時政得失, 對曰: "職當書詔, 思不出位."太宗益重之, 除給事中・參知政事. 太宗召見其母王氏, 命之坐, 謂曰: "教子如是, 今之孟母也."性端重, 守家法, 多知臺閣故事, 朝之典禮, 資以損益. 當時名士皆出其門. 有文集行於世, 三十卷. 公與宋白・李至・呂蒙正・蘇易簡五人同拜翰林學士, 時承旨扈蒙贈詩曰: "五鳳齊飛入翰林."其後皆爲名臣.

[1] 창민(昌民): 만력본(萬曆本)과『송사』권265「가황중전」에는 "와민(媧民)"이라 되어 있다.

7-1 (062)

—

노공魯公 범질范質이 (후당에서) 진사에 급제했을 때 화응和凝[1]이 과거시험을 주관했는데, 그의 문장과 시부詩賦를 좋아했다. 화응은 자신이 노공을 제13등으로 급제시키고 나서 노공에게 말했다.

"그대의 문장은 마땅히 여러 선비들 가운데 으뜸이지만, 굴욕스럽게도 제13등으로 급제시킨 것은 그대에게 이 늙은이의 의발衣鉢을 전하게 하고 싶어서이네."

노공은 이를 지극한 영예로 여겼다. 화응과 노공이 앞뒤로 재상이 되자 어떤 사람이 시를 바쳤다.

"이제부터 조정에 이야깃거리 더해졌나니, 급제하고 의발도 전했다네."

후주後周 태조太祖(곽위)[2]가 업鄴에서 군사를 일으켜 대궐을 향해 와 도성

---

1 화응(和凝, 898~955): 자는 성적(成績). 오대시기의 관리이자 문인. 어려서부터 영민하고 학문을 좋아해, 17살에 명경과에 급제하고 후량(後梁) 정명(貞明) 2년(916)에 19살의 나이로 진사에 급제했다. 후당(後唐) 때 중서사인·공부시랑을 지냈고, 후진(後晉) 천복(天福) 5년(940)에 중서시랑·동중서문하평장사로 재상에 올랐다. 후한(後漢) 때 노국공(魯國公)에 봉해졌고, 후주(後周) 때 시중(侍中)에 추증되었다. 사(詞)를 잘 지었고 단가(短歌)와 염곡(艷曲)에 뛰어났다.

이 혼란해지자 노공은 민간에 숨어 있었다. 하루는 봉구항封丘巷의 다관茶館에 앉아 있었는데, 모습이 기이하고 비루한 어떤 사람이 다가와 읍揖하며 말했다.

"상공相公께서는 염려하지 마십시오."

그때는 무더웠는데 노공이 들고 있는 부채에 뜻밖에 "대서大暑는 혹리처럼 떠나고, 청풍이 친구처럼 오네"[3]라는 시 두 구가 적혀 있었다. 그 사람이 말했다.

"세상의 혹리가 일으킨 억울한 옥사獄事가 어찌 대서와 같은 데서 그치겠습니까? 공께서는 훗날 이 폐단을 마땅히 깊이 고찰하셔야 합니다."

그러고는 그 부채를 들고 가 버렸다. 노공은 한참 동안 멍하니 있다가 나중에 오묘祆廟[4]의 뒷문에 가서 작달막한 귀신 토우土偶를 보았는데, 그 모습이 다관에서 만났던 사람과 닮았고 자신의 부채도 그 토우의 손에 있었기에 노공은 마음속으로 이상해했다. 난이 평정된 후에 후주 태조는 수소문해 노공을 찾아내 마침내 크게 등용했다. 노공은 후주 태조를 알현했을 때, 법률조목이 너무 번잡하고 경중에 근거가 없어서 관리들이 그로 인해 부정을 저지른다고 첫 번째로 건의하자, 후주 태조가 특별히 조서를 내려 상세

2　태조(太祖): 곽위(郭威). 자는 문중(文仲). 오대 후주의 초대 황제(951~954 재위). 신체가 건장하고 용기가 뛰어났다. 후한(後漢) 때 여러 차례 공을 세워 건우(乾祐) 3년(950)에 업도유수(鄴都留守)·천웅군절도사(天雄軍節度使)가 되었는데, 같은 해에 정변이 일어나 은제(隱帝)가 시해되고 후한이 멸망하자, 즉시 도성 개봉(開封)으로 진격해 951년 정월에 황제로 즉위하고 후주를 건국했다. 재위하는 동안 절검(節儉)을 숭상하고 간언을 받아들여 정치 폐단을 개혁했다.

3　대서(大暑)는 혹리처럼 떠나고, 청풍이 친구처럼 오네: 원문은 "대서거혹리(大暑去酷吏), 청풍래고인(淸風來故人)". 당나라 시인 두목(杜牧)의 「조추(早秋)」에 나오는 구절. 원래는 "대서(大暑)"가 "대열(大熱)"이라 되어 있다.

4　오묘(祆廟): 페르시아 배화교(拜火敎: 조로아스터교)의 사당.

히 살펴 개정하게 했으니 이것이 『형통刑統』[5]이다.

范魯公質擧進士, 和凝爲主文, 愛其文賦. 凝自以第十三登第, 謂魯公曰:
"君之文宜冠多士, 屈居第十三者, 欲君傳老夫衣鉢耳." 魯公以爲榮至. 先後
爲相, 有獻詩者云: "從此廟堂添故事, 登庸衣鉢亦相傳." 周祖自鄴擧兵向闕,
京師亂, 魯公隱於民間. 一日坐封丘巷茶肆中, 有人貌怪陋, 前揖曰: "相公無
慮." 時暑中, 公所執扇偶書 "大暑去酷吏, 淸風來故人" 詩二句. 其人曰: "世之
酷吏寃獄, 何止如大暑也? 公他日當深究此弊." 因攜其扇去. 公惘然久之, 後
至袝廟後門, 見一土偶短鬼, 其貌肖茶肆中見者, 扇亦在其手中, 公心異焉.
亂定, 周祖物色得公, 遂至大用. 公見周祖首建議律條繁廣, 輕重無據, 吏得
以因緣爲姦, 周祖特詔詳定, 是爲 『刑統』.

7-2(063)

—

범노공范魯公(범질)이 자손을 경계시킨 시[6]는 그 대략이 다음과 같다.

"너에게 경계하니 입신을 배우는 것은, 효도와 공경을 우선하는 것만 한
게 없다. 즐겁게 부모와 어른을 받들고, 감히 교만하거나 경솔해서는 안 된

---

5 『형통(刑統)』: 『현덕형률통류(顯德刑律統類)』를 말한다. 『형통』은 나중에 송나라의 첫 법
　 전인 『송형통(宋刑統)』의 직접적인 바탕이 되었다.
6 자손을 경계시킨 시: 인용된 시는 범질(范質)의 「계아질팔백자(戒兒侄八百字)」 시 중 일부
　 로, 범질이 재상의 자리에 있을 때 조카인 범고(范杲)가 황제에게 더 높은 관직을 요구하
　 자, 그를 깨우치기 위해 쓴 것이다. 이 시는 『소학(小學)』 「가언(嘉言)」에도 실려 있다.

다. 두려워하고 또 삼가며, 다급할 때에도 반드시 이를 지켜야 한다. 너에게 경계하니 봉록을 구함을 배우는 것은, 학문과 기예에 부지런한 것만 한 게 없다. 일찍이 격언을 들었는데, 배우고 나서 여력이 있으면 벼슬한다고 했다. 남이 알아주지 않음을 걱정하지 말고, 오직 배움이 지극하지 못함을 걱정해야 한다. 너에게 경계하니 치욕을 멀리 해야 하니, 공손하면 예의에 가까워진다. 자신을 낮추고 남을 높이며, 남을 먼저 하고 자기를 뒤로 하라. 쥐를 보아도[7] 오히려 예의가 있으니, 마땅히 시인의 풍자를 거울삼아야 한다. 너에게 경계하니 방탄放誕하지 말 것이니, 방탄하면 단정한 선비가 아니다. 주공周公과 공자孔子는 명교名敎를 드리웠고, 제齊나라와 양梁나라는 청담淸談을 숭상했다. 남조南朝에서는 팔달八達[8]을 칭송해, 천 년간 역사를 더럽혔다. 너에게 경계하니 술을 좋아하지 말 것이니, 술은 사람을 미치게 하는 약으로 좋은 맛이 아니다. 근후謹厚한 성품을 바꾸어, 흉험凶險한 부류가 되게 할 수 있다. 고금의 패망한 자들을, 분명히 모두 기억하는 것이 옳다. 너에게 경계하니 말을 많이 하지 말 것이니, 말을 많이 하는 것은 사람들이 꺼리는 바이다. 진실로 언행[9]을 삼가지 않으면, 재액이 이로부터 시작한다. 시비를 따지고 비방하고 칭찬하는 사이에, 다만 몸에 누가 되기

---

7 쥐를 보아도: 원문은 "상서(相鼠)". 『시경(詩經)』「국풍(國風)・용풍(鄘風)」의 편명이기도 하다. 쥐를 보는 것을 빌려 사람의 무례함을 풍자하는 내용의 시다. 「상서」에 "상서유피(相鼠有皮), 인이무의(人而無儀)"라는 구절이 있다. "상서유피"는 예의를 모르는 사람을 나무라는 말로 쓰인다.

8 팔달(八達): 진대(晉代)에 방달(放達)함으로 이름난 8명의 인물. 호무보지(胡母輔之)・사곤(謝鯤)・완방(阮放)・필탁(畢卓)・양만(羊曼)・환이(桓彝)・완부(阮孚)・광일(光逸)이라는 설[『진서(晉書)』권49「광일전(光逸傳)」]과 동창(董昶)・왕징(王澄)・완첨(阮瞻)・유애(庾敳)・사곤・호무보지・우법룡(于法龍)・광일이라는 설[『집성현군보록(集聖賢群輔錄)』]이 있다.

9 언행: 원문은 "추기(樞機)". 『주역(周易)』「계사전(繫辭傳)상」에 "언행(言行), 군자지추기(君子之樞機)"라는 구절이 있다. 그래서 나중에 '추기'는 언행을 비유한다.

에 충분하다. 온 세상이 교유를 중시해, 금란지교金蘭之交[10]를 맺고자 한다. 하지만 성냄과 원망이 여기에서 생겨나, 풍파가 당장에 일어난다. 그래서 군자의 심성은, 넓고 깊게 물처럼 담박해야 한다. 온 세상이 떠받들어짐을 좋아해, 으스대며 의기양양해한다. 하지만 떠받드는 자가, 너를 노리갯감으로 여기는 줄은 알지 못한다. 그래서 옛사람이 미워한 것은, 오만한 자와 아첨하는 자[11]였다. 온 세상이 임협任俠을 중시해, 세간에서 기개 있고 의롭다고 한다. 하지만 남을 위해 위급한 어려움에 뛰어들다가, 종종 형벌에 빠지기도 한다. 그래서 (한나라) 마원馬援[12]이 편지를 보내, 자제들에게 간곡히 타일렀다. 온 세상이 청렴하고 소박함을 천시하고, 자신을 봉양하며 화려하고 사치스러움을 좋아한다. 살찐 말을 타고 가벼운 갖옷을 입고, 득의양양하게 마을을 지나간다. 비록 저잣거리 아이들의 사랑을 받더라도, 도리어 식자들에게는 비천하게 여겨진다."

---

10 금란지교(金蘭之交): 원문은 "금란계(金蘭契)". 날카롭기가 쇠를 끊고 향긋하기가 난초 같은 사귐이라는 뜻으로, 두 사람의 마음이 일치해 의기가 투합하는 굳건한 우정을 말한다. 『주역』「계사전 상」에 "이인심동(二人心同), 기리단금(其利斷金), 동심지언(同心之言), 기취여란(其臭如蘭)"이라는 구절이 있다.

11 오만한 자와 아첨하는 자: 원문은 "거저여척이(蘧篨與戚施)". '거저'는 새가슴이라 몸을 수그릴 수 없는 병이므로 오만한 사람을 비유하고, '척이'는 꼽추라 위를 쳐다볼 수 없는 병이므로 아첨하는 사람을 비유한다. 『시경』「국풍·패풍(邶風)·신대(新臺)」에 나온다.

12 마원(馬援, BC 14~49): 자는 문연(文淵), 시호는 충성(忠成). 후한의 개국공신이자 장군. 처음에는 외효(隗囂)를 따르다가 나중에 광무제(光武帝)에게 귀의했다. 태중대부(太中大夫)와 농서태수(隴西太守)를 지내며 이민족 토벌에 나섰다. 광무제 건무(建武) 17년(41) 이후에는 복파장군(伏波將軍)에 임명되어 교지(交趾: 북베트남) 지방에서 일어난 반란을 진압하고 하노이 부근의 낭박(浪泊)까지 평정했으며, 그 공로로 건무 19년(43)에 신식후(新息侯)에 봉해졌다. 건무 21년(45) 이후에는 북방의 흉노(匈奴)와 오환(烏丸)의 토벌에 나섰으며, 이어서 노령에도 불구하고 남방의 무릉오계만(武陵五溪蠻)을 토벌하러 출정했다가 풍토병에 걸려 죽었다. 『후한서』권24「마원열전」에 따르면, 마원이 교지에 있을 때 조카 마엄(馬嚴)과 마돈(馬敦)이 남을 비판하길 좋아하고 경박한 협객들과 어울리자 편지를 보내 그들을 간곡히 타일렀다고 한다.

삼가 생각건대 조종祖宗(태조)이 기용한 재상은 모두 충후忠厚하고 독실한 인사였는데, 유독 범노공이 그들 중에서 으뜸으로 일컬어졌다. 내(소백온)가 국사國史를 읽다가 그의 시를 발견하고 이를 기록해 자손들의 경계로 삼는다.

范魯公戒子孫詩, 其略曰: "戒爾學立身, 莫若先孝悌. 怡怡奉親長, 不敢生驕易. 戰戰復兢兢, 造次必於是. 戒爾學干祿, 莫若勤道藝. 嘗聞諸格言, 學而優則仕. 不患人不知, 惟患學不至. 戒爾遠恥辱, 恭則近乎禮. 自卑而尊人, 先彼而後己. 相鼠尚有禮[1], 宜鑒詩人刺. 戒爾勿曠放, 曠放非端士. 周·孔垂名教, 齊·梁尚淸議. 南朝稱八達, 千載穢靑史. 戒爾勿嗜酒, 狂藥非佳味. 能移謹厚性, 化爲凶險類. 古今傾敗者, 歷歷皆可記. 戒爾勿多言, 多言衆所忌. 苟不愼樞機, 災厄從此始. 是非毀譽間, 適足爲身累. 擧世重交遊, 擬結金蘭契. 忿怨從是生, 風波當時起. 所以君子性, 汪汪淡如水. 擧世好奉承, 昂昂增意氣. 不知奉承者, 以爾爲玩戲. 所以古人疾, 遷蹜與戚施. 擧世重任俠, 俗呼爲氣義. 爲人赴急難, 往往陷刑制. 所以馬援書, 慇懃戒諸子. 擧世賤淸素, 奉身好華侈. 肥馬衣輕裘, 揚揚過閭里. 雖得市童憐, 還爲識者鄙." 恭惟祖宗所用宰輔, 皆忠厚篤實之士, 獨魯公爲之稱首. 余讀國史, 得其詩, 錄以爲子孫之戒.

[1] 상유례(尚有禮): 『진체비서』본과 『학진토원』본에는 "여모치(與茅鴟)"라 되어 있다. 『춘추좌전정의(春秋左傳正義)』 권38의 기록에 따르면, 「모치」는 망실된 『시경』의 시로 불경함을 풍자하는 내용이라 한다.

해묘海妙라는 스님이 나(소백온)에게 다음과 같은 이야기를 해 주었다.

해묘가 예전에 정진공丁晉公(정위)의 문하를 출입했는데, 정진공은 재상으로 있을 때 연못을 파서 물고기를 기르면서 연못을 판자로 덮어 놓았다가, 매번 손님이 오면 판자를 치우고 신선한 물고기를 낚아 회를 떴으며, 진기한 음식이 이루 셀 수 없을 정도였다. 나중에 정진공이 주애朱崖[13]에 있다가 비서소감秘書少監 신분으로 광주光州로 옮겨 가자, 해묘가 찾아가 그를 만났다. 정진공은 시골 사람의 복장에 지팡이를 짚고 짚신을 신은 채 산속을 가다가 촌민들이 차를 따는 것을 살펴보고 그들의 고생을 위로했는데, 사람들은 그가 정진공임을 알지 못했다. 정진공이 해묘와 작별하며 말했다.

"나는 죽지 않았으니 5년 안에 틀림없이 옛 지위를 회복할 것이네."

5년 뒤에 (서하의) 조원호趙元昊(이원호)가 배반해 변방에 일이 일어나자, 조정에서 다시 그를 대신으로 등용했다. 정진공은 아무 병 없이 지내다가 목욕하고 의관을 정제한 뒤 불당 안에 누워서 죽었다.

僧海妙者謂余言: 昔出入丁晉公門下, 公作相時, 鑿池養魚, 覆以板, 每客至, 去板釣鮮魚作膾, 其餚饌珍異不可勝數. 後自朱崖以秘書少監移光州, 海妙往見之. 公野服杖屨行山中, 觀村民採茶, 勞其辛苦, 人不知爲晉公也. 公與海妙相別曰: "吾不死, 五年當復舊位." 後五年, 趙元昊叛, 邊事起, 朝廷更

---

13 주애(朱崖): 군명(郡名). 지금의 하이난성[海南省] 하이커우시[海口市] 지역. 당시 정위(丁謂)는 애주사호참군(崖州司戶參軍)으로 좌천되어 있었다.

用大臣矣. 公無疾, 沐浴衣冠, 臥佛堂中而薨.

7-4(065)

    (신종) 원풍元豐 2년(1079)에 나(소백온)는 낙양에 거주하고 있었는데, 나이
가 80~90세쯤 된 어떤 노인이 스스로 이르길, 자기가 젊었을 적에 정진공丁
晉公(정위)을 따라 주애朱崖로 갔으며 당시의 일을 상세히 말할 수 있다고 했
다. 그래서 내가 노인을 불러 물었더니 노인이 말했다.

    "공이 처음 분사서경分司西京에서 애주崖州로 폄적되었을 때 내가 수행했
소. 용문龍門의 남쪽 팽파진彭婆鎭에 이르렀을 때, 공이 학질을 앓았고 밤에
도둑이 들어 아주 많은 물건을 잃어버렸는데, 지금 영양潁陽의 부잣집에 있
는 옥 주발은 도둑이 훔쳐 가서 저당 잡혀 놓은 것이오. 애주로 가서 오랫
동안 있다가 내가 돌아가겠다고 인사드리자, 공이 납환蠟丸[14]을 나에게 주
면서 '서경지부西京知府가 관부의 관리들과 만나길 기다렸다가 즉시 이것을
던져라'라고 주의를 주었소. 내가 분부 받은 대로 했더니, 서경지부 왕흠약
王欽若[15]은 관부의 관리들 앞에서 그것을 받았지만 감히 열지 못하고 황급히

---

14 납환(蠟丸): 밀랍으로 만든 둥근 알 모양의 물건. 습기를 방지하고 보안을 유지할 수 있기
    때문에 흔히 그 속에 비밀 서신이나 문건을 넣어 전달하는 데 사용했다. 그래서 '납환'은 밀
    랍으로 싸서 봉한 서신이나 문건을 말한다. 납탄(蠟彈)이라고도 한다.

15 왕흠약(王欽若, 962~1025): 자는 정국(定國), 시호는 문목(文穆). 북송의 재상이자 간신. 태
    종 순화(淳化) 3년(992) 진사 출신으로, 비서성교서랑 · 좌간의대부 · 참지정사 · 형부시랑
    등을 지냈다. 전연(澶淵)의 전쟁 때 금릉(金陵: 지금의 난징)으로 천도할 것을 주장했다가,
    재상 구준(寇準)에게 저지당하고 판천웅군(判天雄軍)으로 나갔다. 대중상부(大中祥符) 연
    간 초에 진종의 구선(求仙) 열망에 영합해, 천서(天書)를 위조하고 부서(符瑞)를 바치고 태

상주해 스스로 귀향하길 청하는 표문을 올렸소. 그 납환 안에는 '비록 하늘까지 닿는 큰 죄를 지었지만 군주를 옹립한 높은 공을 어찌하겠는가?'라는 글이 들어 있었소. 이어서 공을 비서감秘書監으로 복직시키고 광주光州로 옮기라는 칙지가 내려졌소."

아! 지모와 술수를 부리는 것은 군자가 하지 않는 바이다. 세상에서 정진공과 왕기공王冀公(왕흠약)이 모두 지모와 술수를 부렸다고 하는데, 노인의 말대로라면 정진공의 지모와 술수가 또한 왕기공보다 뛰어났으니 이상하다.

元豐二年, 予居洛, 有老父年八九十, 自云少日隨丁晉公至朱崖, 頗能道當時事. 呼問之, 老人曰: "公初自分司西京貶崖州, 某從行. 至龍門南彭婆鎭, 公病瘇, 夜遇盜, 失物甚多, 至今有玉椀在潁陽富家, 盜所質也. 至崖州, 久之, 某辭歸, 公授以蠟丸, 戒曰: '俟西京知府與會府官, 卽投之.' 某如所敎, 知府王欽若也, 對府官得之不敢開, 遽以奏, 乃自陳乞歸表也. 其中云: '雖滔天之罪大, 奈[1]立主之功高?' 繼有旨復秘書監, 移光州." 嗟夫! 任智數者, 君子所不爲也. 世謂丁晉公·王冀公皆任智數, 如老人之言, 則晉公智數又出冀公之上, 異矣.

[1] 내(奈):『진체비서』본과 『학진토원』본에는 "찰(察)"이라 되어 있다.

산에 봉선하게 했다. 사공·문하시랑·동평장사·옥청소응궁사(玉淸昭應宮使)·소문관대학사(昭文館大學士)를 역임했으며, 진종과 인종 때 두 번 재상에 오르고 기국공(冀國公)에 봉해졌다. 일찍이 『책부원귀(冊府元龜)』 편찬을 주도해 이름이 알려졌다.

—

내한內翰(한림학사) 왕우칭王禹偁[16]은 자가 원지元之이고 제주濟州 거야鉅野
사람이다. 집안 대대로 농사를 지었으며, 9살 때 시가를 지었다. 필사안畢士
安이 그를 주州의 종사從事로 삼고 자주 칭찬했다. 장성해서는 더욱 문장에
능했고 과장科場에서 명성을 떨쳐 (태종) 태평흥국太平興國 8년(983)에 진사에
급제했다. 재상부宰相府에 불려 와 시험을 거쳐 우습유右拾遺와 직사관直史館
에 발탁되었다. 북융北戎(거란)이 변방을 침범하자 화의를 건의하는 상소를
올렸는데, 태종太宗이 칭찬했으며 재상 조보趙普가 특히 중시했다. (진종) 경
덕景德 연간(1004~1007)에 이르러 마침내 그의 건의를 채용해 오랑캐와 우호
관계를 맺었다. 또한 하후가정夏侯嘉正[17] · 나처약羅處約[18] · 두호杜鎬[19]와 함께

---

16 왕우칭(王禹偁, 954~1001): 자는 원지(元之). 북송의 관리이자 문인. 태종 태평흥국 8년
(983) 진사 출신으로, 우습유 · 좌사간 · 지제고 · 한림학사 등을 지냈다. 과감하게 직간을
한 탓에 여러 번 폄적당했다가, 진종이 즉위한 후 조정으로 불려 와 지제고로 복직했다. 그
후에 다시 황주(黃州)로 폄적되었기에 세상에서 '왕황주'로 불렸으며, 다시 기주(蘄州)로 좌
천되었다가 그곳에서 병으로 죽었다. 그는 북송 시문 혁신운동의 선구자로, 문장에서는 한
유와 유종원을 따르고 시에서는 두보와 백거이를 추숭했다. 내용은 사회현실을 다양하게
반영했으며, 풍격은 청신하고 평이했다.

17 하후가정(夏侯嘉正, 953?~989?): 자는 회지(會之). 북송의 관리이자 문인. 태종 태평흥국
연간 진사 출신으로, 저작좌랑을 지냈다. 일찍이 파릉(巴陵)에 파견되었을 때 「동정부(洞
庭賦)」를 지어 널리 전해졌다. 단공(端拱) 연간 초(988)에 태종이 그를 불러 사부(詞賦)로
시험해 본 뒤 우정언(右正言)으로 발탁하고 직사관 겸 직비각(直秘閣)에 임명했다.

18 나처약(羅處約, 960~992): 자는 사순(思純). 북송의 관리이자 문인. 태종 때 진사 출신으로,
대리평사(大理評事) · 지오현(知吳縣) 등을 지냈으며, 장주령(長洲令) 왕우칭과 서로 시를
주고받았다. 나중에 왕우칭과 함께 도성으로 불려 와 태종이 직접 시험해 보고 나서 왕우
칭을 우습유에 임명하고 나처약을 저작랑에 임명했다.

19 두호(杜鎬, 938~1013): 자는 문주(文周). 북송의 관리이자 문인. 직비각 · 낭중 · 우간의대
부 · 용도각직학사 · 급사중 · 예부시랑 등을 지냈다. 일찍이 『책부원귀(冊府元龜)』의 편찬
에 참여했다. 견문이 넓고 기억력이 뛰어났으며 엄정하게 역사를 다루었기에 선비들이 그

삼사三史(『사기』·『한서』·『후한서』)를 교정해 바로잡은 것이 많았으며, 좌사
간左司諫과 지제고知制誥로 승진했다. 서현徐鉉[20]이 다른 사람에게 무고당한
일을 논할 때, 왕내한王內翰(왕우칭)이 그의 죄가 아니라고 변론했다가 상주
단련부사商州團練副使로 폄적되었다. 얼마 후에 한림翰林으로 불려 들어와
학사가 되었다. 효장황후孝章皇后[21]가 하늘로 떠나자 조서를 내려 옛 연국장
공주燕國長公主[22]의 저택으로 재궁梓宮(관)을 옮기게 했는데, 신하들이 복상服
喪하지 않자 왕내한이 말했다.

"황후는 일찍이 천하에 어머니로서의 의범儀範을 드리웠으니 마땅히 옛
예법을 좇아 시행해야 합니다."

왕내한은 결국 비방죄에 걸려 지저주知滁州로 폄적되었다. 진종이 즉위

를 존중해 '두만권(杜萬卷)'이라 불렀다.

20　서현(徐鉉, 917~992): 자는 정신(鼎臣). 오대 말과 북송 초의 관리이자 문인. 젊었을 때 한
　　희재(韓熙載)와 이름을 나란히 해 '한서(韓徐)'로 불렸다. 오대(五代) 남당(南唐)에서 지제
　　고·한림학사·이부상서(吏部尙書) 등을 지냈다. 송나라가 들어선 후 태자솔갱령(太子率
　　更令)이 되었으며, 태종 때 급사중과 좌우산기상시를 지냈다. 순화(淳化) 2년(991)에 정난
　　군(靜難軍)의 행군사마(行軍司馬)로 폄적되었다가 빈주(邠州)에서 죽었다. 시문에 능했고
　　문자의 훈고에 정통했다. 일찍이『설문해자(說文解字)』를 교정하고『문원영화(文苑英華)』
　　의 편찬에 참여했다.

21　효장황후(孝章皇后, 952~995): 북송 태조의 세 번째 황후 송씨(宋氏). 좌위상장군(左衛上
　　將軍)·충무군절도사 송악(宋偓)의 장녀. 개보(開寶) 원년(968)에 황후로 책봉되어 효혜
　　황후(孝惠皇后) 하씨(賀氏, 929~958)와 효명황후(孝明皇后) 왕씨(王氏, 942~963)를 이어
　　세 번째 황후가 되었다. 개보(開寶) 9년(976) 10월에 태조가 갑자기 붕어하자, 시동생인 태
　　종이 즉위해 그녀를 개보황후(開寶皇后)라 하고 이듬해에 서궁(西宮)으로 옮겨 가라 명했
　　다. 지도(至道) 원년(995)에 죽자 담당 관리가 '효장황후'라는 시호를 올렸다. 하지만 태종
　　은 형수를 위해 복상(服喪)하지 않았고 신하들에게도 장례에 참여하지 말라고 했다. 송황
　　후의 관은 태조의 여동생인 옛 연국장공주의 저택으로 옮겨져 임시로 빈소가 차려졌으며,
　　태조와 합장되지도 못했다.

22　연국장공주(燕國長公主, ?~973): 북송 태조의 친여동생. 태조가 즉위한 후 건륭(建隆) 원년
　　(960)에 연국장공주에 봉해졌으며, 충무군절도사(忠武軍節度使) 고회덕(高懷德)에게 재가
　　하고 흥녕방(興寧坊)에 저택을 하사받았다. 개보(開寶) 6년(973)에 죽자, 태조가 직접 빈소
　　로 가서 곡을 하고 닷새 동안 조회를 보지 않았다.

한 후 직언으로 조칙을 받들어 조정으로 불려 들어가 지제고가 되었다. 하지만 함평咸平 연간(998~1003) 초에 『태조실록太祖實錄』을 수찬하다가 재상과 의견이 맞지 않아 다시 비방죄에 걸려 지황주知黃州로 폄적되었으며, 기주蘄州로 옮겨 갔다가 그곳에서 죽었다. 그는 평생의 큰 절개가 이와 같았기 때문에 『협중기篋中記』라고도 하는 『건륭유사建隆遺事』를 지어 스스로 매우 비밀스런 일을 기술했는데, 대개 다음과 같이 말했다.

"나는 태조황제太祖皇帝 때의 제생諸生(유생)으로 한 시대의 일을 모두 직접 목격했는데, 국사國史를 살펴보니 간혹 다른 부분이 있다."

또 이렇게 말했다.

"황상皇上(태조)은 성품이 매우 신중하고 말씀이 적었으며, 책 보기를 굉장히 좋아해 군중軍中에 있을 때도 손에서 책을 놓지 않았으며, 만약 민간에 진기한 책이 있다는 말을 들으면 천금도 아까워하지 않고 그것을 구했다. (후주) 현덕顯德 연간(954~960) 초에 황상이 세종世宗(시영)을 따라 남쪽 정벌에 나섰는데, 처음 회전淮甸(회수 유역)을 평정했을 때 어떤 소인배가 세종에게 황상을 참소하길, '조趙 아무개(조광윤)가 수주壽州로 내려가면서 짐을 잔뜩 실은 수레 여러 대를 사사로이 가져갔습니다'라고 했다. 세종이 사람을 보내 살펴보게 했더니 과연 대나무 상자를 실은 수레 여러 대가 있었다. 그래서 급히 상자를 행재소行在所로 가져오게 해 면전에서 상자를 열어 보게 했는데, 다른 물건은 없고 오직 수천 권의 책만 있었다. 세종이 이상히 여기며 황상을 불러 이르길, '경은 바야흐로 짐을 위해 장수가 되어 강토를 넓히고 있으니, 마땅히 갑옷을 견고히 하고 무기를 날카롭게 해야 하거늘 이런 책을 어디에 쓰려고 하오?'라고 했다. 황상이 머리를 조아리고 사죄하며 말하길, '신은 뛰어난 계책으로 성덕聖德을 보필하지 못하고 외람되이 높은 벼슬을 차지한 채 신임을 받고 있는지라 늘 소임에 미치지 못함을 걱정하고 있습니다. 그래서 책을 모아 열람하면서 견문을 넓히고 지모를 더하고자 합니다'라고 하자, 세종이 말하길, '훌륭하오!'라고 했다."

또 말했다.

"황상이 북쪽 정벌에 나선 날 밤 진교역陳橋驛에 머물고 있을 때, 나언환羅彦環[23] 등이 황포黃袍(곤룡포)[24]를 바치고 황상을 천자로 옹립한 뒤 황상에게 말에 올라 남쪽으로 돌아가길 청했다. 진교역의 문을 막 나갔을 때, 황상이 말고삐를 당겨 멈추고 나아가지 않은 채 여러 장교들에게 말하길, '내가 명령을 내리면 따를 수 있겠는가?'라고 했다. 여러 장수들이 모두 땅에 엎드려 명령을 기다리자 황상이 말하길, '그대들은 스스로 벼슬과 상을 탐내 나에게 임금이 되라고 강요하는데, 지금 도성으로 들어가면 마음대로 약탈해서는 안 되니, 내 명령을 따르면 마땅히 후한 상을 받겠지만 그렇지 않으면 전 군영의 군대를 몰아 참살할 것이다'라고 했다. 여러 장수들이 모두 다시 명령을 받고 군마가 마침내 출발했다. 국문國門에 들어가고 나서 병사들은 손님처럼 이르러 털끝만큼도 재물을 범하지 않았다. 이에 앞서 도성에 거주하는 사람들은 황상이 이르렀다는 말을 듣고 모두 크게 두려워하면서, 오대의 폐습을 따라 병사들이 노략질하도록 풀어놓을 줄로 생각했다. 그

---

23 나언환(羅彦環, 923~969): 오대 말과 북송 초의 무장. 오대 후량(後梁) 말에 태어났으며, 후진(後晉)에서 필주자사(泌州刺史)를 지낸 부친 나전덕(羅全德)의 덕으로 내전직(內殿直)에 보임되었다. 후주(後周) 태조 광순(廣順) 3년(953)에 추밀사 왕준(王浚)의 도당으로 몰려 등주교련사(鄧州敎練使)로 폄적되었다가, 세종 때 반음지휘사(伴飮指揮使)로 기용되고 마보군도군두(馬步軍都軍頭)로 전임되었다. 현덕(顯德) 7년(960) 1월에 조광윤이 진교병변(陳橋兵變)을 일으켜 도성으로 입성했을 때, 범질(范質)이 왕부(王溥)와 위인포(魏仁浦) 등을 대동하고 조광윤에게 힐문하자, 나언환이 검을 빼 들고 "여러 장수들이 논의해 점검(조광윤)을 천자로 옹립했으니, 다시 이의를 제기하는 자는 참하겠다[衆將議立檢點爲天子, 再有異言者斬]"라고 호통쳐 사태를 해결했다.

24 황포(黃袍): 원문은 "중앙지복(中央之服)". 황제의 예복인 누런 곤룡포를 말한다. 오행에서 중앙은 '토(土)'에 해당하고 '토'는 색깔로는 '황(黃)'에 해당하므로 그렇게 말한 것이다.

런데 보았더니 황상이 명령하자 병사들이 도착한 뒤 즉시 갑옷을 벗고 군영으로 돌아갔으며 시정이 동요하지 않고 조금도 소란이 없자 사람들이 모두 크게 기뻐했다. 또 황상이 진교역 앞에서 경고하고 약조한 일을 듣고 온 도성의 노인들이 모두 서로 축하하며 말하길, '오대의 천자들은 모두 군사의 위세로 천하를 강제해 일반백성들에게 덕이 널리 미친 적이 없었는데, 지금 황상은 즉위한 지 하루도 지나기 전에 백성을 사랑하는 마음을 지녔으니, 우리 노인네들은 진정한 천자가 세상을 다스리는 것을 보게 되어 얼마나 행복한가!'라고 했다. 당나라 말부터 오대에 이르기까지 번방藩方의 절제節制(절도사)들은 모두 조정의 명을 받지 않았는데, 황상은 즉위한 뒤 활달한 성품과 넓은 도량으로 진심을 미루어 헤아려 그들을 대했다. 이로 말미암아 제로諸路의 절장節將들은 성덕을 마음에 품고 위엄을 두려워해 감히 발호하지 않고 세시마다 빠짐없이 공물을 봉헌했으며 조정에서 부를 때마다 즉시 이르렀으니, 모두 번신藩臣의 절의節義를 매우 공경히 지켰다. 이로써 식자들은 군주의 위엄이 행해지고 태평성세의 기틀이 세워졌음을 알게 되었다."

또 말했다.

"두태후杜太后(태조의 모친)는 도량이 매우 넓고 재지才智를 지니고 있어서 국초國初에 많은 내조를 했다. 황상이 처음 진교에서 제위에 올라 군대를 진격시켜 도성으로 들어가자, 사람들이 달려가 두태후에게 보고하길, '점검點檢[황상은 당시 벼슬이 점검이었다]이 이미 천자가 되어 돌아왔습니다!'라고 했다. 당시 두태후는 잠자리에서 아직 일어나지 않았고 보고를 듣고도 편안히 누워 대답하지 않았는데, 진왕晉王(태종)의 무리는 모두 놀라 뛰며 말을 달려 황상을 영접하러 나갔다. [진왕은 나중에 천명을 받았으니 이가 바로 태종이다.] 잠시 후에 황상이 신임하는 측근이 도착해 들어가 두태후에게 아뢰자, 그제야 두태후는 천천히 일어나 말하길, '내 아들이 평소 큰 뜻을 품고 있더니 과연 오늘이 있게 되었구나!'라고 했다. 얼마 후에 황상이 도착해 당상에서 두태후를 만나 뵈었는데, 사람들이 모두 경하했지만 두태후만 근심하며 즐거워하지 않자 황상이 매우 의아해했다. 좌우 사람이 나아가 두태후에게 아뢰길, '신이 들건대 어미가 자식을 귀히 여김이 예로부터 이와 같았다고 합니다. 태후의 아들이 지금 천자가 되었는데 어찌 즐거워하지 않으십니까?'라고 하자, 두태후가 황상에게 말하길, '내가 듣건대 임금 노릇 하는 것은 쉽지 않고 또한 천자는 만백성을 위해 몸을 바쳐야 한다고 하니, 만약 다스림이 올바른 도를 얻게 되면 이 자리는 존귀하게 여길 만하지만, 만약 잘 다스리지 못해 나라가 위태롭게 되면 필부가 되고자 해도 될 수 없으니, 이것이 내가 걱정하는 바이다. 너는 마땅히 이것에 힘써야 할 것이니라!'라고 했다. 황상이 재배하며 말하길, '삼가 가르침을 받겠습니다'라고 했다."

또 말했다.

"(태조) 건덕乾德 연간(963~968)과 개보開寶 연간(968~976) 사이에 천하가 크게 안정되었고 오직 하동河東(북한) 지역만 아직 천자의 교화를 따르지 않고 있었으며, 강토가 실제로 넓어지고 국가의 재용이 풍족했지만, 황상은 더욱 절검해 궁인이 200명이 안 되는데도 오히려 많다고 여겼다. 또 궁전 안에는 오직 푸른 베로 테두리를 두른 발과 붉은 명주 휘장을 걸고 자줏빛 명주 요를 깔았으며, 어의御衣는 자황포赭黃袍만 고운 능라비단으로 지었고 그 나머지는 모두 거친 명주비단을 사용했다. 진왕 이하의 신하들이 궁중의 연회에 참석했을 때, 진왕이 황상에게 의복과 기물이 너무 소박하다고 조용히 말했더니, 황상이 정색하며 말하길, '너는 갑마영甲馬營에서 살았던 때[25]를 기억하지 못하느냐?'라고 했다. 황상은 비록 만승萬乘의 존귀한 천자이지만 포의布衣 시절의 일을 잊지 않는 것이 모두 이와 같았다."

또 말했다.

"개보 연간 말에 낙양으로 천도遷都하는 것을 논의했는데, 진왕이 말하길, '도성에 주둔하는 백만의 병사는 전적으로 변거汴渠[26]를 바탕으로 동남의 물자를 조운漕運해 넉넉하게 양성하고 있습니다. 만약 낙양으로 천도한다면 수운水運에 어려움이 생겨 군수물자가 부족하게 될까 걱정됩니다'라고 했다. 황상은 표문을 살펴보고 답하지 않은 채 보류해 놓으라고 명할 뿐이었다. 다른 날에 진왕이 연회 자리에서 조용히 황상을 알현하고 천도하는 것이 타당하지 않다고 또 말했더니, 황상이 말하길, '낙양으로 천도하고 나서 오래지 않아 당연히 옹주雍州(장안)로 옮길 것이다'라고 했다. 진왕이 그 뜻을 물었더니 황상이 말하길, '내가 장차 서쪽으로 천도하려는 것은 다른 뜻은 없고, 산과 강의 뛰어난 지리적 조건에 의거해 쓸모없는 군사[27]를 없애고 주周나라와 한나라의 옛일을 좇아 천하를 안정시키고자 하는 것이다'라고 했다. 진왕이 또 말하길, '(천하를 안정시키는 일은) 덕에 달렸지 험준함에 달려 있지 않습니다'라고 했지만, 황상은 대답하지 않았다. 진왕이 나가자 황상이 측근 신하에게 말하길, '진왕의 말이 진실로 훌륭하니 일단 그의 말을 따르겠지만, 백 년을 넘지 않아서 천하의 민력民力이 바닥날 것이다'라고 했다."

또 말했다.

---

25 갑마영(甲馬營)에서 살았던 때: '갑마영'은 옛 군영의 명칭으로, 태조 조광윤이 태어난 곳이다. 나중에는 그가 미천했을 때 처했던 환경을 가리키는 것으로 쓰인다.

26 변거(汴渠): 수나라에서 북송 때까지 황하(黃河)와 회하(淮河)를 연결하는 중심 운하로, 변하(汴河)·통제거(通濟渠)라고도 한다.

27 쓸모없는 군사: 원문은 "용병(冗兵)". 북송은 계속되는 거란(요나라)·서하 등과의 대치 상황에서 계속 군대를 늘려 결과적으로 훈련이 제대로 되지 않은 쓸모없는 군사가 늘어나게 되었으며, 문치주의의 시행으로 불필요한 관리인 용관(冗官)이 점차 늘어났는데, 이로 인해 헛된 비용인 용비(冗費)가 증가해 국가 재정에 큰 어려움을 초래했다.

"황상은 천하를 17년 동안 향유했는데, 좌우의 내신內臣(환관) 50여 명은 황궁 안의 일만 관장하게 하고 정사에 관여하게 한 적이 없었으며, 간혹 부득이하게 지방으로 파견할 경우에는 한 가지 일만 처리하게 하고 함부로 다른 일을 받아들여 상주하지 못하게 했다. 천하 사람들은 이를 다행으로 여겼다. 개보 연간 말에 내신을 파견해 명산대천에 기도하게 했는데, 얼마 후에 어떤 황문黃門(환관)이 동굴에서 양 모양과 비슷하게 생긴 괴상한 돌을 발견하고 기이하다고 여겨 바쳤더니, 황상이 말하길, '이것은 무덤 속의 물건인데 무슨 쓸모가 있다고 바쳤느냐?'라고 했다. 그러고는 그 돌을 부숴버리라 명하고 아울러 그 황문을 곧장 쳐서 내쫓았다. 황상은 내신이 아첨하는 것을 받아들이지 않음이 모두 이와 같았다."

또 말했다.

"건덕 연간 초에 절서浙西(오월)의 전숙錢俶[28]이 내조來朝하자, 황상은 그를 매우 후하게 대우했다. 전숙이 막 대궐에 도착하자 진왕晉王과 승상을 비롯한 조정 안팎의 신료들이 50여 통의 주장奏章을 올려 전숙을 억류하길 청했지만 황상이 말하길, '전숙은 본국에 있으면서 해마다 빠짐없이 공물을 바

---

28 전숙(錢俶): 자는 문덕(文德). 오대십국 오월(吳越)의 마지막 군주인 충의왕(忠懿王, 948~
    978 재위). 제4대 군주인 충손왕(忠遜王) 전홍종(錢弘倧: 전종)의 동생이다. 본명은 전홍숙
    (錢弘俶)이었지만 송 태조의 부친 조홍은(趙弘殷)의 휘(諱)를 피해 '전숙'으로 고쳤다. 947년
    12월에 장군 호진사(胡進思) 등이 정변을 일으켜 충손왕 전종을 폐위시키고 전숙을 옹립해
    이듬해 948년 정월에 왕위에 올랐다. 즉위한 후 과도한 세금을 면제하고 황무지를 개간해
    농토를 넓히는 등 정치에 전념해 백성들이 크게 기뻐했다. 북송 개보(開寶) 8년(975)에 태
    조 조광윤과 맹약하고 북송의 군대와 연합해 남당(南唐)의 금릉(金陵)을 공격했으며, 그해
    12월에 입조해 축하의 표문을 올렸다. 전숙은 30년 동안 재위하면서 후한(後漢)·후주(後
    周)·북송을 차례로 섬겼다. 북송 태종 태평흥국 3년(978)에 칙지를 받들어 변경(汴京)에
    들어왔다가 억류당한 상태에서 할 수 없이 나라를 바쳤으며, 회해국왕(淮海國王)·한남국
    왕(漢南國王)·남양국왕(南陽國王)·허왕(許王)·등왕(鄧王)에 차례로 봉해졌다. 단공(端
    拱) 원년(988)에 회갑 잔치를 하다가 갑자기 죽었다.

쳤으며 지금 또 내조해 예물을 바치고 몸을 맡기고자 하는데, 만약 그의 나라를 탐내 그를 억류한다면 이는 아마도 군주의 마음 씀이 아닐 것이니 어찌 천하에 신의를 보여 줄 수 있겠는가?'라고 하면서 주장을 모두 받아들이지 않았다. 전숙이 귀국 인사를 올리자 황상은 금폐金幣와 명마를 하사한 외에 따로 누런 비단에 봉함하고 서명한 문서 한 보따리를 전숙에게 주며 말하길, '기다렸다가 본국에 도착한 후에 열어 보도록 하라'라고 했으며, 아울러 전숙에게 이르길, '짐은 경이 충성스럽고 근실함을 알고 있으니, 만약 짐이 늘 편안하고 건강하면 경은 언제나 동남 지역에 있게 될 것이며 다른 사람은 불가하다'라고 했다. 전숙은 감읍하며 감사의 절을 올린 뒤 떠났다. 전숙이 전당錢塘에 도착한 후에 비단 보자기 속의 문서를 열어 보았더니, 바로 진왕과 승상 이하의 신료들이 자신을 억류하길 청하는 주장 50여 통이 들어 있었다. 전숙은 크게 놀라며 표문을 올려 감사를 드렸다. 황상이 마음에 간직한 인자함과 신의가 이와 같았다."

아! 왕내한은 선배 제공諸公들이 알든 모르든 간에 모두 그를 존경하고 본받으면서 말했다.

"옛날의 유풍을 지닌 올곧은 분이다."

나(소백온)는 후배로서 그의 개인적인 글을 해내에서 찾았는데, 병란 끝에 그중에서 전할 만한 것을 골라 열거했다.

王內翰禹偁, 字元之, 濟州鉅野人. 世農家, 九歲爲歌詩. 畢士安作州從事, 亟稱之. 長益能文, 有場屋聲, 登太平興國八年進士擢第. 召試相府, 擢右拾遺·直史館. 因北戎犯邊, 獻書建和議, 太宗賞之, 宰相趙普尤加器重. 至景德間, 卒用其議, 與虜通好. 又與夏侯嘉正·羅處約·杜鎬同校三史, 多所是正, 進左司諫·知制誥. 因論徐鉉爲人誣告, 內翰辨其非罪, 責商州團練副使.

尋召入翰林爲學士. 孝章皇后上仙, 詔遷梓宮於故燕國長公主第, 群臣不爲服, 內翰言：“后嘗母儀天下, 當遵用舊禮.” 罪以誹謗, 謫知滁州. 眞宗卽位, 以直言應詔, 召爲知制誥. 咸平初, 修『太祖實錄』, 與宰相論不合, 又以謗謫知黃州, 移蘄州, 死於官. 其平生大節如此, 故所著『建隆遺事』, 一曰『篋中記』, 自敍甚秘, 蓋曰：“吾太祖皇帝諸生也, 一代之事皆目所見者, 考於國史或有不同.” 一曰：“上性嚴重少言, 酷好看書, 雖在軍中, 手不釋卷, 若聞人間有奇書, 不恡千金以求之. 顯德初從世宗南征, 初平淮甸, 有讒人譖上於世宗曰：‘趙某自下壽州, 私有重車數乘.’ 世宗遣人伺察之, 果有籠篋數車. 遽令取入行在, 面開之, 無他物, 惟書數千卷. 世宗異之, 召上諭之曰：‘卿方爲朕作將帥, 辟土疆, 當堅甲利兵, 何用書爲？’ 上頓首謝曰：‘臣無奇謀上贊聖德, 濫膺倚任, 嘗恐不逮. 所以聚言[1]觀覽, 欲廣見聞, 增智慮也.’ 世宗曰：‘善！’” 又曰：“上北征之夕, 次陳橋驛, 羅彥環等獻中央之服, 立上爲天子, 請登馬南歸. 才出驛門, 上勒馬不前, 謂諸將校曰：‘我有號令, 能禀之乎？’ 諸將皆伏地聽命, 上曰：‘爾輩自貪爵賞, 逼我爲君, 今入京師, 不得輒恣劫掠, 依吾令卽當有重賞, 不然則連營逐隊, 有斧鉞之誅.’ 諸將皆再禀令, 戎馬遂行. 旣入國門, 兵至如賓, 秋毫不犯. 先是京城居人聞上至, 皆大恐, 將謂循五代之弊, 縱士卒剽掠. 旣見上號令, 兵士至, 卽時解甲歸營, 市井不動, 略無搔擾, 衆皆大喜. 又聞上驛前誡約之事, 滿城父老皆相賀曰：‘五代天子皆以兵威強制天下, 未有德洽黎庶者. 今上踐阼未終日, 而有愛民之心, 吾輩老矣, 何幸見眞天子之御世乎！’ 自唐末至五代, 藩方節制皆不禀朝命, 上踐阼, 豁達大度, 推赤心以待之. 由是諸路節將懷德畏威, 不敢跋扈, 歲時貢奉無闕, 朝廷亟召亟至, 皆執藩臣之節甚恭. 識者知主威之行矣, 太平之基立矣.” 又曰：“杜太后度量恢廓, 有才智, 國初內助爲多. 上初自陳橋卽帝位, 進兵入城, 人先報[2]曰：‘點檢〔上時官爲點檢〕已作天子歸矣！’ 時后寢未興, 聞報, 安臥不答, 晉王[3]輩皆 驚躍奔馬出迎. 〔晉王後受命，是爲太宗．）斯須有上親信人至，入白后，后乃徐徐而起曰：‘吾兒素有大志，果有今日矣！’俄頃上至，見后於堂上，衆皆賀之，惟后愀然不樂，上甚訝之．左右進白后曰：‘臣聞母以子貴，自古如此．后子今作天子，胡爲不樂？’后謂上曰：‘吾聞爲君不易，且天子者致身於兆庶之上，若治得其道，則此位可尊，苟或失馭，則欲爲匹夫不得，是吾所以憂也．子宜勉之！’上再拜曰：‘謹受教．’”又曰：“乾德・開寶間，天下將大定，惟河東未遵王化，而疆土實廣，國用豐羨，上愈節儉，宮人不及二百，猶以爲多．又宮殿內惟掛青布緣簾・緋絹帳・紫紬褥，御衣止赭袍，以綾羅爲之，其餘皆用絁絹．晉王已下因侍宴禁中，從容言服用太草草，上正色曰：‘爾不記居甲馬營中時耶？’上雖貴爲萬乘，其不忘布衣時事皆如此．”又曰：“開寶末，議遷都於洛，晉王言：‘京師屯兵百萬，全藉汴渠漕運東南之物贍養之．若遷都於洛，恐水運艱阻，闕於軍儲．’上省表不報，命留中而已．異日，晉王宴見從容，又言遷都非便，上曰：‘遷洛未已久當遷雍．’晉王叩其旨，上曰：‘吾將西遷者無它，欲據山河之勝而去冗兵，循周・漢之故事以安天下也．’晉王又言：‘在德不在險．’上不答．晉王出，上謂侍臣曰：‘晉王之言固善，姑從之，不出百年，天下民力殫矣．’”又曰：“上享天下十七年，左右內臣有五十餘員，止令掌宮掖中事，未嘗令預政事，或有不得已而差出外方，止令幹一事，不得妄探聽他事奏陳．天下以爲幸．開寶末，差內臣禱名山大川，俄有黃門於洞穴探得怪石，有類羊形，以爲異而獻之，上曰：‘此是墳墓中物，何用獻爲？’命碎其石，仍杖其黃門逐之．不受內臣所媚皆如此．”又曰：“乾德初，浙西錢俶來朝，上待之甚厚．俶方到闕，自晉王・丞相及中外臣僚有表章五十餘封，請留俶，上曰：‘錢俶在本國，歲修職貢無闕，今又委質來朝，若利其土宇而留之，殆非人主之用心，何以示信於天下也？’奏俱不納．俶辭歸國，賜與金幣名馬之外，別以黃絹封署文書一角付俶曰：‘候至本國開之．’仍諭俶曰：‘朕知卿忠勤，若朕常安健，公則常有東南，他人卽不可也．’俶感泣拜謝而去．

俶至錢塘, 開軸[4]中文字, 乃是晉王·丞相已下請留牋章五十餘封. 俶大驚,
以表稱謝. 上存心仁信類如此." 嗚呼! 王內翰, 前輩諸公識與不識, 皆尊師之,
曰:"古之遺直也." 伯溫晚生, 得其私書於海內, 兵火之餘, 取可傳者列之.

[1] 언(言): 원초본(元鈔本)과 명초본에는 "서(書)"라 되어 있는데, 문맥상 보다 타당하다.

[2] 선보(先報): 명초본에는 "주보후(走報后)"라 되어 있는데, 문맥상 의미가 보다 분명하다.

[3] 진왕(晉王):『송사』「태조본기」에 따르면, 진교병변(陳橋兵變)이 일어났을 때 진왕(태종)은 태조와 함께
진교역에 있었고 도성에 없었으므로, 의문의 여지가 있다. 주성이(周星詒) 교본에서도 "당시 진왕은 진
교에 있었으므로 아마도 '진' 자는 잘못된 것 같다[時晉王在陳橋, 疑'晉'字誤也]"라고 했다.

[4] 축(軸): 명초본에는 "파(帊)"라 되어 있는데, 문맥상 보다 타당하다. "파"는 보자기를 뜻한다.

7-6(067)

—

　　문정공文定公 이적李迪이 거자擧子[29]였을 때, 충방种放[30] 명일선생明逸先生에
게서 수학했다. 장차 도성으로 과거시험을 보러 갈 때, 명일선생에게 요직
要職의 공경에게 보낼 추천서를 부탁하자 명일선생이 말했다.

　　"지활주知滑州로 있는 유개柳開[31] 중도仲塗는 뛰어난 재주를 지닌 훌륭한

─────────

29　거자(擧子): 중앙의 과거시험에 응시할 수 있는 자격을 갖춘 유생을 말한다.

30　충방(种放, 955~1015): 자는 명일(明逸), 호는 운계취후(雲溪醉侯). 북송의 관리이자 학자.
　　7살 때 문장을 능숙하게 지었으며, 역학(易學)에 정통했다. 과거시험에 응시하지 않았고,
　　부친이 돌아가시자 모친을 따라 종남산(終南山)에 은거하면서 강학(講學)으로 생계를 유지
　　했다. 일찍이『몽서(蒙書)』10권과「사우설(嗣禹說)」·「표맹자상하편(表孟子上下篇)」·「태
　　일사록(太一祠錄)」등을 지어 사람들의 칭송을 받았다. 섬서전운사 송유간(宋惟幹)과 병부
　　상서 장제현(張齊賢)이 여러 차례 황제에게 천거했지만 계속 사양했다. 진종 함평(咸平) 5년
　　(1002)에 장제현이 재차 천거한 끝에 비로소 벼슬길에 나아갔지만, 그 후로 수년 동안 조정
　　과 종남산 사이에서 출사와 은거를 반복했으며, 대중상부(大中祥符) 4년(1011)에 공부시랑
　　에 제수되었다. 대중상부 8년(1015)에 새벽에 일어나 도복(道服)을 입고 문하생을 불러 함
　　께 술을 마시다가 편안히 세상을 떠났다.

선비이니, 틀림없이 추천서로 그대의 성명을 알릴 수 있을 것이네."

문정공이 추천서를 가지고 유중도柳仲塗(유개)를 뵈러 가서 자신이 지은 문장을 선물로 삼아 알자謁者[32]와 함께 들어갔다. 한참 있다가 유중도가 나와서 말했다.

"그대의 문장을 읽어 보니 모름지기 목욕을 하고 나서야 감히 볼 수 있겠네."

그러고는 그를 문하에 머물게 했다. 하루는 유중도가 직접 문제를 내서 문정공과 그의 자제들과 문하 객들에게 함께 부賦를 짓게 했는데, 문정공의 부가 완성되자 유중도가 놀라며 말했다.

"그대는 필시 천하의 으뜸으로 재상이 될 것이네!"

그러고는 문하 객들과 자제들을 문정공에게 절하게 하면서 말했다.

"다른 날 서로 잊지 말게."

문정공은 과거에 장원으로 급제했으며, 10년 만에 재상의 지위에 이르렀다. 유중도의 문하 객으로 있던 유柳 아무개가 나중에 관직이 시어사侍御史에 이르렀는데, 문정공이 장남 이간지李柬之[33]에게 그의 딸을 아내로 맞이

━━━

31 유개(柳開, 947~1000 또는 948~1001): 북송 초의 관리이자 문인. 본명은 견유(肩愈: 한유와 비견한다는 뜻), 자는 소선(紹先) 또는 소원(紹元: 유종원을 잇는다는 뜻)이었는데, 나중에 이름을 개(開), 자를 중도(仲塗)로 바꾸었다. 호는 동교야부(東郊野夫)·보망선생(補亡先生)이다. 태조 개보(開寶) 6년(973) 진사 출신으로, 송주사구참군(宋州司寇參軍)을 지냈다. 태종을 따라 북한(北漢) 정벌에 참여했으며, 지상주(知常州)·지윤주(知潤州)를 거쳐 감찰어사와 전중시어사를 역임했다. 진종이 즉위한 후 지대주(知代州)가 되었으며, 서하(西夏)에 대한 방비를 강화할 것과 불필요한 용관(冗官)을 줄일 것을 주장했다. 함평(咸平) 2년(999)에 요나라가 침입하자 진종에게 직접 정벌에 나설 것을 요구했다. 한유(韓愈)와 유종원(柳宗元)의 고문을 계승할 것을 주장하며 북송 초의 화려한 문풍에 반대해 송대 고문운동의 선구자가 되었다.

32 알자(謁者): 빈객을 주인에게 인도하는 사람.

33 이간지(李柬之, 996~1073): 자는 공명(公明). 북송의 관리. 문정공(文定公) 이적(李迪)의 아들이다. 국조(國朝)의 전장제도와 옛일에 밝았다. 진사 출신으로 일찍이 구준(寇準)의 인

하게 했으니, 유중도의 말을 잊지 않은 것이었다. 문정공이 지었던 부의 제목은 전하지 않는다. 왕기공王沂公(왕증)[34]이 처음 「유물혼성부有物混成賦」를 지었을 때 식자들이 그가 틀림없이 재상이 될 것임을 알았던 경우와 같으니, 대개 수양한 바와 배운 바가 언사로 드러난 것을 살펴볼 수 있기 때문이다. 정명도程明道(정호)[35] 선생이 나(소백온)에게 말해 주었다.

李文定公迪爲學子[1]時, 從种放明逸先生學. 將試京師, 從明逸求當塗公卿薦書, 明逸曰: "有知滑州柳開仲塗者, 奇才善士, 當以書通君之姓名." 文定攜書見仲塗, 以文卷爲贄, 與謁俱入. 久之, 仲塗出, 曰: "讀君之文, 須沐浴乃敢見." 因留之門下. 一日, 仲塗自出題, 令文定與其諸子及門下客同賦, 賦成[2], 驚曰: "君必魁天下, 爲宰相!" 令門下客與諸子拜之曰: "異日無相忘也." 文定以狀元及第, 十年致位宰相. 仲塗門下客有柳某者, 後官至侍御史, 文定公命

정을 받았다. 인종·영종·신종 3대에 걸쳐 조정과 지방의 여러 관직을 지냈으며, 태자태보(太子太保)로 벼슬을 마쳤다.

34 왕기공(王沂公): 왕증(王曾, 978~1038). 자는 효선(孝先), 시호는 문정(文正). 북송의 명재상이자 문인. 어려서 부친을 여의고 고생했지만 문장을 잘 지었다. 진종 함평(咸平) 연간에 해시(解試)·성시(省試)·전시(殿試)에서 잇달아 장원으로 급제했다. 장작감승(將作監丞)과 제주통판(濟州通判)을 거쳐 이부시랑과 참지정사를 역임했다. 인종이 즉위한 후 중서시랑·동중서문하평장사로 재상에 올라 지모로 정위(丁謂)를 축출했으며, 지청주(知靑州)로 나갔다가 경우(景祐) 원년(1034)에 조정으로 돌아와 추밀사가 되었고 이듬해에 다시 재상이 되고 기국공(沂國公)에 봉해졌다. 하지만 여이간(呂夷簡)과 불화해 함께 파면되어 판운주(判鄆州)로 나갔다가 그곳에서 죽었다.

35 정명도(程明道): 정호(程顥, 1032~1085). 자는 백순(伯淳), 호는 명도, 시호는 순공(純公). 북송의 저명한 철학자로 '낙학(洛學)'의 대표인물이다. 인종 가우(嘉祐) 2년(1057) 진사 출신으로, 호현주부(鄠縣主簿)·진성령(晉城令)을 거쳐 태자중윤(太子中允)·감찰어사·진녕군절도판관(鎭寧軍節度判官) 등을 역임했다. 정치상으로는 왕안석의 신법에 반대했으며, 철학상으로는 주돈이(周敦頤: 주염계)에게서 수학하고 『정성서(定性書)』를 저술해 이기일원론(理氣一元論)과 성즉리설(性則理說)을 주창했다. 동생 정이(程頤: 정이천)와 함께 이정자(二程子)로 불렸으며, 남송의 주희(朱熹: 주자)에게 큰 영향을 미쳐 성리학의 기초가 되었고, 정주학(程朱學)의 중심을 이루었다.

長子束之娶其女, 不忘仲塗之言也. 文定所擬賦題不傳. 如王沂公(曾)初作「有物混成賦」, 識者知其決爲宰相, 蓋所養所學發爲言辭者, 可以觀矣. 程明道先生爲伯溫云.

[1] 학자(學子): 만력본(萬曆本)에는 "거자(擧子)"라 되어 있는데, 문맥상 타당하다.
[2] 부성(賦成): 명초본에는 "중도람문정부(仲塗覽文定賦)"라 되어 있는데, 문맥상 의미가 보다 분명하다.

7-7(068)

—

구내공寇萊公(구준)이 존귀해지고 나서 월급을 받아 당상에 놓아두었는데, 어떤 노파가 울면서 말했다.

"대부인께서 돌아가셨을[36] 때는 집이 가난해 명주 한 필로 수의와 이불을 지으려고 했으나 그럴 수 없었으니, 오늘의 공을 보시지 못한 것이 한스럽습니다."

구내공은 그 말을 듣고 대성통곡했다. 그래서 집에서 검소하게 생활해 침소의 휘장을 20년 동안 바꾸지 않았다. 어떤 사람이 (한나라) 공손홍公孫弘[37]의 일을 가지고 구내공을 조롱하자, 구내공이 웃으며 말했다.

─────

36 돌아가셨을: 원문은 "연관(捐館)". 살던 집을 버린다는 뜻으로, 죽음에 대한 완곡한 표현이다.

37 공손홍(公孫弘, BC 200~BC 121): 자는 계(季) 또는 차경(次卿). 전한 무제 때의 재상. 젊었을 때 옥리(獄吏)를 지냈으며, 40세에 비로소 『춘추공양전(春秋公羊傳)』을 공부해 무제 초년 60세에 박사로 임명되었다. 평소에 유학을 애호하고 법제(法制)와 행정에 뛰어나서 무제의 총애를 받아, 원삭(元朔) 5년(BC 124)에 어사대부에서 승상이 되었으며 평진후(平津侯)에 봉해졌다. 사람됨이 겉으로는 너그러우면서도 속으로는 각박해 자기의 뜻에 부합하지 않는 자에 대해서는 잘 대해 주는 척하면서 남몰래 보복하곤 했다. 『서경잡기(西京雜記)』에 따르면, 승상이 된 공손홍의 친구 고하(高賀)가 자신을 홀대하자, "공손홍은 안으로는 진귀한 옷을 입으면서도 겉으로는 거친 마포 옷을 입고, 안으로는 부엌에서 5개의 요리

"저들은 거짓말하지만 나는 진실하니 무엇이 부끄럽겠는가!"

그래서 위야魏野[38]가 구내공에게 시를 보내 말했다.

"벼슬은 재상 자리[39]에 있지만, 누대를 세울 집이 없다네."

나중에 오랑캐(거란) 사신이 조정에서 구내공을 지목하며 말했다.

"이분이 집 없는 상공이시오?"

혹자는 구내공이 자못 사치하고 방종했다고 하는데 사실이 아니다. 대개 구내공은 변방을 진수한 적이 많았으며 공적인 모임의 연회를 매우 성대하게 차렸는데, 이는 또한 한퇴지韓退之(한유)[40]가 말한 "한 섬들이 곡식 항아리는 늘 집에서 비어 있었지만, 상다리 부러지는 진수성찬은 매번 손님 잔치에서 성대했다"라는 경우이다. 나(소백온)는 구내공의 외종질인 승상 왕공王公이 지은 구내공의 묘지명에서 (이 일을) 찾았는데, 구내공의 전해 오

솥을 늘어놓고 먹으면서도 겉으로는 반찬 한 가지만을 먹으니, 어찌 세상에 모범이 될 수 있겠는가?'라고 해, 조정에서 그의 위선적인 행동을 의심했다고 한다. 본문의 "공손홍의 일"은 바로 이 일을 말한다.

38　위야(魏野, 960~1019): 자는 중선(仲先), 호는 초당거사(草堂居士). 북송의 시인. 당나라의 요합(姚合)과 가도(賈島)의 시풍을 본받았지만, 그의 시는 청담하고 질박해 난삽하거나 건조한 병폐가 전혀 없었다. 그는 평생을 청빈하게 생활하면서 세파와 시류에 붙좇지 않아 후대인의 칭송을 받았다. 일찍이 진종이 대중상부(大中祥符) 연간에 관직을 내렸지만 사양하고 벼슬길에 나아가지 않았다. 본문에 인용된 시는 위야의 「상지부구상공(上知府寇相公)」에 나온다.

39　재상 자리: 원문은 "정내(鼎鼐)". 음식을 조리할 때 쓰던 세 발 달린 큰 솥으로, 재상 등의 집정대신을 비유한다.

40　한퇴지(韓退之): 한유(韓愈, 768~824). 자는 퇴지, 본관은 창려(昌黎), 시호는 문공(文公). 당나라의 관리이자 문인. 덕종(德宗) 정원(貞元) 8년(792) 진사 출신으로, 어려서부터 독서를 좋아해 육경과 백가의 학문에 통달했다. 헌종(憲宗) 원화(元和) 12년(817)에 행군사마(行軍司馬)로서 배도(裴度)가 회서(淮西)를 평정하는 데 수행해 형부시랑에 올랐으나, 원화 14년(819)에 「간영불골표(諫迎佛骨表)」를 올렸다가 조주자사(潮州刺史)로 폄적되었다. 목종(穆宗) 때 병부시랑·형부시랑·경조윤(京兆尹)·어사대부를 지냈다. 고문운동을 창도해 문도합일(文道合一)을 주장했으며, 당송팔대가의 으뜸으로 꼽힌다. 본문에 인용된 구절은 한유의 「제배태상문(祭裴太常文)」에 나온다.

는 사적이 이와 같다.

寇萊公旣貴, 因得月俸, 置堂上, 有老嫗泣曰:"太夫人捐館時, 家貧, 欲絹一
匹作衣衾不可得, 恨不及公之今日也." 公聞之大慟. 故居家儉素, 所臥靑帷二
十年不易. 或以公孫弘事誚之, 公笑曰:"彼詐我誠, 尙何愧!" 故魏野贈公詩
曰:"有官居鼎鼐, 無宅起樓臺." 後虜使在廷, 目公曰:"此無宅相公耶?" 或曰
公頗專奢縱, 非也. 蓋公多典藩, 於公會宴設則甚盛, 亦退之所謂"餔石之儲,
甞空於私室, 方丈之食, 每盛於賓筵"者. 余得於公之甥王公丞相所作公墓銘,
公之遺事如此.

7-8(069)

―――

문정공文定公 장제현張齊賢[41]은 하남河南 사람이다. 젊은 나이에 거자擧子
가 되었는데 몹시 가난해 하남윤河南尹 장전의張全義[42]의 문객으로 있으면서

---

41 장제현(張齊賢, 942~1014): 자는 사량(師亮), 시호는 문정(文定). 북송의 대신. 태종 태평흥
국(太平興國) 2년(977) 진사 출신으로, 형주통판(衡州通判)·추밀부사·공부시랑을 거쳐,
순화(淳化) 2년(991)에 이부시랑·동중서문하평장사로 재상에 올랐고, 진종 함평(咸平) 원
년(998)에 다시 재상이 되었다. 일찍이 변방의 군사를 이끌고 거란과 전쟁을 벌여 전공을
세웠으며, 정치·군사·외교 방면에 큰 공헌을 했다. 엄청난 대식가였다고 한다.

42 하남윤(河南尹) 장전의(張全義): 일반적으로 장전의(852~926)는 당말 오대 시기의 무장으
로, 후량(後梁)과 후당(後唐) 조정에서 태위·중서령과 하남윤 겸 하양절도사(河陽節度使)
를 지낸 인물을 말하는데, 장제현(942~1014)이 태어나기 이전에 죽었으므로 장제현이 그
의 문객으로 있을 수 없었다. 아마도 일반적으로 알려진 장전의와 다른 동명이인이거나 본
문의 기록에 착오가 있는 것으로 보인다.

몇 사람 몫의 음식을 먹었다. 스스로 말하길, 평소에는 배불리 먹지 못하다가 원재願齋[43]를 지내는 마을 사람을 만나고 나서야 배불리 먹었는데, 한번은 원재가 끝난 후에 갔다가 그 집에 소가죽 하나가 걸려 있는 것을 보고 그것을 가져다 삶아 남김없이 먹었다고 했다. 태조太祖가 서도西都(낙양)로 행차했을 때 문정공이 말 앞에서 10가지 시책時策을 바치자 태조가 행궁行宮으로 그를 불러들이고 호위병들에게 낭찬廊飡[44]을 하사했다. 그러자 문정공은 커다란 쟁반으로 다가가 손으로 음식을 집어 먹었는데, 태조가 짚고 있던 의장용 도끼로 그의 머리를 두드리며 그가 진언한 10가지 일을 물었다. 문정공은 한편으로 먹으면서 한편으로 대답했는데, 두려워하는 기색이 전혀 없었다. 태조는 그에게 속백束帛[45]을 하사해 보내 주었다. 태조가 돌아와서 태종太宗에게 말했다.

"내가 서도로 행차했다가 널 위해 장제현이라는 재상감 하나를 얻었다."

태종이 즉위한 후 장제현이 정시廷試[46]에 응시했는데, 태종이 그를 상갑上甲에 올리려 했으나 담당 관리가 병과丙科에 배치하자, 태종이 불쾌해하며 "급제자 방문에 있는 모든 사람을 경관통판京官通判에 제수하라"라는 칙지를 내렸다. 문정공은 장작감승將作監丞과 형주통판衡州通判을 거쳐 10년도 안 되어 재상의 지위에 이르렀다.

---

43 원재(願齋): 부처님께 발원한 일이 이루어진 보답으로 스님이나 가난한 사람들에게 무료로 음식을 시주하는 일을 말한다.
44 낭찬(廊飡): 낭찬(廊餐)과 같다. 황제가 대전 앞의 낭하(廊下)에서 음식을 하사하는 것으로, 낭식(廊食)·낭하찬(廊下餐)·낭하식(廊下食)이라고도 한다.
45 속백(束帛): 5필을 한데 묶은 비단. 주로 예물로 사용했다.
46 정시(廷試): 과거시험에서 황제가 친히 책문(策問)하며 전정(殿廷)에서 실시한 시험으로, 보통 전시(殿試)라고 한다.

張文定公齊賢, 河南人. 少爲擧子, 貧甚, 客河南尹張全義門下, 飮啗兼數
人. 自言: 平時未嘗飽, 遇村人作願齋方飽, 嘗赴齋後時, 見其家懸一牛皮, 取
煮食之無遺. 太祖幸西都, 文定公獻十策於馬前, 召至行宮, 賜衛士廊湌. 文
定就大盤中以手取食, 帝用拄斧擊其首, 問所言十事. 文定且食且對, 略無懼
色. 賜束帛遣之. 帝歸, 謂太宗曰:"吾幸西都, 爲汝得一張齊賢宰相也." 太宗
卽位, 齊賢方赴廷試, 帝欲其居上甲, 有司置於丙科, 帝不悅, 有旨"一榜盡除
京官通判". 文定得將作監丞, 通判衡州, 不十年致位宰相矣.

7-9(070)

—

(오대 후한의) 하남절도사河南節度使 이수정李守正[47]이 모반하자, 추밀사樞密
使로 있던 후주後周 고조高祖(곽위)가 토벌에 나섰는데, 마의도인麻衣道人[48]이
조보趙普에게 말했다.

"성 아래에 세 천자의 기운이 있으니 이수정이 어떻게 오래갈 수 있겠습

47 이수진(李守貞, ?~949): 오대 후진(後晉)·후한(後漢)의 대신. 처음에 하양(河陽)의 아장
(牙將)으로 있다가, 후진 고조 석경당(石敬瑭)의 중시를 받아 객성사(客省使)에 임명되고
선휘사(宣徽使)로 승진했으며, 출제(出帝) 석중귀(石重貴) 때 양광원(楊光遠)의 반란을 평
정한 공으로 동평장사·병마도감에 임명되었다. 그 후 거란에 투항해 천평군절도사(天平
軍節度使)가 되었다. 후한이 건국된 후 하중절도사(河中節度使)에 임명되었으며, 은제(隱
帝) 유승우(劉承祐) 때 섬서(陝西) 지역을 할거하고 반란을 일으켜 스스로 진왕(秦王)이라
칭했으나, 건우(乾祐) 2년(949)에 추밀사 곽위(郭威: 후주 고조)에게 진압되고 온 가족이
스스로 불타 죽었다.

48 마의도인(麻衣道人): 오대 말과 북송 초의 도인. 관상술과 점복에 뛰어났으며, 독특한 관상
서인 『마의신상(麻衣神相)』과 육효(六爻)로 미래를 예측하는 『화주림(火珠林)』을 지었다.
화산도인(華山道人) 진단(陳摶)의 스승이었다고 전해진다.

니까?"

얼마 되지 않아서 성이 격파되었다. 이에 앞서 이수정의 부인은 부언경
符彦卿의 딸인데, 관상쟁이가 그녀에 대해 말할 수 없을 만큼 귀하다고 말하
자, 이수정이 말했다.

"이런 부인을 두었으니 내 앞일은 알 수 있다."

그러고는 모반의 뜻을 결정했다. 하지만 성은 격파되고 온 가족이 스스
로 불타 죽었다. 부인 부씨符氏만 당상에 꼼짝하지 않고 앉아 있다가, 병사
들이 쳐들어오자 꾸짖으며 말했다.

"내 아버지는 곽공郭公(곽위)과 오랜 친분이 있으니, 네놈들이 무례하게
굴어서는 안 된다!"

어떤 사람이 그 사실을 곽공에게 아뢰었더니, 곽공이 시세종柴世宗(시영)
에게 그녀를 받아들이라고 명해 나중에 황후로 삼았다. "세 천자의 기운"이
라고 말한 것은 후주의 고조와 시세종, 본조의 예조藝祖(태조 조광윤)가 함께
군중軍中에 있었기 때문이다. 마의도인은 혹시 이인異人이었을까?

河南節度使李守正叛, 周高祖爲樞密使討之, 有麻衣道者, 謂趙普曰: "城下
有三天子氣, 守正安得久?" 未幾, 城破. 先是, 守正子婦[1]符彦卿女也, 相者
謂貴不可言. 守正曰: "有婦如此, 吾可知矣." 叛意乃決. 城破, 擧家自焚. 符
氏坐堂上不動, 兵入, 叱之曰: "吾父與郭公有舊, 汝輩不可以無禮見加!" 或白
公, 命柴世宗納之, 後爲皇后. "三天子氣"者, 周高祖・柴世宗・本朝藝祖同在
軍中也. 麻衣道者其異人乎?

[1] 자부(子婦): 명초본에는 "부(婦)"라 되어 있는데, 문맥상 타당하다.

　화산華山의 은사隱士 진단陳摶[49]은 자가 도남圖南이고 후당後唐 (명종) 장흥
長興 연간(930~933) 진사 출신으로, 사방을 유람하고 큰 뜻을 품어 「은무당산
시隱武當山詩」에서 이렇게 말했다.

　"훗날 남쪽을 향해[南面][50] 떠날 때, 이 산 이름을 기억하리라."

　본조의 장등공張鄧公(장사손)[51]이 "남면南面"을 "남악南嶽"으로 고치고 그 뒤
에 이렇게 적었다.

　"이끼 낀 벽에 적은 시의 뜻이 얼마나 큰가, 가련하게도 지금은 늙은 화
산의 도남이라네."

　대개 진단의 시는 후당 말 때 지은 것이다. 그는 일찍이 흰 노새를 타고
불량한 젊은이 수백 명을 거느리고 변주汴州로 들어가려 했는데, 도중에 예

49　진단(陳摶, 871~989): 자는 도남(圖南), 호는 부요자(扶搖子). 당말·오대·북송 초의 저명
　　한 도가학자이자 양생가로, 황로학(黃老學)을 신봉했다. 일찍이 당나라 희종(僖宗)을 알현
　　하고 청허처사(淸虛處士)란 호를 하사받았다. 후당(後唐) 장흥(長興) 3년(932) 진사에 급제
　　했으며, 청태(淸泰) 2년(935)에 무당산(武當山) 구석암(九石岩)에 은거했다. 후진(後晉) 천
　　복(天福) 4년(939)에 아미산(峨眉山)에서 강학하면서 아미진인(峨眉眞人)으로 불렸으며『관
　　공편(觀空篇)』을 지었다. 아울러 마의도인(痲衣道人)을 스승으로 모시고 역학(易學)을 연
　　구해『마의도자정역심법주(痲衣道者正易心法注)』·『역룡도서(易龍圖序)』·『태극음양설
　　(太極陰陽說)』·『선천방원도(先天方圓圖)』등을 지었다. 후한(後漢) 천복(天福) 원년(947)
　　에 마의도인과 함께 화산(華山) 운대관(雲臺觀)에 은거했다. 그 후로 후주 세종을 알현하고
　　백운선생(白雲先生)이란 호를 하사받았고, 북송 태종을 두 차례 알현하고 희이선생(希夷先
　　生)이란 호를 하사받았다. 태종 단공(端拱) 2년(989)에 118세로 세상을 떠났다.

50　남쪽을 향해[南面]: 남면(南面)은 군주가 된다는 뜻도 포함하고 있다.

51　장등공(張鄧公): 장사손(張士遜, 964~1049). 자는 순지(順之), 시호는 문의(文懿). 북송의
　　대신. 태종 순화(淳化) 3년(992) 진사 출신으로, 하북전운사·예부상서·형부상서·동중
　　서문하평장사·집현전대학사 등을 역임했으며, 인종 강정(康定) 원년(1040)에 태부(太傅)
　　에 임명되고 등국공(鄧國公)에 봉해졌다.

조예조(祖藝祖: 태조 조광윤)가 등극했다는 소식을 듣고 크게 웃다가 노새에서 떨어지며 말했다.

"천하가 여기에서 결정되었구나!"

마침내 화산으로 들어가 도사가 되었으며, 당나라 때의 운대관雲臺觀[52]을 수리해 기거했다. 예조가 불렀으나 가지 않았다. 태종太宗이 부르자 깃털옷을 입고 연영전延英殿에서 알현했다. 태종은 아주 오랫동안 자문한 후에 그를 중서성中書省으로 보내 재상을 만나 보게 했는데, 승상 송기宋琪[53]가 물었다.

"선생은 현묵玄默(청정무위) 수양의 도를 터득했으니 사람들에게 가르쳐줄 수 있겠습니까?"

진단이 말했다.

"저는 토납吐納[54] 수양의 이치를 알지 못합니다. 가령 대낮에 하늘로 올라간다 한들 또한 성세聖世에 무슨 도움이 되겠습니까? 황상께서는 고금의 일에 널리 통달하고 치란治亂의 이치를 깊이 궁구하시며 진정 도덕을 지닌 어질고 명철한 군주이시니, 바로 임금과 신하가 덕을 함께하며 훌륭한 정치를 이룩할 때이므로 부지런한 마음으로 수련하는 것은 여기에서 벗어나지

---

52 운대관(雲臺觀): 도관(道觀) 명칭. 화산(華山) 운대봉(雲臺峰) 위에 있기 때문에 붙여진 명칭이다. 당나라 때 처음 지어졌으며, 오대 북주의 도사 초도광(焦道廣)이 지은 건물과 북송 태종 건륭(建隆) 2년(961)에 진단(陳摶)이 지은 건물이 있다.

53 송기(宋琪, 917~996): 자는 숙보(俶寶) 또는 숙보(叔寶), 시호는 혜안(惠安). 북송의 대신. 요나라 태종 회동(會同) 4년(941) 진사 출신으로, 요나라가 후진(後晉)을 멸할 때 중원으로 들어와 후한(後漢)·후주(後周)·북송에서 벼슬했다. 북송 태조 건덕(乾德) 4년(966)에 좌보궐·개봉부추관에 발탁되었으며, 진왕(晉王: 태종) 잠저(潛邸)의 구신(舊臣)이 되었다. 태종이 즉위한 후 점점 중용되어 태평흥국(太平興國) 8년(983)에 7품 원외랑에서 네 차례 거듭 승진해 3품 재상에 올라, 형부상서·동평장사·문하시랑·소문관대학사(昭文館大學士)를 역임했다. 여러 차례 변방의 일을 건의하고 평연십책(平燕十策)을 올렸다.

54 토납(吐納): 탁한 기운을 내뱉고 맑은 기운을 들이마시는 도가 양생술 가운데 하나.

않습니다."

송기 등이 찬탄하며 그 말을 아뢰자 태종이 그를 더욱 중시했다. 태종이 처음에 하동河東(북한)을 정벌하는 일을 물었으나 진단은 대답하지 않았는데, 나중에 군대를 출정했으나 과연 공이 없었다. 진단은 화산으로 돌아간지 몇 년 후에 다시 불려 와 태종을 알현하고 태종에게 말했다.

"하동의 일은 지금은 가능합니다."

마침내 태원太原을 공격해 차지했다. 태종은 진단이 사람의 관상을 잘 보았기에 남아南衙(개봉부)[55]로 보내 진종眞宗을 만나 보게 했는데, 진단이 문에 이르렀다가 급히 돌아오자 그 까닭을 물었더니 진단이 말했다.

"수왕壽王(진종) 문하의 하인들까지 모두 장수와 재상감이니 어찌 수왕을 만날 필요가 있겠습니까?"

그리하여 황태자를 책립하는 논의가 마침내 결정되었다. 진단은 나중에 희이선생希夷先生이란 호를 하사받았다. 진종이 즉위했을 때 희이선생은 이미 선화仙化[56]했는데, 진종은 서쪽 분음汾陰에서 제사 지내는 김에 운대관으로 행차해 그의 사당에 배알하고 예의를 갖추었으니, 진종은 그가 자신의 황태자 책립에 도움을 주었음을 알고 있었다. 아! 세상에서는 희이선생을 신선이라 여기고 그가 인물의 감식에 뛰어났다고 하는데, 이는 얕은 소견이다. 강절선생康節先生(소옹)에 이르러 실제로 희이선생에게서 그 도를 전수받았으며, 세상에서는 그를 한나라의 '사호四皓'[57]에 견주었다.

---

55 남아(南衙): 송대에는 개봉부(開封府)의 관서를 '남아'라 했다. 진종은 황태자로 책봉되기 1년 전인 태종 순화(淳化) 5년(994)에 수왕(壽王)에 봉해지고 검교태부(檢校太傅)와 개봉부윤(開封府尹)을 더해 받았다.

56 선화(仙化): 신선이 되어 떠난다는 뜻으로, 도사의 죽음에 대한 완곡한 표현.

57 사호(四皓): 한나라 초의 은사(隱士)인 동원공(東園公)·기리계(綺里季)·하황공(夏黃公)·녹리선생(甪里先生)을 말한다. 네 사람 모두 나이가 많고 머리가 백발이었기에 그렇게 부

華山隱士陳摶, 字圖南, 唐長興中進士, 游四方, 有大志,「隱武當山詩」云:
"他年南面去, 記得此山名." 本朝張鄧公改"南面"爲"南嶽", 題其後云: "蘚壁題
詩志何大, 可憐今老華圖南." 蓋唐末時詩也. 常乘白騾, 從惡少年數百, 欲入
汴州, 中途聞藝祖登極, 大笑墜騾曰: "天下於是定矣!" 遂入華山爲道士, 葺唐
雲臺觀居之. 藝祖召, 不至. 太宗召, 以羽服見於延英殿. 顧問甚久, 送中書見
宰輔, 丞相宋琪問曰: "先生得玄默修養之道, 可以敎人乎?" 曰: "摶不知吐納
修養之理. 假令白日冲天, 亦何益於聖世? 上博達今古, 深究治亂, 眞有道仁
明之主, 正是君臣同德致理之時, 勤心修煉, 無出於此." 琪等稱歎, 以其語奏,
帝益重之. 帝初問以伐河東之事, 不答, 後師出果無功. 還華山數年, 再召見,
謂帝曰: "河東之事今可矣." 遂克太原. 帝以其善相人也, 遣詣南衙見眞宗, 及
門亟還, 問其故, 曰: "王門厮役皆將相也, 何必見王?" 建儲之議遂定. 後賜號
爲希夷先生. 眞宗卽位, 先生已化, 因西祀汾陰, 幸雲臺觀, 謁其祠, 加禮焉,
帝知建儲之有助也. 嗚呼! 世以先生爲神仙, 善人倫風鑒, 淺矣. 至康節先生,
實傳其道於先生, 世以比漢'四皓'云.

7-11 (072)

—

충방种放 선생은 자가 명일明逸이고, 종남산終南山의 표림곡豹林谷에서 은

───

른다. 또한 그들이 모두 지금의 산시성[陝西省] 상산[商山]에서 은거했기 때문에 '상산사호'
라고도 부른다. 고조(高祖) 유방(劉邦)이 척부인(戚夫人)을 총애해 적자 유영(劉盈)을 폐하
고 척부인의 소생인 조왕(趙王) 여의(如意)를 태자로 책봉하려고 했으나, 장량(張良)의 계
책으로 사호가 유영을 보좌하게 됨으로써 유영의 태자 책봉이 결정되어 유영이 제위를 계
승해 혜제(惠帝)가 되었다.

거했다. 화산華山의 진희이陳希夷(진단) 선생의 풍모에 대해 듣고 그를 만나러 갔는데, 희이선생이 하루는 마당을 청소하게 하면서 말했다.

"틀림없이 귀한 손님이 올 것이다."

명일이 나무꾼 차림을 하고 마당에서 절을 올리자, 희이가 그를 잡아끌어 올라오게 하며 말했다.

"그대가 어찌 나무꾼이겠는가? 20년 후에 틀림없이 고관이 되어 명성이 천하에 알려질 것이네."

명일이 말했다.

"저는 도의道義를 찾으려고 온 것이니 관록官祿은 묻고 싶은 바가 아닙니다."

희이가 웃으며 말했다.

"사람의 귀천은 운명에 정해지지 않은 것이 없으니, 귀한 자는 천하게 될 수 없고 또한 천한 자는 귀하게 될 수 없네. 그대의 골상이 틀림없이 그러하니 비록 산림에 자취를 감추더라도 결국 편안할 수 없을 것이네. 훗날 스스로 알게 될 것이네."

나중에 명일이 진묘眞廟(진종)의 조정에서 사간司諫으로 부름에 나아갔는데, 진종이 그의 손을 잡고 용도각龍圖閣에 올라 천하의 일을 논했으니, 대개 특별한 예우가 이와 같았다. 작별하고 종남산으로 돌아갈 때 간의대부諫議大夫로 승진했으며, 동쪽(태산泰山)에서 봉선封禪할 때 급사중給事中으로 전임되었고, 서쪽(분음汾陰)에서 제사 지낼 때 공부시랑工部侍郎으로 전임되었다. 희이가 또 명일에게 말했다.

"그대가 장가들지 않으면 중수中壽[58]는 누릴 수 있을 것이네."

---

58 중수(中壽): 세 가지 장수인 삼수(三壽: 상수·중수·하수) 가운데 하나. 그 설이 일정하지

명일은 그 말을 따랐으며, 60세에 이르러 죽었다. 그 전에 희이가 명일을 위해 표림곡 아래에서 선대의 장지를 점쳐 주었는데, 정확한 묘혈을 정해 주지는 않았다. 매장하고 나서 희이가 보고 말하길, 땅이 정말 좋으니 조금 뒤에 묘혈을 안치하면 대대로 틀림없이 명장이 나올 것이라고 말했다. 명일은 장가들지 않아 자식이 없었지만, 그의 조카 충세형种世衡[59]으로부터 지금에 이르기까지 장수로서 명성을 얻었다. 희이가 표문을 올리고 나서 정한 날에 화산 장초곡張超谷의 석실 안에서 해화解化[60]하자, 명일이 비석을 세우고 희이의 학문에 대해 "황제왕패皇帝王伯[61]의 도를 밝혔다"라고 서술했다. 아! 신선은 희이가 아니면 누구란 말인가?

种先生放, 字明逸, 隱居終南山豹林谷. 聞華山陳希夷先生之風, 往見之, 希夷先生一日令洒掃庭除, 曰: "當有嘉客至." 明逸作樵夫拜庭下, 希夷挽之而上曰: "君豈樵者? 二十年後當爲顯官, 名聲聞於天下." 明逸曰: "某以道義

않아, 90세 이상『좌전(左傳)』「소공(昭公) 3년」 공영달(孔穎達) 소(疏)], 80세[『장자(莊子)』「도척(盜跖)」, 왕충(王充)『논형(論衡)』「정설(正說)」], 70세[『회남자(淮南子)』「원도훈(原道訓)」], 60세[『여씨춘추(呂氏春秋)』「안사(安死)」, 갈홍(葛洪)『포박자(抱朴子)』「지리(至理)」라는 설이 있다.

59 충세형(种世衡, 985~1045): 자는 중평(仲平). 북송의 무장으로 공부시랑 충방(种放)의 조카이자 송나라 충가장(种家將)의 개창자다. 벼슬은 동염원사(東染院使)·환경로병마검(環慶路兵馬鈐)을 지냈다. 일찍이 서북 지역의 군사업무를 총괄한 범중엄(范仲淹)에게 발탁되어 강족(羌族: 토번)을 안무하고 성을 쌓아 변방을 안정시켰으며, 교묘한 이간책으로 서하(西夏) 황제 이원호(李元昊)의 심복 대장 야리왕영(野利旺榮)과 야리우걸(野利遇乞) 형제를 제거했다.

60 해화(解化): 육신을 버리고 해탈해 변화한다는 뜻으로, 도사나 승려의 죽음에 대한 완곡한 표현.

61 황제왕패(皇帝王伯): 천하를 통일해 다스리는 임금의 네 종류. 패(伯)는 패(覇)와 같다. 소옹(邵雍: 소강절)의 『황극경세(皇極經世)』「관물내편지오(觀物內篇之五)」에 나오는 말로, '황'은 도(道)를, '제'는 덕(德)을, '왕'은 공(功)을, '패'는 역(力)을 각각 숭상해 천하를 다스린다.

來, 官祿非所問也." 希夷笑曰: "人之貴賤莫不有命, 貴者不可爲賤, 亦猶賤者
不可爲貴也. 君骨相當爾, 雖晦迹山林, 恐竟不能安. 異日自知之." 後明逸在
眞廟朝, 以司諫赴召, 帝攜其手, 登龍圖閣, 論天下事, 蓋眷遇如此. 及辭歸山,
遷諫議大夫. 東封, 改給事中, 西祀, 改工部侍郎. 希夷又謂明逸曰: "君不娶,
可得中壽." 明逸從之, 至六十歲卒. 先是希夷爲明逸卜上世葬地於豹林谷下,
不定穴. 旣葬, 希夷見之, 言地固佳, 安穴稍後, 世世當出名將. 明逸不娶, 無
子, 自其姪世衡至今, 爲將帥有聲. 希夷旣上表, 定日解化於華山張超谷石室
中, 明逸立碑敍希夷之學曰"明皇帝王伯之道"云. 嗚呼! 仙者非希夷而誰歟?

7-12(073)

—

전약수錢若水[62]가 거자擧子였을 때 화산華山에서 진희이陳希夷(진단)를 만났
는데, 진희이가 말했다.

"내일 다시 오게."

전약수가 기약한 대로 가서 보았더니, 한 노승과 진희이가 땅을 파서 만
든 화로를 둘러싸고 앉아 있었다. 노승이 전약수를 눈여겨 자세히 보더니

62 전약수(錢若水, 960~1003): 자는 담성(澹成) 또는 장경(長卿), 시호는 선정(宣靖). 북송의
대신. 어려서부터 총명해 열 살 때 이미 문장을 잘 지었다. 태종 옹희(雍熙) 2년(985) 진사
출신으로, 동주관찰추관(同州觀察推官)·비서승·직사관(直史館)·지제고·간의대부를 거
쳐 동지추밀원사(同知樞密院事)에 올랐다. 진종이 즉위한 후 공부시랑이 되었으며, 진종의
대명부(大名府) 행차를 수행하면서 적을 방어하고 변방을 안정시킬 대책을 올렸다. 나중에
병대경략사(幷代經略使)가 되었다. 뛰어난 기량과 식견으로 큰일을 잘 판단했으며, 가는
곳마다 선정을 베풀어 칭송을 받았다.

한참 동안 말없이 있다가 부젓가락으로 재를 그어 "주부득做不得(할 수 없다)"
석 자를 쓰고 나서 천천히 말했다.

"급류 속에서 용감히 물러날 사람[63]이오."

전약수가 인사하고 떠나자, 진희이는 더 이상 붙잡지 않았다. 나중에 전
약수는 과거에 급제해 추밀부사樞密副使가 되었으며, 겨우 40세에 벼슬을
그만두었다. 진희이는 처음에 전약수가 선풍도골仙風道骨[64]을 지니고 있다
고 생각했으나 아직 마음에 결정을 하지 못해 노승에게 그를 살펴보게 했
는데, 노승이 "할 수 없다"라고 말했기 때문에 더 이상 붙잡지 않았던 것이
다. 하지만 "급류 속에서 용감히 물러나는" 것은 신선에서 멀리 떨어진 것
은 아니다. 노승은 마의도인麻衣道人으로 진희이가 평소에 예를 갖춰 존숭
한 사람이었다고 한다.

錢若水爲擧子時, 見陳希夷於華山, 希夷曰: "明日當再來." 若水如期往, 見
有一老僧與希夷擁地鑪坐. 僧熟視若水, 久之不語, 以火箸畫灰作"做不得"三
字, 徐曰: "急流中勇退人也." 若水辭去, 希夷不復留. 後若水登科爲樞密副
使, 年才四十致政. 希夷初謂若水有仙風道骨, 意未決, 命老僧者觀之, 僧云
"做不得", 故不復留. 然"急流中勇退", 去神仙不遠矣. 老僧者, 麻衣道者也, 希
夷素所尊禮云.

---

63 급류 속에서 용감히 물러날 사람: 원문은 "급류중용퇴인(急流中勇退人)". 한창 출세가도를
    달릴 때 용감하게 물러나 명철보신(明哲保身)하는 것을 비유하는 '급류용퇴(急流勇退)'란
    성어가 여기에서 나왔다.
64 선풍도골(仙風道骨): 선인의 풍채와 도사의 골격이란 뜻으로, 범속(凡俗)을 초월한 풍격을
    말한다.

강절선생康節先生(소옹)이 일찍이 희이선생希夷先生(진단)의 말을 외워 말했다.

"이득을 얻는 일은 다시 해서는 안 되며, 이득을 얻는 곳은 다시 가서는 안 된다."

또 말했다.

"손해를 보는 것이 이득을 얻는 것이다."

그래서 강절선생의 시[65]에서 말했다.

"진중珍重한 지인至人이 일찍이 말씀했으니, 손해를 보는 것이 이득을 얻는 것이다."

대개 이 말씀은 종신토록 행할 만하다.

康節先生嘗誦希夷先生之語曰: "得便宜事不可再作, 得便宜處不可再去." 又曰: "落便宜是得便宜." 故康節詩云: "珍重至人嘗有語, 落便宜是得便宜." 蓋可終身行之也.

이문정공李文靖公(이항)이 재상이 되었을 때 한번은 『논어論語』를 읽고 있

---

65 시: 인용된 시는 소옹의 「육십삼음(六十三吟)」에 나온다.

었는데, 어떤 사람이 묻자 이문정공이 말했다.

"나는 재상으로 있지만, 『논어』[66] 안의 '비용을 절약하고 인재를 아낀다' 와 '적절한 때에 백성을 부린다'와 같은 두 구절은 아직 잘 행하지 못하고 있소. 성인聖人(공자)의 말씀은 종신토록 지니는 것이 좋소."

李文靖公作相, 嘗讀『論語』, 或問之, 公曰: "沆爲宰相, 如『論語』中'節用而愛人'·'使民以時'兩句, 尙未能行. 聖人之言, 終身佩[1]之可也."

[1] 패(佩): 원초본과 명초본에는 "송(誦)"이라 되어 있다.

7-15(076)

(진종) 함평咸平 연간(998~1003)과 경덕景德 연간(1004~1007)에 문정공文靖公 이항李沆은 재상의 지위에 있었고 문정공文正公 왕단王旦은 참지정사參知政事 였다. 당시에는 서쪽과 북쪽 두 지역이 아직 평정되지 않아서 변방에서 보 내오는 급보가 쉬는 날이 없었기에, 황상은 노심초사하며 정무를 보았고 두 공은 먹고 잘 겨를도 없었다. 문정공文正公이 탄식하며 말했다.

"편안히 태평한 시대를 만났다면 우리들은 당연히 유유자적했을 것입 니다."

문정공文靖公이 말했다.

"나라에 강한 적으로 인한 외환이 있어서 몹시 경계하고 두려워하고 있

---

66 『논어』: 인용된 두 구절은 『논어』「학이(學而)」편에 나온다.

소. 훗날 천하가 비록 평정되더라도 황상의 마음이 (도교와 불교에) 물들어 가득하니 팔짱을 높이 낀 채 일 없이 편히 지낼 수는 없을 것이오. 나는 늙어서 곧 죽게 되겠지만 그대가 재상이 되었을 때 마땅히 스스로 알게 될 것이니 깊이 염려하지는 마시오."

나중에 북쪽 오랑캐(거란)와 우호관계를 맺고 서쪽 변방(서하)이 진심으로 복종하게 되자, 선조의 능침에 참배하며 예의를 펼치고 태산에 봉선하며 경하를 드리면서 성대한 전례와 의식을 강구하지 않는 바가 없었다. 문정공文靖公이 죽고 나서 문정공文正公도 이미 노쇠해 이러한 전례를 도와 인도하는 데 피곤했으므로 매번 탄식하며 말했다.

"문정공文靖公은 성스럽도다!"

그래서 당시에 문정공文靖公을 '성상聖相'이라 불렀다고 한다.

咸平·景德中, 李文靖公沆在相位, 王文正公旦知政事[1]. 時西北二方未平, 羽書邊報無虛日, 上旣宵旰, 二公寢食不遑. 文正公歎曰: "安得及見太平, 吾輩當優游矣." 文靖公曰: "國家有強敵外患, 足以警懼. 異日天下雖平, 上意浸滿, 未必能高拱無事. 某老且死, 君作相時當自知之, 無深念也." 及北鄙和好, 西陲款附, 於是朝陵展禮, 封山行慶, 巨典盛儀, 無所不講. 文靖已死, 文正旣衰, 疲於贊導, 每歎息曰: "文靖聖矣!" 故當時謂文靖爲聖相云.

[1] 지정사(知政事): 명초본에는 "참지정사(參知政事)"라 되어 있는데, 문맥상 보다 타당하다.

　　문목공文穆公 여몽정呂蒙正은 미천했을 때 낙양洛陽 용문龍門 이섭원利涉院
의 토방 안에서 온중서溫仲舒[67]와 함께 공부하면서〔그 방 안에 지금 초상화가 있다〕
다음과 같은 시[68]를 지었다.

　　"여덟 여울에 바람 급하니 물보라 날리고, 손에 낚싯대 잡고 낚시터 바위
에 기대네. 이제부터 낚시꾼의 향기로운 미끼는 작별하고, 이 마음으로 끝
까지 기다려 고기 잡아 돌아가리."

　　또 이런 시를 지었다.

　　"이상하게도 연못에 봄물 가득하니, 밤새 남산에 천둥 비 내렸나 보네."

　　문목공은 나중에 장원급제해 지위가 재상에 이르렀고, 온중서는 3등으
로 급제해 관직이 상서尙書에 이르렀다. 문목공이 용문에 있을 때 하루는
이수伊水 가에 갔다가 오이 파는 사람을 보고 오이를 사고 싶었지만 살 돈
이 없었는데, 그 사람이 뜻밖에 오이 하나를 땅에 떨어뜨리자 문목공은 처
량히 그것을 주워 먹었다. 나중에 재상이 되었을 때 낙양성 동남쪽에 동산

67　온중서(溫仲舒, 944~1010): 자는 병양(秉陽), 시호는 공숙(恭肅). 북송의 대신. 구준(寇準)
　　과 함께 '온구(溫寇)'로 병칭되었다. 태종 태평흥국(太平興國) 2년(977) 진사 출신으로, 우
　　간의대부·추밀원부사를 거쳐 동지추밀원사(同知樞密院事)에 임명되었다. 순화(淳化) 4년
　　(993)에 본직에서 물러나 지진주(知秦州)가 되었는데, 위남(渭南) 지역의 강족(羌族)과 융
　　족(戎族)을 몰아내 그 지역을 북송의 영토로 편입했다. 지도(至道) 연간에 조정으로 돌아와
　　참지정사가 되었다. 진종 함평(咸平) 원년(998)에 본직에서 물러나 예부상서 직함으로 지
　　하양부(知河陽府)가 되었다가 이듬해에 지개봉부(知開封府)가 되었다. 그 후 다시 조정으
　　로 들어와 어사중승·형부상서 등을 지냈으며, 대중상부(大中祥符) 3년(1010)에 소문관대
　　학사(昭文館大學士)에 임명되었고 그해에 죽었다.
68　시: 인용된 시는 여몽정의 「독서용문산토실작(讀書龍門山土室作)」이다.

을 사서 이수가 내려다보이는 곳에 정자를 세우고 '열과噎瓜(오이에 목이 메다)'라고 이름을 붙였으니, 빈천할 때의 뜻을 잊지 않고자 함이었다.

呂文穆公諱蒙正, 微時於洛陽之龍門利涉院土室中, 與溫仲舒讀書[其室中今有畫像], 有詩云: "八灘風急浪花飛, 手把魚竿傍釣磯. 自是釣頭香餌別, 此心終待得魚歸." 又云: "怪得池塘春水滿, 夜來雷雨起南山." 後狀元及第, 位至宰相, 溫仲舒第三人及第, 官至尙書. 公在龍門時, 一日行伊水上, 見賣瓜者, 意欲得之, 無錢可買, 其人偶遺一枚於地, 公悵然取食之. 後作相, 買園洛城東南, 下臨伊水起亭, 以'噎瓜'爲名, 不忘貧賤之義也.

8-1 (078)

—

여문목공呂文穆公(여몽정)은 벼슬을 마치고 나서 낙양洛陽에 거주했는데, 지금 남주방南州坊 장관문張觀文(장방평)[1]의 집이 그곳이다. 진종眞宗이 분음汾陰에서 제사 지내고 낙양에 들렀을 때, 문목공은 여전히 진종을 영접해 알현할 수 있었다. 그런데 난가鑾駕(어가)가 돌아갈 즈음에 문목공이 이미 병이 들었기에 진종이 그의 집으로 행차해 당 안에 앉아〔그 집은 나중에 장씨에게 돌아갔는데, 어좌가 여전히 남아 있었기에 사람들은 감히 안채에 거하지 못했다〕물었다.

"경의 자제들 중에 누가 쓸 만하오?"

---

1 장관문(張觀文): 장방평(張方平, 1007~1091). 자는 안도(安道), 호는 낙전거사(樂全居士), 시호는 문정(文定). 북송의 대신. 인종 경우(景祐) 원년(1034) 무재이등과(茂才異等科)에 급제해 지곤산현(知崑山縣)을 지냈고, 또 현량방정과(賢良方正科)에 급제해 목주통판(睦州通判)을 지냈다. 이원호(李元昊)가 반란을 일으켰을 때 「평융십책(平戎十策)」을 올렸다. 그 후로 지간원(知諫院)·지제고(知制誥)·지개봉부(知開封府)·한림학사·어사중승·지저주(知滁州)·지강녕부(知江寧府) 등을 역임했다. 영종이 즉위한 후 예부상서에 제수되었다. 신종이 즉위한 후 참지정사에 제수되었는데, 왕안석(王安石)의 기용을 반대하고 신법의 폐해를 극력 비판했다. 부친상을 당해 귀향해서 상기를 마친 후 관문전학사(觀文殿學士)의 신분으로 서경유수(西京留守: 낙양유수)를 지냈다. 그래서 본문에서 '장관문'이라 한 것이다. 태자소사(太子少師)로 벼슬을 마쳤다.

문목공이 대답했다.

"신의 자식들은 모두 어리석고 불초해서[2] 쓰기에 부족하지만, 영천추관
穎川推官에 임명된 조카 여이간呂夷簡[3]은 재상감입니다."

진종은 그 말을 기억했다가 마침내 크게 기용했는데, 그가 바로 문정공
文靖公(여이간)이다. 이전에 부한공富韓公(부필)의 부친(부언富言)은 몹시 가난
해 문목공의 문하에 객으로 있었는데, 어느 날 문목공에게 아뢰었다.

"제 아들이 10여 살이 되었는데, 서원書院으로 들여보내 정평廷評과 태축
太祝을 모시게 하고 싶습니다."

문목공은 허락했다. 그 아들은 부한공인데 문목공이 그를 보고 놀라며
말했다.

"이 아이는 훗날 명성과 지위가 나와 비슷할 것이다!"

그러고는 급히 자신의 아들들에게 그와 함께 공부하게 했으며, 매우 후
하게 물건을 공급해 주었다. 문목공은 두 번 재상이 되었고 사도司徒로 벼
슬을 마쳤으며, 나중에 부한공도 두 번 재상이 되었고 사도로 벼슬을 마쳤
으니, 문목공이 사람을 알아보는 기예가 이와 같았다. 문정공도 그 기예를

---

2   어리석고 불초해서: 원문은 "돈견(豚犬)". 돼지나 개와 같다는 뜻으로, 어리석고 못난 자식
    을 가리킬 때 쓰는 말인데, 자기 자식을 남 앞에서 낮추어 부르는 말로도 쓰인다.
3   여이간(呂夷簡, 978 또는 979~1044): 자는 탄부(坦夫), 시호는 문정(文靖). 북송의 재상으
    로, 여몽정(呂蒙正)의 조카다. 진종 함평(咸平) 3년(1000) 진사 출신으로, 형부낭중과 권지
    개봉부(權知開封府)를 지냈다. 인종이 즉위한 후 우간의대부와 참지정사를 거쳐 천성(天
    聖) 6년(1028)에 재상에 올랐다. 인종이 곽후(郭后)를 폐위하는 것을 찬성하고 간언을 올린
    간관 공도보(孔道輔) 등을 축출했으며, 범중엄(范仲淹)의 언사를 문제 삼아 붕당이라 지적
    하면서 폄적하는 등 관료들과 대립했다. 경우(景祐) 4년(1037)에 탄핵을 받아 물러났다가,
    강정(康定) 원년(1040)에 다시 재상에 임명되었다. 경력(慶曆) 원년(1041)에 허국공(許國
    公)에 봉해지고 추밀사를 겸했다. 그 후 병으로 인해 태위(太尉)로 벼슬을 마쳤다. 재상으
    로서 일처리를 정확하게 하면서 10년 이상 인종을 보좌한 공적을 높이 평가받아 소훈각(昭
    勳閣) 24공신 가운데 하나가 되었다.

전수받았다. 문노공文潞公(문언박)이 연주통판兗州通判으로 있다가 임무를 교대하고 돌아왔는데, 문정공이 그를 한 번 보고 훌륭하다고 여겨 문노공에게 물었다.

"연주의 먹을 가져왔는가?"

다음 날 문노공이 먹을 바치자 문정공이 한참 동안 그를 자세히 보았는데, 대개 문노공의 손을 살펴보고자 한 것이었다. 문정공은 문노공을 전중시어사殿中侍御史로 천거했다. 문노공은 황제의 시종관이 되어 패주貝州를 평정했으며, 50년 동안 출장입상出將入相하다가 태사太師로 벼슬을 마쳤는데, 그때 나이가 90세를 넘었다. 세상 사람들은 문노공과 부한공이 모두 여씨呂氏(여몽정·여이간)의 문하에서 나왔다고 여겼다. 아, 성대하도다!

呂文穆公既致政, 居於洛, 今南州坊張觀文宅是也. 眞宗祀汾陰, 過洛, 文穆尙能迎謁. 至回鑾, 已病, 帝爲幸其宅, 坐堂中[宅後歸張氏, 御坐尙在, 人不敢居正寢], 問曰: "卿諸子孰可用?" 公對曰: "臣諸子皆豚犬不足用, 有姪夷簡, 任潁川推官, 宰相才也." 帝記其語, 遂至大用, 文靖公也. 先是富韓公之父[1]貧甚, 客文穆公門下, 一日白公曰: "某兒子十許歲, 欲令入書院事廷評·太祝." 公許之. 其子韓公也, 文穆見之驚曰: "此兒他日名位與吾相似!" 亟令諸子同學, 供給甚厚. 文穆兩入相, 以司徒致仕, 後韓公亦兩入相, 以司徒致仕, 文穆知人之術如此. 文靖公亦受其術. 文潞公自兗州通判代歸, 文靖一見奇之, 問潞公曰: "有兗州墨攜以來?" 明日, 潞公進墨, 文靖熟視久之, 蓋欲相潞公手也. 薦潞公爲殿中侍御史. 爲從官, 平貝州, 出入將相五十年, 以太師致仕, 年踰九十. 天下謂之文·富二公者, 皆出呂氏之門. 嗚呼盛哉!

[1] 부(父): 명초본에는 이 뒤에 "명언(名言)" 2자가 있다.

여문정공呂文靖公(여이간)이 재상이 되었을 때, 장헌태후章獻太后(유태후, 진종의 황후)가 수렴청정을 했다. 이신비李宸妃(진종의 비빈, 인종의 생모)가 죽자, 장헌태후는 이를 비밀로 하고 궁인의 일반적인 예법으로 외부에서 상을 치르고자 했다. 문정공이 이른 아침에 입조해 혼자 남아 있다가 아뢰었다.

"궁중의 귀인貴人이 갑자기 죽었다고 들었는데, 상례는 후하게 치르는 것이 마땅합니다."

장헌태후는 황급히 인종仁宗을 잡아끌고 안으로 들어갔다가, 잠시 후에 혼자 주렴 아래에 앉아 문정공을 불러 물었다.

"궁인 하나가 죽었는데 상공相公은 어찌하여 그렇게 말하시오?"

문정공이 말했다.

"신은 재상의 일을 외람되게도 수행하는지라⁴ 조정 안팎의 일에 관여하지 않을 수 없습니다."

장헌태후가 노하며 말했다.

"상공은 우리 모자지간⁵을 이간하려는 것이오?"

문정공이 조용히 대답했다.

"폐하께서 유씨 일족을 염려하지 않으신다면 신이 감히 말씀드리지 않겠지만, 바라건대 유씨 일족을 염려하신다면 상례를 후하게 치르는 것이

---

4 외람되게도 수행하는지라: 원문은 "대죄(待罪)". 관리가 자신의 직책을 수행하는 것을 겸손하게 이르는 말이다.

5 모자지간: 장헌태후와 인종을 말한다. 인종은 이신비가 낳았지만, 장헌태후 유씨가 양육했고 이신비는 평생 인종의 생모를 자처하지 않았다.

마땅합니다."

장헌태후가 깨닫고 급히 말했다.

"궁인 이신비는 어찌하면 좋겠소?"

그러자 문정공은 황의전皇儀殿에서 상을 치르고, 장헌태후와 인종이 후원에서 곡을 하며, 백관이 상여를 받들고 서화문西華門으로 나가, 일품관의 예로 홍복사洪福寺에서 장례를 치르길 청했다. 문정공은 또 입내도지入內都知[6] 나숭훈羅崇勳에게 말했다.

"이신비는 마땅히 황후의 의복으로 염을 하고 수은으로 관을 채우시오. 훗날 내가 말한 적이 없다고 말하지 마시오."

장헌태후는 모두 그대로 따랐다. 나중에 장헌태후가 하늘로 떠나자 연왕燕王(조원엄, 인종의 숙부)이 인종에게 말했다.

"폐하는 이신비의 소생이며, 이신비는 비명에 죽었습니다."

인종은 통곡하며 슬픔으로 정신을 차리지 못한 채 며칠 동안 조회를 보지 못했으며, 애통하는 조서를 내려 자책하면서 이신비를 황태후로 추존하고 시호를 장의章懿라 했다. 인종은 장헌태후 전殿의 장례를 마치자마자 홍복사로 행차해 제사를 지내고 고유告由했다. 재궁梓宮(관)을 바꿀 때 인종이 친히 곡을 하고 열어 보았더니, 장의태후의 옥안玉顏의 빛이 살아 있는 것 같았고 의관이 황태후의 것과 같았는데, 이는 수은을 부어 넣었기 때문에 부패하지 않았던 것이다. 인종이 탄식하며 말했다.

"사람의 말을 어찌 믿을 수 있단 말인가!"

그러고는 유씨 일족을 후하게 대우했다. 인종의 효성스런 덕과 장헌태

6　입내도지(入內都知): 송나라 때의 관명으로, 입내내시성도지(入內內侍省都知)를 말한다. 환관이 담당했다.

후의 어머니로서의 도리를 둘 다 온전하게 했으니, 이는 문정공의 선견지명이었다. 아, 지혜롭도다!

　　呂文靖公爲相, 章獻太后垂簾同聽政. 李宸妃薨, 章獻秘之, 欲以宮人常禮治喪於外. 文靖早朝, 留身奏曰: "聞禁中貴人暴薨, 喪禮宜從厚." 章獻遂[1]挽仁宗入內, 少頃, 獨坐簾下, 召文靖問曰: "一宮人死, 相公云云何與?" 公曰: "臣待罪宰相事, 內外無不當預." 章獻怒曰: "相公欲離間我母子耶?" 公從容對曰: "陛下不以劉氏爲念, 臣不敢言, 尙念劉氏也, 喪禮宜從厚." 章獻悟, 遽曰: "宮人李宸妃也, 且奈何?" 文靖乃請治喪皇儀殿, 太后與帝擧哀後苑, 百官奉靈轝由西華門以出, 用一品禮殯洪福寺. 公又謂入內都知羅崇勳曰: "宸妃當以后服殮, 用水銀實棺. 異時莫道夷簡不曾說來." 章獻皆從之. 後章獻上仙, 燕王謂仁宗言: "陛下李宸妃所生, 妃死以非命." 仁宗號慟毀頓, 不視朝者累日, 下哀痛之詔自責, 尊宸妃爲皇太后, 謚章懿. 甫畢章獻殿殯, 幸洪福寺祭告. 易梓宮, 帝親哭視之[2], 后玉色如生, 冠服如皇太后者, 以有水銀沃之, 故不壞也. 帝歎息曰: "人言其可信哉!" 待劉氏加厚. 使仁宗孝德・章獻母道兩全, 文靖公先見之明也. 嗚呼智哉!

[1] 수(遂): 명초본에는 "거(遽)"라 되어 있는데, 문맥상 보다 타당하다.
[2] 시지(視之): 명초본에는 이 앞에 "계(啓)" 자가 있는데, 문맥상 의미가 보다 분명하다.

8-3(080)

여문정공呂文靖公(여이간)은 벼슬을 마치고 정주鄭州에 거주했다. 범문정공

范文正公(범중엄)[7]은 참지정사參知政事로 있다가 하동섬서선무사河東陝西宣撫使로 나갔는데, 정주에 들러 문정공文靖公을 만났더니 문정공文靖公이 물었다.

"참정이 선무사로 나간 것은 어찌 된 일이오?"

문정공文正公이 말했다.

"제가 조정에 보탬이 되지 못해서 스스로 생각하기에 이번에 외지에서 보답을 하려고 합니다."

문정공文靖公이 웃으며 말했다.

"참정이 틀렸소. 조정에서 겨우 반걸음 떨어진 곳에서 어찌 제대로 일을 처리할 수 있겠소?"

문정공文正公은 그 말을 듣고 비로소 후회하는 마음이 들었다. 얼마 후에 자정전학사資政殿學士로서 지빈주知邠州 겸 섬서사로안무사陝西四路安撫使에 제수되었다. 당시 부한공富韓公(부필)도 추밀부사樞密副使로 있다가 하북선무사河北宣撫使가 되었는데, 장차 조정으로 돌아갈 즈음에 자정전학사로서 지운주知鄆州 겸 사로안무사四路安撫使에 제수되었다. 아, 문정공文靖公은 이미 늙었지만 천하의 일을 헤아림이 오히려 이와 같았으니, 그 지모가 다른 사람보다 훨씬 뛰어나도다!

---

7 범문정공(范文正公): 범중엄(范仲淹, 989~1052): 자는 희문(希文), 시호는 문정(文正). 북송의 대신이자 문학가. 진종 대중상부(大中祥符) 8년(1015) 진사 출신으로, 광덕군사리참군(廣德軍司理參軍) · 비각교리(秘閣校理) · 진주통판(陳州通判) · 지소주(知蘇州) 등을 지냈다. 공평하게 일을 처리하고 과감하게 직언을 해 자주 폄적되었다. 인종 보원(寶元) 원년(1038)에 이원호(李元昊)가 서하(西夏)에서 칭제하자, 섬서경략안무초토부사(陝西經略安撫招討副使)가 되어 '둔전구수(屯田久守)' 방침을 세워 서하의 침입을 막고 서북 변방을 공고히 했다. 그 공으로 경력(慶曆) 3년(1043)에 추밀부사가 되고 참지정사로 승진해 '십사소(十事疏)'를 올리는 등 내정개혁에 힘썼지만, 하송(夏悚) 일파의 강력한 반대에 부딪혀 여러 지방관을 전전하다가 병사했다. "천하가 근심하기 전에 근심하고, 천하가 즐거워한 후에 즐거워한다"라는 "선우후락(先憂後樂)"의 사상은 사대부들의 잠언으로 여겨졌다. 대표작품으로는 「악양루기(岳陽樓記)」가 유명하며, 문집에 『범문정공집(范文正公集)』이 있다.

呂文靖公致政, 居鄭州. 范文正公自參知政事出爲河東陝西宣撫使, 過鄭, 見文靖公, 文靖問曰: "參政出使何也?" 文正曰: "某在朝無補, 自謂此行欲圖報於外." 文靖笑曰: "參政誤矣. 旣跬步去朝廷, 豈能了事?" 文正聞其言, 始有悔意. 未幾, 除資政殿學士·知邠州兼陝西四路安撫使. 時富韓公亦自樞密副使爲河北宣撫使, 將還朝, 除資政殿學士·知鄆州兼四路安撫使[1]. 嗚呼, 文靖公旣老, 其料天下事尙如此, 智數絶人遠矣!

[1] 사로안무사(四路安撫使): 명초본에는 "경서이로안무사(京西二路安撫使)"라 되어 있고, 『송사』권213 「부필전(富弼傳)」에는 "경동로안무사(京東路安撫使)"를 지냈다고 되어 있다. 아마도 "사로(四路)"는 "경서로(京西路)" 또는 "경동로(京東路)"의 오기로 보인다.

8-4(081)

―

지화至和 연간(1054~1056)에 인종仁宗이 병환이 들었는데, 하루는 조금 차도가 있자 재상을 만나 보고 싶어 했다. 집정들은 부름을 듣고 급히 갔다. 당시 여문정공呂文靖公(여이간)은 재상으로 있었는데, 사자가 길에서 그를 바라보고 걸음을 재촉했지만 문정공은 말고삐를 당겨 더욱 늦추었다. 황궁에 도착했더니 다른 집정들은 이미 황상을 알현한 뒤였고, 황상은 옥체가 아직 편치 않은 상태에서 오랫동안 문정공을 기다리다 약간 피곤해져 즐겁지 않아 하며 말했다.

"병중에 경을 만나 보고 싶었는데 어찌 이리 늦었소?"

문정공이 천천히 말했다.

"폐하께서 병환이 들어 오랫동안 조회를 보지 못하시는데, 바깥의 의론은 사뭇 다릅니다. 신은 외람되게도 재상직을 수행하고 있으니, 대낮에 큰

길에서 말을 치달려 궁궐로 들어가는 것은 마땅하지 않습니다."

인종은 그 말을 듣고 한참 동안 탄식했으며, 여러 공들은 비로소 부끄러운 기색을 띠었다. 또 문정공의 부인이 황후를 배알했을 때 황후가 말했다.

"황상께서 술지게미에 담근 회수淮水의 뱅어를 드시길 좋아하십니다. 하지만 조종祖宗의 옛 제도에 따르면, 함부로 사방에서 음식물을 가져올 수 없으니 마련할 길이 없습니다. 상공의 집은 수주壽州에 있으니 틀림없이 있을 것입니다."

부인이 집으로 돌아가서 열 상자를 준비해 바치려고 했다. 문정공이 그것을 보고 물었더니 부인이 그 까닭을 말하자 문정공이 말했다.

"두 상자면 될 것이오."

부인이 말했다.

"옥식玉食(수라)을 준비하는 것인데 어찌 아까워하십니까?"

문정공이 한숨을 쉬며 말했다.

"옥식에 없는 음식물이 어찌 신하의 집에 열 상자나 있을 수 있겠소?"

아, 문정공은 그 지혜가 남을 뛰어넘음이 이와 같도다!

至和間, 仁宗不豫, 一日少間, 思見宰執. 執政聞召亟往. 呂文靖爲相, 使者相望於路, 促其行, 公按轡益緩. 至禁中, 諸執政已見上, 上體未平, 待公久, 稍倦, 不樂曰: "病中思見卿, 何緩也?" 文靖徐曰: "陛下不豫, 久不視朝, 外議頗異. 臣待罪宰相, 正晝自通衢馳馬入內未便." 帝聞其言, 容歎久之, 諸公始有愧色. 又文靖夫人因內朝, 皇后曰: "上好食糟淮白魚. 祖宗舊制, 不得取食味於四方, 無從可致. 相公家壽州, 當有之." 夫人歸, 欲以十奩爲獻. 公見問之, 夫人告以故, 公曰: "兩奩可耳." 夫人曰: "以備玉食, 何惜也?" 公悵然曰: "玉食所無之物, 人臣之家安得有十奩也?" 嗚呼, 文靖公者, 其智絶人類此!

—

　손문의공孫文懿公(손변)은 미주眉州 어사魚蛇 사람이다. 젊었을 때 집이 가난해 전답을 저당 잡히고 도성으로 과거시험을 보러 갔는데, 현縣에서 판정문을 작성할 때 현위縣尉 이소언李昭言이 그를 놀리며 말했다.

　"그대와 같은 인물로 도성에 시험 보러 가는 자가 몇이나 되겠는가?"

　문의공은 제3등으로 과거에 급제했으며, 나중에 판심관원判審官院이 되었다. 이소언은 관직 이동을 신청하러 이부에 갔다가 문의공을 보고 몹시 두려워하면서 문의공이 예전의 말을 잊지 않고 있을 것이라고 생각했다. 하지만 문의공은 이소언을 특별히 지미주知眉州로 발령했다. 또 문의공은 일찍이 영주榮州에서 학도를 모아 가르쳤을 때 집이 몹시 가난했는데, 속수束脩의 예물[8]을 받아 가지고 돌아오다가 한 촌진寸鎭의 진장鎭將에게 모두 세금으로 빼앗겼다. 나중에 문의공이 감좌장고監左藏庫에 임명되었을 때, 그 진장이 주州의 견강絹綱[9]을 인솔해 왔다가 문의공을 보고 부끄럽고 두려워했다. 하지만 문의공은 그를 위로하고 달래면서 황금 한 냥을 주어 돌려보냈다. 문의공의 훌륭한 품덕이 이와 같았다.

　孫文懿公, 眉州魚蛇人. 少時家貧, 欲典田赴試京師, 自經縣判狀, 尉李昭言戲之曰: "似君人物求試京師者有幾?" 文懿以第三人登第, 後判審官院. 李昭言者赴調, 見公恐甚, 意公不忘前日之言也. 公特差昭言知眉州. 又公嘗聚

8　속수(束脩)의 예물: '속수'는 10개의 육포 한 묶음. 스승에게 처음 배움을 청할 때 드리는 예물이다.
9　견강(絹綱): 명주 운송단. '강'은 대량의 화물을 운송하는 조직을 말한다.

徒榮州, 貧甚, 得束脩之物持歸, 爲一村鎭鎭將悉稅之. 至公任監左藏庫, 鎭
將者部州絹綱至, 見公愧懼. 公慰謝[1]之, 以黃金一兩贈其歸. 其盛德如此.

[1] 사(謝): 원초본과 명초본에는 "자(藉)"라 되어 있는데, 문맥상 보다 타당하다.

8-6(083)

참지정사參知政事 한억韓億,[10] 참지정사 이약곡李若谷,[11] 승상丞相 왕수王隨[12]
가 아직 과거에 급제하지 못했을 때, 함께 숭산嵩山의 법왕사法王寺에서 공
부했다. 한 남자가 스스로 관상을 잘 본다고 하면서 말했다.

"왕 군은 재상감이고, 한 군과 이 군은 모두 틀림없이 집정이 될 것이오.
왕 군은 관직은 비록 높겠지만, 자손은 한 군과 이 군의 성대함에는 미치지

---

10 한억(韓億, 972~1044): 자는 종위(宗魏), 시호는 충헌(忠憲). 북송의 대신. 진종 함평(咸平)
   5년(1002) 진사 출신으로, 진·운·허제주통판(陳·鄆·許諸州通判)과 지상주(知相州)를
   거쳐, 시어사(侍御史)·하북전운사(河北轉運使)·판대리시(判大理寺)를 지냈다. 인종 천성
   (天聖) 4년(1026)에 추밀직학사(樞密直學士), 명도(明道) 원년(1032)에 간의대부·동지추밀
   원사(同知樞密院事), 경우(景祐) 4년(1037)에 참지정사에 제수되었으며, 경력(慶曆) 2년
   (1042)에 태자소부(太子少傅)로 벼슬을 마쳤다.
11 이약곡(李若谷): 자는 자연(子淵), 시호는 강정(康靖). 북송의 대신. 진종 함평(咸平) 연간
   진사 출신으로, 탁지원외랑(度支員外郎)·권삼사호부판관(權三司戶部判官)·지섬주(知陝
   州) 등을 역임했다. 국법을 어긴 귀족들을 곤장으로 다스렸으며, 사비를 털어 결혼하지 못
   한 가난한 백성들의 결혼을 도와주었다. 인종 보원(寶元) 원년(1038)에 참지정사에 제수되
   었으며, 강정(康定) 2년(1041)에 태자소부로 벼슬을 마쳤다.
12 왕수(王隨, 975?~1039): 자는 자정(子正). 북송의 대신. 진종 때 급사중(給事中)으로 지항
   주(知杭州)가 되었을 때, 홍교사(興敎寺)로 가서 소수선사(小壽禪師)를 배알하고 대법(大
   法)을 깨달았다. 일찍이 『경덕전등록(景德傳燈錄)』을 산정(刪定)해 『전등옥영집(傳燈玉英
   集)』을 편찬했다. 인종 명도(明道) 연간(1032~1033)에 승상에 올랐다. 임종할 때 게송(偈
   頌)을 써 놓고 죽었다.

못할 것이오."

나중에 한 참정韓參政(한억)의 아들 한강韓絳과 한진韓縝은 모두 재상이 되었고 한유韓維는 참지정사가 되었으며, 이 참정李參政(이약곡)의 아들 이숙李淑[13]은 삼원三院[14]의 학사를 통솔해 문명文名이 높았다. 이 두 집안 자손들의 벼슬과 학문은 지금도 쇠미해지지 않고 있지만, 왕 승상王丞相(왕수)의 후손은 미미하다. 이상하도다! 한 참정의 손자인 시랑侍郎 한종사韓宗師[15]가 말해 주었다.

韓參政億・李參政若谷・王丞相隨未第時, 同於嵩山法王寺讀書. 有一男子自言善相, 曰:"王君, 宰相才也, 韓・李二君, 皆當爲執政. 王君官雖高, 子孫不及韓・李二君之盛." 後韓參政之子絳・縝皆爲宰相, 維爲參知政事, 李參政之子淑領三院學士, 有文名. 兩家子孫宦學, 至今不衰, 王丞相之後微矣. 異哉! 韓參政之孫宗師侍郎云.

---

13 이숙(李淑, 1002~1059): 자는 헌신(獻臣). 북송의 관리. 박학하고 재주가 많았다. 12살 때 황제에게 문장을 바쳐 동자과(童子科) 출신으로 비서성교서랑(秘書省校書郎)에 임명되었다. 인종 경우(景祐) 원년(1034)에 지제고가 되어 「시정십의(時政十議)」를 올렸다. 평생 책을 좋아해 2만여 권의 책을 소장했으며, 『한단도서지(邯鄲圖書志)』를 편찬했다. 한림시독학사(翰林侍讀學士) 직책을 이용해 신법을 공격했다가 간관(諫官) 구양수(歐陽修)에게 탄핵당해, 경력(慶曆) 3년(1043)에 지정주(知鄭州)로 나갔다. 가우(嘉祐) 4년(1059)에 중풍에 걸려 하중부(河中府)에서 죽었다.

14 삼원(三院): 당송시대에 어사대(御史臺)에 설치한 대원(臺院)・전원(殿院)・찰원(察院)을 말한다.

15 한종사(韓宗師): 자는 전도(傳道). 북송의 관리. 한억(韓億)의 손자이자 한강(韓絳)의 아들이다. 과거에 급제한 뒤 왕안석(王安石)의 추천으로 탁지판관(度支判官)・제거하북상평(提擧河北常平)을 지냈으며, 집현전수찬(集賢殿修撰)・지하중부(知河中府) 등을 역임했다. 처음에 신종이 여러 차례 벼슬을 내렸지만, 그는 부모님 곁을 차마 떠날 수 없다는 이유로 거듭 사양해 효성으로 칭송받았다.

참지정사參知政事 한억韓億과 참지정사 이약곡李若谷은 아직 과거에 급제하지 못했을 때 모두 가난했다. 함께 도성으로 과거시험을 보러 갔는데, 두 사람은 자리 하나와 담요 하나만 가지고 있어서 그것을 잘라 나누었다. 또 매번 청탁할 사람을 배알하러 갈 때면 서로 번갈아 하인 노릇을 했다. 이약곡이 먼저 급제해 허주許州 장사현長社縣의 주부主簿에 제수되었다. 부임하러 갈 때 이약곡은 직접 아내가 탄 나귀를 끌었으며, 한억은 상자 하나를 짊어지고 갔다. 장사현에 도착하기 30리 전에 이약곡이 한억에게 말했다.

"아마도 현의 관리가 올 것이네."

상자 속에는 단지 돈 600냥만 있었는데, 그 절반을 한억에게 주면서 서로 부여잡고 크게 울고 나서 작별했다. 다음번 과거에서 한억도 급제했다. 나중에 두 사람은 참지정사에 이르렀으며, 대대로 두 집안 사이의 혼인이 끊어지지 않았다. 한 참정韓參政(한억)의 손자인 시랑侍郎 한종사韓宗師가 말해 주었다.

韓參政億・李參政若谷未第時, 皆貧. 同途赴試京師, 共有一席一毡, 乃割分之. 每出謁, 更爲僕. 李先登第, 授許州長社縣主簿. 赴官, 自控妻驢, 韓爲負一箱. 將至長社三十里, 李謂韓曰: "恐縣吏來." 箱中止有錢六百, 以其半遺韓, 相持大哭別去. 次擧韓亦登第. 後皆至參知政事, 世爲婚姻不絶. 韓參政之孫宗師侍郎云.

—

　(인종) 경력慶曆 3년(1043)에 범문정공范文正公(범중엄)이 참지정사參知政事가 되고 부문충공富文忠公(부필)이 추밀부사樞密副使가 되었는데, 당시 도적이 경서로京西路에서 일어나 상주商州·등주鄧州·균주均州·방주房州를 약탈하자 지광화군知光化軍이 성을 버리고 도망쳤다. 상주문이 올라오자 두 공이 함께 황상 앞에서 마주했는데, 부문충공이 지군知軍[16]을 붙잡아 군법으로 다스리길 청하자 범문정공이 말했다.

　"광화군은 성곽이 없고 군사도 없어서 지군이 성을 버린 것이니 그 죄를 가볍게 하길 청합니다."

　인종仁宗은 이를 윤허했다. 조회를 마치고 정사당政事堂으로 와서 부문충공이 매우 화를 내며 범문정공에게 말했다.

　"육장六丈(범중엄)[17]은 부처가 되시렵니까?"

　범문정공이 웃으며 말했다.

　"사람이 어떻게 부처가 될 수 있겠소? 내가 말한 바에 일리가 있으니 잠시 화를 가라앉히면 당신에게 말해 주겠소."

　부문충공은 더욱 기분이 좋지 않았다. 범문정공이 조용히 말했다.

　"황상의 춘추가 한창때이니 어찌 사람을 죽이라고 할 수 있겠소? (사람 죽

16　지군(知軍): 송나라 때의 관명(官名)으로, 권지군주사(權知軍州事)의 줄임말이다. 일반적으로 조정 신하의 신분으로 지주(知州)에 임명되면 해당 지역의 군대를 아울러 관장했다. 북송의 주돈이(周敦頤)와 남송의 주희(朱熹)도 일찍이 지군을 지냈다.

17　육장(六丈): 범중엄을 말한다. '육'은 범중엄의 집안 항렬을 말하고, '장'은 존칭으로 '어르신'이란 뜻이다.

이는 일이) 손에 익게 되면 우리들의 목을 모두 보전하지 못할 것이오!"

부문충공이 그 말을 듣고 땀을 흘리면서 일어서서 사과하며 말했다.

"제가 미처 헤아리지 못했습니다."

부문충공은 평소에 범문정공을 아버지로 모셨다고 한다.

慶曆三年, 范文正公作參知政事, 富文忠公作樞密副使, 時盜起京西, 掠商・鄧・均・房, 光化知軍棄城走. 奏至, 二公同對上前, 富公乞取知軍者行軍法, 范公曰: "光化無城郭, 無甲兵, 知軍所以棄城, 乞薄其罪." 仁宗可之. 罷朝至政事堂, 富公怒甚, 謂范公曰: "六丈要作佛耶?" 范公笑曰: "人何用作佛? 某之所言有理, 少定爲君言之." 富公益不樂. 范公從容曰: "上春秋鼎盛, 豈可教之殺人? 至手滑, 吾輩首領皆不保矣!" 富公聞之汗下, 起立以謝曰: "非某所及也." 富公素以父事范公云.

8-9(086)

―

설간숙공薛簡肅公(설규)[18]이 지성도부知成都府로 있을 때 범촉공范蜀公(범진)

18 설간숙공(薛簡肅公): 설규(薛奎, 967~1034). 자는 숙예(宿藝), 시호는 간숙. 북송의 명신(名臣). 10여 세 때 이미 문장에 능해 향리의 추천을 받았다. 태종 순화(淳化) 3년(992) 진사 출신으로, 비서성교서랑・습주군사추관(隰州軍事推官)을 지냈다. 지도(至道) 3년(997)에 의주추관(儀州推官)으로 있을 때 의주의 백성들을 감독해 군량을 운송했는데, 계속된 큰비로 군량이 침수되어 썩는 바람에 탄핵당하자, 전운사 노지한(盧之翰)을 이치로 설득했으며 백성들의 배상 책임도 면하게 해 주었다. 이로 인해 이름이 알려져 마침내 대리시승(大理寺丞)・지흥화군(知興化軍)에 임명되었다. 성격이 강직하고 정의로워서 세상과 구차하게 야합하지 않았다.

이 막 거자擧子가 되었는데, 그를 한번 보고는 아껴서 관저에 머물게 하고 자제들과 함께 공부하게 했다. 그러면서 매번 이렇게 말했다.

"범 군은 조정에서 큰일을 할 사람이다."

그럴수록 범촉공은 더욱 스스로 겸양했다. 그는 말을 타고 동호각銅壺閣[19] 아래에 이르면, 즉시 부문府門으로 빨리 걸어가곤 했다. 그래서 해를 넘기도록 사람들은 그가 막객임을 알지 못했다. 설간숙공은 조정으로 돌아갈 때 범촉공을 태워서 떠났는데, 어떤 사람이 설간숙공에게 물었다.

"성도에서 돌아오면서 어떤 진기한 물건을 얻으셨습니까?"

설간숙공이 말했다.

"촉蜀 땅의 진귀한 물산은 말하기에 부족하오. 나는 돌아오면서 뛰어난 인물 한 명을 얻었을 뿐이오."

당시 이송공二宋公[20]이 큰 명성을 지니고 있었는데, 한번 보고는 범촉공과 포의지교布衣之交를 맺었다. 함께 「장소각호기長嘯却胡騎」라는 부賦를 지

19 동호각(銅壺閣): 성도(成都)에 있던 누각으로, '동호'는 시각을 재기 위한 구리 병을 말한다.
20 이송공(二宋公): 송상(宋庠)과 그의 동생 송기(宋祁)를 말한다. 송상을 대송(大宋), 송기를 소송(小宋)이라 부르기도 했다. 송상(996~1066)은 북송의 대신이자 문학가로, 본명은 교(郊), 자는 백상(伯庠)이었으나 벼슬길에 나아간 후 이름을 상(庠), 자를 공서(公序)로 바꾸었다. 인종 천성(天聖) 2년(1024) 진사 출신으로, 한림학사를 지냈다. 보원(寶元) 2년(1039)에 참지정사에 임명되었지만, 재상 여이간(呂夷簡)과 뜻이 맞지 않아 지양주(知揚州)와 지운주(知鄆州)로 나갔다가, 다시 조정으로 들어와 추밀사가 되었으며 황우(皇祐) 원년(1049)에 재상에 올랐다. 그 후 병부상서·검교태위(檢校太尉)·동평장사(同平章事)를 역임했으며, 거국공(莒國公)과 정국공(鄭國公)에 봉해졌다. 사공(司空)으로 벼슬을 마쳤으며, 시호는 원헌(元憲)이다. 송기(998~1061)는 북송의 관리이자 문학가·사학가로, 자는 자경(子京)이다. 인종 천성(天聖) 2년(1024) 진사 출신으로, 태상박사(太常博士)·동지예의원(同知禮儀院)을 거쳐 지제고·한림학사를 지냈다. 지화(至和) 원년(1054)에 사관수찬(史館修撰)을 맡아 구양수(歐陽脩)와 함께 『신당서(新唐書)』를 편찬했으며, 그 공으로 공부상서·한림학사승지에 임명되었다. 시호는 경문(景文)이다. 사(詞)를 잘 지었으며 「옥루춘(玉樓春)」이 유명하다.

었는데, 범촉공의 부가 완성되자 사람들이 다투어 전해 암송했다. 범촉공은 나중에 현능한 시종관이 되었는데, 그가 이룬 바에 대해 온공溫公(사마광)은 스스로 미칠 수 없다고 여겼다. 아, 설간숙공은 가히 인물을 알아볼 줄 안다고 이를 만하도다!

薛簡肅公知成都, 范蜀公方爲擧子, 一見愛之, 館於府第, 俾與子弟講學. 每曰: "范君, 廊廟人也." 公益自謙退. 乘小駟至銅壺閣下, 卽步行趨府門. 踰年, 人不知爲帥客也. 簡肅還朝, 載蜀公以去, 或問簡肅曰: "自成都歸, 得何奇物?" 曰: "蜀珍産不足道. 吾歸得一偉人耳." 時二宋公有大名, 一見, 與公爲布衣交. 及同賦「長嘯却胡騎」, 公賦成, 人爭傳誦之. 公後爲賢從官, 其所立, 溫公自以爲不可及也. 嗚呼, 簡肅公者, 可謂知人矣!

8-10(087)

───

호원선생胡瑗先生[21]이 판국자감判國子監이 되었는데, 그가 제생諸生을 교육

─────────

21 호원선생(胡瑗先生, 993~1059): 자는 익지(翼之). 북송의 이학자(理學者)이자 교육자. 대대로 섬서로(陝西路) 안정보(安定堡)에 살았기에 세상에서 '안정선생(安定先生)'이라 불렸다. 인종 경우(景祐) 연간 초에 아악(雅樂)을 다시 제정하고, 경술(經術)로 범중엄(范仲淹)의 초빙을 받아 소주부학(蘇州府學)의 교수(敎授)를 지냈다. 완일(阮逸)과 함께 종률(鐘律)을 교정하고 종경(鐘磬)을 제작했다. 경력(慶曆) 연간에 태학(太學)이 중흥하자 태학박사와 태자중윤(太子中允) 등을 역임했다. 황우(皇祐) 연간에 국자감직강(國子監直講)으로 전임되었는데, 예부(禮部)에서 인재를 선발할 때 열에 네다섯 명이 그의 제자였다. 가우(嘉祐) 연간 초에 천장각대제(天章閣待制)에 발탁되었고, 태상박사(太常博士)로 벼슬을 마쳤다. 당시의 부화(浮華)한 문풍을 반대하고 경의(經義)와 시무(時務)를 강조했으며, 육경을 바탕으로 명체달용지학(明體達用之學)을 주장했다. 성명(性命)에 대한 견해를 개진해 송나

하는 것에 모두 법도가 있었다. 추밀樞密 안후경安厚卿(안도)이 그의 문하에 있었다. 안후경은 간질로 고생했는데, 낭하에 모여 서 있거나 당에 올라 강설을 들을 때 사람이 많으면 간질이 발작하곤 했다. 그러면 호원선생은 사람을 시켜 그를 부축해 돌려보내고 매우 극진히 간호했다. 안후경은 과거에 급제한 후 간질이 치유되었다. 그래서 어떤 이는 왕문강공王文康公(왕서)²²이 임질로 고생하다가 추밀사樞密使가 되고 나서 임질이 저절로 나아진 경우와 같다고 여겼다. 대개 사람의 질병은 기혈이 통하고 막힘에 따르는데, 기혈이 순조롭게 되면 질병도 저절로 치유된다. 호원선생은 매번 제생諸生들에게 말하곤 했다.

"배불리 먹고 나서는 책상에 기대서는 안 되며, 혹 오래 앉아 있으면 모두 기혈에 손상이 생기니, 마땅히 활쏘기 연습을 하거나 투호投壺를 하면서 휴식해야 한다."

이 또한 "식사할 때는 사람들과 얘기하지 않고 잠잘 때는 혼잣말을 하지 않는다"²³라는 말의 남긴 뜻이다. 정이천程伊川(정이)이 말했다.

"무릇 안정선생安定先生(호원)에게서 배운 사람은 그 순후醇厚하고 온화한

라 이학의 발전에 선구적 역할을 했으며, 고례(古禮)를 중시함으로써 정주학파의 예학 연구에 직접적인 영향을 미쳤다. 저서에『논어설(論語說)』·『홍범구의(洪範口義)』·『주역구의(周易口義)』·『춘추구의(春秋口義)』·『황우신악도기(皇祐新樂圖記)』등이 있다.

22   왕문강공(王文康公): 왕서(王曙, 963~1034). 자는 회숙(晦叔), 시호는 문강(文康). 북송의 대신. 수나라의 대학자 왕통(王通)의 후손으로, 구준(寇準)의 사위다. 태종 순화(淳化) 3년 (992) 진사 출신으로, 저작좌랑(著作佐郎)·지정해현(知定海縣)을 지냈다. 진종 대중상부 (大中祥符) 8년(1015)에 추밀직학사(樞密直學士)로서 지익주(知益州)로 나갔는데, 정치를 준엄하게 하고 많은 치적을 쌓아 백성들의 칭송을 받았으며, 장영(張詠)과 함께 "전장후왕 (前張後王)"으로 병칭되었다. 여러 벼슬을 거쳐 인종 때 추밀사·이부시랑·검교태부(檢校太傅)·동중서문하평장사를 지냈으며, 태원군개국공(太原郡開國公)에 봉해졌다.

23   식사할 때는 사람들과 얘기하지 않고 잠잘 때는 혼잣말을 하지 않는다: 원문은 "식불어(食不語), 침불언(寢不言)".『논어(論語)』「향당(鄕黨)」편에 나오는 구절이다.

기운을 멀리서 바라보면 알 수 있다."

국자감에 예전에 호원선생의 사당이 있었는데, (철종) 소성紹聖 연간(1094~
1098) 초에 임자林自[24]가 태학박사太學博士가 되었을 때 조정에 아뢰고 철거
했다.

胡先生瑗判國子監, 其教育諸生皆有法. 安厚卿樞密在席下. 厚卿苦癇疾,
凡聚立廡下, 升堂聽講說, 人衆, 疾輒作. 先生使人掖之以歸, 調護甚至. 厚卿
登科, 疾良愈. 或以[1]與王文康公苦淋疾, 及爲樞密使, 疾自平正同. 蓋人之
疾病隨血氣之通塞, 氣血旣快, 疾亦自愈也. 先生每語諸生: "食飽未可據案,
或久坐, 皆於氣血有傷, 當習射投壺游息焉." 是亦"食不語, 寢不言"之遺意也.
程伊川曰: "凡從安定先生學者, 其醇厚和易之氣, 望之可知也." 國子監舊有
先生祠, 紹聖初, 林自爲博士聞於朝, 徹去.

[1] 이(以): 원초본과 명초본에는 "운(云)"이라 되어 있는데, 역시 문맥이 통한다.

8-11(088)

_____

윤사로尹師魯(윤수)[25]가 숭신군절도부사崇信軍節度副使로 폄적되고 균주감

24 임자(林自): 자는 의독(疑獨). 북송의 관리. 신종 원풍(元豐) 8년(1085) 양우석갈(兩優釋褐)
    장원 출신으로, 비서성정자(秘書省正字)·저작좌랑(著作佐郎)을 지냈으며, 선덕랑(宣德郎)
    으로 벼슬을 마쳤다.
25 윤사로(尹師魯): 윤수(尹洙, 1001~1047). 자는 사로, 시호는 하남선생(河南先生). 북송의
    대신이자 문장가. 인종 천성(天聖) 2년(1024) 진사 출신으로, 정평주부(正平主簿)·하남호
    조(河南戶曹)·관각교감(館閣校勘)·태자중윤(太子中允)을 지냈다. 범중엄(范仲淹)과 친분
    이 두터웠다. 여러 차례 폄적된 후 우사간(右司諫)·지위주(知渭州)·경원로경략공사(涇原

주균주감주酒로 옮겨 갔다가 병에 걸렸다. 당시 범문정공范文正公(범중엄)은 지등주知鄧州로 있었는데, 조정에 아뢰고 등주에서 윤사로를 치료하게 해 달라고 청하자 인종仁宗이 허락했다. 윤사로가 도착하자 범문정공이 날마다 의원을 데리고 가서 매우 정성껏 간호해, 윤사로는 그다지 심한 고생을 하지 않았다. 하루는 범문정공이 우연히 일 때문에 가지 못했는데, 윤사로가 사람을 보내 그를 불렀다. 범문정공이 급히 갔더니 윤사로는 안석에 기대어 단정히 앉아 이미 눈을 감고 있었다. 범문정공이 엎드려 그를 불렀더니 윤사로가 다시 눈을 뜨자 범문정공이 물었다.

"무엇이 보이십니까?"

윤사로가 조용히 말했다.

"귀신도 없고 두려움도 없습니다."

그러고는 다시 눈을 감더니 숨이 끊어졌다. 여헌가呂獻可(여회)가 병들었을 때 직접 편지를 써서 사마온공司馬溫公(사마광)에게 묘지명을 부탁했는데, 사마온공이 급히 문안하러 갔더니 여헌가는 이미 눈을 감고 있었다. 사마온공이 엎드려 그를 부르며 말했다.

"더 부탁할 게 있습니까?"

그러자 여헌가가 다시 눈을 뜨고 말했다.

"천하의 일은 아직 할 만하니 당신은 진실로 자중자애自重自愛하시오."

그러고는 마침내 눈을 감더니 숨이 끊어졌다. 아! 대군자는 생사내왕에 변함이 없는 것이 대개 이와 같았으니, 평생 도의로 서로 존중한 사람들에

路經略公事)가 되었다가 사건에 연루되어 다시 감균주주세(監筠州酒稅)로 폄적되었다. 경력(慶曆) 6년(1046)에 중병에 걸렸는데, 당시 지등주(知鄧州)로 있던 범중엄이 조정에 주청해 그를 등주로 데려와 치료했지만 이듬해에 죽었다. 일찍이 고문운동(古文運動)을 제창했으며, 『하남선생문집』과 『오대춘추(五代春秋)』 등이 세상에 전해진다.

대해서는 유독 잊을 수가 없다.

尹師魯謫崇信軍節度副使, 移筠州監酒, 得疾. 時范文正公知鄧州, 聞於朝, 乞師魯就醫於鄧, 仁宗許之. 師魯至, 文正日挾醫以往, 調護甚備, 師魯無甚苦也. 一日, 文正偶以事未往, 師魯遣人招之. 文正亟往, 師魯隱几端坐, 已瞑目矣. 文正伏而呼之, 師魯復開目, 文正問曰: "何所見也?" 師魯從容曰: "亦無鬼神, 亦無恐怖." 復閉目而絶. 呂獻可病, 手書以墓銘委司馬溫公, 公亟省之, 獻可已瞑目矣. 公伏而呼之曰: "更有以見屬乎?" 獻可復開目曰: "天下[1]尙可爲, 君實其自愛." 遂閉目以絶. 嗚呼! 大君子於死生去來不變蓋如此, 至於平生以道義相推重者, 獨不能忘也.

[1] 천하(天下): 명초본에는 이 뒤에 "사(事)" 자가 있는데, 문맥상 보다 타당하다.

8-12(089)

—

의각공懿恪公 왕공진王拱辰과 구양문충공歐陽文忠公(구양수)은 같은 해에 진사에 급제했다. 문충공은 감원監元[26]・성원省元[27]으로 정시廷試(전시)에 응시했는데, 예리한 생각이 천하의 으뜸이었다. 다음 날 급제자를 발표할 예정이었기에 문충공은 밤에 새 옷 한 벌을 준비했는데, 의각공이 문득 먼저 새 옷을 입고 들어오자 문충공이 의아해했더니 의각공이 웃으며 말했다.

---

26 감원(監元): 국자감(國子監)에서 실시한 시험의 장원.
27 성원(省元): 송나라 때 예부(禮部)에서 주관한 성시(省試)의 장원. 예부가 상서성에 속하기 때문에 그렇게 불렀으며, 성괴(省魁)라고도 했다.

"장원이 된 사람은 마땅히 이것을 입어야지!"

급제자를 발표할 때 과연 의각공이 장원을 차지했다. 나중에 의각공과 문충공은 함께 설간숙공薛簡肅公(설규)의 사위가 되었는데, 문충공은 그 전에 의각공의 부인의 손위 누이를 아내로 맞이했다가 다시 그녀의 손아래 누이를 아내로 맞이했기 때문에 "옛 사위가 새 사위가 되고 큰 이모부가 작은 이모부가 되었다"라는 놀림을 받았다. 의각공은 일찍 존귀해졌는데, 문충공이 관리로 선발되어 관직館職[28]에 들어갔다가 이릉夷陵으로 폄적되었을 때, 의각공은 이미 지제고知制誥가 되었고 그 후에 한림원翰林院에 들어가 학사學士가 되었으며 팔좌상서八座尚書[29]를 모두 거쳤다. (신종) 희녕熙寧 연간 (1068~1077) 초에는 선휘사宣徽使에 임명되어 번부藩府를 두루 역임했다. 원풍元豊 연간(1078~1085) 초에는 조정으로 소환되어 선휘원宣徽院에 부임해 직책을 수행하다가 판북경判北京(판대명부)으로 나갔으며, 특별히 홀두구로금대笏頭毬露金帶[30]를 하사받고 어대魚袋[31]를 찼는데, 이는 양부兩府(중서성 · 추밀원)의 대신이 착용하는 것과 같은 것이었다. 그래서 의각공이 표문을 올려 감사하며 말했다.

---

28 관직(館職): 당송대에 소문관(昭文館) · 사관(史館) · 집현원(集賢院) 등에서 수찬(修撰)과 편교(編校) 등의 일을 맡은 관직에 대한 통칭. 인종 황우(皇祐) 원년(1049)에 구양수는 한림학사와 사관수찬(史館修撰) 등을 지냈다.

29 팔좌상서(八座尚書): 육부(六部: 이부 · 예부 · 호부 · 형부 · 공부 · 병부)의 상서, 상서령, 상서복야를 말한다.

30 홀두구로금대(笏頭毬露金帶): 송나라 때 양부(兩府: 중서성 · 추밀원)의 대신이 착용하던 요대로, 둥근 꽃무늬를 새겨 넣고 금으로 장식했다. '홀두대(笏頭帶)' · '구로대(毬露帶)'라고도 한다. '구로(毬露)'는 '구로(球路)'라고도 쓴다.

31 어대(魚袋): 당나라 때부터 명나라 때까지 사용한, 금과 은으로 장식한 물고기 모양의 부신(符信). 송나라 때는 물고기 모양에 관명(官名)을 기록하고 이를 둘로 나누어 왼쪽은 궁궐에 두고 오른쪽은 자신이 지니고 있다가 궁궐을 출입할 때 합쳐 신분을 확인했다. 이것을 주머니[袋]에 넣고 다녔기 때문에 '어대'라고 불렸으며, 공복(公服)의 허리띠에 차고 다녔다.

"횡금橫金[32]은 36년 동안 몸에 지니는 어대를 차지 않았는데, 만정대萬釘帶[33]를 하사받아 조정의 면목을 일신하게 되었습니다."

대개 조종祖宗의 옛 제도에서는 양부를 맡은 대신에게만 홀두구로금대에 어대 착용을 허락했으며, 전임자는 특별한 어지御旨가 아니면 허락하지 않았다. 상서尚書와 한림학사翰林學士가 어선화금대御仙花金帶[34] 위에 어부를 찬 것은 원풍 연간의 근래의 제도다. 오직 방단과대方團跨帶[35]에만 어대를 찰 수 있는데, 구로대가 방단과대이기 때문에 근래의 제도라고 말한 것이다. 문충공과 의각공은 비록 동서지간이었지만, 문충공은 마음속으로 의각공을 낮게 보았다. 문충공이 참지정사參知政事로 있을 때 관리가 의각공을 복야僕射로 승진시키려 하자 문충공이 말했다.

"복야는 재상의 관직인데, 왕공진은 재상에 임명된 적이 없으니 불가합니다."

결국 의각공은 동궁관東宮官으로 전임되었고 선휘사에까지 임명되었지만, 종신토록 집정執政에는 이르지 못했다. 대개 의각공은 여문정공呂文靖公(여이간)을 추종하고 문충공은 범문정공范文正公(범중엄)을 추종해 그 당파가 같지 않았다고 한다.

王懿恪公拱辰與歐陽文忠公同年進士. 文忠自監元・省元赴廷試, 銳意魁天下. 明日當唱名, 夜備新衣一襲, 懿恪輒先衣以入, 文忠怪焉, 懿恪笑曰: "爲狀元者當衣此!" 至唱名, 果第一. 後懿恪・文忠同爲薛簡肅公子壻, 文忠先娶

32　횡금(橫金): 송나라 때 벼슬 품계의 고하를 표식한 일종의 패용물.
33　만정대(萬釘帶): 황제가 무공(武功)을 세운 신하에게 특별히 하사한 보대(寶帶).
34　어선화금대(御仙花金帶): 어선화[여지(荔枝)] 무늬를 새겨 넣고 금으로 장식한 요대.
35　방단과대(方團跨帶): 특정한 문양을 새겨 넣은 사각형의 조각들을 이어서 만든 요대.

懿恪夫人之姊, 再娶其妹, 故文忠有"舊女壻爲新女壻, 大姨夫作小姨夫"之戲. 懿恪早貴, 文忠自選入館職, 謫夷陵時, 懿恪已爲知制誥, 後入翰林爲學士, 盡轉八座尙書. 熙寧初, 拜宣徽使, 遍歷藩府. 元豐初召還, 赴院供職, 出判北京, 特賜笏頭毬露金帶, 佩魚, 如兩府之所服者. 懿恪以表謝曰: "橫金三紀, 未佩隨身之魚, 賜帶萬釘, 改觀在廷之目也." 蓋祖宗舊制, 見任兩府許笏頭毬露金帶, 佩魚, 前任者非得旨[1]不許. 尙書・翰林學士於御仙花金帶上佩魚者, 元豐近制也. 惟方團胯帶乃可佩魚, 毬露帶, 方團胯也, 故曰近制也. 文忠與懿恪雖友壻, 文忠心少之. 文忠爲參政時, 吏擬進懿恪僕射, 文忠曰: "僕射, 宰相官也. 王拱辰非曾任宰相者, 不可." 改東宮官, 以至拜宣徽使, 終身不至執政. 蓋懿恪主呂文靖, 文忠主范文正, 其黨不同云.

[1] 득지(得旨): 명초본에는 "특지(特旨)"라 되어 있는데, 문맥상 보다 타당하다. '특지'는 황제가 특별히 내리는 어명을 말한다.

8-13(090)

━━

(인종) 천성天聖 연간(1023~1032)과 명도明道 연간(1032~1033)에 전문희공錢文僖公(전유연)[36]은 추밀사樞密使로 있다가 서경유수西京留守(낙양유수)가 되었을

━━

36 전문희공(錢文僖公): 전유연(錢惟演, 977~1034). 자는 희성(希聖), 시호는 문희(文僖). 북송의 대신이자 문학가로, 오월(吳越)의 충의왕(忠懿王) 전숙(錢俶)의 일곱째 아들이다. 부왕 전숙을 따라 송나라에 귀순한 뒤, 우신무장군(右神武將軍)에 임명되었다. 진종 때 태복소경(太僕少卿)과 직비각(直秘閣)에 임명되어 『책부원귀(冊府元龜)』 편찬에 참여했으며, 지제고・한림학사・추밀부사・공부상서를 역임했다. 인종이 즉위한 후 추밀사에 제수되었고, 숭신군절도사(崇信軍節度使)로 벼슬을 마쳤다. 전유연은 박학하고 문장에 능했으며, 양억(楊億)・유균(劉筠)과 함께 서곤파(西崑派)를 이끌었다. 문사(文士)를 초빙하고 후진

때, 사희심謝希深(사강)[37]을 통관通判으로 삼고 구양영숙歐陽永叔(구양수)을 추관推官으로 삼았으며, 윤사로尹師魯(윤수)를 장서기掌書記로 삼고 매성유梅聖俞(매요신)를 주부主簿로 삼았는데, 이들은 모두 천하의 선비였으며 전상錢相(전유연)이 매우 후하게 대우했다. 하루는 (당나라) 백낙천白樂天(백거이)의 옛 집이었던 보명원普明院에서 모였는데, 그곳에 「당구로화상唐九老畫像」이 있자 전상과 사희심 등도 그 옆에 초상을 그렸다. 관저에 쌍계루雙桂樓를 짓고 서성西城에 성시의 역참이 내려다보이는 전각을 세웠을 때, 구양영숙과 윤사로에게 기문記文을 짓게 했다. 구양영숙의 글이 먼저 완성되었는데 모두 천여 언이었다. 그러자 윤사로가 말했다.

"나는 단지 500자로 지을 수 있소."

글이 완성되자 구양영숙은 그 간결하고 예스러움에 탄복했다. 구양영숙은 이때부터 비로소 고문을 지었다. 전상이 사희심에게 말했다.

"그대들은 궁중 대각臺閣의 시종신하로 선발된 적이 있으니, 마땅히 사가史家의 필법에 유의해 보고 들은 바를 기록해야 할 것이네."

그래서 『도청한화都廳閑話』라고 하는 책 한 권이 나왔는데, 여러 공들이

을 장려하길 좋아했는데, 만년에 서경유수(西京留守)로 있을 때 구양수와 매요신 등을 발탁했다.

37 사희심(謝希深): 사강(謝絳, 994~1039). 자는 희심. 북송의 관리이자 문학가. 진종 대중상부(大中祥符) 8년(1015) 진사 출신으로, 태상시봉례랑(太常寺奉禮郎)·지여음현(知汝陰縣)을 거쳐 광록시승(光祿寺丞)·비각교리(祕閣校理)를 지냈다. 인종이 즉위한 후 태상박사(太常博士)와 상주통판(常州通判)이 되었는데, 당시 기근이 심하고 활주(滑州)에서 황하의 제방이 터지자, 곤궁에 처한 백성들을 널리 구휼하고 긴급하지 않은 노역과 명목이 없는 세금 징수를 취소하길 청하는 상소를 올려 인종이 모두 받아들였다. 천성(天聖) 9년(1031)에 사부원외랑(祠部員外郎)·직집현원(直集賢院)으로 있다가 하남부통판(河南府通判)으로 나갔는데, 당시 서경유수(西京留守)로 있던 전유연이 모든 정사를 그에게 맡겼다. 경우(景祐) 원년(1034)에 거란에 사신으로 다녀온 후 지제고(知制誥)로 발탁되었다. 보원(寶元) 원년(1039)에 지등주(知鄧州)에 제수되어 제방을 수리해 관개를 확대했다. 그는 문학으로 이름이 알려졌으며, 부임하는 곳마다 학관을 세워 교육에 힘썼다.

지은 것이다. 일시에 막부의 성대함을 천하 사람들이 칭송했다. 또한 이름
이 알려진 진사進士 10명이 사희심과 구양영숙의 문하에 있었는데, 왕복王
復[38]과 왕상공王尚恭[39]이 으뜸이라 일컬어졌다. 당시 과거시험의 법규가 느
슨해졌는데, 부원府園의 초청醮廳[40]에서 추시秋試[41]가 열렸을 때, 사희심이
시험을 감독하고 구양영숙과 매성유가 시관試官이 되었다. 왕복이 회주懷州
의 해시解試에 응시하길 청하며 가려고 하자 구양영숙이 말했다.

"그곳은 왕상공이 해원解元이 될 것이네."

왕복이 가지 않기로 하자 구양영숙이 또 말했다.

"이곳의 해원은 왕복이 아니면 안 되네."

대개 제생諸生의 문장에 대해 평소에 이미 차례가 정해져 있었으니 그 공
정함이 이와 같았다. 그때는 조정에 일이 없었고 군부郡府가 대부분 한가
해, 전상과 여러 공들의 행락에 쉬는 날이 없었다. 하루는 장하문長夏門을
나가 수행 기병을 물리치고 함께 걸어서 오교午橋에 이르러 은군자 곽 군郭
君(곽연경)[42]을 방문했는데, 곽 군은 전상임을 알지 못하고 변변찮은 음식에

---

38 왕복(王復): 미상. 북송 말에 지서주(知徐州)로서 금군(金軍)의 침략에 항거하다 순국한 왕
복[1078~1129, 자는 경인(景仁)]과는 동명이인으로 보인다.

39 왕상공(王尚恭, 1007~1084): 자는 안지(安之). 북송의 관리로 왕급(王汲)의 아들이다. 인종
경우(景祐) 원년(1034) 진사 출신으로, 경성군판관(慶成軍判官)을 지냈다. 나중에 저작좌
랑과 지예성현(知芮城縣)·지구지현(知緱氏縣)을 지냈으며, 일찍이 지무양현(知武陽縣)으
로 있을 때 포증(包拯)의 신임을 받았다. 신종 원풍(元豐) 7년(1084)에 조의대부(朝議大夫)
로 벼슬을 마쳤으며 그해에 병사했다.

40 초청(醮廳): 도교의 제사를 지내는 청사.

41 추시(秋試): 당송대에 지방의 부(府)에서 거인(擧人)의 선발을 위해 치른 과거시험으로, 해
시(解試)라고도 했으며 그 장원을 해원(解元)이라 했다. 가을에 진행되었기에 '추시'라고
불렀다.

42 곽 군(郭君): 곽연경(郭延卿). 북송의 은군자. 평생 벼슬길에 나아가지 않고 낙양에 은거하면
서 학문을 강론하고 제자들을 가르쳤다. 그의 문하에서 여몽정(呂蒙正)·장제현(張齊賢)·
왕수(王隨)·전약수(錢若水)·유엽(劉燁)의 5명의 재상이 나왔다.

술을 대접했다. 전상은 매우 기꺼하며 차마 떠나지 못했다. 저물녘이 되어 관아의 수행 기병이 왔지만 곽 군은 동요하지도 않았고 예를 더 차리지도 않았다. 해 질 무렵에 작별하고 떠나자 곽 군이 전송하며 문에 이르러 말했다.

"촌사람이 관부에 가 본 적이 없어서 배알하고 사죄할 길이 없습니다."

전상이 탄식하며 여러 공들에게 말했다.

"이 사람은 부귀 보기를 어떻게 하는가? 참으로 부끄럽도다!"

곽 군은 이름이 연경延卿으로 당시 나이가 80이 넘었는데, 젊어서 장문정 공張文定公(장제현)·여문목공呂文穆公(여몽정)을 따라 노닐었으며 문장과 덕행으로 칭송받았다. 장문정공과 여문목공이 서로 이어서 재상이 되어 조정에 그를 천거해 관직에 임명했지만 나가지 않았다. 낙양洛陽 사람들은 지금도 그곳을 곽오수재장郭五秀才莊이라 부른다고 한다.

天聖·明道中, 錢文僖公自樞密留守西都, 謝希深爲通判, 歐陽永叔爲推官, 尹師魯爲掌書記, 梅聖俞爲主簿, 皆天下之士, 錢相遇之甚厚. 一日, 會於普明院, 白樂天故宅也, 有「唐九老畫像」, 錢相與希深而下, 亦畫其旁. 因府第起雙桂樓, 西城建閣臨園[1]驛, 命永叔·師魯作記. 永叔文先成, 凡千餘言. 師魯曰: "某止用五百字可記." 及成, 永叔服其簡古. 永叔自此始爲古文. 錢相謂希深曰: "君輩臺閣禁從之選也, 當用意史學, 以所聞見擬之." 故有一書, 謂之『都廳閑話』者, 諸公之所著也. 一時幕府之盛, 天下稱之. 又有知名進士十人, 游希深·永叔之門, 王復·王尚恭爲稱首. 時科擧法寬, 秋試府園醮廳, 希深監試, 永叔·聖俞爲試官. 王復欲往請懷州解, 永叔曰: "王尚恭作解元矣." 王復不行, 則又曰: "解元非王復不可." 蓋諸生文賦, 平日已次第之矣, 其公如此. 當朝廷無事, 郡府多暇, 錢相與諸公行樂無虛日. 一日出長夏門, 屛騎從, 同步至午橋訪郭君隱君, 郭君不知爲錢相也, 草具置酒. 錢[2]甚喜, 不忍去.

至晚, 衙騎從來, 郭君亦不爲動, 亦不加禮. 抵暮別去, 送及門曰: "野人未嘗至府廷, 無從謁謝." 錢相悵然謂諸公曰: "斯人視富貴爲如何? 可愧也!" 郭君名延卿, 時年踰八十, 少從張文定公·呂文穆公游, 以文行稱. 張·呂二公相繼入相, 薦於朝, 命以職官, 不出. 洛人至今呼爲郭五秀才莊云.

[1] 환(圜): 명초본에는 "환(闤)"이라 되어 있는데, 문맥상 보다 타당하다. '환(闤)'은 성시(城市)를 둘러싼 담을 말한다.

[2] 전(錢): 명초본에는 "전상(錢相)"이라 되어 있는데, 문맥상 보다 타당하다.

8-14(091)

────

사희심謝希深(사강)과 구양영숙歐陽永叔(구양수)이 낙양洛陽에서 벼슬하고 있을 때 함께 숭산嵩山을 유람했다. 영양潁陽에서 돌아오다가 해 질 녘에 용문龍門의 향산香山에 이르렀는데, 눈이 내리자 석루石樓에 올라 도성을 바라보니 각자 마음속에 느끼는 바가 있었다. 그때 갑자기 자욱한 안개 속에서 말을 채찍질하며 이수伊水를 건너오는 자가 있었는데, 도착한 뒤에 보니 다름 아닌 전상錢相(전유연)이 보내 준 푸짐한 음식과 가기歌妓들이었다. 관리가 전공錢公(전유연)의 말을 전했다.

"산행하느라 정말 힘들었을 테니 잠시 용문에 머물러 설경을 감상하시오. 관부의 일이 한가하니 급히 돌아가지 마시오."

전상이 여러 공들을 후하게 대우함이 이와 같았다. 나중에 전상이 한동漢東으로 폄적되자 여러 공들이 팽파진彭婆鎭에 이르러 송별했는데, 전상이 술자리를 마련하고 장단구長短句(사詞)를 지어 가기에게 노래하게 했는데 매우 구슬펐다. 전상이 눈물을 흘리자 여러 공들도 모두 눈물을 흘렸다. 왕기공王沂公(왕증)이 전상을 대신해 서경유수西京留守(낙양유수)가 되었는데, 관리를 쥐어짜듯이[43] 다스렸기에 여러 공들이 모두 그 근심을 감당하지 못했다. 하루는 왕기공이 막료들이 유람을 자주 나가는 것을 의아해하면서 질책하며 말했다.

"공들은 스스로를 구내공寇萊公(구준)에 견주어 어떻다고 생각하시오? 구내공도 오히려 사치와 방종에 연루되어 화를 초래해 폄적되었다가 죽었는데, 하물며 그보다 못한 자임에랴!"

사희심 이하로 감히 대답하지 못하고 있을 때 구양영숙이 수판手板(홀)을 들고 일어서서 말했다.

"제가 논하건대 구내공의 화는 술을 마시는 데 있었던 것이 아니라 늙어서도 물러날 줄을 몰랐던 데에 있었을 따름입니다."

당시 왕기공은 연령이 이미 높았는데 이 때문에 마음에 느낀 바가 있었다. 여러 공들이 구양영숙을 훌륭히 여겼다. 구양영숙은 나중에 왕기공의 천거를 받아 관각館閣에 들어갔지만, 여전히 전상을 잊지 않았다. 어떤 사람이 말하길, 전상이 죽자 (전상의 이름을 피휘避諱하기 위해) 이름을 바꾼 자가 세 명이나 되었고 결국 훌륭한 시호를 받은 것은 구양영숙의 힘이었다고 한다.

謝希深・歐陽永叔官洛陽時, 同游嵩山. 自潁陽歸, 暮抵龍門香山, 雪作, 登石樓望都城, 各有所懷. 忽於煙靄中有策馬渡伊水來者, 既至, 乃錢相遣廚傳歌妓至. 吏傳公言曰: "山行良勞, 當少留龍門賞雪. 府事簡, 無遽歸也." 錢

---

43 쥐어짜듯이: 원문은 "속습(束濕)". 젖은 물건을 쥐어짠다는 뜻으로, 휘하 관리를 엄하게 다스리거나 정령(政令)을 가혹하게 행하는 것을 말한다.

相遇諸公之厚類此. 後錢相謫漢東, 諸公送別至彭婆鎭, 錢相置酒作長短句, 俾妓歌之, 甚悲. 錢相泣下, 諸公皆泣下. 王沂公代爲留守, 御吏如束濕, 諸公俱不堪其憂. 日訝其多出游, 責曰: "公等自比寇萊公何如? 寇萊公尙坐奢縱取禍貶死, 況其下者!" 希深而下不敢對, 永叔取手板起立曰: "以脩論之, 萊公之禍不在杯酒, 在老不知退爾." 時沂公年已高, 若爲之動. 諸公偉之. 永叔後用沂公薦入館, 然猶不忘錢相. 或謂錢相薨, 易名者三, 卒得美謚, 永叔之力云.

8-15(092)

―

내한內翰(한림학사) 가암賈黯[44]이 장원급제하고 등주鄧州로 돌아갔을 때 범문정공范文正公(범중엄)이 지주知州로 있었는데, 가내한賈內翰(가암)이 범문정공에게 감사하며 말했다.

"후배인 제가 뜻밖에 과거에 급제했으니 가르침을 받길 원합니다."

범문정공이 말했다.

"그대는 현달하지 못할 것을 걱정하지 말게. 오직 '불기不欺(속이지 않는다)' 두 글자만 종신토록 행하면 될 것이네."

44 가암(賈黯, 1022~1065): 자는 직유(直孺). 북송의 관리. 인종 경력(慶曆) 6년(1046) 진사 출신으로, 장작감승(將作監丞)과 양주통판(襄州通判)을 거쳐 저작좌랑·직집현원(直集賢院)을 지냈다. 나중에 좌정언(左正言)이 되어 과감하게 직간했으며, 처음으로 한기(韓琦)·부필(富弼)·범중엄(范仲淹)을 크게 기용할 만하다고 논했다. 좌사간(左司諫)과 지개봉부(知開封府)에 임명되었다. 영종이 즉위한 후 중서사인(中書舍人)이 되었고, 칙명으로『인종실록(仁宗實錄)』을 편찬했으며, 급사중(給事中)과 어사중승(御史中丞)에까지 올랐다. 치평(治平) 2년(1065)에 한림시독학사(翰林侍讀學士)로서 지진주(知陳州)에 제수되었는데, 부임하기 전에 병사했다.

가내한은 절을 하고 그 말씀을 잊지 않았으며, 매번 사람들에게 말했다.
"내가 범문정공에게서 얻은 것은 평생 사용해도 다함이 없다."
아! 범문정공에게서 두 글자를 얻은 자라면 한 시대의 명신名臣이 되기에
충분하도다!

　賈內翰黯以狀元及第歸鄧州, 范文正公爲守, 內翰謝文正曰: "某晚生, 偶得
科第, 願受教." 文正曰: "君不憂不顯. 惟'不欺'二字, 可終身行之." 內翰拜其
言不忘, 每語人曰: "吾得於范文正公者, 平生用之不盡也." 嗚呼! 得文正公二
字者, 足以爲一代之名臣矣!

8-16(093)

———

　무양공武襄公 적청狄靑[45]이 처음에 산직散直으로서 연주지휘사延州指揮使[46]

45　적청(狄靑, 1008~1057): 자는 한신(漢臣), 시호는 무양(武襄). 북송의 명장. 가난한 집안 출
　　신으로 어려서 군대에 들어가 얼굴에 글자를 새겼으며 말타기와 활쏘기에 뛰어났기에 사
　　람들이 "면날장군(面涅將軍)"이라 불렀다. 인종 때 여러 차례 전공(戰功)을 세워 연주지휘
　　사(延州指揮使)에 올랐다. 용감하고 책략에 뛰어나 서하(西夏)와의 전쟁 때 머리를 산발하
　　고 얼굴에 구리 가면을 쓴 채 적진을 격파해 탁월한 전공을 세웠다. 윤수(尹洙)·한기(韓
　　琦)·범중엄(范仲淹) 등의 명신들과 교분이 두터웠다. 범중엄이 『춘추좌전(春秋左傳)』을
　　주고 공부하게 해 마침내 병법에 정통하게 되었다. 일생 동안 25차례 전쟁을 치렀는데, 황
　　우(皇祐) 5년(1053) 정월 보름날 밤에 곤륜관(崑崙關)을 습격해 점령한 것이 가장 유명하
　　다. 그 공으로 추밀부사(樞密副使)·호국군절도사(護國軍節度使)·하중윤(河中尹)에 제수
　　되었다. 그러나 조정 문관 집단들의 시기와 모함으로 인해, 판진주(判陳州)로 나갔다가 울
　　분에 차서 죽었다. 인종이 그를 예우해 중서령에 추증했다.
46　연주지휘사(延州指揮使): '지휘사'는 오대와 송대의 군직(軍職)으로, 지휘의 최고 책임자이
　　며, 휘하에 부지휘사가 있었다. '지휘'는 오대와 송대의 군대 편제 단위로, 500명을 1지휘로

가 되었을 때 서하西夏가 전쟁을 일으켰는데, 무양공이 지모와 용맹함으로 뛰어난 전공을 거두었다. 일찍이 머리를 풀어헤치고 구리 가면을 쓴 채 포위망을 뚫고 적진으로 뛰어 들어가 귀신처럼 종횡무진하자, 오랑캐들이 두려움에 탄복하며 감히 맞서는 자가 없었다. 식견이 심원해 어진 사대부들이 하나같이 칭송했는데, 특히 범문정공范文正公(범중엄)·한충헌공韓忠獻公(한기)·범정헌공范正獻公(미상)의 인정을 받았다. 범문정공이 그에게 『춘추春秋』와 『한서漢書』를 주며 말했다.

"장수가 되어 고금의 일을 알지 못하면 필부의 용기일 따름이네."

무양공은 이 말에 감복해 스스로 게으르지 않고 애써 노력했으며, 나중에 추밀부사樞密副使의 지위에 올랐다. 어떤 사람이 그에게 (당나라) 적양공狄梁公(적인걸)[47]을 먼 조상으로 추존하라고 하자, 무양공이 부끄러워하면서 사양하며 말했다.

"저는 농가 출신으로 어려서 병사가 되었으니, 어찌 감히 당나라의 충신인 양공을 조상으로 하겠습니까?"

또 어떤 사람이 그에게 귀밑머리 사이에 새긴 글자[48]를 없애라고 권하자 무양공이 말했다.

"저는 비록 존귀해졌지만 근본을 잊지 않고 있습니다."

편성했다.

47 적양공(狄梁公): 적인걸(狄仁傑, 630~700). 자는 회영(懷英), 시호는 문혜(文惠). 당나라 측천무후(則天武后) 때의 명재상. 명경과(明經科) 출신으로, 고종·중종·예종 때 여러 관직을 역임했으며, 측천무후 때 난대시랑동평장사(鸞臺侍郞同平章事)로 재상이 되었다. 중종을 다시 태자로 책봉하도록 해 당 왕조의 부활에 공을 세웠으며, 수많은 인재를 천거해 당나라의 중흥에 크게 기여했다. 측천무후는 청렴결백하고 강직하며 식견이 높은 그를 인정해 그가 추천하는 인재는 모두 발탁했다. 사후에 양국공(梁國公)에 추봉되었다.

48 귀밑머리 사이에 새긴 글자: 원문은 "빈간자(鬢間字)". 이른바 "자자(刺字)"를 말한다. 송나라의 군제(軍制)에서는 군사들의 얼굴이나 팔 등에 글자를 새겨 표식으로 삼았다.

매번 한충헌공의 집에 가면 반드시 가묘家廟에 배례했고 들어가서는 부인에게 매우 공손하게 절했으며 도련님의 예로 그 자제들을 대했으니, 무양공이 다른 사람과 다른 점이 이와 같았다. 선휘사宣徽使 곽규郭逵는 젊었을 때 인물이 훤칠하고 장대했는데, 날마다 떡 두 개를 가슴에 품고 도성 서쪽의 주루酒樓 위에서 『한서』를 읽었다. 그러다가 배가 고프면 그 떡을 먹고 술 한 되를 사서 마시면서 다시 책을 읽다가 저녁이 되어서야 돌아갔는데, 대개 이렇게 하는 것이 일상이었으므로 주루에서는 그를 이상하게 여겼다. 나중에 그는 또한 산직으로서 연주지휘사가 되었다. 범문정공이 수帥(경략안무사)가 되었을 때 그에게 개인적으로 보관한 물건을 관리하게 했는데, 단정히 앉아 온종일 문을 나가지 않자 범문정공이 더욱 그를 신임했다. 한위공韓魏公(한기)이 범문정공을 대신해 부임하자 곽선휘사郭宣徽使(곽규)는 또 한위공을 섬겼는데, 한위공이 더욱 그를 중시했다. 누차 큰 공을 세워 부도총관副都總管으로 승진했으며, (영종) 치평治平 연간(1064~1067)에 조정으로 불려 와 추밀원첨서樞密院簽書가 되었다. 태위太尉 양수楊遂[49]는 미천했을 때 문노공文潞公(문언박)의 우후리虞候吏[50]로 있었는데, 연회 때마다 양 태위楊太尉(양수) 혼자만 남은 음식을 먹지 않았고 다른 사람이 그에게 주

---

49 양수(楊遂): 양수(楊燧)라고도 한다. 북송의 무장. 말타기와 활쏘기에 뛰어났다. 일찍이 병사 모집에 응해 패주(貝州) 정벌에 참여했는데, 땅굴을 파서 입성하는 데 성공했다. 패주가 평정된 후 공이 가장 높아 신위지휘사(神衛指揮使)에 보임되었다. 또한 농지고(儂智高)를 정벌하는 데 참여해 전공을 세워 만승도지휘사(萬勝都指揮使)에 발탁되었고, 영주단련사(榮州團練使)·경성좌상순검(京城左廂巡檢)으로 전임되었다. 영종이 즉위한 후 등주방어사(鄧州防禦使)·보군도우후(步軍都虞候)에 임명되었고, 환경·경원·부연삼로부도총관(環慶·涇原·鄜延三路副都總管)과 마군부도지휘사(馬軍副都指揮使)를 역임했으며, 용주관찰사(容州觀察使)에서 영원군절도사(寧遠軍節度使)·전전부도지휘사(殿前副都指揮使)에 이르렀다. 사후에 시중(侍中)에 추증되었고, 시호는 장민(莊敏)이다.

50 우후리(虞候吏): 절도사 휘하의 하급 무관.

어도 거들떠보지 않았다. 이 때문에 문노공이 그를 남다르게 여겼다. 문노공이 패주貝州를 평정할 때, 양 태위가 땅굴을 파서 가장 먼저 성으로 들어가 최고의 상을 받았다. 나중에 벼슬이 절도사節度使에 이르렀다. 태위 묘수苗授[51]는 하급관리로 있을 때, 도성의 여관에 머물면서 한 번도 외출한 적이 없었기에 동료들이 비웃음거리로 삼았다. 나중에 이름난 장수가 되었고 절도사를 지냈으며 두 번이나 전수殿帥[52]에 제수되었다. 이 네 사람은 그 공적·지용智勇·빈천·우합遇合(다른 사람과의 만남)이 대략 서로 비슷하기 때문에 아울러 기록한다.

　狄武襄公青初以散直爲延州指使[1], 時西夏用兵, 武襄以智勇收奇功. 嘗被髮帶銅鑄人面, 突圍陷陣, 往來如神, 虜畏懾服, 無敢當者. 而識達宏遠, 賢士大夫翕然稱之, 尤爲范文正·韓忠獻·范正獻[2]諸公所知. 文正公授以『春秋』·『漢書』曰: "爲將而不知古今, 匹夫之勇耳." 武襄感服, 自勉勵無怠, 後位樞密. 或告以當推狄梁公爲遠祖, 武襄愧謝曰: "某出田家, 少爲兵, 安敢祖唐之忠臣梁公者?" 又或勸其去鬢間字, 則曰: "某雖貴, 不忘本也." 每至韓忠獻家, 必拜於廟廷之下, 入拜夫人甚恭, 以郎君之禮待其子弟, 其異於人如此. 郭宣

━━━
51　묘수(苗授, 1029~1095): 자는 수지(受之), 시호는 장민(莊敏). 북송의 무장으로, 당나라 재상 묘진경(苗晉卿)의 후손이다. 일찍이 호익(胡翼)에게서 수학했으며, 음서(蔭敍)로 공비고부사(供備庫副使)가 되었다. 왕소(王韶)를 따라 진조(鎭洮) 정벌에 선봉으로 나서 가낙성(珂諾城)을 점령하고 하황(河湟) 지역을 모두 차지했다. 노골산(露骨山)에서 강족(羌族: 토번)을 격파해 대추장 냉계박(冷雞樸)을 사로잡고 강족 10만여 명을 귀순시켜 맹위를 떨쳤다. 그 공으로 용신위사상도지휘사(龍神衛四廂都指揮使)에 임명되었다가 지희주(知熙州)로 전임되었다. 신종 원풍(元豐) 연간에 서하(西夏)를 공격해 난주(蘭州)에 성을 쌓고 100일 동안 천리길을 다니며 전투했다. 원우(元祐) 3년(1088)에 무태군절도사(武泰軍節度使)·전전부도지휘사(殿前副都指揮使)에 제수되었다가, 지노주(知潞州)로 전임되었다.

52　전수(殿帥): 송나라 때 금군(禁軍)을 통솔한 전전사(殿前司)의 책임자인 전전사(殿前司)의 도지휘사(都指揮使)나 전전지휘사(殿前指揮使)를 말한다.

徽遠少時, 人物已魁偉, 日懷二餅, 讀『漢書』於京師州西酒樓上. 飢卽食其餅,

沽酒一升飮, 再讀書, 抵暮歸, 率以爲常, 酒家異之. 後亦以散直爲延州指使.

范文正公爲帥, 令主私藏, 端坐終日不出門, 文正益任之. 韓魏公代文正公,

宣徽又事之, 魏公尤器重. 屢立大功, 進至副都總管. 治平中, 召爲簽書樞密

院. 楊太尉遂, 微時爲文潞公虞候吏, 每燕會, 太尉獨不食餘饌, 他人與之, 亦

不顧. 潞公以此奇之. 公定貝州, 太尉穴地道入城先登, 受上賞. 後官至節度

使. 苗太尉授爲小官時, 客京師逆旅中, 未嘗出行, 同輩以爲笑. 後爲名將帥,

官節度使, 兩除殿帥. 四人者, 其功業·智勇·貧賤·遇合略相似, 故幷書之.

[1] 지사(指使): 원초본에는 "지휘사(指揮使)"라 되어 있는데, 문맥상 보다 타당하다.

[2] 범정헌(范正獻): 북송 때 범씨 중에 시호가 "정헌"인 인물은 범조우(范祖禹, 1041~1098)인데, 적청(狄靑, 1008~1057)이 죽었을 때 범조우는 16세에 불과했으므로, 적청이 범조우의 인정을 받았다는 것은 맞지 않다. 한편 『송사』 권288 「범옹전(范雍傳)」에 따르면, 범옹은 인물을 잘 알아보아 그가 추천한 인재 중에서 나중에 공경의 지위에 이른 자가 많았는데, 적청(狄靑)이 소교(小校)로 있을 때 법을 어겨 참수당하게 되자 범옹이 그를 대속해 주었다고 한다. 만약 범옹(981~1046)이 맞는다면 그의 시호가 충헌(忠獻)이므로 "범정헌"은 "범충헌"의 오기일 가능성이 있다.

8-17(094)

―

두기공杜祁公(두연)[53]은 젊었을 때 제원濟源 지방에서 객거했는데, 사람의

---

53 두기공(杜祁公): 두연(杜衍, 978~1057). 자는 세창(世昌), 시호는 정헌(正獻). 북송의 명신
   (名臣)으로, 당나라 재상 두우(杜佑)의 후손이다. 진종 대중상부(大中祥符) 원년(1008) 진
   사 출신으로, 양주관찰추관(揚州觀察推官)을 지냈다. 여러 지방관을 지내면서 옥사 처리에
   뛰어나 이름이 알려져, 인종이 특별히 불러 어사중승(御史中丞)에 임명했다. 경력(慶曆) 3년
   (1043)에 이부시랑·추밀사가 되어 부필(富弼)·범중엄(范仲淹) 등과 함께 폐정을 개혁
   했으며, 이듬해에 동중서문하평장사로 재상에 올라 '경력신정(慶曆新政)'을 지지했다가
   100일 만에 재상직에서 물러나 지연주(知兗州)로 나갔다. 경력 7년(1047)에 태자소사(太子

관상을 잘 보는 한 현령이 그를 후하게 대우해 주었다. 두기공은 현의 세족世族인 상리씨相里氏와 혼사를 논했으나 성사되지 않자 따로 장가를 들었다. 오랜 후에 두기공의 부인이 죽자 현령이 말했다.

"상리씨의 딸은 틀림없이 국부인國夫人이 될 것이오."

상리씨의 형제 두 명 중에서 이전에 두기공과의 혼사를 물리친 자는 형이었는데, 현령이 그 동생을 불러 말했다.

"수재秀才 두 군杜君은 학식과 재능이 뛰어난 사람으로 의지하기에 충분하니, 누이동생을 그에게 시집보내는 것이 마땅할 것이오."

마침내 혼사가 결정되었다. 그 형이 이를 탓하자 동생이 말했다.

"두 군은 현령이 중시하는 객이니, 현령의 뜻을 어찌 어길 수 있겠습니까?"

형이 탄식하며 말했다.

"일단 따르기로 하고, 그에게 아이들의 공부를 가르치게 하여라."

두기공은 아직 결혼하기 전에 도성으로 과거시험을 보러 가서 급제했다. 그러자 상리씨의 형이 후한 재물을 보내고 그를 만나러 갔더니 두기공이 말했다.

"혼사가 이미 결정되었으니 어찌 감히 어기겠습니까? 제가 벼슬길에 나아가고 나면 문하에 아이들의 공부를 가르칠 사람이 없을까 봐 자못 걱정될 뿐입니다."

그러고는 보내온 것을 모두 물리쳤다. 상리씨의 형은 크게 부끄러워하면서 돌아갔다. 두기공은 상리씨 부인을 맞이한 후에 시종관에 이르렀으

少師)로 벼슬을 마쳤으며, 기국공(祁國公)에 봉해졌다. 시와 서예에 뛰어나 사람들의 추숭을 받았다.

며, 두 번의 교례郊禮[54]에서 이성異姓에 대한 은혜로운 임명을 상주해, 상리씨의 동생은 나중에 벼슬이 원외랑員外郞에 이르렀다. 사문司門[55] 임도任道가 선공先公(소옹)께 해 준 이야기다.

　杜祁公少時客濟源, 有縣令者能相人, 厚遇之. 與縣之大姓相里氏議婚不成, 祁公亦別娶. 久之, 祁公妻死, 令曰: "相里女子當作國夫人矣." 相里兄弟二人, 前却祁公之議者兄也, 令召其弟曰: "秀才杜君, 人材足依也, 當以女弟妻之." 議遂定. 其兄尤之, 弟曰: "杜君, 令之重客, 令之意其可違?" 兄悵然曰: "姑從之, 俾教諸兒讀書耳." 祁公未成婚, 赴試京師, 登科. 相里之兄厚資往見, 公曰: "婚已定議, 其敢違? 某旣出仕, 頗憂門下無教兒讀書者爾." 凡遺却之[1]. 相里之兄大慚以歸. 祁公旣娶相里夫人, 至從官, 以兩郊禮奏異姓恩任, 相里之弟後官至員外郞. 任道司門爲先公云.

[1] 범유각지(凡遺却之): 명초본에는 "범소유개각지(凡所遺皆却之)"라 되어 있는데, 문맥상 의미가 보다 분명하다.

8-18(095)

—

　내(소백온)가 노주潞州의 장자현위長子縣尉로 있을 때, 서쪽 사원 안에 왕문강공王文康公(왕서)의 사당이 있었는데, 그곳의 노승이 나에게 말해 주었다.

54　교례(郊禮): 황제가 천지에 제사 지내는 대례(大禮).
55　사문(司門): 당송대에 형부(刑部)에 설치한 사문사(司門司)의 관리. 주로 행인을 검문해 도적을 방비하는 일을 했다.

문강공의 부친은 이 현읍의 사람으로, 마을 아동을 가르치는 일을 생업으로 삼았다. 아들이 7~8살쯤 되었을 때 (집이 가난해) 양육할 수 없자 사원의 조사祖師 스님에게 바치려고 했더니, 관상을 잘 보았던 조사 스님이 말했다.

"아이의 관상이 귀하니 공부시키는 것이 좋겠소."

그러면서 돈을 대 주었다. 그 아이가 문강공이었다. 나중에 문강공이 존귀해졌을 때 조사 스님은 이미 죽었는데, 문강공은 사원의 승려에게 명해 그를 위한 사당을 짓게 했다. 문강공은 구내공寇萊公(구준)의 인정을 가장 크게 받아 구내공의 딸을 아내로 맞이하고 낙양洛陽의 도화방陶化坊에 거주했는데, 낙양 사람들은 지금도 그곳을 서주왕상공댁西州王相公宅이라 부른다고 한다. 아들 왕익공王益恭[56]과 왕익유王益柔[57]를 두었는데, 왕익유는 용도각직학사龍圖閣直學士를 지냈으며 당시에 명성이 있었다. 손자 왕신언王愼言[58] · 왕신행王愼行[59] · 왕신술王愼術은 모두 대부大夫의 반열에 오르고 모두 어질었으며, 강절선생康節先生(소옹)을 따라 교유했다.

余爲潞州長子縣尉, 西寺中有王文康公祠, 其老僧爲余言: 文康公之父, 邑人也, 以教授村童爲業. 有兒年七 · 八歲, 不能養[1], 欲施寺之祖師. 祖師善相, 謂曰: "兒相貴, 可令讀書." 因以錢幣資之. 是謂[2]文康公. 後公貴, 祖師已

---

56 왕익공(王益恭): 자는 달부(達夫). 벼슬은 사농소경(司農少卿)에 이르렀다.
57 왕익유(王益柔, 1015~1086): 자는 승지(勝之). 북송의 관리. 부친 왕서의 음서(蔭敍)로 벼슬길에 올랐다. 인종 경력(慶曆) 4년(1044)에 집현전교리(集賢殿校理)가 되었으며, 소순흠(蘇舜欽)의 진주원(進奏院) 모임에 참석해 술김에 「오가(傲歌)」를 지었다가 감복주주세(監復州酒稅)로 쫓겨났다. 신종 때 여러 벼슬을 거쳐 지제고(知制誥)와 직학사원(直學士院)을 지냈으며, 채주(蔡州) · 양주(揚州) · 호주(毫州)의 지주(知州)와 강녕부(江寧府) · 응천부(應天府)의 지부(知府)를 역임했다.
58 왕신언(王愼言): 일찍이 광록시승(光祿寺丞)을 지냈다.
59 왕신행(王愼行): 일찍이 태상시태축(太常寺太祝)을 지냈다.

死, 命寺僧因祠之. 文康公最受寇萊公之知, 因妻以女, 居洛陽陶化坊, 洛人至今謂之西州王相公宅云. 有子益恭·益柔. 益柔官龍圖閣直學士, 有時名. 孫愼言·愼行·愼術, 俱列大夫, 皆賢, 從康節先生交遊也.

[1] 불능양(不能養): 명초본에는 이 앞에 "빈(貧)" 자가 있는데, 문맥상 의미가 보다 분명하다.

[2] 위(謂): 원초본에는 "위(爲)"라 되어 있는데, 문맥상 보다 타당하다.

9-1 (096)

—

　부한공富韓公(부필)이 처음 과장科場을 노닐었을 때, 목수穆修[1] 백장伯長이 그에게 말했다.

　"진사進士로는 그대의 재주를 다 펼치기에 부족하니, 마땅히 대과大科[2]로 세상에 이름을 떨쳐야 하네."

　부한공은 과연 예부시禮部試[3]에서 낙제했다. 당시 태사공太師公(부필)은 요주耀州에서 벼슬하다가 서쪽으로 돌아가 섬주陝州에 머물렀는데, 개봉윤開

1　목수(穆修, 979~1032): 자는 백장(伯長). 북송의 관리이자 문인. 진종 대중상부(大中祥符) 2년(1009) 진사 출신으로, 태주사리참군(泰州司理參軍)으로 부임했는데 능력만큼 성과가 따르지 않아 무고를 당하고 지주(池州)로 폄적되었다. 나중에 영주(潁州)와 채주(蔡州)의 문학참군(文學參軍)을 지냈다. 성격이 강직하고 시폐(時弊)를 비판하길 좋아해 권문귀족들의 비난을 받았다. 북송 시문 혁신운동의 선구자로, 오대(五代) 이래로 서곤체(西崑體)에 이르기까지 화려한 문풍에 불만을 품고 유개(柳開)의 뒤를 이어 한유(韓愈)와 유종원(柳宗元)의 고문 전통을 회복하는 데 힘썼다. 윤수(尹洙)·소순흠(蘇舜欽)·구양수(歐陽修) 등이 모두 그의 영향을 크게 받았다.

2　대과(大科): 황제가 직접 주관한 과거시험으로, 그 과목은 황제가 편의에 따라 정했으며 현량방정과(賢良方正科)·직언극간과(直言極諫科)·박학굉사과(博學宏辭科) 등이 있었다. 당나라 때는 제거(制擧)라 했다.

3　예부시(禮部試): 예부에서 주관한 과거시험으로, 성시(省試) 또는 회시(會試)라고 했다.

封尹으로 있던 범문정공范文正公(범중엄)이 사람을 보내 부한공을 뒤쫓아 가서 말했다.

"대과로 인재를 선발한다는 칙지가 내려졌으니 급히 돌아오게."

부한공은 다시 도성으로 올라와 범문정공을 뵙고 대과를 위해 공부한 적이 없다고 사양했더니 범문정공이 말했다.

"이미 여러 공들과 함께 그대를 추천했네. 또한 그대를 위해 방 하나를 마련하고 모두 대과의 문장으로 채워 놓았으니 곧바로 객사로 가면 될 것이네."

당시 안원헌공晏元獻公(안수)이 재상으로 있었는데, 범문정공에게 딸의 혼처를 구하자 범문정공이 말했다.

"만약 공의 여식을 관리에게 시집보내시겠다면 저는 감히 알지 못합니다. 하지만 반드시 국사國士를 구하신다면 부 아무개만 한 이는 없습니다."

안원헌공은 부한공을 한 번 보고 나서 크게 아끼고 중시해 마침내 혼사를 논의했다. 부한공은 또한 이어서 현량방정과賢良方正科에 급제했다. 부한공은 조정에 섰을 때 처음에 올곧은 말과 올바른 도로 인종仁宗을 섬겨 간관諫官이 되었으며 지제고知制誥에 이르렀다. 하지만 재상이 달가워하지 않아 일부러 부한공을 예측할 수 없는 오랑캐(거란)에 보낼 사신으로 추천했다. 그러자 구양공歐陽公(구양수)이 상서해 (당나라) 노기盧杞가 안진경顔眞卿을 이희렬李希烈에게 보낼 사신으로 추천한 일[4]을 인용하면서 재상이 부한공을 해치려 한다고 말했지만 보고되지 않았다. 결국 부한공은 오랑캐에

---

4 노기(盧杞)가 안진경(顔眞卿)을 이희렬(李希烈)에게 보낼 사신으로 추천한 일: 당나라 덕종(德宗) 때 간상(奸相) 노기가 안진경을 해치려고 칠순 고령의 안진경을 반군의 수장 이희렬에게 사신으로 보내 그에게 투항하도록 설득하게 했는데, 결국 안진경은 이희렬에게 살해되었다.

사신으로 갔는데, 오랑캐의 군주와 신하가 부한공의 말을 암송하고 중국과 우호를 맺어 더 이상 전쟁을 하지 않은 지가 거의 100년이 되었으니 가히 큰 공이라 할 수 있다. 하지만 부한공은 매번 스스로 이를 공으로 여기지 않았다. 부한공은 사행使行에서 돌아온 후 추밀직학사樞密直學士에 제수되고 또 한림학사翰林學士에 제수되고 또 추밀부사樞密副使에 제수되었지만, 모두 사신으로서 공적이 없다고 하면서 힘써 사양하고 벼슬을 받지 않았으며, 또한 이렇게 말했다.

"오랑캐가 우호관계를 맺고 나서 논자들은 곧바로 일이 없을 것이라고 여겨 변방의 방비가 점점 느슨해지고 있습니다. 만에 하나 오랑캐가 맹약을 저버린다면 신은 죽어서도 죄인이 될 것입니다. 그래서 신은 감히 벼슬을 받지 못할 뿐만 아니라, 또한 폐하께서도 오랑캐가 중원을 업신여긴 치욕을 생각하시고 와신상담하면서 정사 펼치는 것을 잊지 마시기를 원합니다."

그러고는 어전에서 벼슬을 반납하겠다고 고하자 그만두었다. 한 달이 지나고 부한공은 다시 추밀부사에 제수되었다. 당시 (서하국왕) 이원호李元昊의 사신이 떠나자, 신하들이 자신전紫宸殿 문에 품계에 따라 늘어섰는데, 인종은 부한공이 추밀원의 품계에 따라 늘어서기를 기다렸다가 비로소 앉았다. 그러고는 재상 장득상章得象[5]으로 하여금 부한공에게 유시하게 했다.

"이는 조정에서 특별히 기용한 것이지 오랑캐에 사신으로 다녀왔기 때문

---

5 장득상(章得象, 978~1048): 자는 희언(希言), 시호는 문헌(文憲)·문간(文簡). 북송의 대신이자 문인. 진종 함평(咸平) 5년(1002) 진사 출신으로, 대리시평사(大理寺評事)·지옥산현(知玉山縣)·대리시승(大理寺丞)을 지냈다. 인종 천성(天聖) 4년(1026)에 한림학사승지(翰林學士承旨)로 전임되고, 경우(景祐) 3년(1036)에 동지추밀원사(同知樞密院事)·호부시랑에 제수되었으며, 보원(寶元) 원년(1038)에 동중서문하평장사로 재상에 올랐다. 경력(慶曆) 7년(1047)에 순국공(鄒國公)에 봉해졌다. 사후에 태위 겸 시중에 추증되었다.

이 아니다."

　부한공은 하는 수 없이 벼슬을 받았다. 아, 오랑캐에 사신으로 다녀온 공이 위대했지만 부한공은 이를 자부하지 않았도다! 부한공은 지청주知靑州로 부임해서 굶주린 백성 40여만 명을 살려 냈으며 매번 이를 공으로 여긴다고 스스로 말했는데, 대개 중서령中書令이 되어 24년간 국정을 보좌한 것보다 낫다는 말이었다. 공이 자임한 바를 세상이 어찌 이해할 수 있겠는가! 소내한蘇內翰(소식)이 조서를 받들어 부한공의 묘도비墓道碑를 지으면서 공이 오랑캐에 사신으로 다녀온 공을 첫째로 논했는데, 이는 부한공의 마음이 아니다. 나(소백온)의 선군자先君子(소옹)는 은거하면서 조정의 초빙을 사절하고 부한공과 도의로써 교유했으니, 유독 부한공을 깊이 알고 있었다.

　富韓公初遊場屋, 穆修伯長謂之曰: "進士不足以盡子之才, 當以大科名世." 公果禮部試下. 時太師公官耀州, 公西歸, 次陝. 范文正公尹開封, 遣人追公曰: "有旨以大科取士, 可亟還." 公復上京師, 見文正, 辭以未嘗爲此學, 文正曰: "已同諸公薦君矣. 又爲君關一室, 皆大科文字, 正可往就館." 時晏元獻公爲相, 求婚於文正, 文正曰: "公之女若嫁官人, 某不敢知. 必求國士, 無如富某者." 元獻一見公, 大愛重之, 遂議婚. 公亦繼以賢良方正登第. 公之立朝, 初以危言直道事仁宗爲諫官, 至知制誥. 宰相不悅, 故薦公以使不測之虜. 歐陽公上書, 引盧杞[1]薦顏眞卿使李希烈事, 言宰相欲害公也, 不報. 公使虜, 虜之君臣誦公之言, 修好中國, 不復用兵者幾百年, 可謂大功矣. 然公每不自以爲功也. 使回, 除樞密直學士, 又除翰林學士, 又除樞密副使, 公皆以奉使無狀, 力辭不拜, 且言: "虜旣通好, 議者便謂無事, 邊備漸弛. 虜萬一敗盟, 臣死且有罪. 非獨臣不敢受, 亦願陛下思夷狄輕侮中原之恥, 坐薪嘗膽, 不忘修政." 因以告納上前而罷. 逾月, 復除樞密副使. 時元昊使辭, 羣臣班紫宸殿門,

帝俟公綴樞密院班, 乃坐. 且使宰相章德[2]象諭公曰:"此朝廷特用, 非以使虜
故也." 公不得已乃受. 嗚呼, 使虜之功偉矣, 而不自有焉! 至知青州, 活飢民
四十餘萬, 每自言以爲功也, 蓋曰過於作中書令二十四考矣. 公之所以自任
者, 世烏得而窺之哉! 蘇內翰奉詔撰公墓道之碑, 首論公使虜之功, 非公之心
也. 伯溫先君子隱居謝聘, 與公爲道義交, 獨爲知公之深云.

[1] 사(枏): "기(杞)"의 오기다. 『구당서』와 『신당서』의 본전(本傳)에 "기"라 되어 있다.
[2] 덕(德): "득(得)"의 오기다. 『송사』 권311에 「장득상전(章得象傳)」이 있다.

9-2(097)

—

  (인종) 경력慶曆 2년(1042)에 대요大遼(거란)가 대군으로 국경을 압박하고 범
사汎使[6] 유육부劉六符[7]가 다시 와서 관남關南의 10개 현縣의 땅을 요구했다.
오랑캐의 의중을 예측하지 못하는 상황에서 조정의 신하 중에 감히 사신으
로 가려는 자가 없었다. 결국 부한공富韓公(부필)이 사신으로 가서 면전에서
오랑캐 군주와 신하의 주장을 꺾었는데, 오랑캐가 말이 궁해지자 세폐歲幣

6 범사(汎使): 송나라 때 다른 나라에 파견되어 임시로 사무를 처리하던 일반 사절을 말한다.
7 유육부(劉六符, ?~1058): 요나라의 대신으로, 재상 유신행(劉愼行)의 아들이다. 진사 출신
   으로 한림학사를 지냈다. 요 흥종(興宗) 중희(重熙) 11년(1042)에 송나라에 사신으로 가서
   후주(後周)의 세종(世宗)이 점령했던 관남[關南: 와교관(瓦橋關)·익진관(益津關)·어구관
   (淤口關)의 남쪽 지역]의 10개 현(縣)을 요구했다. 송나라에서는 부필(富弼)을 사신으로 보
   내 세폐(歲幣)를 증액하기로 합의했다. 유육부는 다시 송나라에 와서 세폐 문서에서 사용
   한 "공(貢)" 자를 문제 삼아 쟁론 끝에 "납(納)" 자를 사용하기로 했다. 요나라로 돌아간 후
   동중서문하평장사를 더해 받았지만, 송나라로부터 뇌물을 받았다고 탄핵당해 장녕군절도
   사(長寧軍節度使)로 나갔다가 다시 조정으로 들어와 삼사사(三司使)가 되었다. 요 도종(道
   宗)이 즉위할 때 대책례(大冊禮)에 참여했다.

20만 금을 증액하기로 하고 화친을 맺었다. 부한공이 다시 요나라에 사신으로 갈 때 조정에서 국서國書와 구두 명령을 받았는데, 이미 출발하고 나서 부사副使에게 말했다.

"나는 사자가 되었지만 국서를 보지 못했으니, 만에 하나 국서의 내용과 구두 명령이 다르다면 우리의 일은 실패할 것이다."

그래서 국서를 열어 살펴보았더니 과연 구두 명령과 달랐다. 부한공은 말을 치달려 돌아와 인종仁宗을 알현하고 그 일을 상세히 논했다. 부한공이 말했다.

"조정에서 일부러 이렇게 했다면 신을 사지에 버리려는 것입니다. 신이 죽는 것은 아깝지 않지만 나라의 운명은 어찌하겠습니까?"

인종이 재상 여이간呂夷簡을 불러 면전에서 물었더니, 여이간이 조용히 그 국서를 소매 속에 넣으며 말했다.

"아마도 착오일 것이니 마땅히 고치도록 하겠습니다."

부한공이 더욱 불공평하다고 논변하자, 인종이 추밀사樞密使 안수晏殊에게 물었다.

"어떠하오?"

안수가 말했다.

"여이간은 결코 그러지 않았을 것이니 아마도 정말로 착오일 것입니다."

부한공이 노해 말했다.

"간사한 안수가 여이간과 한패가 되어 폐하를 속이고 있습니다!"

부한공은 안공晏公(안수)의 사위였지만, 그의 충직함이 이와 같았다. 거란契丹의 사태가 평안해지고 나서 인종이 부한공의 공을 깊이 생각하자, 어사 중승御史中丞 왕공진王拱辰이 대답했다.

"부필富弼은 만족하지 못하고 끝없이 요구하는 오랑캐를 막을 수 없습니다. 지금 폐하께는 딸이 하나뿐이신데 만약 오랑캐가 혼인으로 화친을 청한다면 부필도 차마 버리시겠습니까?"

인종이 정색하며 말했다.

"짐은 천하의 백성을 위하니 딸 하나는 아까운 바가 아니다."

왕공진은 놀라고 두려워하면서 자신의 말이 먹혀들어 갈 수 없음을 알고 재배하며 말했다.

"폐하께서 이렇게까지 언급하시니 천하는 정말 행복합니다!"

아, 우리 인종황제는 성스럽도다! 왕공진은 여 승상呂丞相(여이간)의 도당이었다.

慶曆二年, 大遼以重兵壓境, 汎使劉六符再至, 求關南十縣之地. 虜意不測, 在廷之臣無敢行者. 富韓公往聘, 面折虜之君臣, 虜辭屈, 增幣二十萬而和. 方當[1]公再使也, 受國書及口傳之辭於政府, 旣行, 謂其副曰: "吾爲使者而不見國書, 萬一書辭與口傳者異, 則吾事敗矣." 發書視之, 果不同. 公馳還, 見仁宗具論之. 公曰: "政府故爲此, 欲置臣於死地. 臣死不足惜, 奈國命何?" 仁宗召宰相呂夷簡面問之, 夷簡從容袖其書曰: "恐是誤, 當令改定." 富公益辯論不平, 仁宗問樞密使晏殊曰: "如何?" 殊曰: "夷簡決不肯爲此, 眞恐誤耳." 富公怒曰: "晏殊姦邪, 黨呂夷簡以欺陛下!" 富公, 晏公之壻也, 富公忠直如此. 契丹旣平, 仁宗深念富公之功, 御史中丞王拱辰對曰: "富弼不能止夷狄谿壑無厭之求. 今陛下止一女, 若虜乞和親, 弼亦忍棄之乎?" 帝正色曰: "朕爲天下生靈, 一女非所惜." 拱辰驚懼, 知言之不可入, 因再拜曰: "陛下言及於此, 天下幸甚!" 嗚呼, 吾仁宗聖矣哉! 拱辰蓋呂丞相之黨也.

[1] 당(當):『진체비서』본과『학진토원』본에는 "부(富)"라 되어 있는데, 문맥상 보다 타당하다.

　(인종) 지화至和 연간(1054~1056)에 부공富公(부필)이 국정을 담당할 때, '한번 과거에 급제하면 30년 동안 은전恩典을 베푸는 법[一擧三十年推恩法]'을 세웠다. 대개 부공과 하남河南의 진사進士 단희원段希元·위승평魏昇平이 같은 과장科場에서 서로 친하게 지냈는데, 부공이 재상이 되고 나서 이를 사사로이 하고 싶지 않았기 때문에 천하의 제도로 정립한 것이었다. 두 사람은 모두 이 은전에 해당되었는데, 단희원은 벼슬이 태자중사太子中舍에 이르러 벼슬을 마쳤다가 전중승殿中丞으로 전임되었으며, 위승평은 벼슬이 대리시승大理寺丞에 이르렀다. 이 법은 지금까지도 시행되고 있다. 아, 재상이 되어 자신이 친한 사람을 사사로이 하지 않음이 이와 같았으니, 부공은 가히 어질다고 이를 만하도다! 위승평이 죽고 나서 부공은 그를 생각해 잊지 않았으며, 그의 아들 위의魏宜를 불러 자기 자손들과 함께 공부하게 했다. 부공이 죽었을 때 위의도 늙었지만 여전히 그 문하에서 기거했다. (휘종) 숭녕崇寧 연간(1102~1106)에 '문객을 시험하는 법[試門客法]'을 세웠는데, 위의는 새로운 학문을 공부하지 않았기에 비로소 떠나길 청했다.

　至和間, 富公當國, 立一擧三十年推恩之法. 蓋公與河南進士段希元·魏昇平同場屋相善, 公作相, 不欲私之, 故立爲天下之制. 二人俱該此恩, 希元官至太子中舍, 致仕, 轉殿中丞, 昇平官至大理寺丞. 此法至今行之. 嗚呼, 爲宰相不私其所親如此, 富公可謂賢矣! 昇平旣卒, 公念之不忘, 招其子宜與子孫講學. 公薨, 宜亦老, 猶居門下. 至崇寧間, 立試門客法, 宜不爲新學, 始求去.

인종仁宗 말년에 부공富公(부필)이 재상의 지위에 있다가 태부인太夫人(모친)의 상을 당해 낙양洛陽으로 돌아갔을 때, 황상이 관리를 파견해 조서를 내려 기복起復하게 한 자가 6~7명이었는데, 부공은 끝내 기복하지 않았다. 부공이 상소문에서 말했다.

"폐하께서는 불효자 하나를 얻어서 장차 어디에 쓰시렵니까?"

인종은 결국 그의 청을 따랐다. 복상服喪이 끝났을 때 영종英宗이 이미 즉위했는데, 위공魏公(한기)이 이미 좌상左相으로 승진되었기 때문에 부공을 추밀재상樞密宰相으로 기용했다. 위공 이하가 모두 승진되었기에 부공도 호부상서戶部尙書로 승진되었다. 부공이 사양하며 말했다.

"삼가 듣건대 조서에서 폐하의 즉위를 서술했는데, 신은 상중에 있었기에 칭송받을 만한 게 없습니다. 다만 (인종) 가우嘉祐 연간(1056~1063)에 신이 중서성中書省에 있을 때 일찍이 태자 책립을 논한 일을 가지고 이것을 공으로 삼아 오늘의 은전을 헤아리신 것입니다. 가우 연간에 비록 태자 책립의 일을 두루 논한 적이 있긴 하지만, 인종께서 오히려 그 요청을 비밀로 하셨습니다. 폐하에 대해서는 마치 아득한 어둠 속에서 아직 모습이 드러나지 않은 것과 같으니, 어찌 한기韓琦 등의 공효功效가 나중에 깊고 절실하게 분명히 드러난 것과 같겠습니까?"

또 사양하며 말했다.

"한기 등 7명은 확실히 공이 있으니 폐하의 관직과 작위를 거듭 받을 수 있지만, 신만은 터럭만큼의 공효도 없습니다."

또 사양하며 말했다.

"한기 등 7명은 폐하에 대해 공도 있고 덕도 있지만, 신만은 폐하에 대해 공이 없으며 그저 선대先代(인종) 조정에서 아주 보잘것없는 논의를 한 수고가 있을 뿐입니다."

또 사양하며 말했다.

"한기 등은 공훈이 밝게 빛나 해와 별처럼 환하니, 조정의 안팎에서 붓을 든 선비들이 이를 노래하느라 겨를이 없습니다. 엎드려 청하건대 속히 저들을 입조시켜 은전에 감사드리게 함으로써 뭇사람들의 바람을 만족시키십시오."

이로써 보건대 부공이 어찌 정책定策[8]에 참여하지 않았다고 해서 위공에게 부끄럽겠는가!

仁宗末年, 富公自相位丁太夫人憂歸洛, 上遣使下詔起復者六七, 公竟不起. 至其疏曰: "陛下得一不孝子, 且將何用?" 仁宗乃從其請. 服除, 英宗已卽位, 魏公已遷左相, 故用富公爲樞密宰相. 魏公已下皆遷官, 富公亦遷戶部尙書. 公辭曰: "竊聞制辭敍述陛下卽位, 以臣在憂服, 無可稱道. 乃取嘉祐中臣在中書日嘗議建儲, 以此爲功, 而推今日之恩. 嘉祐中雖嘗汎議建儲之事, 仁宗尙祕其請. 其於陛下, 則如在茫昧杳冥之中, 未見形象, 安得如韓琦等後來功效之深切著明也?" 又辭曰: "韓琦等七人, 委是有功, 可以重疊受陛下官爵, 臣獨無一毫之效." 又辭曰: "韓琦等七人於陛下有功有德, 獨臣於陛下無功, 不過在先朝有議論絲髮之勞." 又辭曰: "琦等勳烈彰灼, 明如日星, 中外執筆之士, 歌詠之不暇. 伏乞促令入謝, 以快羣望." 以此見富公豈因不預定策而歉魏公哉!

---

8 정책(定策): 정책(定冊)이라고도 한다. 천자를 옹립해 그 일을 간책(簡策)에 기록하고 종묘에 고하는 일을 말한다. 일반적으로 신하가 황제의 옹립을 도모하는 것을 말한다.

(신종) 희녕熙寧 연간(1068~1077) 초에 부공富公(부필)이 다시 조정에 들어와 중노공曾魯公(증공량)과 함께 재상이 되었다. 여공필呂公弼[9]은 추밀사樞密使가 되었고, 한강韓絳·조개趙槩[10]·풍경馮京[11]·조변趙抃[12]은 모두 참지정사參知政

---

9 여공필(呂公弼, 1007~1073): 자는 보신(寶臣), 시호는 혜목(惠穆). 북송의 대신으로, 재상
   여이간(呂夷簡)의 둘째 아들이다. 인종 명도(明道) 2년(1033) 진사 출신으로, 판태부시장
   작감(判太府寺將作監)과 직사관(直史館)을 거쳐 하북전운사(河北轉運使)·권지개봉부(權
   知開封府)를 역임했다. 영종이 즉위한 후 급사중(給事中)이 더해지고 추밀사(樞密使)에 올
   랐으며 서태일궁사(西太一宮使)를 지냈다.

10 조개(趙槩, 996~1083): 본명은 조인(趙禋), 자는 숙평(叔平), 시호는 강정(康靖). 북송의
   관리. 인종 천성(天聖) 연간 진사 출신으로, 해주통판(海州通判)·개봉부추관(開封府推官)
   을 지냈다. 지홍주(知洪州)가 되었을 때 장강의 제방을 수축해 수해를 방지함으로써 치적
   을 세웠다. 조정으로 들어와 도성의 형옥(刑獄)을 규찰하고 지제고와 한림학사가 되었다.
   일찍이 포증(包拯)과 함께 냉청(冷靑) 사건을 심리해 해결했다. 황우(皇祐) 3년(1051)에 거
   란에 사신으로 갔으며 시독학사(侍讀學士)를 겸했다. 용도각학사(龍圖閣學士)로서 지운주
   (知鄆州)와 지응천부(知應天府)로 나갔다가 다시 어사중승으로 기용되었다. 가우(嘉祐) 5년
   (1060)에 추밀사로 발탁되었으며, 이듬해에 참지정사에 임명되었다. 영종 때 연로함을 이
   유로 사직을 청했다. 신종 희녕(熙寧) 원년(1068)에 참지정사를 그만두고 관문전학사(觀文
   殿學士)로서 지서주(知徐州)로 나갔다. 상서좌승에서 이부상서로 전임되었으며 태자소사
   (太子少師)로 벼슬을 마쳤다. 그 후로 15년 동안 고금의 간쟁 사건을 모아 『간림(諫林)』
   120권을 찬했다.

11 풍경(馮京, 1021~1094): 자는 당세(當世), 시호는 문간(文簡). 북송의 대신. 인종 황우(皇
   祐) 원년(1049) 진사 장원급제 출신으로, 한림학사(翰林學士)·지양주(知揚州)·지강녕부
   (知江寧府)·추밀부사·참지정사를 역임했다. 신종 때 왕안석의 신법에 반대했다가 지박
   주(知亳州)와 지성도(知成都) 등지로 나갔다. 철종이 즉위한 후 선휘남원사(宣徽南院使)에
   올랐으며 태자소사(太子少師)로 벼슬을 마쳤다.

12 조변(趙抃, 1008~1084): 자는 열도(閱道), 호는 지비자(知非子), 시호는 청헌(淸獻). 북송의
   대신. 인종 경우(景祐) 원년(1034) 진사 출신으로, 무안군절도추관(武安軍節度推官)·사주
   통판(泗州通判)을 지냈다. 지화(至和) 원년(1054)에 전중시어사(殿中侍御史)로 있다가 지
   목주(知睦州)·재주로전운사(梓州路轉運使)로 나갔으며, 다시 들어와 우사간(右司諫)이
   되었다가 사건에 연루되어 지건주(知虔州)로 나갔다. 영종이 즉위한 후 천장각대제(天章閣
   待制)·하북도전운사(河北都轉運使)로 있다가 치평(治平) 원년(1064)에 용도각직학사(龍

事가 되었는데, 모두 오랫동안 지위가 오르지 않았다. 형공荊公 왕안석王安石은 참지정사에 임명되었고, 여공저呂公著를 어사중승御史中丞으로 추천했다. 여공필을 기피하지 않음을 특별히 윤허하는 칙지가 내려졌지만, 여공필은 스스로 편안치 못해 지방관으로 나가길 청해 선휘사宣徽使·판태원부判太原府에 제수되었다가 지진주知秦州로 전임되었다. 조개는 사직했고 풍공馮公(풍경)과 조공趙公(조변)은 모두 지방관으로 나갔으며, 부공은 판박주判毫州에 제수되었고 증공曾公(증공량)은 판영흥군判永興軍에 제수되었으며, 한강과 형공만 조정에 있었다. 얼마 후에 한강은 섬서선무사陝西宣撫使가 되고 따로 소문상昭文相(재상 겸 소문관대학사)[13]에 임명되었으며, 형공은 사관상史館相(동평장사同平章事 겸 수국사修國史)에 임명되었다. 한강이 직권職權을 잃고 본관本官으로서 지등주知鄧州로 나가자, 형공이 마침내 소문상에 임명되었다. 사마온공司馬溫公(사마광)은 추밀부사樞密副使에 제수되었는데, 신법新法에 대한 논의가 뜻에 맞지 않아 사양하고 임명받지 않았으며 지영흥군知永興軍으로 나갔다. 여공저는 신법을 힘써 비판하다 어사중승을 그만두고 지영주知永州로 나갔다. 한유韓維도 신법에 대한 논의가 뜻에 맞지 않아 지개봉부知開封府를 그만두고 지하양知河陽으로 나갔다. 예전에 형공과 교유하며 극구 칭송하던 사람들은 모두 배척당해 기용되지 못했고, 형공 혼자서

圖閣直學士)로서 지성도(知成都)로 나갔다. 신종이 즉위한 후 우간의대부(右諫議大夫)와 참지정사가 되었으며, 원풍(元豐) 2년(1079)에 태자소보(太子少保)로 벼슬을 마쳤다. 조변은 조정에 있을 때 권문세가를 피하지 않고 탄핵해 당시에 '철면어사(鐵面御史)'로 불렸다.

13 소문상(昭文相): 재상 겸 소문관대학사(昭文館大學士)의 간칭(簡稱). 송나라 때는 일반적으로 대권을 장악한 것은 소문상이었고, 그 아래의 부재상은 보통 집현상(集賢相: 재상 겸 집현전대학사)이었다. 한편 사관상(史館相: 동평장사 겸 수국사)은 상설직이 아니었는데, 만약 사관상이 설치되면 사관상이 제2재상이 되고 집현상이 제3재상이 되었다. 대부분 소문상과 집현상이 정사당(政事堂)과 중서성(中書省)을 이끌었으며, 사관(史館)의 직권은 대개 소문상이 겸임했다.

권력을 장악했다. 그래서 부공이 청묘법靑苗法을 저지했다고 여겨 (실권이 없는) 사상使相(절도사 겸 재상)¹⁴으로 전락시키고 산복야散僕射¹⁵와 판여주判汝州에 임명했다. 형공은 나중에 관문전대학사觀文殿大學士로서 지금릉知金陵으로 나가면서 여혜경呂惠卿을 참지정사로 추천했다. 여혜경은 지위를 얻고 나서 마침내 형공을 배반하고 평소에 주고받았던 형공의 사사로운 편지를 공개했는데, 그중에 "제년齊年(동갑)에게 알게 하지 말라"라는 내용이 있었다. 제년은 풍경을 말하는데, 형공과 풍공은 모두 신유년辛酉年(1021) 생이었다. 또 "황상에게 알게 하지 말라"라는 내용도 있었는데, 이로 인해 신종神宗이 비로소 형공을 좋아하지 않게 되었다. 여혜경은 또 이봉李逢의 옥사를 일으키고 그 일에 이사녕李士寧을 연루시켰는데, 이사녕은 봉주蓬州 사람으로 도술을 지니고 있었으며 형공이 금릉에서 상중에 있을 때 그와 몇 년 동안 함께 거처했기 때문에 형공까지 아울러 겨냥할 속셈이었다. 여혜경은 또 정협鄭俠¹⁶의 옥사를 일으키고 그 일에 형공의 동생인 왕안국王安國¹⁷을

---

14   사상(使相): 송나라 때 친왕(親王)·유수(留守)·절도사(節度使)에 시중(侍中)·중서령(中書令)·동평장사(同平章事) 직함을 더해 받은 자를 말한다. 실제로는 실권이 없어 정사를 주관하지 못했다.

15   산복야(散僕射): '산'은 고정된 직무가 없는 한산한 관직을 뜻한다.

16   정협(鄭俠, 1041~1119): 자는 개부(介夫), 호는 대경거사(大慶居士)·일불거사(一拂居士)·서당선생(西塘先生). 북송의 관리. 영종 치평(治平) 4년(1067) 진사 출신으로, 장작랑(將作郞)·비서성교서랑(秘書省校書郞)을 지냈다. 신종이 즉위한 후 광주사법참군(光州司法參軍)이 되었는데, 임기가 차서 입경한 뒤 왕안석의 신법의 문제점을 지적했다. 희녕(熙寧) 7년(1074)에 오랜 가뭄으로 유랑민들이 넘쳐 나자 이를 그린 「유민도(流民圖)」를 바쳐 신법의 폐지를 주청했는데, 다음날 신법 가운데 폐지된 것이 열에 여덟이었다. 여혜경(呂惠卿)이 집권하자 다시 상소해 비판했다가 정주편관(汀州編管)으로 좌천되었다. 철종이 즉위한 후 조정으로 돌아왔지만 원우(元祐) 7년(1092)에 다시 영주(英州)로 나갔다. 휘종이 즉위한 후 사면을 받아 원직에 복귀했지만 곧 채경(蔡京)에 의해 쫓겨난 뒤 다시는 벼슬길에 나가지 않았다.

17   왕안국(王安國, 1028~1074): 자는 평보(平甫). 북송의 관리이자 문인으로, 재상 왕안석(王安石)의 친동생이다. 신종 희녕(熙寧) 원년(1068) 진사 출신으로, 무창군절도추관(武昌軍

연루시켜 죄를 뒤늦게 뒤집어씌웠다. 여혜경이 형공을 해치려고 온갖 짓을 다하자, 신종이 깨닫고서 급히 (상중에 있던) 형공을 불러들였다. 형공은 사양하지 않고 금릉에서 물길을 거슬러 올라가 7일 만에 대궐에 도착해 다시 소문상에 임명되었고, 여혜경은 본관으로서 지진주知陳州로 나갔다. 이봉의 옥사는 결국 해결되어 그 무리 여러 명이 모두 주살되었고, 이사녕은 유배 가는 것에 그쳤다. 아! 형공은 신종의 보호가 아니었다면 위험했을 것이다. 형공은 다시 재상에 오른 지 오래되지 않아 다시 지금릉으로 나갔다가 궁사宮祠(궁관사)[18]를 맡았으며, 죽을 때까지 기용되지 못했다. 처음에 한강은 조역법助役法을 논할 때 형공과 뜻이 같았으며 나중에 사관상에 임명되었는데, 역시 여혜경에게 용납되지 못해 지정주知定州로 나갔다.

熙寧初, 富公再入, 與曾魯公並相. 呂公公弼爲樞密使, 韓公絳·趙公槩·馮公京·趙公抃皆爲參知政事, 俱久次. 王荆公安石拜參知政事, 乃薦呂公公著爲御史中丞. 有旨特許不避公弼, 公弼不自安, 乞出, 除宣徽使·判太原府, 移秦州. 趙公槩致仕, 馮公·趙公皆出, 富公判亳州, 曾公判永興軍, 惟韓公絳與荆公在政府. 旣而絳宣撫陝西, 外拜昭文相, 荆公拜史館相. 絳失職, 以本官知鄧州, 荆公遂拜昭文相. 司馬溫公除樞密副使, 以議新法不合, 辭不拜, 出知永興軍. 呂公公著力言新法, 罷中丞, 出知永州. 韓公維亦以論不合, 罷開封府, 知河陽. 昔與荆公交遊揄揚之人, 皆退斥不用, 荆公獨用事. 乃以富

節度推官)·서경국자교수(西京國子敎授)·숭문원교서랑(崇文院校書郞)·저작좌랑(著作佐郞)·비각교리(秘閣校理)·대리시승(大理寺丞) 등을 역임했다. 동생 왕안례(王安禮), 조카 왕방(王雱)과 함께 '임천삼왕(臨川三王)'으로 불렸다. 기량과 식견이 뛰어나고 문재(文才)가 민첩해, 일찍이 증공(曾鞏)이 그의 시문을 칭찬했다.

18 궁사(宮祠): 도관(道觀)을 책임지는 관리인 궁관사(宮觀使)를 말한다. 왕안석은 희녕(熙寧) 10년(1077)에 집희관사(集禧觀使)에 임명되었다.

公爲沮靑苗法, 落使相, 散僕射·判汝州. 荊公後以觀文殿大學士知金陵, 乃薦呂惠卿爲參知政事. 惠卿旣得位, 遂叛荊公, 出平日荊公移書[1], 有曰: "無使齊年知." 齊年謂馮公京, 蓋荊公與馮公皆辛酉人. 又曰: "無使上知." 神宗始不悅荊公矣. 惠卿又起李逢獄, 事連李士寧, 士寧者, 蓬州人, 有道術, 荊公居喪金陵, 與之同處數年, 意欲併中荊公也. 又起鄭俠獄, 事連荊公之弟安國, 罪至追勒. 惠卿求害荊公者無所不至, 神宗悟, 急召荊公. 公不辭, 自金陵泝流七日至闕, 復拜昭文相, 惠卿以本官出知陳州. 李逢之獄遂解, 其黨數人皆誅死, 李士寧止於編配. 嗚呼! 荊公非神宗保全則危矣. 再相不久, 復知金陵, 領宮祠, 至死不用. 初, 韓公絳論助役, 與荊公同, 後拜史館相, 亦爲惠卿所不容, 出知定州.

[1] 이서(移書): 『속자치통감장편(續資治通鑑長編)』 권71 「북송기(北宋紀)·신종(神宗)·희녕구년(熙寧九年)」에도 이 일이 기록되어 있는데 "사서(私書)"라 되어 있다. "이서"보다는 "사서"가 문맥상 보다 타당하다.

9-6(101)

(신종) 희녕熙寧 2년(1069)에 부공富公(부필)이 판박주判亳州로 있었는데, 제거상평창提擧常平倉 조제趙濟[19]가 부공이 혁신법을 막았다고 말해, 부공은 무녕군절도사武寧軍節度使 겸 평장사平章事에서 면직되고 좌복야左僕射로서 판여주判汝州로 전임되었다. 부공이 남경南京(응천부應天府)에 들렀을 때 장안도

19 조제(趙濟): 북송의 관리. 신종 때 회남로제점제주군형옥공사(淮南路提點諸州軍刑獄公事)·제거하거(提擧河渠)·제거상평창(提擧常平倉)·장사랑(將仕郎)·태자중윤(太子中允) 등을 지냈다.

張安道(장방평)가 지부知府로 있었는데, 영접하는 기마 시종을 뜰에 도열해 놓았지만 장공張公(장방평)은 나오지 않았다. 어떤 사람이 장공에게 그 이유를 물었더니 장공이 말했다.

"나는 이 땅의 주인이다."

얼마 후 부공이 장공을 만나러 오자 장공의 문하객들이 사사로이 서로 말했다.

"두 공은 천하의 위인이니 그 의론이 어떠할까?"

그러고는 병풍 뒤에 서서 몰래 엿들었다. 장공이 부공을 접대하는 것 또한 간소했으며, 산악처럼 우뚝하니 서로 마주했다. 부공이 천천히 말했다.

"사람이란 정말로 알기 어렵소."

장공이 말했다.

"왕안석王安石을 말씀하십니까? 또한 어찌 알기 어려운 자이겠습니까! 인종仁宗 황우皇祐 연간(1049~1054)에 제가 지공거원知貢擧院으로 있을 때, 혹자가 왕안석이 문장과 학술을 지녔다고 추천하면서[20] 그를 초징해 시험해 보는 것이 마땅하다고 하기에 일단 따르기로 했습니다. 그런데 왕안석은 오고 나서 전체 공거원의 일을 모두 어지럽게 바꾸려고 했습니다. 저는 그 사람을 싫어해 성토하는 공문을 보내 내쫓았으며 그 후로는 그와 말을 나눈 적이 없습니다."

부공은 머리를 숙이며 부끄러운 기색을 띠었다. 대개 부공은 평소 왕형공王荊公(왕안석)을 좋아했는데, 그가 지위를 얻어 천하를 어지럽히고 나서야 비로소 그의 간사함을 알게 되었다고 한다.

---

20 혹자가 왕안석이 문장과 학술을 지녔다고 추천하면서: 황우 연간에 문언박(文彦博)·범중엄(范仲淹)·부필(富弼)·한기(韓琦) 등이 왕안석을 추천했다.

熙寧二年, 富公判亳州, 以提舉常平倉趙濟言公沮革新法, 落武寧節度及平章事, 以左僕射判汝州. 過南京, 張公安道爲守, 列迎謁騎從於庭, 張公不出. 或問公, 公曰: "吾地主也." 已而富公來見, 張公門下客私相謂: "二公天下偉人, 其議論何如?" 立屏後竊聽. 張公接富公亦簡, 相對屹然如山岳. 富公徐曰: "人固難知也." 張公曰: "謂王安石乎? 亦豈難知者! 仁宗皇祐間, 某知貢舉院, 或薦安石有文學, 宜辟以考校, 姑從之. 安石者旣來, 凡一院之事皆欲紛更之. 某惡其人, 檄以出, 自此未嘗與之語也." 富公俛首有愧色. 蓋富公素喜王荊公, 至得位亂天下, 方知其姦云.

9-7(102)

(신종) 원풍元豐 6년(1083)에 부공富公(부필)이 병이 위중해졌을 때 상서해 여덟 가지 일을 진언했는데, 대개 군자와 소인이 치란治亂의 근본임을 논한 것이었다. 신종神宗이 재상에게 말했다.

"부필富弼의 소장疏章이 올라왔소."

장돈章惇이 말했다.

"부필이 무슨 일을 진언했습니까?"

신종이 말했다.

"짐의 좌우에 소인이 많다고 진언했소."

장돈이 말했다.

"누가 소인인지 가려내게 하십시오."

신종이 말했다.

"부필은 세 조정의 노신인데 어찌 그에게 가려내라고 할 수 있겠소?"

상서좌승尚書左丞 왕안례王安禮[21]가 나아가 말했다.

"부필의 말이 옳습니다."

조회를 마치고 나서 장돈이 왕안례를 질책하며 말했다.

"좌승이 황상께 대답한 말은 잘못되었소."

왕안례가 말했다.

"우리들이 오늘은 '진실로 성상의 유시諭示대로 하겠습니다'라고 말했다가, 내일은 '성상의 학문은 신들이 미칠 바가 아닙니다'라고 말한다면, 어찌 소인이라 부르지 않을 수 있겠습니까!"

장돈은 대답하지 못했다. 이해 여름 5월에 부공이 기거하는 환정당還政堂 아래로 큰 별이 떨어지고 공중에서 병마 같은 소리가 들리자, 부공은 천광대天光臺에 올라 분향하고 재배하면서 자신이 장차 죽게 될 것임을 알았으니 기이하도다! 부공이 죽자 사마온공司馬溫公(사마광)과 범충선공范忠宣公(범순인)이 조문하러 갔는데, 부공의 아들 부소정富紹廷[22]과 부소경富紹京[23]이 울

21 왕안례(王安禮, 1034~1095): 자는 화보(和甫). 북송의 관리이자 문인으로, 왕안석(王安石)의 친동생이다. 인종 가우(嘉祐) 6년(1061) 진사 출신으로, 신종 희녕(熙寧) 연간에 저작좌랑·직집현원(直集賢院)·동수기거주(同修起居注)·지제고(知制誥)·지개봉부(知開封府) 등을 지냈다. 사람됨이 강직하고 도의에 따라 일을 과단성 있게 처리했다. 형 왕안석과는 정치적 견해가 일치하지 않았다. 원풍(元豐) 2년(1079)에 소식(蘇軾)이 시를 지어 신법을 풍자했다는 '오대시안(烏臺詩案)'으로 하옥되었을 때, 신종에게 주청해 그의 죄를 가볍게 처벌하도록 도와주었다. 원풍 4년(1081)에 중대부(中大夫)·상서우승에 임명되었다가 상서좌승으로 승진했다. 원풍 7년(1084)에 신종에게 서하(西夏) 공격을 그만두라고 자주 간언했다가 어사 장여현(張汝賢)에게 탄핵당해 단명전학사(端明殿學士)로서 지강녕부(知江寧府)로 나갔다. 철종 소성(紹聖) 연간에 자정전학사(資政殿學士)로서 지태원부(知太原府)에 제수되었다.

22 부소정(富紹廷, 1030?~1100?): 자는 덕선(德先). 북송의 관리로, 재상 부필(富弼)의 장자다. 성품이 진중했으며 가법(家法)을 잘 지켰다. 부친의 음서(蔭敍)로 비서성정자(秘書省正字)가 되었으며, 광록시승(光祿寺丞)·종정승(宗正丞)·제거삼문백파연운(提擧三門白波

면서 말했다.

"선공先公께서 직접 봉인한 소장 한 통을 남기셨는데, 아마도 유표遺表[24]인 것 같습니다."

두 공이 말했다.

"마땅히 개봉하지 말고 그대로 상주하게."

소내한蘇內翰(소식)이 지은 부공의 신도비神道碑에서 "세상에서는 그가 말한 바를 알지 못한다"라고 한 것이 이것이다. 신종은 부공의 부음을 듣고 몹시 놀라 애도하면서 제문祭文을 보내고 중사中使(황궁의 사자)를 파견해 제사를 베풀어 매우 후하게 예우했다. 정부政府(재상부)에서는 겨우 전의奠儀 하나만 보냈을 뿐이었다. 조정의 옛 관례에 따르면, 전前 재상 중에서 사상使相으로 벼슬을 마친 자에게는 재상의 봉록 전체를 지급했는데, 부공은 사도司徒와 사상으로 벼슬을 마쳤지만 낙양洛陽에 거주하면서 삼공三公의 봉록 12만 전 외에는 모두 받지 않았다. 부공은 깨끗한 마음으로 도학을 공부하면서 홀로 환정당에서 기거했으며, 매일 아침 일찍 일어나 중문中門의 빗장을 열고 들어가 가묘家廟에 배례했다. 부인을 빈객처럼 공경히 대했고, 자손도 관대冠帶를 착용하지 않으면 만나지 않았으며, 평상시에는 손님을 사절했다. 문노공文潞公(문언박)이 서경유수西京留守(낙양유수)로 있을 때 시절마다 왕래했는데, 부공은 평소 문노공을 좋아했고 예전에 함께 조정에 있었기에 그의 모친에게 배례하면서 매번 문노공에게 일찍 퇴임하라고 권하면 문노공은 부끄러워하며 감사했다. 부공이 죽고 나서 그의 아들인 조의

輦運)·강주통판(絳州通判)을 지냈으며, 휘종 때 사부원외랑(祠部員外郞)·지숙주(知宿州)를 역임했다.

23 부소경(富紹京): 재상 부필의 둘째 아들. 자세한 행적은 미상이다.

24 유표(遺表): 신하가 죽음에 임박해 올바른 치도(治道)의 구현을 위해 임금에게 올린 표문.

랑朝議郎(조봉랑朝奉郎) 부소정은 자가 덕선德先인데, 가법家法을 잘 지켰다. 부공의 두 딸과 사위 및 여러 외종질들이 모두 함께 부공의 집에서 살았는데, 집안일을 부공이 병들지 않았을 때와 똑같이 했으며 조금도 감히 바꾸지 않았기에 향리에서 칭송했다. (휘종) 건중정국建中靖國 연간(1101) 초에 조정에서 부덕선富德先(부소정)을 하북서로제거상평창河北西路提擧常平倉으로 발탁하자 부덕선이 사양하며 말했다.

"(신종) 희녕변법熙寧變法 초기에 선신先臣(부필)이 청묘법靑苗法을 시행하지 않아 죄를 얻었기에 신은 감히 이 관직을 맡을 수 없습니다."

휘종은 더욱 그를 가상히 여겨 사부원외랑祠部員外郎에 제수했다. 숭녕崇寧 연간(1102~1106)에 부덕선이 죽자 정주鄭州 사람 조영지晁詠之[25]가 그의 묘지명을 지었는데, 문장은 매우 훌륭했지만 유독 그가 제거상평창을 사양한 일은 기록하지 않아 기피한 바가 있었으니 아쉽도다! 부덕선의 아들 부직유富直柔[26]는 금상今上(고종)을 섬겨 동지추밀원사同知樞密院事가 되었다.

---

25 조영지(晁詠之, 1055?~1106?): 자는 지도(之道). 북송의 관리로, 조보지(晁補之)의 사촌동생이다. 음서(蔭敍)로 벼슬길에 올라 양주사법참군(揚州司法參軍)에 임명되었는데, 부임하기 전에 당시 지양주(知揚州)로 있던 소식(蘇軾)에게 조보지가 조영지의 시문을 바쳤더니 소식이 그의 문재에 감탄했다. 그 후에 조영지는 다시 진사과에 급제하고 박학굉사과(博學宏辭科)에도 급제해 하중교수(河中敎授)가 되었다. 철종 원부(元符) 연간 말(1100)에 파직되었다가 나중에 경조부사록사(京兆府司錄事)가 되었으며, 임기가 만료된 후 제점숭복궁(提點崇福宮)으로 전임되었다.

26 부직유(富直柔, 1084~1156): 자는 계신(季申). 북송의 관리로, 재상 부필의 손자다. 흠종 정강(靖康) 연간 초 진사 출신으로, 비서성정자(秘書省正字)를 지냈다. 남송 고종 건염(建炎) 2년(1128)에 저작좌랑(著作佐郎), 3년(1129)에 예부원외랑(禮部員外郎)·기거사인(起居舍人)·우간의대부(右諫議大夫), 4년(1130)에 어사중승(御史中丞)·첨서추밀원사(簽書樞密院事)에 제수되었다. 소흥(紹興) 원년(1131)에 동지추밀원사(同知樞密院事)가 되었지만 여이(呂頤)와 진회(秦檜)에게 미움을 받아 몇 개월 만에 그만두고 제거임안동소궁(提擧臨安洞霄宮)으로 좌천되었다가 지구주(知衢州)로 전임되었다. 소흥 12년(1142)에 사건에 연루되어 파직되었다.

元豐六年, 富公疾病矣, 上書言八事, 大抵論君子小人爲治亂之本. 神宗語
宰輔曰:"富弼有章疏來." 章惇曰:"弼所言何事?"帝曰:"言朕左右多小人."惇
曰:"可令分析孰爲小人."帝曰:"弼三朝老臣, 豈可令分析?"右丞[1]王安禮進
曰:"弼之言是也."罷朝, 惇責安禮曰:"右丞對上之言失矣."安禮曰:"吾輩今
日曰'誠如聖諭', 明日曰'聖學非臣所及', 安得不謂之小人!"惇無以對. 是年夏
五月, 大星殞於公所居還政堂下, 空中如甲馬聲, 登天光臺, 公焚香再拜[2], 知
其將終也, 異哉! 公旣薨, 司馬溫公・范忠宣公往弔之, 公之子紹廷・紹京泣
曰:"先公有自封押章疏一通, 殆遺表也." 二公曰:"當不啟封以聞." 蘇內翰作
公神道碑, 謂"世莫知其所言者"是也. 神宗聞訃震悼, 出祭文, 遣中使設祭, 恩
禮甚厚. 政府方遣一奠而已. 朝廷故例, 前宰相以使相致仕者給全俸, 富公以
司徒使相致仕, 居洛, 自三公俸一百二十千外, 皆不受. 公淸心學道, 獨居還
政堂, 每早作, 放中門鑰, 入瞻禮家廟. 對夫人如賓客, 子孫不冠帶不見, 平時
謝客. 文潞公爲留守, 時節往來, 富公素喜潞公, 昔同朝, 更拜其母, 每勸潞公
早退, 潞公愧謝. 旣薨, 其子朝議名紹廷, 字德先, 守其家法者也. 公兩女與其
壻及諸外甥皆同居公之第, 家事一如公無恙時, 毫髮不敢變, 鄕里稱之. 建中
靖國初, 朝廷擢德先爲河北西路提擧常平, 德先辭曰:"熙寧變法之初, 先臣以
不行靑苗法得罪, 臣不敢爲此官."上益嘉之, 除祠部員外郞. 崇寧中, 德先卒,
鄭人晁詠之誌其墓, 文甚美, 獨不書辭提擧常平事, 有所避也, 惜哉! 德先之
子直柔, 事今上爲同知樞密院事.

[1] 우승(右丞):『진체비서』본에는 "좌승(左丞)"이라 되어 있는데, 타당한 것으로 보인다. 이하도 마찬가지
다.『송사』권327「왕안례전(王安禮傳)」에 따르면, 원풍(元豐) 4년(1081)에 처음 삼성(三省)을 분리하
고 집정(執政)을 설치했을 때 왕안례는 중대부(中大夫)와 상서우승(尙書右丞)에 임명되었다가 좌승(左
丞)으로 전임되었으므로, 원풍 6년(1083)은 그가 이미 상서좌승으로 전임된 후이다.

[2] 등천광대(登天光臺), 공분향재배(公焚香再拜):『진체비서』본과『학진토원』본에는 "공(公)" 자가 "등
(登)" 자 앞에 있는데, 문맥상 보다 타당하다.

한위공韓魏公(한기)이 추밀부사樞密副使로 있다가 자정전학사資政殿學士로
서 지양주知揚州로 나갔는데, 왕형공王荊公(왕안석)이 처음 진사에 급제해 양
주첨판揚州僉判이 되었을 때 매일 새벽까지 책을 읽느라 거의 잠잘 겨를이
없어서 해가 이미 높이 뜨고 나서야 급히 관부로 출근했기에 대부분 미처
세수나 양치도 하지 못했다. 한위공은 젊은 왕형공을 보고 밤에 제멋대로
진탕 술을 마셨을 것이라고 의심했다. 하루는 조용히 왕형공에게 말했다.

"그대는 아직 젊으니 책 읽기를 그만두지 말게. 스스로를 포기해서는 안
되네."

왕형공은 대답하지 않고 물러나와 말했다.

"한공은 나를 알지 못하는 사람이다."

한위공이 나중에 왕형공의 현능함을 알고 그를 문하에 거두려 했지만 왕
형공은 끝내 자신을 굽히지 않았으니, 한위공이 그를 불러 관직館職에 임명
했을[27] 때 나아가지 않은 것과 같은 경우가 그러했다. 그래서 왕형공이 『희
녕일록熙寧日錄』에서 한위공에 대한 비판을 많이 하면서 매번 말했다.

"한공은 그저 허울만 좋을 뿐이다."

그러면서 「화호도畫虎圖」라는 시[28]를 지어 한위공을 비난했다. 왕형공이

---

27 관직(館職)에 임명했을: 원문은 "시관직(試館職)". '시'는 송대의 관제 중 하나로, 『송사』「직
관지(職官志)」에 따르면, 관직을 임명할 때 관품의 고하를 기준으로 해서 1품 이상으로 높
여 임명하는 것을 '행(行)'이라 하고, 1품 낮춰 임명하는 것을 '수(守)'라 하고, 2품 이하로 낮
춰 임명하는 것을 '시(試)'라고 했다. '관직'은 당송대에 소문관(昭文館)·사관(史館)·집현
원(集賢院) 등에서 수찬(修撰)과 편교(編校) 등의 일을 맡은 관직에 대한 통칭이다.

28 「화호도(畫虎圖)」라는 시: 왕안석의 「음산화호도(陰山畫虎圖)」라는 시를 말한다. 전체 시

재상이 되어 신법을 시행하자 한위공은 그것이 마땅하지 않다고 말했는데, 신종神宗이 깊이 느껴 깨닫고 신법을 그만두려 했더니, 왕형공이 몹시 분노해 한위공의 소장疏章을 조례사條例司로 보내 반박하고 천하에 신법을 반포했다. 또 여신공呂申公(여공저)이 번진의 대신들에게 말해 장차 진양晉陽의 군대를 일으켜 임금 측근의 악을 제거하려 한다[29]고 무고하고 여신공의 유배 문서를 직접 작성해 그 일을 분명하게 드러냄으로써 한위공을 흔들었다. 하지만 명철하신 신종이 한위공을 깊이 예우한 덕분에 한위공의 지위는 시종 바뀌지 않았다. 한위공이 죽자 신종은 몹시 놀라 애도하고 친히 묘비문을 지었으며 매우 후하게 은정을 베풀었다. 왕형공은 그를 위한 만시挽詩를 지어 "막부의 젊은이는 지금 백발이 되었지만, 아픈 마음을 상여에 보낼 길이 없네"라고 했는데, 자신이 젊었을 때 한위공이 한 말을 여전히 잊지 않았던 것이다.

韓魏公自樞密副使以資政殿學士知揚州, 王荊公初及第爲僉判, 每讀書至達旦, 略假寐, 日已高, 急上府, 多不及盥漱. 魏公見荊公少年, 疑夜飮放逸.

는 다음과 같다. "陰山健兒鞭鞚急, 走勢能追北風及. 逶迤一虎出馬前, 白羽橫穿更人立. 回旗倒戟四邊動, 抽矢當前放蹄入. 爪牙蹭蹬不得施, 跡上流丹看朱濕. 胡天朔漠殺氣高, 煙雲萬里埋弓刀. 穹廬無工可貌此, 漢使自解丹靑包. 堂上絹素開欲裂, 一見猶能動毛髮. 低徊使我思古人, 此地搏兵走戎羯. 禽逃獸遁亦蕭然, 豈若封疆今晏眠. 契丹弋獵漢耕作, 飛將自老南山邊, 還能射虎隨少年."

29 진양(晉陽)의 군대를 일으켜 임금 측근의 악을 제거하려 한다: 동진(東晉) 안제(安帝) 융안(隆安) 원년(397)에 왕공(王恭)과 은중감(殷仲堪)은 표문을 올려 당시 권력을 전횡하고 있던 회계왕(會稽王) 사마도자(司馬道子)와 왕국보(王國寶)를 토벌하고자 했는데, 왕공이 당시 모친의 상중에 있던 왕흠(王廞)을 오국내사(吳國內史)로 발탁해 진양의 군대를 일으키게 하자, 사마도자는 부득이 왕국보에게 죄를 씌워 처형했다. 왕안석은 이 사건을 빌려 여공저가 번진의 대신들을 부추겨 자신을 비롯한 신종 측근의 신하들을 제거하려 한다고 무고한 것이다.

一日從容謂荊公曰：“君少年，無廢書. 不可自棄.”荊公不答，退而言曰：“韓公非知我者.”魏公後知荊公之賢，欲收之門下，荊公終不屈，如召試館職不就之類是也. 故荊公『熙寧日錄』中短魏公爲多，每曰：“韓公但形相好爾.”作「畫虎圖」詩詆之. 至荊公作相，行新法，魏公言其不便，神宗感悟，欲罷其法，荊公怒甚，取魏公章送條例司疏駁，頒天下. 又誣呂申公有言藩鎭大臣將興晉陽之師，除君側之惡，自草申公謫詞，昭著其事，因以搖魏公. 賴神宗之明，眷禮魏公，終始不替. 魏公薨，帝震悼，親製墓碑，恩意甚厚. 荊公有挽詩云：“幕府少年今白髮，傷心無路送靈輀.”猶不忘魏公少年之語也.

9-9(104)

———

(신종) 희녕熙寧 2년(1069)에 한위공韓魏公(한기)이 지영흥군知永興軍에서 판북경判北京(판대명부)으로 전임되자 대궐에 들러 대전에 올랐다. 그때는 왕형공王荊公(왕안석)이 바야흐로 정권을 장악하고 있었는데, 신종神宗이 한위공에게 물었다.

“경은 왕안석王安石과 의론이 같지 않은데 왜 그렇소?”

한위공이 말했다.

“인종仁宗께서 선제先帝(영종)를 황태자로 책립하셨을 때,[30] 왕안석이 다른

---

30 인종(仁宗)께서 선제(先帝: 영종)를 황태자로 책립하셨을 때: 인종은 세 황후인 곽씨(郭氏)·조씨(曹氏)·장씨(張氏)에게서는 아들이 없었고, 덕비(德妃) 유씨(兪氏), 귀비(貴妃) 묘씨(苗氏), 재인(才人) 주씨(朱氏)에게서 각각 아들 한 명씩을 얻었으나 모두 일찍 죽었다. 그래서 태종의 손자인 조윤양(趙允讓)의 아들 조서(趙曙: 영종)를 양자로 들여 황태자로 책봉하고 제위를 잇게 했다.

의론을 가지고 있어서 신과 같지 않았기 때문입니다."

신종이 한위공의 말을 가지고 왕형공에게 물었더니 왕형공이 말했다.

"인종께서 선제를 황태자로 책립하고자 하셨을 때는 춘추가 아직 많지 않으셨으니, 만일에 아들이라도 생겼다면 선제를 어느 곳에 두었겠습니까? 그래서 신의 논의가 한기韓琦와 달랐던 것입니다."

왕형공의 억지스런 논변이 대개 이와 같았다. 한위공이 영종英宗을 황태자로 책봉하길 청했을 때 인종이 말했다.

"잠시 기다리시오. 후궁 중에 (해산하러) 전각으로 갈 사람이 있소."

한위공이 말했다.

"후궁이 아들을 낳으면 책봉한 황태자는 물러나 구저舊邸에서 거주하면 됩니다."

대개 한위공은 일을 처리할 방안을 가지고 있었다. 하지만 왕형공은 영종의 치세가 끝날 때까지 자주 불렀으나 나아가지 않았으니, 사실은 스스로 찐덥지 않았기 때문이다. 어떤 사람이 이르길, 채양蔡襄[31]도 다른 의론을 가지고 있었는데 영종이 그 사실을 알게 되자 채양이 스스로 불안해해 지복주知福州로 나갔다고 한다. 치평治平 연간(1064~1067) 초에 영종이 즉위한

---

31 채양(蔡襄, 1012~1067): 자는 군모(君謨), 시호는 충혜(忠惠). 북송의 대신이자 서예가·문학가·다학가(茶學家). 인종 천성(天聖) 8년(1030) 진사 출신으로, 관각교감(館閣校勘)·지간원(知諫院)·직사관(直史館)·지제고(知制誥)·용도각직학사(龍圖閣直學士)·추밀원직학사(樞密院直學士)·한림학사·삼사사(三司使)·단명전학사(端明殿學士) 등을 역임했으며, 복건로전운사(福建路轉運使)·지천주(知泉州)·지복주(知福州)·지개봉부(知開封府) 등의 지방관을 지냈다. 관리로서 공정하고 강직하게 일을 처리해 많은 치적을 남겼다. 서예가로서 스스로 일가를 이루어 소식(蘇軾)·황정견(黃庭堅)·미불(米芾)과 함께 '송사대가(宋四大家)'로 꼽혔다. 문학가로서 그의 시문은 청묘(淸妙)하다는 평가를 받았다. 또한 지복주로 있을 때 북원공차(北苑貢茶)인 소룡단(小龍團)을 만들었고, 『다록(茶錄)』을 지어 고대의 차 제조와 품평을 총결했으며, 세계 최초의 과수(果樹) 분류학 저작으로 유명한 『여지보(荔枝譜)』를 지었다.

후 병이 들자 재상이 광헌태후光獻太后(조태후)에게 수렴청정하길 청했다. 입내도지入內都知 임수충任守忠[32]이란 자는 계속 간사한 짓을 해 두 궁宮(태후와 영종) 사이를 이간질했다. 당시 지간원知諫院으로 있던 사마온공司馬溫公(사마광)과 시어사侍御史로 있던 여간의呂諫議(여회)가 모두 수십 통의 소장疏章을 올려 그를 주살하길 청했다. 영종은 비록 사실을 깨달았지만 미처 시행하지 못하고 있었다. 재상 한위공이 하루는 공두칙空頭勅[33] 한 통을 꺼냈고 참지정사參知政事 구양공歐陽公(구양수)이 이미 서명했는데, 참지정사 조개趙槩가 난처해하면서 구양공에게 물었다.

"어찌하면 좋겠소?"

구양공이 말했다.

"단지 서명만 하면 한공이 필시 직접 말씀하실 것이오."

한위공은 정사당政事堂에 앉아 두자頭子[34]로 임수충을 체포해 뜰아래에 세워 놓고 그의 죄를 열거하며 말했다.

"네 죄는 죽어 마땅하다!"

그러고는 그를 기주단련부사蘄州團練副使로 폄적시키고 기주에 안치했다.

---

32 임수충(任守忠, 990~1068): 자는 직신(稷臣). 북송의 환관. 음서(蔭敍)로 내황문(內黃門)에 들어갔으며, 서두공봉관(西頭供奉官)·상어약공봉(上御藥供奉)을 지냈다. 인종이 친정(親政)을 한 후에 폄적되었다가, 서하(西夏)와의 전쟁 때 진봉로·경원로주박도감(秦鳳路·涇原路駐泊都監)으로서 공을 세워 다시 동염원사(東染院使)·내시압반(內侍押班)으로 기용되었으며, 그 후에 선정사(宣政使)·양주관찰사(洋州觀察使)를 거쳐 입내도지(入內都知)가 되었다. 영종이 즉위한 후 선경사(宣慶使)·안정군유후(安靜軍留後)가 되었으며, 영종과 조태후(曹太后: 광헌태후)를 이간질하다가 지간원(知諫院) 사마광(司馬光)에게 탄핵당하고 재상 한기(韓琦)에 의해 폄적당해 기주(蘄州)에 안치되자 사람들이 통쾌해했다. 나중에 재기해 좌무위장군(左武衛將軍)으로 벼슬을 마쳤다.

33 공두칙(空頭勅): 성명을 적어 넣지 않고 비워 놓은 관리 임명 칙지.

34 두자(頭子): 당나라 말에서 송나라에 이르기까지 추밀사가 중서성을 경유하지 않고 곧장 하달한 공문서 중에서 사안이 큰 것은 '선(宣)'이라 하고 사안이 작은 것은 '두자'라고 했다.

또 공두칙을 가져와 그의 성명을 적어 넣고 사신을 파견해 그날로 압송해 가게 했으니, 그렇게 한 의도는 조금이라도 늦추면 도중에 변고가 생길 것이라 생각했기 때문이었다. 아! 한위공은 진정한 재상이로다! 구양공이 말했다.

　"내가 한위공을 위해 「주금당기晝錦堂記」를 지으면서 '큰 띠를 드리우고 홀笏을 바로 잡은 채 목소리를 내거나 얼굴빛을 짓지 않아도 천하를 태산太山처럼 편안함에 놓았다'라고 한 것은 바로 이 때문이다."

　熙寧二年, 韓魏公自永興軍移判北京, 過闕上殿. 王荊公方用事, 神宗問曰: "卿與王安石議論不同, 何也?" 魏公曰: "仁宗立先帝爲皇嗣時, 安石有異議, 與臣不同故也." 帝以魏公之語問荊公, 公曰: "方仁宗欲立先帝爲皇子時, 春秋未高, 萬一有子, 措先帝於何地? 臣之論所以與韓琦異也." 荊公強辯類如此. 當魏公請冊英宗爲皇嗣時, 仁宗曰: "少俟. 後宮有就閣者." 公曰: "後宮生子, 所立嗣退居舊邸可也." 蓋魏公有所處之矣. 然荊公終英宗之世, 屢召不至, 實自慊也. 或云蔡襄亦有異議, 英宗知之, 襄不自安, 出知福州. 治平初, 英宗卽位, 有疾, 宰執請光獻太后垂簾同聽政. 有入內都知任守忠者姦邪反覆, 間諜兩宮. 時司馬溫公知諫院, 呂誨議爲侍御史, 凡十數章, 請誅之. 英宗雖悟, 未施行. 宰相韓魏公一日出空頭勑一道, 參政歐陽公已簽, 參政趙槩難之, 問歐陽公曰: "何如?" 歐陽公曰: "第書之, 韓公必自有說." 魏公坐政事堂, 以頭子勾任守忠者立庭下, 數之曰: "汝罪當死!" 責[1]蘄州團練副使, 蘄州安置. 取空頭敕塡之, 差使臣卽日押行, 其意以謂少緩則中變矣. 嗚呼! 魏公眞宰相也! 歐陽公言: "吾爲魏公作「晝錦堂記」云'垂紳正笏, 不動聲色, 措天下於太山之安'者, 正以此也."

[1] 책(責): 원초본(元鈔本)에는 "적(謫)"이라 되어 있는데, 문맥상 보다 타당하다.

―

윤사로尹師魯(윤수)가 폄적되어 죽었는데, 그의 아들 윤박尹朴은 막 강보에 싸여 있었다. 윤박이 장성하고 나서 한위공韓魏公(한기)이 조정에서 그에 대한 소문을 듣고 관리로 임명했다. 한위공이 판북경判北京(판대명부)으로 있을 때 그를 막료로 추천하고 자제처럼 그를 교육시켰다. 윤박은 젊고 재주가 있었는데, 행하는 바에 혹 잘못이 있으면 한위공이 윤사로의 초상을 걸어 놓고 곡을 했다. 윤박도 일찍 죽었다. 아! 한위공은 군자라고 이를 수 있도다!

尹師魯以貶死, 有子朴, 方襁褓. 旣長, 韓魏公聞於朝, 命官. 魏公判北京, 薦爲幕屬, 敎育之如子弟. 朴少年有才, 所爲或過擧, 魏公掛師魯之像哭之. 朴亦早死. 嗚呼! 魏公者可以謂之君子矣!

―

금부낭중金部郎中 장방張方은 백파삼문발운사白波三門發運使[35]가 되었고, 사봉司封 왕담王湛은 부사副使가 되었으며, 문노공文潞公(문언박)의 부친인 영공

---

35 백파삼문발운사(白波三門發運使): 북송 초에 도성 변경(汴京: 개봉)으로 들어오는 조운을 관장하기 위해 설치한 발운사(發運司)의 책임자. 그 밖에 회남(淮南)·강절(江浙)·형호(荊湖) 지역에도 발운사를 두어 동남 6로(路)의 조운을 관장하게 했다. 나중에 발운사(發運司)를 연운사(輦運司)로 개칭했다.

令公 문계文洎[36]는 속관이 되었는데, 모두 서로 사이가 좋았다. 장금부張金部 (장방)가 부름을 받아 떠나면서 문영공文令公(문계)을 후임자로 추천했다. 문 노공은 자제였을 때 공목관孔目官[37] 장망張望의 집에서 공부했다. 장망은 일 찍이 거자擧子가 되어 자못 서책을 알았는데 나중에 군적軍籍에 소속되었으 며, 그의 아들들은 모두 유학을 공부했다. 문노공은 소년 시절에 놀러 다니 길 좋아해서 문영공이 그를 질책했기에 문노공은 오랫동안 감히 집에 돌아 오지 못했다. 장망이 문영공에게 아뢰었다.

"도련님은 저의 집에 있는데, 학문에 더욱 부지런히 힘쓰고 있으며 더 이 상 놀러 다니지 않습니다."

그러면서 문노공의 글 수백 편을 꺼내 보여 주었더니 문영공이 기뻐했 다. 왕사봉王司封(왕담)이 딸을 문노공에게 시집보내려 하자 그의 아내가 말 했다.

"문언박文彦博은 빈한하니 딸을 맡길 수 있겠습니까?"

그래서 그만두었다. 나중에 문노공이 출장입상出將入相할 때까지 장망은 여전히 별 탈이 없었다. 문노공이 판하남부判河南府로 있을 때, 모친 위국 태부인魏國太夫人의 생일에 장망이 청하淸河에서 와서 헌수獻壽하며 시를 지 었다.

"뜰아래의 도령은 재상이 되었고, 문 앞의 옛 관리는 장군이 되었네."

---

36 문계(文洎, ?~1037): 북송의 재상 문언박(文彦博)의 부친이다. 사훈원외랑(司勳員外郎)ㆍ 형호남로전운사(荊湖南路轉運使)ㆍ삼문백파발운사(三門白波發運使)ㆍ판삼사개탁마감사 (判三司開拆磨勘司)를 거쳐 주객낭중(主客郎中)과 하동전운사(河東轉運使)로 벼슬을 마쳤 다. 아들 문언박 덕분에 사후에 태사(太師)ㆍ중서령 겸 상서령에 추증되고 위국공(魏國公) 에 추봉되었다.

37 공목관(孔目官): 관명. 송나라 때는 학사원(學士院)ㆍ삼사(三司)ㆍ개봉부(開封府)ㆍ전전사 (殿前司)ㆍ마보군사(馬步軍司)ㆍ숭문원(崇文院)ㆍ삼관(三館) 등에 모두 설치되었으며, 문 서 장부를 검토하는 일을 관장했다.

장망은 아들이 관리의 명적[38]에 오른 덕분에 장군에 봉해졌다고 한다. 장망이 일찍이 말했다.

"내 자손은 마땅히 입立·문門·금金·석石·심心으로 이름 삼을 것이다."

장망의 장자 장정張靖은 문노공과 같은 해에 진사에 급제했으며, 형제 중에 감사監司가 된 자가 여러 명이었는데, 문노공이 그들을 매우 후대했다. '문門' 자 항렬의 자손들에 이르러 더욱 현달했는데, 그중에 시종관이 된 자도 있었다. 강절선생康節先生(소옹)이 말했다.

"일찍이 장 장군張將軍(장망)의 침착함과 웅대함은 일반 사람들과 다른 점이 있었다. 문노공을 아이였을 때 능히 알아보았으니, 그에게 훌륭한 후손이 있는 것이 마땅하다."

張金部名方, 爲白波三門發運使, 王司封名湛, 爲副使, 文潞公父令公名異[1], 爲屬官, 皆相善. 張金部被召去, 薦文令公爲代. 潞公爲子弟讀書於孔目官張望家. 望嘗爲擧子, 頗知書, 後隷軍籍, 其諸子皆爲儒學. 潞公少年好遊, 令公怪責之, 潞公久不敢歸. 張望白令公曰: "郞君在某家, 學問益勤苦, 不復遊矣." 因出潞公文數百篇, 令公爲之喜. 王司封欲以女嫁公, 其妻曰: "文彦博者寒薄, 其可託乎?" 乃已. 後潞公出入將相, 張望尙無恙. 公判河南日, 母申國太夫人[2]生日, 張望自淸河來獻壽, 有詩云: "庭下郞君爲宰相, 門前故吏作將軍." 張望以子通籍封將軍云. 望嘗曰: "吾子孫當以立·門·金·石·心爲名." 長子靖, 與潞公同年登科, 兄弟爲監司者數人, 潞公遇之甚厚. 至門字行諸孫益顯, 有爲侍從者. 康節先生云: "嘗見張將軍沈深雄偉, 有異於衆人. 能識潞公於童子時, 宜其有後也."

---

38 관리의 명적: 원문은 "통적(通籍)". 진사에 급제해 처음 관적(官籍)에 오르는 것을 말한다.

[1] 이(異): 『송사』 권313 「문언박전(文彥博傳)」에서는 문언박의 부친의 이름을 "계(洎)"라고 했는데, 이를 따르기로 한다.

[2] 신국태부인(申國太夫人): 문언박의 모친 경씨(耿氏)는 일찍 죽었는데, 부친 문계가 위국공(魏國公)에 추봉되었으므로 "위국태부인(魏國太夫人)"이 타당한 것으로 보인다.

9-12(107)

—

문노공文潞公(문언박)이 어렸을 때, 그의 부친이 촉주蜀州의 막료로 부임하는 데 따라갔다. 성도成都를 지나가다가 문노공이 강독묘江瀆廟[39]에 들어가 벽화를 구경했는데, 사당 관리가 그를 매우 친절하게 대하면서 말했다.

"밤에 꿈속에 신이 나타나 사당 뜰을 청소하게 하면서 '내일 재상이 올 것이다'라고 했는데, 그대가 혹시 훗날의 재상일까?"

문노공이 웃으며 말했다.

"재상은 바라는 바가 아닙니다. 만약 성도를 다스리게 된다면 마땅히 묘실廟室을 새롭게 만들 것입니다."

(인종) 경력慶曆 연간(1041~1048)에 문노공은 추밀직학사樞密直學士로서 지익주知益州가 되었는데, 직무를 수행한 지 사흘 만에 강독묘를 참배하다가 마치 감응이 있는 것 같았다. 한창 사당 개축 공사를 하던 중에 갑자기 강물이 불어나면서 커다란 나무 수천 개가 물결을 덮으며 내려오자, 그것을 모두 가져와 목재로 사용했다. 사당이 완성되자 웅장하기가 천하의 으뜸이었다. 또 마을의 장로가 말했다.

---

39 강독묘(江瀆廟): 강신(江神)에게 제사 지내는 사당.

"공은 성도를 다스릴 때 연회를 자주 열었다. 어느 해에 가뭄이 들었는데도 공은 여전히 유람하러 나갔는데, 어떤 마을 백성이 타들어 가는 곡식 싹을 가지고 와서 하소연했다. 공이 연회를 그만두고 사흘 동안 재계하며 사당 안에서 기도했더니, 즉시 그날 비가 내려 그해에 대풍이 들었다."

기이하도다!

文潞公少時, 從其父赴蜀州幕官. 過成都, 潞公入江瀆廟觀畫壁, 祠官接之甚勤, 且言: "夜夢神令洒掃祠庭, 曰: '明日有宰相來.' 君豈異日之宰相乎?" 公笑曰: "宰相非所望. 若爲成都, 當令廟室一新." 慶曆中, 公以樞密直學士知益州, 聽事之三日, 謁江瀆廟, 若有感焉. 方經營改造中, 忽江水漲, 大木數千章蔽流而下, 盡取以爲材. 廟成, 雄壯甲天下. 又長老曰: "公爲成都日, 多宴會. 歲旱, 公尙出遊, 有村民持焦穀苗來訴. 公罷會, 齋居三日, 禱於廟中, 卽日雨, 歲大稔." 異哉!

9-13(108)

―――

문노공文潞公(문언박)이 어렸을 때 아이들과 함께 공치기를 했는데, 공이 나무기둥 구멍 속으로 들어가 빼낼 수 없자, 문노공이 물을 구멍에 부었더니 공이 물에 떠서 나왔다. 사마온공司馬溫公(사마광)이 어렸을 때 아이들과 함께 놀았는데, 한 아이가 커다란 물 항아리 속으로 떨어져 이미 물에 잠겼다. 아이들이 놀라 뛰어갔지만 구할 수 없었는데, 사마온공이 돌을 가져와 그 항아리를 깨뜨려 아이가 나올 수 있었다. 식자들은 두 공의 어짊과 지혜로움이 비범함을 이미 알았다.

　文潞公幼時與羣兒擊毬, 入柱穴中不能取, 公以水灌之, 毬浮出. 司馬溫公
幼與羣兒戱, 一兒墮大水甕中, 已沒. 羣兒驚走不能救, 公取石破其甕, 兒得
出. 識者已知二公之仁智不凡矣.

10-1 (109)

—

문노공文潞公(문언박)이 (인종) 경력慶曆 연간(1041~1048)에 추밀직학사樞密直學士로서 지성도부知成都府가 되었다. 그때 문노공은 나이가 아직 마흔이 되지 않았고 성도의 풍속이 행락을 좋아했기에, 문노공이 자주 연회를 열었더니 유언비어가 도성에까지 퍼졌다. 어사御史 하담何鄰[1] 성종聖從은 촉주蜀州 사람이었는데, 휴가를 청해 고향으로 돌아가게 되자 황상이 그를 보내 문노공을 살펴보게 했다. 하성종何聖從(하담)이 장차 도착할 즈음에 문노공도 그에 대한 대비를 했다. (식객으로 있던) 장유張俞[2] 소우少愚가 문노공에게

---

1 하담(何鄰, 1005~1073): 자는 성종(聖從). 북송의 관리. 인종 경우(景祐) 원년(1034) 진사 출신으로, 감찰어사와 전중시어사를 지내면서 과감하게 탄핵해 강직하다는 명성을 얻었다. 하지만 나중에 한기(韓琦)를 중상했다가 결국 명성이 실추되었다. 영종 때 지영흥군(知永興軍)과 지하남부(知河南府)를 지냈으며, 신종 희녕(熙寧) 3년(1070)에 상서우승으로 벼슬을 마쳤다.

2 장유(張俞): 장유(張愈)라고도 한다. 자는 소우(少愚) 또는 숙재(叔才), 호는 백운거사(白雲居士). 북송의 문인이자 은사(隱士). 여러 차례 과거에 응시했지만 낙제했다. 인종 보원(寶元) 연간 초(1039)에 일찍이 상서해 변방의 일을 논했다. 경력(慶曆) 원년(1041)에 비서성 교서랑(秘書省校書郎)에 임명되었지만, 관직을 부친에게 양보하고 청성산(靑城山) 백운계(白雲溪)에서 은거했다. 여섯 차례나 초청되었으나 벼슬에 나아가지 않았으며, 30여 년 동안 천하의 산수를 유람했다. 만년에는 두문불출하고 저서에 몰두했다. 「잠부(蠶婦)」라는

말했다.

"성종이 오더라도 걱정할 게 없습니다."

장소우張少愚(장유)는 직접 한주漢州에서 하성종을 영접했다. 같은 군郡에 마침 춤을 잘 추는 영기營妓(감영의 관기)가 있었는데, 하성종이 그녀를 좋아해 성을 물었더니 영기가 말했다.

"양楊입니다."

하성종이 말했다.

"이른바 양대류楊臺柳[3]로군."

장소우가 즉시 영기의 목에 두른 비단 목도리를 가져와 시를 적었다.

"촉국의 미인은 세요細腰로 불리는데, 동대東臺(어사대)의 어사는 아리따운 여자를 아끼네. 지금부터 양대류라 부를 테니, 봄바람에 나부끼는 수만 가지처럼 춤을 추게나."

그러고는 그 영기에게 「유지사柳枝詞」를 지어 노래하게 했더니, 하성종은 그 때문에 흠뻑 취했다. 며칠 후에 하성종이 성도에 도착했는데 자못 엄숙했다. 하루는 문노공이 크게 연회를 열어 하성종에게 향연을 베풀 때, 그 영기를 데려와 부기府妓 사이에 섞어 넣고 장소우의 시를 노래 부르면서 하성종에게 술을 따르게 했는데, 하성종은 매번 그 때문에 취했다. 하성종이 조정으로 돌아가고 나서 문노공에 대한 비방은 바로 잠잠해졌다. 이 일은 도

시가 널리 알려져 있다.

3   양대류(楊臺柳): 당나라의 시인 한굉(韓翃)이 명기(名妓) 유씨(柳氏)에게 지어 준 「장대류 (章臺柳)」라는 사(詞)를 재치 있게 바꾼 것이다. '장대'는 한나라 때 장안(長安)의 번화한 거리 이름으로, 예로부터 이곳에 기원(妓院)이 많았기에 나중에는 기원의 대칭(代稱)으로 쓰이고, '장대류'는 아름다운 여인을 가리키는 말로 쓰인다. 참고로 한굉의 「장대류」는 다음과 같다. "장대의 버들이여, 장대의 버들이여! 옛날엔 푸르고 푸르렀는데 지금도 그대로 있는가? 설령 긴 가지 예전처럼 드리웠더라도, 응당 다른 사람 손에 꺾였겠지[章臺柳, 章臺柳! 昔日靑靑今在否? 縱使長條似舊垂, 亦應攀折他人手]."

곡陶穀이 강남에 사신으로 갔을 때 지은 「우정사郵亭詞」⁴와 서로 비슷하다고
한다. 장소우는 특이한 선비였으며, 문노공이 본디 그 사람을 중히 여겼다.

文潞公慶曆中以樞密直學士知成都府. 公年未四十, 成都風俗喜行樂, 公
多燕集, 有飛語至京師. 御史何剡聖從, 蜀人也, 因謁告歸, 上遣伺察之. 聖從
將至, 潞公亦爲之動. 張俞[1]少愚者謂公曰: "聖從之來無足念." 少愚自迎見
於漢州. 同郡會有營妓善舞, 聖從喜之, 問其姓, 妓曰: "楊." 聖從曰: "所謂楊
臺柳者." 少愚卽取妓之項上帕羅[2]題詩曰: "蜀國佳人號細腰, 東臺御史惜妖
嬈. 從今喚作楊臺柳, 舞盡春風萬萬條." 命其妓作「柳枝詞」歌之, 聖從爲之霑
醉. 後數日, 聖從至成都, 頗嚴重. 一日, 潞公大作樂以燕聖從, 迎其妓雜府妓
中, 歌少愚之詩以酬聖從, 聖從每爲之醉. 聖從還朝, 潞公之謗乃息. 事與陶
穀使江南「郵亭詞」相類云. 張少愚者, 奇士, 潞公固重其人也.

[1] 장유(張俞): 명초본과 『송사』 권458 「은일전(隱逸傳)」에는 "장유(張愈)"라 되어 있다.
[2] 파라(帕羅): 명초본과 『학진토원』본에는 "나파(羅帕)"라 되어 있는데, 문맥상 보다 타당하다.

10-2(110)

한위공韓魏公(한기)이 북경유수北京留守(대명부유수)로 있을 때, 이직李稷⁵이

4   도곡(陶穀)이 강남에 사신으로 갔을 때 지은 「우정사(郵亭詞)」: 도곡이 후주(後周)에서 벼
    슬하고 있을 때 강남에 사신으로 갔다가 아름다운 가기(歌妓)에 반해 「춘광호(春光好)」라
    는 염사(艶詞)를 지어 주었다고 한다. 본문의 「우정사」는 「춘광호」를 말한다. 이 고사는
    북송 문영(文瑩)의 『옥호청화(玉壺淸話)』권4에 나온다.
5   이직(李稷, ?~1082): 자는 장경(長卿). 북송의 관리. 국자감박사관 출신으로, 부친 이현(李
    絢)의 음서(蔭敍)로 장작감주부(將作監主簿)가 되었으며, 하북서로·동로전운판관(河北西

국자박사國子博士로서 조운관漕運官이 되었는데 자못 한위공을 업신여겼다. 한위공은 맞상대하지 않고 그를 매우 예우했다. 얼마 후에 문노공文潞公(문언박)이 한위공을 대신해 유수가 되었는데, 아직 부임하기 전에 공공연하게 말했다.

"이직의 부친 이현李絢[6]은 나의 문하생이다. 이직이 감히 한위공을 업신여긴 것은 필시 아비가 죽어서 가르침을 잃었기에 이런 지경에 이르렀을 것이다. 나는 이직을 아들처럼 여기니 정말로 잘못을 고치지 않으면 장차 아비로서 그를 가르칠 것이다."

문노공이 북경에 도착하자 이직이 배알하러 가서 빈객의 순서대로 앉아 있었는데, 한참 후에 문노공이 도복道服을 입고 나와 그에게 말했다.

"너의 부친은 나의 문객이었으니 팔배八拜를 하여라."

이직은 하는 수 없이 숫자대로 절을 했다. 이직은 나중에 섬조陝漕(섬서전운사)로 전임되었는데, 그때 막 오로五路에서 군사를 일으켜 영무靈武를 취하려고 했다. 이직은 정벌군을 따라가 위세가 더욱 등등했다. 하루는 일찍 일어나 부연鄜延의 군영으로 들어갔더니 군사들이 북을 치며 큰 소리로 인사했는데, 원수元帥(경략안무사) 충악种諤[7]은 군막 안에서 잠들어 누워 아직

路·東路轉運判官)을 지냈다. 그 후로 섬서전운사(陝西轉運使)가 되었는데 가혹함으로 악명이 높았다. 군량과 마초 운반을 감독할 때 인부들이 고통을 견디지 못해 도망자가 많았는데, 도망치다 붙잡힌 인부 수천 명의 족근(足筋)을 잘라 고통 속에서 죽게 했다. 신종 원풍(元豊) 5년(1082)에 영락성(永樂城)을 살피러 갔다가 서하(西夏)의 군대가 공격해 성이 함락되는 바람에 전란 중에 죽었다.

6 이현(李絢, 1013~1052): 자는 공소(公素) 또는 견소(見素). 북송의 관리로, 이직(李稷)의 부친이다. 젊어서 방탕했지만 형 이도(李綯)의 훈계로 공부에 전념했다. 인종 경우(景祐) 5년(1038) 진사 출신으로, 빈주통판(邠州通判)을 거쳐, 경력(慶曆) 연간에 직집현원(直集賢院)·지윤주(知潤州)·형호남로전운사(荆湖南路轉運使)·지제고(知制誥)를 지냈으며, 황우(皇祐) 연간에 직용도각(直龍圖閣)·권지개봉부(權知開封府) 등을 지냈다.

7 충악(种諤, 1027~1083): 자는 자정(子正). 북송의 명장. 명장 충세형(种世衡)의 아들로, 형

일어나지 않았다. 충악이 이상히 여기며 나가서 이직을 대면하고 고각장鼓
角將[8]을 불러 물었다.

"군영에 몇 명의 원수가 있느냐?"

고각장이 말했다.

"태위太尉(충악)뿐이십니다."

충악이 말했다.

"원수가 아직 군무를 시작하지도 않았는데 갑자기 전운양초관轉運糧草官
을 위해 북을 울리며 큰 소리로 인사한 것은 무슨 일이냐? 너의 머리를 가
지고 전운사를 대신하고자 한다."

그러고는 호통치며 끌고 나가 참수하게 했다. 이직은 허겁지겁 그를 끌
고 나갔는데, 너무 겁에 질려서 말에 올라탈 수도 없었다. 그 후로 이직은
감히 충악의 군영에 들어가지 못했다. 나중에 조정에서 급사중給事中 서희
徐禧를 파견해 연안수延安帥(부연경략안무사) 심괄沈括[9]과 부수副帥(부연경략안무

충고(种古), 동생 충진(种診)과 함께 '삼충(三种)'으로 불렸다. 처음에 부친의 음서(蔭敍)로
지청간성(知靑澗城)에 임명되었는데, 계략으로 서하의 장수 외명산(嵬名山)을 항복시키고
그의 군사 만 명을 얻었으며, 돌아오는 길에 적군의 포위 공격을 격퇴하고 진격해 수주성
(綏州城)을 쌓았다. 그 후로 부연경략안무부사(鄜延經略安撫副使)가 되어 미지성(米脂城)
을 점령하고, 또 무정천(無定川)에서 서하의 원군 8만 명을 물리쳤다. 서희(徐禧)가 부연경
략사 심괄(沈括)과 함께 영락성(永樂城) 축조를 결정했을 때, 조정에 상주해 그를 남겨 두
어 연주(延州)를 지키게 했다. 나중에 송군이 영락에서 서하군에게 포위 공격을 당했을 때
충악은 관망하며 지원하지 않았다. 그해에 등창이 나서 죽었다.

8 고각장(鼓角將): 군영에서 북과 뿔피리 신호를 관장하는 장교.

9 심괄(沈括, 1031~1095): 자는 존중(存中), 호는 몽계장인(夢溪丈人). 북송의 관리이자 과학
자. 인종 가우(嘉祐) 8년(1063) 진사 출신으로, 양주사리참군(揚州司理參軍)을 지냈다. 신
종 때 희녕변법(熙寧變法)에 참여해 왕안석(王安石)의 중시를 받았으며, 태자중윤(太子中
允)·검정중서형방(檢正中書刑房)·제거사천감(提擧司天監)·사관검토(史館檢討)·삼사
사(三司使) 등을 역임했다. 원풍(元豐) 3년(1080)에 지연주(知延州) 겸 부연로경략안무사
(鄜延路經略安撫使)가 되어 변경을 지키면서 서하의 침략을 방어했는데, 원풍 5년(1082)에
영락성의 전투에서 서하군에게 패해 폄적되었다. 만년에는 윤주(潤州)로 이주해 몽계원(夢

부사) 충악과 함께 군대를 통솔해 영락성永樂城을 쌓게 했는데, 충악의 의론이 다른 사람과 맞지 않자 심괄은 조정에 알리고 충악을 남겨 두어 연안을 지키게 했으며, 서희는 영락성의 공사를 전담했다. 그들이 도착하기 전에 서하西夏가 모든 국력을 기울여 영락성을 포위해 이미 급박한 상황이 되자, 감군監軍 이순거李舜擧[10]가 옷깃을 찢어 주장奏章을 작성했다.

"신은 여한이 없으니 조정에서는 이 적을 가볍게 여기지 마시기를 바랍니다."

이직도 주장을 작성했는데 단지 이렇게만 말했다.

"신은 천신만고입니다."

신종神宗은 주장을 받고 그들을 위해 통곡했다. 영락성이 격파된[11] 후에 서희는 소재를 알 수 없었는데, 혹자는 오랑캐에게 투항했다고도 한다. 장운수張芸叟(장순민)가 말했다.

"서하에서 돌아오다가 그를 본 사람이 있다."

이순거는 스스로 목을 매 죽었다. 어떤 사람은 이직이 지독하게 포학했기에 난리를 틈탄 관군에게 살해당했다고도 한다. 아! 이직이 제명에 죽지 못한 것은 마땅하도다!

韓魏公留守北京, 李稷以國子博士爲漕, 頗慢公. 公不爲較, 待之甚禮. 俄

<hr />

溪園)에서 은거했다. 과학자로서 심괄은 이전 시대의 과학 성과를 집대성한 『몽계필담(夢溪筆談)』을 지어 중국과학사상 이정표를 세웠다고 평가받는다.

10 이순거(李舜擧, 1033~1082): 자는 공보(公輔), 시호는 충민(忠敏). 북송의 환관이자 장군. 문장에도 능했다. 어약원(御藥院)에서 14년간 근무한 뒤, 신종 희녕(熙寧) 연간에 내시압반(內侍押班)·제치경원군마(制置涇原軍馬)·문주자사(文州刺史)·가주단련사(嘉州團練使)를 역임했다. 원풍(元豐) 5년(1082)에 서하군과의 영락성 전투에서 패해 전사했다.

11 영락성이 격파된: 신종 원풍 5년(1082)에 영락성이 서하군에게 함락당한 일은 본서 5-3(053)에도 나온다.

潞公代魏公爲留守, 未至, 揚言云:"李稷之父絢, 我門下士也. 聞稷敢慢魏公, 必以父死失教至此. 吾視稷猶子也, 果不悛, 將庭訓之."公至北京, 李稷謁見, 坐客次, 久之, 公着道服出, 語之曰:"而父吾客也, 只八拜."稷不獲已, 如數拜之. 稷後移陝漕, 方五路興兵取靈武. 稷隨軍, 威勢益盛. 一日早作, 入鄜延軍營, 軍士鳴鼓聲喏, 帥种諤臥帳中未興. 諤怪之, 出, 對稷呼鼓角將問曰:"軍有幾帥?"曰:"太尉耳."曰:"帥未升帳, 輒爲轉運糧草官鳴鼓聲喏, 何也? 借汝之頭以代運使者."叱出斬之. 稷倉皇引去, 怖甚, 不能上馬. 自此不敢入諤軍. 後朝廷遣給事中徐禧同延安帥沈括・副帥种諤領兵築永樂城, 諤議不合, 括以聞朝廷, 留諤守延安, 徐專永樂之役. 未至, 夏人傾國圍永樂城已急, 監軍李舜擧裂襟作奏曰:"臣無所恨, 願朝廷勿輕此賊."李稷亦作奏, 但云:"臣千苦萬苦也."神宗得奏, 皆爲之勯[1]. 城破, 徐禧不知所在, 或云降番. 張芸叟言:"有自西夏歸見之者."舜擧自縊死. 或云李稷以酷虐, 乘亂爲官軍所殺. 嗚呼! 稷不得其死, 宜哉!

[1] 동(勯): 명초본에는 "통(慟)"이라 되어 있는데, 문맥상 보다 타당하다.

10-3(111)

문노공文潞公(문언박)이 판북경判北京(판대명부)으로 있을 때, 왕보지汪輔之[12]

---

12 왕보지(汪輔之): 자는 정부(正夫). 북송의 관리. 인종 황우(皇祐) 연간 진사 출신으로, 정덕현위(旌德縣尉)를 지냈다. 신종 원풍(元豐) 2년(1079)에 하북동로전운판관(河北東路轉運判官)에 제수되고, 이듬해에 권제점하북동로형옥(權提點河北東路刑獄)에 제수되었다. 또 태상승(太常丞)으로서 광동전운부사(廣東轉運副使)에 제수되었다가 분사(分司: 중앙 관원이 낙양에서 직무를 맡은 자)로 벼슬을 마쳤다.

가 새로 전운판관轉運判官에 제수되었는데 사람됨이 편협하고 성급했다. 왕보지가 처음 배알하려고 들어갔더니, 문노공이 청사에 앉아 그의 명함을 훑어본 뒤 책상 위에 놓아둔 채 더 이상 묻지 않고 집으로 들어갔다가 한참 후에야 나왔는데, 왕보지는 이미 견디지 못할 상태였다. 접견할 때 문노공이 그에게 매우 간단히 예를 차리고 말했다.

"집안사람이 아까 머리를 감으라고 하는 바람에 접견하는 것을 깜박했으니 전운판관은 의아해하지 마시오."

왕보지는 몹시 실망했다. 옛 관례에 따르면, 감사監司가 도착한 지 사흘 안에 부府에서 반드시 회의를 해야 하는데, 문노공은 일부러 그것을 그만두었다. 그래서 왕보지가 날짜를 정해 부고府庫를 점검한다는 공문을 보내자 통판通判이 다음으로 문노공에게 아뢰었는데, 문노공은 답하지 않았다. 그날은 문노공의 집에서 연회를 열었기에 관부 안팎의 일처리가 모두 허락되지 않았다. 왕보지가 도청都廳에 앉아 있을 때, 관리가 시중侍中(문언박)의 집에서 연회가 열려 열쇠를 청할 수 없다고 아뢰었다. 왕보지는 화가 나서 가각架閣[13]을 부쳤지만 부고의 자물쇠는 점검할 방법이 없었다. 그래서 문노공이 일처리를 제대로 하지 않는다고 은밀히 탄핵했다. 신종神宗은 왕보지가 올린 주장奏章에 비답批答해서 문노공에게 보냈는데, 거기에 "시중은 덕망이 높은 노신이므로 번거롭지만 누워서 북문北門(북경 대명부)을 지키고 있으니, 자질구레한 업무에는 마음 쓸 필요가 없다. 왕보지는 소신小臣으로서 감히 무례를 범했으니 장차 따로 처분을 내릴 것이다"라는 말이 적혀 있었다. 문노공은 그것을 받고 아무 말도 하지 않았다. 하루는 문노공이 감사들을 모아 놓고 말했다.

---

13 가각(架閣): 송나라 때 관서에서 공문서를 보관하던 곳을 말한다.

"내가 늙고 흐리멍덩하여 치적이 없으니 제군들이 너그럽게 봐주길 바라오."

감사들이 모두 무안해하며 사죄하자, 문노공이 황제의 비답을 꺼내 왕보지에게 보여 주었다. 왕보지는 두려움에 놀라 도망쳐 돌아갔다가, 군郡을 점검한다는 핑계를 대고 북경을 나갔다. 얼마 후에 왕보지는 파직되었다. 아! 신종은 대신을 후하게 예우하고 소인을 억누름이 이와 같았으니, 가히 성스럽다고 이를 만하도다!

文潞公判北京, 有汪輔之者新除運判, 爲人褊急. 初入謁, 潞公方坐廳事, 閱謁, 置按上不問, 入宅, 久之乃出, 輔之已不堪. 旣見, 公禮之甚簡, 謂曰: "家人頃令沐髮, 忘見, 運判勿訝." 輔之沮甚. 舊例, 監司至之三日, 府必作會, 公故罷之. 輔之移文定日檢按府庫, 通判以次白公, 公不答. 是日公家宴, 內外事並不許通. 輔之坐都廳, 吏白侍中家宴, 匙鑰不可請. 輔之怒, 破架閣, 庫鑰亦無從檢按也. 密劾潞公不治. 神宗批輔之所上奏付潞公, 有云"侍中舊德, 故煩臥護北門, 細務不必勞心. 輔之小臣, 敢爾無禮, 將別有處置"之語. 潞公得之不言. 一日, 會監司曰: "老謬無治狀, 幸諸君寬之." 監司皆愧謝, 因出御批以示輔之. 輔之皇恐逃歸, 託按郡以出. 未幾, 輔之罷. 嗚呼! 神宗眷遇大臣, 沮抑小人如此, 可謂聖矣!

10-4(112)

(신종) 원풍元豐 연간(1078~1085)에 문노공文潞公(문언박)이 태위太尉로서 서

경유수西京留守(낙양유수)가 되었는데, 아직 관인官印을 넘겨받기 전에 먼저 가묘家廟로 가서 앉아 감사監司와 부관府官을 접견했다. 참지정사參知政事 당개唐介의 아들 당의문唐義問[14]이 전운판관轉運判官으로 있었는데, 물러 나와 문객 윤환尹煥에게 말했다.

"선군先君(당개)이 대관臺官으로 있을 때 일찍이 문노공을 탄핵했는데, 지금 혹시 그 일을 한으로 여기고 있을지도 모르니 나는 마땅히 그를 피해야겠소."

윤환이 말했다.

"문노공이 그렇게 한 데에는 필시 이유가 있을 것이니, 일단 그의 말을 들어 보십시오."

다음 날 문노공은 관부의 일을 이관받고 나서 통상적인 의례대로 감사와 부관을 차례대로 접견했다. 어떤 사람이 문노공에게 물었더니 문노공이 말했다.

"내가 아직 관부의 일을 보기 전에는 삼공三公의 신분으로 관료를 접견한 것이고, 이미 관인을 넘겨받고 나서는 하남지부河南知府의 신분으로 감사를 접견한 것이오."

당의문이 그 말을 듣고 다시 윤환에게 말했다.

"그대가 아니었다면 하마터면 문노공에게 실례할 뻔했소."

---

14 당의문(唐義問): 자는 사선(士宣) 또는 군익(君益). 북송의 관리로, 당개(唐介)의 아들이다. 신종 희녕(熙寧) 연간에 경서정운사관구문자(京西轉運司管勾文字)·사농관당공사(司農管當公事)를 지냈다. 증효관(曾孝寬)을 따라 하동(河東)에 사신으로 다녀와서 그 이해득실을 상주해 호남전운판관(湖南轉運判官)으로 발탁되었다. 철종(哲宗) 원우(元祐) 연간에 지제주(知齊州)로 있다가 문언박(文彦博)의 추천으로 집현전수찬(集賢殿修撰)을 더해 받고 수형남(帥荊南)에 제수되었으며, 호북전운사(湖北轉運使)로 전임되어 양성수(楊晟秀)를 토벌해 항복시켰다. 지영창부(知潁昌府)로 벼슬을 마쳤다.

하루는 문노공이 당의문에게 말했다.

"인종仁宗조에 옛 참정參政(당개)이 대간臺諫으로 있을 때, 나를 탄핵했다고 폄적되었고 나도 재상을 그만두고 판허주判許州로 나갔다. 얼마 후에 나는 다시 부름을 받아 재상의 지위로 돌아가게 되었다. 그때 나는 말씀을 올려, 당 아무개가 신을 탄핵한 것은 신의 죄에 매우 합당했는데 신은 부르고 당 아무개는 부르지 않으시니 신은 감히 갈 수 없다고 했다. 인종께서 내 말을 들어주셔서 참정을 담주통판潭州通判으로 기용했다가 얼마 후에 크게 등용해 나와 함께 집정하면서 서로 깊이 알게 되었다."

당의문은 문노공의 말을 듣고 감격해 눈물을 흘렸으며, 그때부터 문노공의 문하를 출입했다. 나중에 문노공이 평장중사平章重事[15]로 있을 때, 당의문을 추천해 집현전수찬集賢殿修撰으로서 수형남帥荊南에 제수하게 했다. 아! 문노공의 덕의 도량이 다른 사람보다 훨씬 뛰어남이 대개 이와 같았다.

元豐間, 文潞公以太尉留守西京, 未交印, 先就第廟坐見監司·府官. 唐介參政之子義問爲轉運判官, 退謂其客尹煥曰: "先君爲臺官, 嘗言潞公, 今豈挾以爲恨耶? 某當避之." 煥曰: "潞公所爲必有理, 姑聽之." 明日, 公交府事, 以次見監司·府官如常儀. 或以問公, 公曰: "吾未視府事, 三公見庶僚也, 旣交印, 河南知府見監司矣." 義問聞之, 復謂煥曰: "微君殆有失於潞公也." 一日, 潞公謂義問曰: "仁宗朝先參政爲臺諫, 以言某謫官, 某亦罷相判許州. 未幾, 某復召還相位. 某上言唐某所言切中臣罪, 召臣未召唐某, 臣不敢行. 仁宗用某言起參政通判潭州, 尋至大用, 與某同執政, 相知爲深." 義問聞潞公之言至

15 평장중사(平章重事): 평장군국중사(平章軍國重事)의 줄임말. 당송대 이후로 설치된 특수 관명으로 재상에 상당했다. 상설직이 아니라 특정한 인물에게 특별히 수여한 것으로, 그 직권의 범위도 다양했다.

感泣, 自此出入潞公門下. 後潞公爲平章重事, 薦義問以集賢殿修撰, 帥荆南.
嗚呼! 潞公之德度絶人蓋如此.

10-5(113)

―

　낙양성洛陽城 동남쪽의 오교午橋는 장하문長夏門에서 5리 떨어져 있고 채군모蔡君謨(채양)가 기문記文을 지었는데, 대개 당나라 이후로 유람지가 되었다. (당나라) 배진공裴晉公(배도)¹⁶의 녹야장綠野莊(녹야당)은 지금 장문정공張文定公(장제현)의 별장이 되었고, 백낙천白樂天(백거이)의 백련장白蓮莊¹⁷은 지금 소사少師 임공任公(임포)¹⁸의 별장이 되었는데, 연못과 누대의 옛터가 아직도

―

16　배진공(裴晉公): 배도(裴度, 765~839). 자는 중립(中立), 시호는 문충(文忠). 당나라 중엽의 대신이자 문학가. 덕종(德宗) 정원(貞元) 5년(789) 진사 출신으로, 덕종·순종(順宗)·헌종(憲宗)·목종(穆宗)·경종(敬宗)·문종(文宗)의 여섯 조정에서 벼슬한 원로대신이다. 중서사인·어사중승·형부시랑·문하시랑동중서문하평장사·회서선위초토처치사(淮西宣慰招討處置使)·홍문관대학사·동도유수(東都留守) 등을 역임했으며, 중서령으로 벼슬을 마쳤다. 일찍이 회서(淮西)의 난을 평정한 공으로 진국공(晉國公)에 봉해졌기에 '배진공'으로 불렸다. 배도는 정도(正道)를 견지하면서 헌종을 보좌해 '원화중흥(元和中興)'을 이루었으며, 20년 동안 출장입상(出將入相)하면서 이덕유(李德裕)·한유(韓愈) 등의 명사를 천거하고 이광안(李光顏)·이소(李愬) 등의 명장을 중용했으며 유우석(劉禹錫) 등을 보호해 주었다. 만년에는 환관이 전횡하자 벼슬을 그만두고 낙양에 거주하면서 녹야당(綠野堂)을 짓고 백거이·유의석 등과 시와 술을 즐겼다.

17　백련장(白蓮莊): 원래는 백거이가 목종 장경(長慶) 4년(824)에 낙양의 이도방(履道坊)에 지은 별장이었는데, 당나라 말에 전란으로 허물어졌다. 북송 때 중건해 차례로 서경유수(西京留守: 낙양유수) 전유연(錢惟演)과 태자소사(太子少師) 임포(任布)의 장원이 되었지만, 북송 말에 다시 불타 버렸다. 남송 이종(理宗) 단평(端平) 원년(1234)에 몽고군이 낙양을 점령한 후 대대적으로 재차 중건해 낙양 최대의 몽고 귀족 장원이 되었다. 백련장은 여러 차례 허물어졌다가 중건되어 500여 년간 존속하면서 낙양에서 가장 오랜 역사를 지닌 장원 가운데 하나가 되었다.

남아 있다. 두 장원은 비록 낙양성에서 떨어져 있지만, 높다란 홰나무와 오래된 버드나무가 높고 낮게 서로 이어져 있다. 오교의 서남쪽 20리에 있는 분락언分洛堰에서 낙수洛水를 끌어들이고, 정남쪽 18리에 있는 용문언龍門堰에서 이수伊水를 끌어들인 다음에 커다란 돌로 다리를 만들어 두 물을 서로 받아들였다. 낙수의 한 지류는 후재문後載門에서부터 성으로 들어와 여러 장원으로 나뉘었다가 다시 한 도랑으로 합쳐져, 천문가天門街 북쪽의 천진교天津橋와 인룡교引龍橋 두 다리의 남쪽을 거쳐 동쪽으로 나문羅門에 이른다. 이수의 한 지류는 정북쪽에서 성으로 들어가고 또 한 지류는 동남쪽에서 성으로 들어가 모두 북쪽으로 흘러가면서 여러 장원으로 나뉘었다가 다시 한 도랑으로 합쳐져, 장하문長夏門 이동과 이북을 거쳐 나문에 이른다. 이 두 물은 모두 조운漕運 수로로 흘러들어 간다. 그래서 낙중洛中(낙양)의 공경公卿과 사서인士庶人들의 장원과 저택에는 수죽水竹과 꽃나무의 멋진 경관이 많다. (신종) 원풍元豐 연간(1078~1085) 초에 청하淸河와 변하汴河를 열고, 이수와 낙수가 낙양성으로 들어가는 것을 막는 바람에 여러 장원이 황폐해지고 꽃나무가 모두 말라 죽었기 때문에 도읍의 형세가 마침내 위축되었다. 원풍 4년(1081)에 문노공이 서경유수西京留守(낙양유수)로 있을 때, 조운 수로의 옛길이 막히자 다시 이수와 낙수를 성으로 끌어들여 조운 수로로 흘러들어 가게 해서 언사偃師에서 이수·낙수와 합류함으로써 조운을 통하게 했으며, 그 관리를 백파연운사白波輦運司에 소속시켰는데, 조정에서 이를 허가한다는 조서를 내렸다. 이때부터 낙양에서 배를 타고 가서 도성(변경汴

---

18 임공(任公): 임포(任布). 자는 응지(應之), 시호는 공혜(恭惠). 진사 출신으로, 안숙군판관(安肅軍判官)에 보임되어 변경방비에 대해 상소해 진종의 인정을 받았다. 천희(天禧) 4년(1020)에 둔전원외랑(屯田員外郞)으로서 지월주(知越州)가 되었다가 이듬해 지건주(知建州)로 전임되었다. 그 후로 추밀부사(樞密副使)에까지 올랐다.

京: 개봉)에 이를 수 있었는데, 관아와 민간에서 모두 이를 편하게 여겼으며 낙양성의 장원과 채소밭이 다시 흥성했다. 문노공은 강가에 정자를 짓고 "조하신정漕河新亭"이라는 편액을 달았다. (철종) 원우元祐 연간(1086~1094)에 문노공은 벼슬을 마치고 사저로 돌아왔는데, 안석과 지팡이, 술과 안주를 가지고 그 정자로 가면 도읍의 남녀들이 문노공을 따라 즐겁게 놀았다.

洛城之東南午橋, 距長夏門五里, 蔡君謨爲記, 蓋自唐已來爲游觀之地. 裴晉公綠野莊今爲文定張公別墅, 白樂天白蓮莊今爲少師任公別墅, 池臺故基猶在. 二莊雖隔城, 高槐古柳, 高下相連接. 午橋西南二十里, 分洛堰司[1]洛水, 正南十八里, 龍門堰引伊水, 以大石爲杠, 互受二水. 洛水一支自後載門入城, 分諸園, 復合一渠, 由天門街北天津・引龍二橋之南, 東至羅門. 伊水一支正北入城, 又一支東南入城, 皆北行, 分諸園, 復合一渠, 由長夏門以東・以北至羅門. 二水皆入於漕河. 所以洛中公卿士庶園宅, 多有水竹花木之勝. 元豊初, 開淸・汴, 禁伊・洛水入城, 諸園爲廢, 花木皆枯死, 故都形勢遂減. 四年, 文潞公留守, 以漕河故道湮塞, 復引伊・洛水入城, 入漕河, 至偃師與伊・洛匯, 以通漕運, 隷白波輦運司, 詔可之. 自是由洛舟行可至京師, 公私便之, 洛城園圃復盛. 公作亭河上, 榜曰"漕河新亭". 元祐間, 公還政歸第, 以几杖罇俎臨是亭, 都人士女從公遊洛[2]焉.

[1] 사(司): 원초본・명초본・『학진토원』본에는 모두 "인(引)"이라 되어 있는데, 문맥상 보다 타당하다.
[2] 낙(洛): 명초본과 『학진토원』본에는 "낙(樂)"이라 되어 있는데, 문맥상 보다 타당하다.

(신종) 원풍元豐 5년(1082)에 문노공文潞公(문언박)이 태위太尉로서 서도유수西都留守(낙양유수)가 되었을 때, 당시 부한공富韓公(부필)은 사도司徒로 벼슬을 마쳤는데, 문노공이 당나라 백낙천白樂天(백거이)의 구로회九老會[19]를 흠모해 낙양의 공경대부 중에서 나이와 덕망이 높은 사람을 모아 기영회耆英會를 만들었다. 낙양의 풍속은 나이를 숭상하고 벼슬을 숭상하지 않았기에, 문노공은 자승원資勝院에 큰 집을 짓고 기영당耆英堂이라 했으며, 민중閩中 사람 정환鄭奐에게 그 안의 인물들의 초상을 그리게 했다. 당시 부한공은 79세였고, 문노공과 사봉낭중司封郎中 석여언席汝言[20]은 모두 77세였으며, 조의대부朝議大夫 왕상공王尙恭은 76세였고, 태상소경太常少卿 조병趙丙,[21] 비서감秘書監 유궤劉几,[22] 위주방어사衛州防御使 풍행기馮行己[23]는 모두 75세였으며, 천장각

---

19 구로회(九老會): 당나라 무종(武宗) 회창(會昌) 5년(845) 3월 24일에 백거이가 낙양 이도방(履道坊)의 집에서 자신을 포함해 호고(胡杲)·길교(吉皎)·유진(劉眞)·정거(鄭據)·노진(盧眞)·장혼(張渾)·이원상(李元爽)과 승려 여만(如滿)과 함께 모임을 결성했는데, 이들 9명이 모두 70세가 넘었고 덕망이 높은 노인들이었기에 '구로회'라고 했다.

20 석여언(席汝言, 1006~?): 자는 군종(君從). 북송의 관리. 상서사봉낭중(尙書司封郎中)으로 벼슬을 마쳤다. 신종 원풍 5년(1082) 77세 때 문언박(文彥博)·부필(富弼) 등과 함께 '낙양기영회(洛陽耆英會)'의 일원이었고, 문언박·정향(程珦)·사마단(司馬旦) 등과 함께 '동갑회(同甲會)'의 일원이었으며, 또 사마광(司馬光) 형제와 초건중(楚建中)·왕신언(王愼言) 등과 함께 '진솔회(眞率會)'의 일원이었다.

21 조병(趙丙, 1008~?): 자는 남정(南正). 북송의 관리. 진사 출신으로, 태상소경(太常少卿)으로 벼슬을 마치고 낙양에서 기거했다.

22 유궤(劉几, 1008~1088): 자는 백수(伯壽), 호는 옥화암주(玉華庵主). 북송의 관리. 인종 때 진사 출신으로, 빈주통판(邠州通判)과 지영주(知寧州)를 지냈으며, 영종 때 진봉총관(秦鳳總管)이 되었다. 신종 때 비서감(秘書監)으로 벼슬을 마치고 숭산(嵩山) 옥화봉(玉華峰)에서 은거했다.

23 풍행기(馮行己, 1008~1091): 자는 숙지(肅之). 북송의 관리. 음서(蔭敍)로 우시금(右侍禁)

대제天章閣待制 초건중楚建中[24]과 조의대부 왕신언王愼言은 모두 72세였고, 태

중대부太中大夫 장문張問[25]과 용도각직학사龍圖閣直學士 장도張燾[26]는 모두 70세

였다. 당시 선휘사宣徽使 왕공진王拱辰이 북경유수北京留守(대명부유수)로 있었

는데, 문노공에게 편지를 보내 기영회에 참여하길 원했으며 71세였다. 사

마온공司馬溫公(사마광)만 아직 70세가 되지 않았는데, 문노공은 평소에 그를

중시해서 당나라 구로회의 적겸모狄兼謩[27] 고사를 인용하면서 그에게 기영

에 보임되고 지헌주(知憲州)를 지냈다. 그 후로 지정주(知定州)·지대주(知代州)·하동연
변안무사(河東緣邊安撫事)·서상각문사(西上閤門使)·사천객성사(四遷客省使) 등을 역임
했으며, 신종 때 위주방어사(衛州防禦使)로 벼슬을 마쳤다.

24 초건중(楚建中, 1010~1090): 자는 숙정(叔正). 북송의 대신. 진사 출신으로, 지형하현(知滎
河縣)을 지냈다. 멀리 내다보는 식견이 있어서 서하(西夏)의 침입을 방어하기 위한 성을 축
조할 것을 건의했는데, 서하에서 이를 듣고 감히 침범하지 못했다. 기로·회남·경서전운사
(夔路·淮南·京西轉運使)와 탁지부사(度支副使)를 역임했다. 신종 때 지창주(知滄州)·천장
각대제(天章閣待制)·섬서도전운사(陝西都轉運使)·지광주(知廣州)·지강녕(知江寧) 등을
지냈으며, 원풍(元豐) 8년(1085)에 정의대부(正議大夫)로 벼슬을 마쳤다.

25 장문(張問, 1013~1087): 자는 창언(昌言). 북송의 관리. 진사 출신으로 인종 강정(康定) 2년
(1041)에 무재이등과(茂才異等科)에도 급제했다. 대명부통판(大名府通判)을 거쳐 제점하북
형옥(提點河北刑獄)으로 발탁되었으며, 강동·회남전운사(江東·淮南轉運使)·직집현원
(直集賢院)·하북전운사(河北轉運使)를 역임했다. 신종 희녕(熙寧) 연간에 탁지부사(度支
副使)·집현전수찬(集賢殿修撰)·하동전운사(河東轉運使)를 지냈다. 신법이 시행된 후로
장문은 시류에 아부하지 않고 신법의 폐단에 대해 과감하게 상소했다. 원풍(元豐) 연간에
관제(官制)를 제정할 때 왕안례(王安禮)가 그를 육조시랑(六曹侍郎)으로 천거했지만, 신종
은 그가 이론(異論)을 좋아한다는 이유로 임용하지 않았다. 철종 원우(元祐) 연간 초에 비
서감·급사중(給事中)을 거쳐 정의대부(正議大夫)로 있다가 75세로 죽었다.

26 장도(張燾, 1013~1082): 자는 경원(景元). 북송의 관리로, 추밀직학사(樞密直學士) 장규(張
奎)의 아들이다. 진사 출신으로, 단주통판(單州通判)을 거쳐 지기유이주(知沂澶二州)·제
점하북형옥(提點河北刑獄) 등을 지냈다. 인종 경력(慶曆) 8년(1048)에 상호(商胡)에서 황하
의 제방이 터졌을 때 물에 빠진 자와 굶주린 자 10여만 명을 구제했지만, 오히려 그 일로 인
해 면직되었다. 나중에 천장각대제(天章閣待制)·섬서도전운사(陝西都轉運使)에 제수되었
다. 영종 치평(治平) 연간 말에 용도각직학사(龍圖閣直學士)를 더해 받고 지성도부(知成都
府)에 제수되었다. 신종 때 판태상시(判太常寺)를 지냈으며, 통의대부(通議大夫)로 있다가
70세로 죽었다.

27 적겸모(狄兼謩, 777~849): 자는 여해(汝諧). 당나라 중엽의 관리, 명재상 적인걸(狄仁傑)의
족손(族孫)이다. 헌종(憲宗) 원화(元和) 12년(817) 진사 출신으로, 양양군리(襄陽郡吏)를

회 가입을 청했다. 사마온공은 후배라며 사양하면서 감히 부한공과 문노공의 뒤에 반차班次하려 하지 않았다. 하지만 문노공은 그의 뜻을 따르지 않고, 정환에게 막후幕後에서 사마온공의 초상을 그리게 했으며 또 북경으로 가서 왕공王公(왕공진)의 초상을 그려 오게 했다. 그리하여 기영회에 참여한 사람은 모두 13명이 되었다. 문노공은 그곳의 주인으로서 기녀와 악공을 데리고 부한공의 저택으로 가서 첫 번째 모임을 가졌다. 부한공의 모임에 이르러서는 술과 음식을 보내오지 않았으며, 나머지 사람들은 모두 차례대로 모임을 가졌다. 낙양에는 이름난 장원과 오래된 사찰이 많고 수죽水竹과 숲속 정자의 풍광이 뛰어났는데, 수염과 눈썹이 새하얀 노인들이 아주 멋지게 의관을 차려입고 연회에 모일 때마다 도읍 사람들이 따라가서 구경했다. 문노공은 또 동갑회同甲會를 결성했는데, 낭중郎中 사마단司馬旦,[28] 태상太常 정향程珦,[29] 사봉 석여언이 모두 병오생丙午生(1006)이었으며, 이들 또한 자승원에 초상을 그렸다. 그 후에 사마온공은 다른 몇몇 공들과 함께 또 진

지냈다. 관리로서 강직하게 일을 처리해 적인걸의 기풍을 지니고 있었다. 형부낭중(刑部郎中)·정주자사(鄭州刺史)·급사중(給事中)·검교공부상서(檢校工部尙書)·하동절도사(河東節度使) 등을 역임한 후, 무종(武宗) 회창(會昌) 연간에 동도비서감(東都秘書監)과 동도유수(東都留守)를 지냈다. 회창 5년(845)에 백거이가 구로회를 결성할 때, 비서감 적겸모와 하남윤(河南尹) 노정(盧貞)은 70세가 되지 않았기에 구로회에 참여하기는 했지만 9명에 열거되지는 않았다.

28 사마단(司馬旦, 1006~1087): 자는 백강(伯康). 북송의 관리로, 사마광(司馬光)의 형이다. 부친 사마지(司馬池)의 음서(蔭敍)로 벼슬길에 올라 비서성교서랑과 정현주부(鄭縣主簿)를 지냈다. 지양산군(知梁山軍)·지안주(知安州) 등을 지내면서 부임하는 곳마다 치적을 남겼다. 태중대부(太中大夫)에까지 올랐으며, 신종 희녕(熙寧) 8년(1075)에 벼슬을 마쳤다.

29 정향(程珦, 1006~1090): 자는 백온(伯溫), 시호는 화(和). 북송의 관리로, 이학대사(理學大師) 정호(程顥)와 정이(程頤) 형제의 부친이다. 증조부 정우(程羽)의 음서(蔭敍)로 벼슬길에 올라 황피현위(黃陂縣尉)를 지냈다. 공주(龔州)·봉주(鳳州)·자주(磁州)·한주(漢州) 등의 지주(知州)를 역임하면서 청렴하고 너그러운 정치를 펼쳤다. 대리시승(大理寺丞)을 거쳐 태중대부(太中大夫)에까지 올랐다. 신종 희녕(熙寧) 연간에 신법에 반대해 병을 핑계 대고 귀향했다가 곧 벼슬을 그만두었다.

솔회眞率會를 결성했는데, 술은 다섯 순배를 초과하지 않고 음식은 다섯 가지를 초과하지 않되 채소만 제한을 두지 않는다는 규약이 있었다. 초정의 楚正議(초건중)는 이 규약을 어기고 음식의 수를 늘렸다가 벌로 모임 한 번을 열지 못했다. 이는 모두 낙양의 태평한 시대의 훌륭한 일이었다. 낙양의 사서인土庶人들이 또 자승원에 생전에 문노공을 위한 사당을 세우자, 사마온공이 신종神宗의 「송노공판하남送潞公判河南」 시를 가져와 저첨당竚瞻堂이라는 편액을 예서隸書로 썼으며, 그 안에 모셔 놓은 문노공의 소조상塑造像은 의관과 검이 훌륭했는데, 도읍 사람들이 매우 경건하게 섬겼다. 처음에 사마온공이 스스로 후배라며 감히 부한공과 문노공의 모임에 참여하려 하지 않자, 문노공이 사마온공에게 말했다.

"내가 북경유수로 있을 때 사람을 대요大遼(거란)로 들여보내 일을 정탐하게 했는데, 그 사람이 돌아와 이르길, '오랑캐 군주가 신하들에게 크게 연회를 베푸는 것을 보았는데, 배우가 연극하면서 의관을 차려입은 자가 물건을 보기만 하면 반드시 낚아채서 품속에 숨기자 그 뒤를 따르는 자가 막대기로 그를 때렸더니, 그가 "네가 사마단명司馬端明(사마광)[30]이냐?"라고 말했습니다'라고 했소. 군실君實(사마광의 자)의 청렴한 명성이 오랑캐에게까지 퍼져 있음이 이와 같소."

사마온공은 부끄러워하면서 감사했다. 문노공이 기영회를 만들 때 강절선생康節先生(소옹)은 이미 세상을 뜨셨는데, 중산대부中散大夫 오집중吳執中[31]

---

30 사마단명(司馬端明): 사마광(司馬光)을 말한다. 사마광이 신종 희녕(熙寧) 3년(1070)에 지방직을 자청해 단명전학사(端明殿學士)로서 지영흥군(知永興軍)으로 나갔기 때문에 '사마단명'이라 한 것이다.

31 오집중(吳執中): 미상. 한편 북송의 관리로 자가 자권(子權)이고 인종 가우(嘉祐) 8년(1063)에 진사에 급제한 동명의 오집중(1034~?)이 있는데, 이와는 다른 인물로 보인다. 그는 제거하남상평(提擧河南常平)·하동회남강동전운판관(河東淮南江東轉運判官) 등을 지냈으며,

은 젊은 나이에 진사에 급제해 (인종) 황우皇祐 연간(1049~1054) 초에 이미 비서승祕書丞이 되었지만 벼슬길에 나아가는 것을 좋아하지 않아 일찍 벼슬을 그만두었다. 그는 나이와 덕망이 여러 공들에 못지않았는데, 낙양에 거주하면서 대부분 두문불출했기에 사람들이 그의 얼굴을 알지 못했으며 오직 강절선생과만 서로 가깝게 지냈다. 오집중은 문노공의 관저에 한 번도 간 적이 없었으니, 그가 기영회에 참여하지 못한 것은 문노공이 빼놓은 것이 아니라 몰랐기 때문이다. 문노공이 일찍이 말했다.

"사람들은 단지 내가 장수하는 것을 축하하지만, 세상을 겪은 지 너무 오래되다 보니 안팎의 친척들은 모두 죽었고 한때에 교유하던 사람들도 사망해 거의 없으며 만나는 사람은 모두 까마득히 젊은이들인지라 옛일을 논할 만한 사람이 없으니 정작 또한 축하할 만한 게 없다는 사실을 알지 못하고 있다."

범충선공范忠宣公(범순인)도 역시 말했다.

"어떤 이는 섭생의 이치를 권하지만 사람이란 세상에서 오래 살 수 있는 것이 아님을 알지 못한다. 가령 정영위丁令威³²처럼 천 년 후에 학으로 변해 고향으로 돌아온다 하더라도, 성읍의 사람들이 모두 옛날 자기가 알던 사람이 아님을 본다면, 그 혼자만 오래 살아남는 것이 어찌 즐거울 만한 일이

사람됨이 강직하고 권세에 아부하지 않아 30여 년 동안 지방관을 전전하다가 60세가 넘어서야 조정으로 들어와 병부고부사(兵部庫部司)·이부우사낭중(吏部右司郎中)에 임명되었다. 휘종 대관(大觀) 원년(1107)에 병부시랑으로 발탁되고 이듬해(1108)에 어사중승으로 승진했는데, 재상 채경(蔡京)의 문객인 유병(劉昞) 형제와 송교년(宋喬年) 부자를 탄핵했다가 휘종의 노여움을 사 지저주(知滁州)로 폄적되었다. 그 후 다시 어사중승에 임명되고 예부상서에 제수되었지만 얼마 후 탄핵당해 면직되었다.

32 정영위(丁令威): 전한(前漢) 때의 신선. 일찍이 영허산(靈虛山)에 들어가 득도해 천 년 만에 학이 되어 고향으로 돌아와 화표주(華表柱)에 앉았다가 시를 읊고 나서 천 년 뒤에 다시 돌아오겠다는 말을 남기고 떠났다고 한다.

졌는가?"

아! 모두 이치에 통달한 말씀이로다!

元豐五年, 文潞公以太尉留守西都, 時富韓公以司徒致仕, 潞公慕唐白樂天九老會, 乃集洛中公卿大夫年德高者爲耆英會. 以洛中風俗尙齒不尙官, 就資勝院建大廈曰耆英堂, 命閩人鄭奐繪像其中. 時富韓公年七十九, 文潞公與司封郎中席汝言皆七十七, 朝議大夫王尙恭年七十六, 太常少卿趙丙·秘書監劉几·衛州防御使馮行己皆年七十五, 天章閣待制楚建中·朝議大夫王愼言皆七十二, 太中大夫張問·龍圖閣直學士張燾皆年七十. 時宣徽使王拱辰留守北京, 貽書潞公, 願預其會, 年七十一. 獨司馬溫公年未七十, 潞公素重其人, 用唐九老狄兼謩故事, 請入會. 溫公辭以晚進, 不敢班富·文二公之後. 潞公不從, 令鄭奐自幕後傳溫公像, 又至北京傳王公像. 於是預其會者凡十三人. 潞公以地主攜妓樂就富公宅作第一會. 至富公會, 送羊酒不出, 餘皆次爲會. 洛陽多名園古刹, 有水竹林亭之勝, 諸老鬢眉皓白, 衣冠甚偉, 每宴集, 都人隨觀之. 潞公又爲同甲會, 司馬郎中旦·程太常珦·席司封汝言, 皆丙午人也, 亦繪像資勝院. 其後司馬公與數公又爲眞率會, 有約: 酒不過五行, 食不過五味, 惟菜無限. 楚正議違約增飮食之數, 罰一會. 皆洛陽太平盛事也. 洛之士庶又生祠潞公於資勝院, 溫公取神宗「送潞公判河南」詩, 隸書於榜曰竚瞻堂, 塑公像其中, 冠劍偉然, 都人事之甚肅. 初, 溫公自以晚輩不敢預富·文二公之會, 潞公謂溫公曰: "某留守北京, 遣人入大遼偵事, 回云: '見虜主大宴羣臣, 伶人劇戱, 作衣冠者, 見物必攫取懷之, 有從其後以挺扑之者, 曰: "司馬端明耶?"君實清名在夷狄如此." 溫公愧謝. 方潞公作耆英會時, 康節先生已下世, 有中散大夫吳執中者, 少年登科, 皇祐初已作祕書丞, 不樂仕進, 早休致. 其年德不在諸公下, 居洛多杜門, 人不識其面, 獨與康節相善. 執中未嘗

一至公府, 其不預會者, 非潞公遺之也. 文潞公嘗曰: "人但以某長年爲慶, 獨
不知閱世旣久, 內外親戚皆亡, 一時交游凋零殆盡, 所接皆藐然少年, 無可論
舊事者, 正亦無足慶也." 范忠宣公亦曰: "或相勉以攝生之理, 不知人非久在
世之物. 假如丁令威千歲化鶴歸鄉, 見城郭人民皆非, 則彼獨存何足樂者?" 嗚
呼! 皆達理之言也!

10-7(115)

—

영종英宗이 즉위하자 시어사侍御史 여회呂誨 헌가獻可는 구양수歐陽脩가 맨
처음 부정한 의론을 제기하고 복안의왕濮安懿王(조윤양, 영종의 생부)을 추존해
성덕聖德에 누를 끼쳤다고 진언했으며, 아울러 한기韓琦·증공량曾公亮·조
개趙槩를 탄핵하면서 10여 통의 소장疏章을 거듭 올렸지만 받아들여지지 않
았다. 그러자 여헌가呂獻可(여회)는 스스로 폄적되길 청하면서 또 10여 통의
소장을 올렸으며, 휘하의 속관들을 거느리고 어사 임명장을 황제 앞에 반
납하며 말했다.

"신의 진언이 효과가 없으니 감히 이 자리에 있지 못하겠습니다."

결국 여헌가는 지기주知蘄州로 나갔다가 진주晉州로 옮겨졌다. 신종神宗
이 즉위한 후, 여헌가는 천장각대제天章閣待制로 발탁되고 다시 지간원知諫
院이 되었으며 어사중승御史中丞으로 기용되었다. 당시 신종은 정신을 집중
해 치도治道를 구하는 데 힘을 쏟고 있었다. 하루는 자신전紫宸殿에서 이른
아침에 조회를 했는데, 이부二府(중서성·추밀원)에서 사안을 아뢰는 일이 길
어져 시간이 늦어졌다. 그래서 관례에 따라 후전後殿에서 차대관次對官[33]이

따로 대기하고 있다가 황상이 의복을 갈아입고 다시 좌정하길 기다려 절차대로 찬인贊引[34]의 인도를 받기로 했다. 여헌가는 숭정전崇政殿에서 대대待對[35]하고 사마온공司馬溫公(사마광)은 한림학사翰林學士로서 연영각延英閣에서 시독侍讀[36]할 예정이었기에 또한 부름을 기다리기 위해 찬선당贊善堂으로 급히 가다가 조로朝路[37]에서 서로 만나 함께 북쪽으로 갔다. 사마온공이 은밀히 물었다.

"오늘의 청대請對[38]에서 진언할 것은 무엇입니까?"

여헌가가 손을 들어 올리며 말했다.

"소매 속에 있는 탄핵문은 바로 새 참지정사參知政事(왕안석)에 대한 것입니다."

사마온공이 깜짝 놀라며 말했다.

"왕개보王介甫(왕안석)는 평소에 학문과 덕행을 지니고 있어서 그를 임명하던 날에 사람들이 모두 적임자를 얻었다고 기뻐했는데, 어찌하여 그를 탄핵한단 말입니까?"

여헌가가 정색하며 말했다.

"군실君實(사마광)도 그런 말을 합니까? 안석安石은 비록 한 시대의 명성을 지니고 있지만, 편견을 고집하길 좋아하고 물정에 통달하지 못하며, 간사

---

33 차대관(次對官): 당송대에 대제관(待制官)과 후대관(候對官)을 이르는 말. '차대'는 대제관과 후대관이 차례로 돌아가면서 정사에 대한 임금의 질문에 대답했기 때문에 윤대(輪對)라고도 한다.

34 찬인(贊引): 의례의 절차대로 도와 인도하는 일, 또는 그러한 직책을 맡은 관원을 말한다.

35 대대(待對): 임금의 질문에 대비하는 일.

36 시독(侍讀): 경연(經筵)에서 임금을 모시고 경전을 강독하는 일.

37 조로(朝路): 조정의 관원이 다니는 길.

38 청대(請對): 나라에 중요한 사안이 있을 때, 신하가 임금에게 알현을 청해 시정(時政)에 대해 건의하고 의논하는 일.

한 자를 가볍게 믿고 자기에게 아첨하는 사람을 좋아합니다. 그의 말을 들으면 훌륭하지만 실제로 적용해 보면 엉성합니다. 만약 시종관으로 있다면 그래도 받아들일 만하지만, 재상의 자리에 둔다면 천하가 필시 그 화를 받게 될 것입니다!"

사마온공이 또 그를 일깨우며 말했다.

"공과 서로 알고 지내면서 마음에 품은 생각을 다 털어놓지 않은 적이 없었소. 그의 좋지 못한 행적을 아직 보지 못했는데, 갑자기 그를 탄핵하는 것은 옳지 않습니다."

여헌가가 말했다.

"황상께서 막 제위를 이으셨고 춘추도 젊으신데, 아침저녁으로 국사를 논의하는 자는 두세 명의 집정뿐입니다. 만약 그들이 마땅한 인물이 아니라면 국사를 어그러뜨릴 것이니, 이는 바로 고치기 어려운 복심腹心의 병이므로 치료한다 해도 미치지 못할까 걱정되니 어찌 늦출 수 있겠습니까?"

말이 끝나기 전에 합문리閣門吏[39]가 큰 소리로 서열대로 늘어서서 황제를 알현하라고 하자, 각자 급히 떠나갔다. 사마온공이 경연經筵을 마치고 물러나와 옥당玉堂(한림원)에 묵묵히 앉아 온종일 생각했지만 여헌가의 말을 이해할 수 없었다. 얼마 후 사대부들 사이에서 점차 여헌가의 소장을 전하는 사람들이 있었는데, 대부분 너무 지나치다고 생각했다. 얼마 되지 않아 중서성中書省에 삼사조례사三司條例司를 설치했는데, 함께 의론하는 자들은 천하의 경륜을 자신의 임무로 삼고 조종祖宗의 옛 법제를 바꾸기 시작해, 오로지 세금을 긁어모으는 데에만 힘쓰고 사사로이 조세 항목을 만들어 사방

---

39 합문리(閣門吏): 송나라 때 관원의 조참(朝參)이나 연음(宴飲)·예의 등의 일을 관장하는 관서인 '합문'의 관리.

에 반포했으며, 망령되이 『주관周官(주례)』[40]을 인용해 상벌을 실시했다. 재상이 이의를 제기해도 되돌릴 수 없었고, 대간臺諫과 시종관이 힘써 쟁론해도 꺾을 수 없었으며, 주군州郡의 감사監司가 받들어 시행하다가 조금이라도 그 뜻을 거스르면 견책이 뒤따랐다. 등용한 자는 모두 간사하고 경박한 젊은이들이었고 천하가 소란스러웠다. 그래서 이전에 (여헌가의 소장에 대해) 회의적이었던 사람들이 비로소 부끄러워하고 여헌가를 우러러 탄복하면서 그가 사람을 잘 알아보았다고 생각했다. 사마온공과 왕안석王安石은 특히 극렬하게 논변을 벌였다. 신종은 두 사람을 모두 기용하고 싶어서 사마온공을 추밀부사樞密副使로 임명했는데, 사마온공은 자신의 말이 받아들여지지 않자 임명을 받지 않았다. 사마온공은 왕안석에게 세 차례 편지를 보내 그가 혹시라도 자신의 말을 듣고 마음을 바꾸길 바랐지만, 왕안석이 이전 그대로 행동하면서 끝내 듣지 않자 결국 그와 절교했다. 사마온공이 조정을 나가 낙양洛陽에 물러나 거하면서 매번 개연히 말하곤 했다.

"여헌가의 선견지명은 내가 미치지 못한다."

여헌가는 왕안석에 대한 탄핵을 그치지 않다가 지등주知鄧州로 나갔다. 강절선생康節先生(소옹)은 여헌가와 친한 사이였으므로 여헌가가 처음 조정의 부름에 나아갈 때 그와 함께 천하의 일을 논했는데, 여헌가가 폄적될 때 이르러 이전에 말한 바대로 되지 않은 것이 하나도 없었다. 그래서 여헌가가 지등주가 되었을 때 강절선생이 그에게 시[41]를 지어 보냈다.

"한번 작별한 후 24년의 세월 동안, 부침浮沈의 소식 듣지 못했네. 숲속에

---

40 『주관(周官)』: 삼례(三禮)의 하나인 『주례(周禮)』의 별칭. 주나라 시대의 관제와 전장제도를 기록했다. 주공(周公) 단(旦)이 지었다고 하나 후세 사람이 증보한 것으로 여겨진다. 처음에는 "주관"이라 하다가 당나라 이후부터 "주례"라고 했다.

41 시: 제목은 소옹(邵雍)의 「대서기남양태수여헌가간의(代書寄南陽太守呂獻可諫議)」다.

서 담소하는 건 내 몫이지만, 천하의 안위는 공에게 달렸네. 천자의 어전에서 당당히 충간했고, 온갖 꽃 핀 모래섬에서 잠시 어울렸네. 달 밝고 바람 맑은 밤에, 이천伊川의 옛 낚시하던 늙은이를 기억할 수 있을지 모르겠네.”

여헌가가 이 시에 화답했다.[42]

“큰 기러기는 어두운 구름 낀 하늘에 있어,[43] 소식 막힌 지 이미 20년이 넘었네. 생각지도 못하게 성조聖朝에서 치도治道를 구하다가, 오히려 산천에서 은거하며 지내게 되었네. 부럽나니 그대는 몸이 한산해 수시로 즐기는데, 다만 나는 벼슬이 한가해 실컷 낮잠이나 자네. 응당 비웃으리니 이룬 것 없이 세 번이나 쫓겨난 후에, 병들어 쇠잔해지고 나서야 비로소 귀전歸田을 노래한다고.”

여헌가가 궁사宮祠(궁관사)를 청해 낙양으로 돌아오자, 사마온공과 강절선생이 날마다 서로 왕래했다. 여헌가는 병들었을 때 스스로 소장을 지어 사직을 청하며 말했다.

“신은 오랜 지병은 없는데, 비정상적인 처방을 쓰는 의원을 우연히 만났습니다. 그는 맥후脈候[44]에 허와 실이 있어서 음맥과 양맥에 역逆과 순順이 있고, 진찰에 표標와 본本[45]이 있어서 치료에 선과 후가 있음을 거의 알지 못한 채, 함부로 탕제를 투여해 정의情意가 제멋대로 날뛰게 했습니다. 이로 인해 착란이 일어나 화禍가 사지로 퍼지고 점차 풍비風痺[46]가 생겨 마침

---

42 화답했다: 제목은 여회(呂誨)의 「화소요부견기(和邵堯夫見寄)」다.

43 큰 기러기는 어두운 구름 낀 하늘에 있어: 여회 자신은 하늘 높이 나는 큰 기러기처럼 현달했지만, 자신이 몸담고 있는 벼슬길은 구름 낀 어두운 하늘과 같다는 뜻이다.

44 맥후(脈候): 맥박의 횟수와 강약 등에 나타나는 증후(症候).

45 표(標)와 본(本): 중의학에서 질병의 증상이 밖으로 드러난 것을 '표'라 하고, 질병의 근본 원인을 '본'이라 한다.

46 풍비(風痺): 풍사(風邪)가 침입해 몸과 팔다리가 마비되고 감각과 동작이 자유롭지 못한 병증.

내 걷기가 어려워졌습니다. 발이 오그라드는[47] 고통을 두려워할 뿐만 아니라 또한 장차 심장과 창자가 변하는 것[48]을 걱정하고 있습니다. 상태가 이미 이 지경에 이르렀으니 어떻게 하겠습니까? 비록 미미한 이 한 몸은 진실로 긍휼히 여기기에 부족하지만, 구족九族을 맡기는 것과 같은 일은 정말로 걱정이 됩니다. 그래서 봉록을 받아 구차하게 살면서 나이 들어 은퇴하길[49] 기다리지 않고 사직하고자 합니다."

대개 일신의 질병으로 조정의 병폐를 비유한 것이다. 사마온공과 강절 선생은 날마다 여헌가의 침실을 찾아가 병문안을 했는데, 여헌가가 한 말은 모두 천하국가의 일에 대한 잊을 수 없는 우분憂憤이었고, 사적인 일에 대해서는 한마디도 언급한 적이 없었다. 하루는 여헌가가 손수 편지를 써서 사마온공에게 묘지명을 부탁하자, 사마온공이 급히 문안하러 갔더니 여헌가는 이미 눈을 감고 있었다. 사마온공이 그를 부르며 말했다.

"더 부탁할 게 있습니까?"

그러자 여헌가가 다시 눈을 뜨고 말했다.

"천하의 일은 아직 할 만하니 군실은 힘쓰시오."

그래서 사마온공이 묘지명을 지으면서 여헌가가 어사중승으로 있을 때를 논하며 이렇게 썼다.

"시신侍臣 중에 벼슬을 그만두고 집에 거하는 자가 있었는데, 조야에서 그의 재주를 칭찬하면서 고금에 그와 견줄 자가 드물다고 여겼다. 그래서

---

47 발이 오그라드는: 원문은 "척려(跛攣)". 척려(蹠戾) 또는 척려(跖戾)와 같다. 발바닥이 오그라들어 뒤틀리는 것을 말한다.
48 심장과 창자가 변하는 것: 원문은 "심복지변(心腹之變)". 나라 안에서 변란이 발생하는 것을 비유한다.
49 나이 들어 은퇴하길: 원문은 "인년(引年)". 나이가 많아 관직에서 물러나는 것을 말한다.

천자께서 그를 기용해 국정에 참여시켰는데, 사람들은 모두 적임자를 얻었다고 기뻐했지만 여헌가 혼자만 그렇지 않다고 여기자 이상해하지 않는 사람이 없었다. 얼마 지나지 않아 새 위정자가 자신의 재주를 자부해 남을 버리고 자기를 믿으며, 상도常道를 싫어하고 기이한 일을 벌여 조종의 법도를 대부분 변경하고 오로지 백성들의 재물을 수탈하는 데 급급하며, 아끼고 믿는 사람을 발탁했다가 간혹 그 사람을 비난하기도 했으므로, 천하 사람들이 크게 실망했다. 여헌가는 누차 쟁론했지만 미칠 수 없자 황제께 주장奏章을 올려 그의 과실을 조목조목 따지면서 말하길 '천하의 창생을 잘못 이끈 자는 필시 이 사람이니, 만약 그가 오랫동안 조정에 있게 된다면 필시 나라가 편안하게 다스려질 리가 없습니다'라고 했으며, 또 말하길 '천하는 본래 태평무사한데 단지 용렬한 사람이 어지럽힐 뿐입니다'라고 했다."

묘지명이 아직 완성되지 않았을 때, 하남감목사河南監牧使 유항劉航[50] 중통仲通이 그것을 묘지명석에 쓰겠다고 스스로 청했는데, 유중통劉仲通(휴항)은 그 문장을 보고 나더니 머뭇거리며 감히 쓰지 못했다. 당시 왕안석은 재상의 지위에 있었다. 유중통의 아들 유안세劉安世가 말했다.

"(제가 대신) 제 부친의 훌륭한 명성을 이루게 해도 괜찮겠습니까?"

그러고는 대신 그것을 썼다. 유중통은 또 여헌가의 자제들에게 묘지명의 사본을 만들어 놓지 말라고 은밀히 당부했는데, 세 집안[51]의 복이 되지

---

50 유항(劉航): 자는 중통(仲通). 진사 출신으로, 지우성(知虞城)·지지포현(知犀浦縣)·지숙주(知宿州)를 거쳐 군목판관(群牧判官)으로서 하남감목사(河南監牧使)가 되었다. 서하(西夏)에 사신으로 다녀온 뒤 하북서로전운사(河北西路轉運使)가 되었다. 신종 희녕(熙寧) 연간에 상소해 신법의 부당한 점 다섯 가지를 비판했지만 비답(批答)을 받지 못했다. 태복경(太僕卿)으로 벼슬을 마쳤다.

51 세 집안: 묘지명의 당사자인 여회(呂誨), 묘지명을 지은 사마광(司馬光), 묘지명을 글씨로 쓴 유안세(劉安世)의 세 집안을 말한다.

않을까 봐 걱정한 것이었다. 당시 소인배 채천신蔡天申[52]을 경서찰방京西察訪으로 기용해 서도분사西都分司(낙양분사)에 배치했는데, 채천신이 글씨를 새기는 각공刻工에게 후한 뇌물을 주고 그 사본을 얻어 왕안석에게 바쳤다. 채천신은 처음에 사마온공을 중상하려고 했는데, 왕안석이 그것을 얻어 벽에 걸어 놓고 문하의 선비들에게 말했다.

"군실의 문장은 서한西漢의 문장이다!"

여헌가는 죽지 못하고 기다렸다가 사마온공에게 "천하의 일은 아직 할 만하니 마땅히 자중자애하시오"라고 말했는데, 나중에 사마온공이 재상이 되어 다시 원우성세元祐盛世를 이룬 것을 여헌가는 보지 못했으니, 천하 사람들이 그 말을 외우면서 슬퍼했다. 사마온공이 죽자 여헌가의 아들 여유경呂由庚[53]이 만시挽詩를 지어 말했다.

"지하에서 만약 중집법中執法[54]을 만난다면, 지금은 다시 태평성세가 되었다고 말하리라."

이는 그 선친을 기억한 말이었다. 사마온공이 일찍이 말했다.

"예전에 왕개보와 함께 군목사판관羣牧司判官이 되었을 때, 포효숙공包孝肅公(포증)이 군목사羣牧使가 되었는데, 당시 청렴하고 엄정하다고 일컬어졌다. 하루는 군목사羣牧司의 모란이 활짝 피자 포공包公(포증)이 주연을 마련해 감상했다. 포공이 술을 들어 권했는데, 나는 평소 술을 좋아하지 않았음에도 무리해서 마셨지만, 왕개보는 주연을 마칠 때까지 마시지 않았고 포

---

52 채천신(蔡天申): 신종 희녕(熙寧) 연간에 추밀부사(樞密副使)를 지낸 채정(蔡挺, 1014~1079)의 아들이다. 그 밖의 자세한 행적은 미상.

53 여유경(呂由庚): 북송의 관리. 여회(呂誨)의 장자다. 신종 원풍(元豐) 연간에 영주방어추관(瀛州防禦推官)으로 있다가 지능천현(知陵川縣)이 되었으며, 철종 원우(元祐) 연간 초에 태상태축(太常太祝)이 되었다.

54 중집법(中執法): 어사중승(御史中丞)의 별칭으로, 여회(呂誨)를 가리킨다.

공도 억지로 권할 수 없었다. 나는 이로써 그가 뜻을 굽히지 않을 것임을 알았다."

英宗卽位, 侍御史呂誨獻可言歐陽脩首建邪議, 推尊濮安懿王, 有累聖德, 并劾韓琦・曾公亮・趙槩, 積十餘章, 不從. 乞自貶, 又十餘章, 率其屬以御史勑告納帝前, 曰: "臣言不效, 不敢居此位." 出知蘄州, 徙晉州. 神宗卽位, 擢天章閣待制, 復知諫院, 擢御史中丞. 帝方勵精求治. 一日, 紫宸早朝, 二府奏事久, 日刻宴. 例隔登對官於後殿, 須上更衣復坐, 以次贊引. 獻可待對於崇政, 司馬溫公爲翰林學士, 侍讀延英閣, 亦趨贊善堂待召, 相遇朝路, 並行而北. 溫公密問曰: "今日請對, 何所言?" 獻可擧手曰: "袖中彈文, 乃新參政也." 溫公愕然曰: "王介甫素有學行, 命下之日, 衆皆喜於得人. 奈何論之?" 獻可正色曰: "君實亦爲此言耶? 安石雖有時名, 好執偏見, 不通物情, 輕信姦回, 喜人佞己. 聽其言則美, 施於用則疏. 若在侍從, 猶或可容, 置諸宰輔, 天下必受其禍矣!" 溫公又諭之曰: "與公相知, 有所懷不敢不盡. 未見其不善之迹, 遽論之不可." 獻可曰: "上新嗣位, 富於春秋, 朝夕謀議者, 二三執政耳. 苟非其人, 則敗國事, 此乃腹心之疾, 治之惟恐不及, 顧可緩耶?" 語未竟, 閤門吏抗聲追班, 乃各趨以去. 溫公自經筵退, 默坐玉堂, 終日思之不得其說. 既而縉紳間寖有傳其疏者, 多以爲太過. 未幾, 中書省置三司條例司, 相與議論者以經綸天下爲己任, 始變祖宗舊法, 專務聚斂, 私立條目, 頒於四方, 妄引『周官』, 以實誅賞. 輔弼異議不能回, 臺諫從官力爭不能奪, 州郡監司若奉行微忤其意, 則譴責從之. 所用皆憸薄少年, 天下騷然. 於是昔之懷疑者始愧仰歎服, 以獻可爲知人. 溫公與安石相論辯尤力. 神宗欲兩用之, 命溫公爲樞密副使, 溫公以言不從, 不拜. 以三書抵安石, 冀其或聽而改也, 安石如故所爲, 終不聽, 乃絶交. 溫公既出, 退居於洛, 每慨然曰: "呂獻可之先見, 吾不及也." 獻可言安石不已，出知鄧州．康節先生與獻可善，方獻可初赴召，康節與論天下事，至獻可謫官，無一不如所言者．故獻可之爲鄧州也，康節寄以詩云："一別星霜二紀中，升沉音問不相通．林間談笑雖歸我，天下安危且係公．萬乘几前當謇諤，百花洲上略相從．不知月白風清夜，能憶伊川舊釣翁．"獻可和云[1]："冥冥鴻羽在雲天，邈阻風音已廿年．不謂聖朝求治理，尚容遺逸臥林泉．羨君身散隨時樂，顧我官閒飽晝眠．應笑無成三黜後，病衰方始賦歸田．"獻可尋請宮祠歸洛，溫公·康節日相往來．獻可病，自草章乞致仕，曰："臣無宿疾，偶值醫者用術乖方．殊不知脈候有虛實，陰陽有逆順，診察有標本，治療有先後，妄投湯劑，率任情意．差之指下，禍延四肢，寖成風痺，遂難行步．非秖憚跦蹩之苦，又將虞心腹之變．勢已及此，爲之奈何？雖然一身之微，固未足恤，其如九族之託，良以爲憂．是思納祿以偷生，不俟引年而還政．"蓋以一身之疾喻朝政之病也．溫公·康節日就臥內問疾，獻可所言，皆天下國家之事，憂憤不能忘，未嘗一語及其私也．一日手書託溫公以墓銘，溫公亟省之，已瞑目矣．溫公呼之曰："更有以見屬乎？"獻可復張目曰："天下事尚可爲，君實勉之．"故溫公誌其墓，論獻可爲中丞時，則曰："有侍臣棄官家居者，朝野稱其才，以爲古今少倫．天子引參大政，眾皆喜於得人，獻可獨以爲不然，眾莫不怪之．居無何，新爲政者恃其才，棄眾任己，厭常爲奇，多變更祖宗法，專汲汲於斂民財，所愛信引拔，時或非其人，天下大失望．獻可屢爭不能及，抗章條其過失曰：'誤天下蒼生者，必此人也，使久居廟堂，必無安靖之理．'又曰：'天下本無事，但庸人擾之耳．'"誌未成，河南監牧使劉航仲通自請書石，既見其文，仲通復遲回不敢書．時安石在相位也．仲通之子安世曰："成吾父之美可乎？"代書之．仲通又陰祝獻可諸子勿摹本，恐非三家之福．時用小人蔡天申爲京西察訪，置司西都．天申厚賂鐫工，得本以獻安石．天申初欲中溫公，安石得之掛壁間，謂其門下士曰："君實之文，西漢之文也！"獻可忍死謂溫公以"天下尚可爲，當自愛", 後溫公相天下, 再致元祐之盛, 獻可不及見矣, 天下誦其言而悲之. 至溫公薨, 獻可之子由庚作挽詩云: "地下若逢中執法, 爲言今日再昇平." 記其先人之言也. 司馬溫公嘗曰: "昔與王介甫同爲羣牧司判官, 包孝肅公爲使, 時號淸嚴. 一日, 羣牧司牡丹盛開, 包公置酒賞之. 公擧酒相勸, 某素不喜酒, 亦强飮, 介甫終席不飮, 包公不能强也. 某以此知其不屈."

[1] 화운(和云): 명초본에는 "화시운(和詩云)"이라 되어 있는데, 문맥상 의미가 보다 분명하다.